ジョン・トゥルービー［著］
吉田俊太郎［訳］

ストーリーの解剖学

ハリウッドNo.1スクリプトドクターの脚本講座

FILM ART
フィルムアート社

謝辞

エージェントのノア・ルークマン、そして、もはやファラーやシュトラウスやジルー級とさえ言える一級品の処理をしてくれた編集者のデニース・オズワルドと彼女の同僚たちの存在がなければ本書は存在しなかっただろう。

文章や執筆プロセスについて多くの人々から有用なフィードバックをいただいており、特にティム・トゥルービー、パティ・メイヤー、ボブ・エリス、アレックス・カスタノヴィッチ、レズリー・ラーに心から感謝している。ありがとう。

本書はまた、私のかつての生徒たちから多大なる恩恵を受けて生まれたものでもある。書くことに献身する彼らの強烈なまでの姿勢が原動力となり、ストーリー理論をより明快に、実践的に解釈しようと私に思わせてくれたのだ。

自分自身の執筆時間を割いてまで、本書をより良いものにするために数多の提案をしてくれたカーレン・キッチェル、アナ・ウォーターハウス、ドウナ・ケンパー、カサンドラ・レーンに特別な謝意を表したい。書き手には、何よりも良い読み手が必要なものだが、その最たるものが彼女たちだ。

そして最後に、私を刺激しストーリーの解剖学を探究したいという気持ちにさせてくれた数々の名作物語を執筆した脚本家や小説家や戯曲家たちに感謝したい。この本の原点は彼らであり、本書にこめられた計り知れないほど貴重な情報はすべて、あの並外れて素晴らしい書き手たちからの贈り物なのだ。

ストーリーの解剖学　目次

謝辞 3
第1章 ストーリー・スペース、ストーリー・タイム 9
第2章 プレミス 31
第3章 ストーリー構造に不可欠な7段階の道程 67
第4章 キャラクター 93
第5章 モラルの論議 173
第6章 ストーリー・ワールド 225

第7章　シンボル・ウェブ（複雑に絡み合うシンボルの網）　335
第8章　プロット　391
第9章　シーン・ウィーヴ（シーンの織物）　495
第10章　シーン構築とシンフォニーのようなダイアローグ　567
第11章　永遠に終わらないストーリー　635
訳者あとがき　642

凡例：本文中で扱う創作物に関して、
文学作品は「」で、映画作品は『』で表記した。
章末の注で、翻訳がある書籍については［］で記した。

第1章 ストーリー・スペース、ストーリー・タイム

誰にでもストーリーを語ることはできる。それは誰もが日常的にやっていることだ。「今日仕事で信じられないことがあったんだ」とか「ちょっと、今、何があったと思う？」とか「ある男がバーに行ってね……」とか。日常的なストーリーを幾度となく聞いたり、読んだり、話したりしているはずだ。

ただし、名作ストーリーを語れるかどうかということになると話は違ってくる。ストーリーテリングの名手になりたいとか、ストーリーテラーとしてお金を稼げるようになりたいとなると、そこにはものすごい壁が立ちはだかっている。そもそも、人生のあり方や謎を提示するという作業は、途方もなく大変なものだ。人生という膨大にしてこの上なく複雑な主題を、深く精密に理解していなければならない。しかもその上で、その理解をストーリーという形に翻訳しなければならないのだ。ほとんどすべてのライターにとって、何よりも大きなチャレンジがそれではないだろうか。

ストーリー創作のための手法には数多くの障害があるが、まずはそれについて、これから具体的に

挙げておこうと思う。障害を乗り越えるためには、まずはその障害について具体的に知ることが何よりも大切だからだ。第一の障害は、ほとんどのライターがストーリーについて考えるときに使っている典型的な用語にある。アリストテレスにまでさかのぼることのできる「上昇する展開」とか「クライマックス」とか「紛糾」とか「大団円」とかいった物語のための用語は、あまりにも広義な上に理論的でもありすぎるため、ほとんど意味がない。正直に言うと、ああいう用語はストーリーテラーにとって実用的価値のまったくないものだ。たとえば、あなたが今、主人公が転落死を免れようと指先だけで必死につかまってぶら下がっているシーンを書いているとしよう。そのシーンは、紛糾、展開の起点、大団円、オープニング・シーンのどれに当たるものだろうか？　実はそのどれでもないかもしれないし、すべてを含んだものかもしれない。それが何であるにせよ、これらの用語が、シーンの書き方や、ストーリーの書き方について何ひとつ教えてくれないことが分かるはずだ。

それどころか、こういった典型的な用語は、良いストーリーを作り上げるために必要なこと（ストーリーとは何か、どのように機能するのかという発想を抱くこと）を妨げる大きな障害となっている。昔からずっと、物語の書き方を学ぼうと思った人々が手始めに読むものとしては、アリストテレスの「詩学」が良いとされている。アリストテレスは間違いなく史上最高の哲学者だ。しかしストーリーに対する彼の考察は、確かにパワフルではあるものの、驚くほど範囲が狭く、限定されたプロットやジャンルだけに焦点があてられたものだ。また、あまりにも論理的すぎるので、実践で活用するのが難しい。アリストテレスから実用的な手法を学ぼうと試みたほとんどのストーリーテラーたちが、ひとつの収穫も得られずにあきらめるのはそのためだ。

映画脚本を書きたいのであれば、アリストテレスから離れて、ずっとシンプルな「三幕構成」と呼ばれる解釈を学んだ方がよっぽどいいかもしれない。しかし実は、これにも問題がある。三幕構成は、確かにアリストテレスよりもずっと容易に理解できるものだが、絶望的にシンプルで、しかも色々な意味で、とにかく間違っている。

　三幕理論によれば、あらゆる映画のストーリーは三幕で構成されているということになる。第一幕は序盤、第二幕は中盤、第三幕は終盤だ。第一幕はおよそ30ページ、第三幕も30ページほど、そして第二幕はだいたい60ページ。また、この三幕構成のストーリーには、2〜3個の「プロット・ポイント」(何を意味するものであれ)がなければならないとされている。要はたったのこれだけ。簡単でしょう？　それではこの理論を使ってプロ級の脚本を書いてみよう！

　今の私の説明は三幕構成を要約したものだが、実はそれほど大幅に要約したわけでもない。こういう初歩的なアプローチには、アリストテレス以上に実用的価値がないことが分かるだろう。しかし実用価値がないということ以上の罪は、この理論がストーリーを機械的に扱っているところだ。三幕に分けるという発想は、章の終わりごとに幕が下ろされる、いわゆる伝統的な芝居の決まりごとからきた発想だ。映画や長編・短編小説、いや、演劇の舞台でさえも、現代ではもはやそんなことをする必要はまったくなくなっている。

　簡単に言うなら、幕に分けるという発想はストーリーを外側からとらえたものだ。三幕構成は、ストーリーの上に重ね置いて確かめるためのものであり、その内側にある必然性(ストーリーがどこに向かうべきか、または、向かわないべきか)とは無関係なのだ。

　三幕構成のようにストーリーを機械的にとらえると、挿話的なストーリーテリングになってしまうことは避けられない。挿話的なストーリーとは、ちょうど箱の中にパーツをただ入れただけのような、単なる断片の寄せ集めを指す。そういうストーリーは、それぞれの出来事が別個の要素として浮き立ち、最初から終わりまで関連性も一貫性も見られない。その結果、観客は感動できない、または感動したとしても散発的な感動になってしまう。

　ストーリーテリング技術の熟達を妨げるもうひとつの障害は、執筆プロセスに関するものだ。多くのライターがストーリーを機械的に解釈しているのと同じように、ストーリーの創作にも機械的なプロセスを用いている。これは特に映画脚本家に多く見られる現象だ。売れる脚本とはどういう脚本かという解釈を間違っているがために、結果的に人気も質もない脚本ができあがってしまう。そういう脚本家は、得てして、自分が半年前に観た映画をほんの少しだけ変えたストーリー・アイデアを思いつく。そしてそのアイデアを「刑事もの」とか「恋愛もの」とか「アクション映画」とかいったジャンルに当てはめ、それに合ったキャラクターやプロット・ビート（ストーリー内の出来事）の数々を流し込んでゆくのだ。その結果、絶望的なまでに一般的で紋切り型な、独創性を欠いたストーリーができあがってしまう。

本書では、それよりもずっと良い方法を示したいと思っている。私が本書でやろうとしていることは、既存の名ストーリーがどのように機能しているかを検証・説明しながら、ストーリーを創作するために必要な手法を示し、それによって読者のみなさんが自分独自の名ストーリーをものにする可能性を最大限に高めることだ。名ストーリーの書き方を他人に教えるなんて不可能だという人もいるだろう。私は、それは可能だと思っているが、ただしそれを実現させるためには、これまでとは違う方法でストーリーを捉え、これまでとは違う方法でストーリーを語ることが求められる。

もっとシンプルに言うなら、映画脚本であれ、長編小説であれ、戯曲であれ、短編小説であれ、どんな分野のストーリーテラーにも使える実用的な劇作論を私は本書で示そうと思っている、ということだ。本書でやろうとしていることは、

■名ストーリーは自然なものであるという事実（機械ではなく成長・発展する生きた人体のようなものだということ）を示すこと。

■執筆するジャンルを問わず、そのジャンルで成功するために有用で精密な手法を用いた厳密な

技巧としてストーリーテリングを扱うこと。

■オーガニックな執筆プロセスを網羅すること――つまり、自身の独創的なストーリー・アイデアから自然な形で成長・発展するキャラクターやプロットを創りだすこと。

どんなストーリーテラーでも直面する難題のひとつは、今挙げたひとつ目とふたつ目の矛盾をどのように乗り越えるかということだ。ストーリーを構築するためには、ずらりと並んだ膨大な手法を擁する何百、何千もの要素を駆使しなければならない。それでいて、ストーリー自体は観客が自然だと感じられるものでなければならないのだ。単一の存在として進展し、クライマックスに向かって組み上がってゆくように見えなければならないのだ。ストーリーテラーの名手になるためには、この手法を高いレベルで身につけ、実際には書き手であるあなたがそうさせていても、まるでキャラクターたちが必要に迫られて自分で行動しているように見えるような作品を作らなければならない。

そういう意味では、私たちストーリーテラーは運動選手にたとえることもできるだろう。優れた運動選手のプレーは、それがいとも簡単なことであるかのように、人体が自然に動いているかのように見える。しかし実際には、そのスポーツ分野における数々の技法をすっかり身につけ、その技法の存在が見て取れなくなるほど昇華させている。だからこそ観衆にはその美しさだけが見えているのだ。

語り手と聴き手

まずはシンプルに、次の一文にまとめたストーリーの定義から始めよう。

〈ストーリーとは〉**ある人物が自身の求める事物を手に入れるために行なったこと、そしてその理**

由について、語り手が聴き手に語ること。

そこには、語り手、聴き手、語られるストーリーという、まったく異なる三つの要素がある。ストーリーテラーは、何にも増して、演者だ。ストーリーとは書き手が観客を相手に行なう言葉のゲームなのだ（観客がそれを記録することはない――記録するのは映画会社やテレビ局や出版社の仕事だ）。ストーリーテラーはキャラクターや行動を組み立ててゆく。何が起こったかを語りながら、最後まで一貫した方法で一連の出来事の数々を並べてゆくのだ。（戯曲や映画脚本のように）現在形でストーリーを語る場合であってさえも、ストーリーテラーはすべての出来事をまとめあげて語っている。そうすることで聴き手はこれを単一の存在である、つまり、すべてが揃ったひとつのストーリーであるととらえることができる。

ただし、過去にあった複数の出来事を単に並べるだけではストーリーを語れないし、それを記憶するだけでもストーリーを語ることはできない。出来事そのものは描写の一部でしかないからだ。ストーリーテラーは、一連の強力な場面の数々をしっかりと選択し、つなげ、組み立てる必要がある。どの場面も熱のこもった強烈なものであるからこそ、聴き手は自分自身がそこにいるような気分になれる。良いストーリーテリングとは、観客に向かって人生の出来事を語ることではなく、観客にその人生を経験させることだ。しかも、その人生は重要な思考や出来事で成り立つ本質的なものであるばかりか、観客が「これは自分自身の人生の本質の一部だ」感じられるようなフレッシュさや新しさも備わっていなければならない。

つまり、良いストーリーテリングとは、今語られている出来事を観客が追体験しているように感じさせるものだ。だからこそ観客はキャラクターの真意や決断や感情を理解でき、またそれを理解できるからこそ、その行動を受け入れることができる。つまり、ストーリーでは、知識（心理的な知識）やかつては知恵と呼ばれていたものを観客にあたえるだけでなく、遊び心に富んだおもしろい形でそれらがあたえられなければならないわけだ。

ある人生を観客に追体験させる言葉のゲームの作り手として、ストーリーテラーは、ある人物についての謎を創作し、その謎を解きたいと聴き手に思わせるようにする。書き手にとって、この謎の創作方法には大きく分けてふたつある。ひとつはその架空のキャラクターについて特定の情報を観客に教える方法、もうひとつは特定の情報開示を抑える方法だ。情報を抑える、もしくは隠しておくことは、ストーリーテラーがフィクションを創作するにあたって欠かせないものだ。これをすることで、観客はそのキャラクターの人となりや行動を自力で理解しなければならなくなり、そのおかげでストーリーに引き込まれてゆく。観客がストーリーを自力で理解しなくてもよくなった時点で、観客は観客ではなくなり、ストーリーはそこで終わってしまう。

観客は、ストーリーの感覚の部分（ある人生を追体験すること）と思考の部分（謎を解くこと）の両方が大好きなのだ。名作ストーリーは必ずその両方を備えている。ただし、ストーリーの種類によって、センチメンタルなメロドラマから知力を要するミステリーまで、感覚面と思考面のどちらかに大きく偏った形式が存在する。

ストーリー

ストーリーの数は何十万、いや何百万とある。では、それぞれのストーリーはどのように成り立っているのだろう？　ストーリーは何のためにあるのだろう？　ストーリーテラーは観客に対して何を開示し何を隠しているのだろう？

☑ストーリーとはどれもドラマティック・コードを表現するコミュニケーションの一様式である。

ドラマティック・コードとは人の成長や進化の仕方を芸術的に描写することを意味するもので、このコードは人間の深層心理に深く埋め込まれているものだ。また、このコードは各ストーリーのプロセスとして表面には見えないところで展開される。ストーリーテラーはキャラクター本人やキャラクターの行動の下にこのプロセスを隠しているのだ。ただし、名作ストーリーであれば、最終的にそこに隠されている成長のコードを観客が読み取ることとなる。

ではここで、もっともシンプルなドラマティック・コードについて考察してみよう。

ドラマティック・コードでは変化は欲求によってもたらされる。〈ストーリー・ワールド〉においては、突き詰めると、その行き着く先は「我思う、ゆえに我あり」ではなく「我願う、ゆえに我あり」なのだ。あらゆるタイプの欲求がストーリー・ワールドを回している。欲求の存在がすべての意識と生ある者の原動力となって進むべき方向性をあたえている。その人物が求めていること、それを獲得するために行なうこと、その代償として支払うこと、そういったものを追うのがストーリーなのだ。

キャラクターが欲求を持つと、そのストーリーは2本の「脚」で「歩き」始める。願いを果たそうとするキャラクーは、求めるものを得るために行動を起こし、そのためのより良い方法を新たな情報として学んでゆく。新たな情報を学ぶたびに、その人物は新たな決断を下し、行動の方向性を修正する。

すべてのストーリーがこのような形で進行している。ただし、どのストーリーもそれぞれ、こういった数ある営みの中から、どれかひとつだけを他の営みより強調する形で描かれている。たとえば、行動を最も強調するジャンルは、神話やそれを継承する形式であるアクションだ。また、学ぶことを最も強調するジャンルは、ミステリーや複数の視点から語られるドラマということになる。

自らの願いを追い、それを妨げられることで、その人物は対立・葛藤する（それがなければそのストーリーは終わりだ）。その対立・葛藤がその人物を変える。ドラマティック・コードの最終目的、つまりストーリーテラーが目指していることは、キャラクターの変化を描くこと、または、変化が起きなかったとしたら、その理由を説明することにある。

ストーリーテリングの形式の違いによって、人の変化はそれぞれ異なる方法で描かれている。

■神話の場合は、生まれてから死ぬまでの（動物性が神性に成長するまでの）とても幅広いキャラクター・アーク（登場人物の心的変化）を描く傾向が強い。
■演劇では、主人公が決断を下す瞬間に焦点を当てるのが典型的だ。
■映画（特にアメリカ映画）は、熱意をもって困難な目標を目指す過程で主人公に起こる小さな変化を描く傾向が強い。
■古典の短編小説は、通常、主人公がひとつの大切な見識を得るまでの2〜3の出来事を追っている。
■シリアスな小説は、ある人物が社会全体との相互作用で変化する姿を描く、または、その人物が変化するまでの心理・感情の経過を細かく描くのが典型的だ。
■テレビドラマは、ひとつの小社会に属する複数のキャラクターがそれぞれ変わろうと葛藤する姿を同時に描くことが多い。

ドラマ性とは成長のコードのことだ。その成長のプロセスの中で焦点を当てるべきポイントは、その人物が自らの習慣や弱さや過去の亡霊という殻を破り、より豊かで満ち足りた自分自身に変わる瞬間、そのインパクトにある。ドラマティック・コードとは、〈人間とは、心理的にも道徳的にも、より良い自分に変われるものである〉ということを表現するものだ。だからこそ人々はそこに大きく惹かれるのだ。

☑ストーリーとは観客に「現実の世界」を見せるものではなく、「ストーリー・ワールド」を見せるものである。ストーリー・ワールドは、人生そのものを複製したものではなく、人はこうもありうるという想像上の人生が展開される世界だ。それが凝縮され強調された人生であるからこそ、観客は人生そのものの働き方をより深く理解することができる。

ストーリー構造と人体構造

優れたストーリーには、人工的な経験ではなく、自然な経験をたどる人間が描かれている。しかし、そのストーリー自体もまた、生きた人体のようなものなのだ。ごく単純なタイプの童話も含めて、ストーリーはすべからく数多くの部位や下位組織で成り立っており、それらがお互いにつながり合い、頼り合っている。人間の身体が、神経系、循環系、骨格などといった部位や下位組織で成り立っているのと同様に、ストーリーは、キャラクター、プロット、発見、ストーリー・ワールド、道徳論議、シンボル・ウェブ、シーン・ウィーヴ、ダイアローグといった下位組織で成り立っている（今挙げたこれらの要素については、すべて後の章で一つひとつ説明する）。

たとえばテーマ（私はこれを道徳論議と呼んでいる）は、ストーリーの脳に当たるものだと言うことができるだろう。キャラクターは心臓や循環系に当たる。発見は神経系、ストーリー構造は骨格、シーンは皮膚といったところだ。

☑ストーリーの下位組織はそれぞれ、他の要素を定義し合い区別し合うように絡み合った要素の網（ウェブ）で成り立っている。

主人公という要素も含めて、どの要素も、その他すべての要素との関係性が定義されるまでは、けっして機能し始めることはない。

ストーリーの進行

リアリティのあるストーリーがどのように進行するかを見極めるため、まずは自然界に目を向けてみよう。ストーリーテリングと同じで、自然もまた数々の要素同士が何らかの連続性でつながっていることが多い。次の図は、連続性を持ってつながるべき個々の要素を示したものだ。

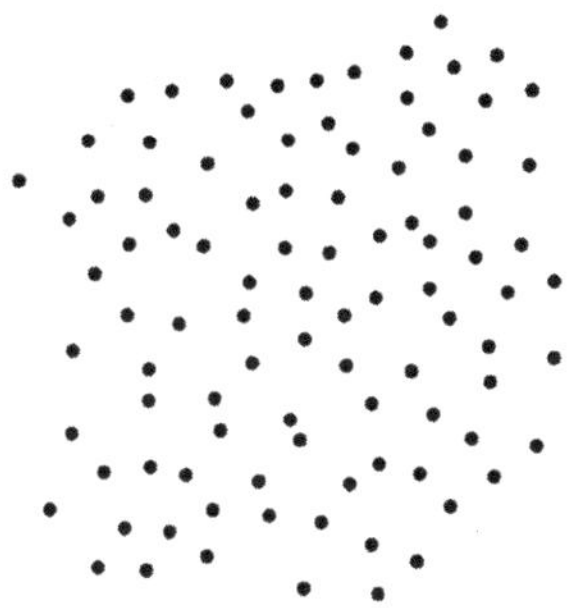

自然界には、数々の要素が一貫性を持ってつながる場合、直線状、曲折状、らせん状、分岐状などといった数パターン（および無数にあるそれらのバリエーション）がある（＊1）。ストーリーテラーも、これらと同じパターンを、個別にまたはコンビネーションで利用しながら、ストーリー内の出来事の数々を時間と共につなげてゆくのだ。これらのパターンの両極に位置するのが直線状パターンと爆発状パターンだろう。直線状パターンでは、出来事がひとつずつ一直線上に順番で展開される。爆発状パターンでは、すべての出来事が同時に展開される。曲折状、らせん状、分岐状のパターンは、どれも直線状と爆発状のコンビネーションということになる。それでは、ストーリーにおけるこれらのパターンの働きをそれぞれ説明しよう。

〈直線パターンのストーリー〉

直線パターンは、最初から最後まで1人のメイン・キャラクターを追ったもの。図にするとこうなる。

これは、起こった出来事を履歴的または伝記的に描いていることを示している。ほとんどのハリウッド映画は、この直線パターンだ。ハリウッド映画の多くは、激しく情熱を燃やして特定の欲求を追う1人の主人公にフォーカスが当てられている。観客は、主人公が欲求を追い、その結果どう変化したのかという経緯を目撃することになる。

〈曲折パターンのストーリー〉

曲折パターンは、道順のはっきりしない曲がりくねった道のりを追ったもの。自然界における曲折パターンには、河川、ヘビ、脳などがある。

「オデュッセイア」のような神話、「ドン・キホーテ」「トム・ジョーンズ」「ハックルベリー・フィンの冒険」『小さな巨人』『アメリカの災難』といった笑いを散りばめた旅物語、「デイヴィッド・コパフィールド」を初めとするディケンズの小説の数々が、この曲折パターンをたどっている。主人公は欲求を持っているが、その欲求はそれほど激しいものではない。むしろ、かなり無計画にさまざまなテリトリーに足を踏み入れては、社会のさまざまな層に属する数多くのキャラクターたちと出会ってゆく。

〈螺旋パターンのストーリー〉

螺旋パターンは、中心へ向かって内巻きに進む道のりだ。

自然界では、竜巻、動物の角《つの》、貝殻などにらせん状パターンを見ることができる。『めまい』『欲望』『カンバセーション…盗聴…』『メメント』といったサスペンス作品が典型的な螺旋パターンで、登場人物があるひとつの出来事に何度も回帰しては、徐々に探究を深めてゆく。

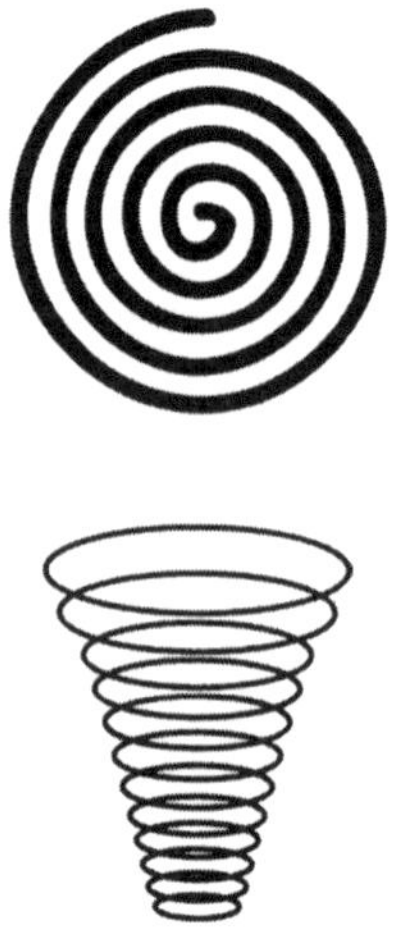

〈分岐パターンのストーリー〉

分岐パターンは、次の図で示されているように、いくつかの中心ポイントから何度も枝分かれしながら、より一層小さなパートへと分岐してゆく複数の道のりで成り立っている。

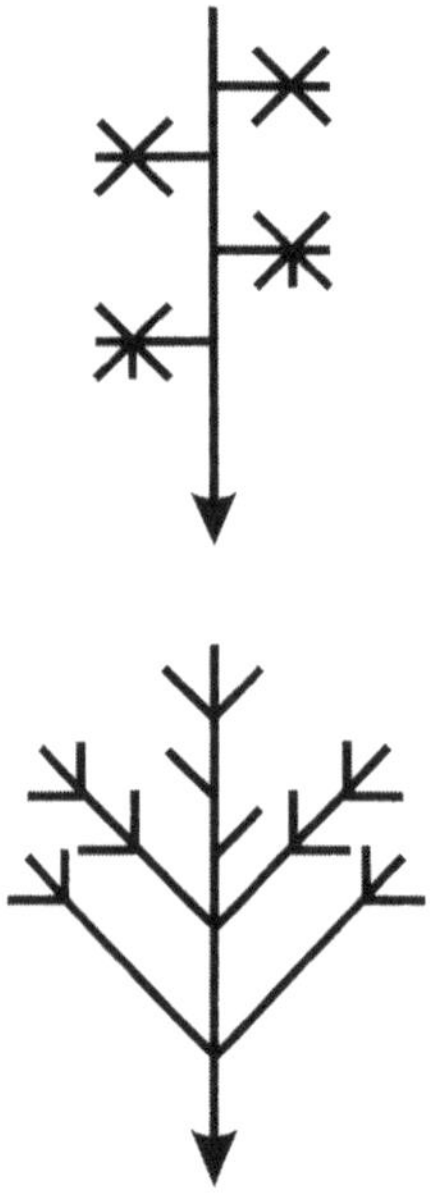

自然界では、樹木、葉、河川流域などで分岐パターンを見ることができる。

ストーリーテリングにおいては、通常、各枝がそれぞれひとつの社会全体を詳細に描いたもの、もしくは、同じ社会の細かく分かれた段階を描いたものであり、その中で主人公が探究することになる。分岐パターンのストーリーは、「ガリバー旅行記」や『素晴らしき哉、人生！』といった高度なフィクション、または、『ナッシュビル』『アメリカン・グラフィティ』『トラフィック』のように複数の主人公で描かれるストーリーに見ることができる。

〈爆発パターンのストーリー〉

爆発パターンには、同時に広がってゆく複数の道のりがある。自然界では、火山やタンポポなどに爆発パターンを見ることができる。

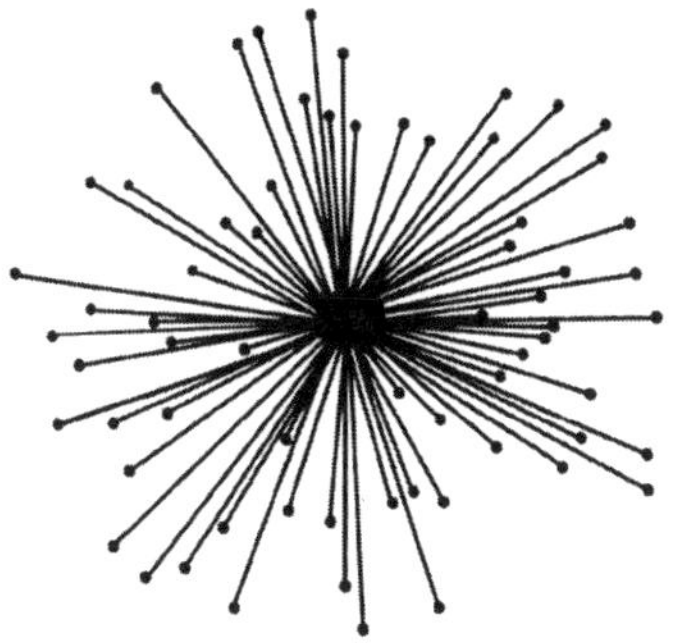

ストーリーはひとつずつ順番にしか語れないという性質上、たとえひとつのシーンを語るにしても、そこにあるたくさんの要素を同時に観客に語ることはできないので、厳密に言えば、爆発パターンのストーリーは存在しないということになる。ただし、同時性の印象をあたえることならできる。映画ではクロスカットというテクニックでそれが行われている。

複数の行動が同時進行している印象を持たせたストーリーは、それぞれの行動を比較することによって出来事を暗に説明している。複数の要素をすべて同時に見た観客は、それぞれの要素に埋め込まれている重要な意図を理解する。こういったストーリーはまた、ストーリー・ワールドの探究、そこにあるさまざまな要素のつながり、それぞれの人物がその全体にどのような形で適合しているのか、または、していないのかを、強調するものでもある。

同時に起こるさまざまな行動を強調するストーリーは、分岐構造をとる傾向が強く、主な作品としては、『アメリカン・グラフィティ』『パルプ・フィクション』『トラフィック』『シリアナ』『クラッシュ』『ナッシュビル』「トリストラム・シャンディ」「ユリシーズ」『去年マリエンバートで』『ラグタイム』「カンタベリー物語」『L・A・コンフィデンシャル』『ハンナとその姉妹』などがある。前記のどの作品もそれぞれのコンビネーションで直線パターンと同時進行のストーリーテリングを組み合わせているものだが、どの作品も1人のキャラクターが最初から最後まで成長するのを追ったものではなく、同じストーリー・ワールドに共存する複数のキャラクターを強調して描いたものばかりだ。

ストーリーを書く

それではここで、より実践的に掘り下げてみよう。名ストーリーを作れる確率が最も高いのはどんな執筆プロセスだろうか？

ほとんどのライターは、ストーリー創作に最適なプロセスを用いていないのが現状だ。そうではなく最も容易なプロセスを選んでいるからだ。容易なプロセスとは、要約するなら、外的で機械的で断片的で一般的なプロセスということになるだろう。もちろん、それには色々なバリエーションが存在するものだが、だいたいは次のようなプロセスで進むと考えていい。

このライター（便宜上「彼」ということにしよう）はまず、ごく一般的なプレミスまたはストーリー・アイデアを考えつく。それはすでに存在するストーリーを大まかに模倣したもの、または、既存の二つのストーリーをクリエイティブに（と彼は思っている）ひとつにまとめた組み合わせだ。力強いメイン・キャラクターが必要なことを念頭に、彼はほぼ全神経を主人公に注ぎ込む。彼は思いつく限りの特徴をこのキャラクターにあたえ、ラスト・シーンで変わることのできる主人公になるよう、機械的に「肉付け」する。ライバルやマイナーなキャラクターを主人公と切り離して考え、そういった登場人物はどれも主人公より重要度の軽い者として扱う。だからそのキャラクターたちは、おおむね説得力に欠けた輪郭の曖昧なものになる。

テーマに関しては、「説教臭い」と責められたくないので、テーマ性を完全に無視する、もしくは、ダイアログだけでテーマを厳格に語らせようとする。彼はまた、ストーリーの舞台として、そのキャラクターにとって普通な場所を設定する。そこはおそらく大都会で、その理由は、その作品を観るであろう人々の多くが大都会に暮らしているからだ。彼はまた、シンボルとは、ありがちで、もったいぶったものだと考えているので、あえてシンボルを使おうとしない。

プロットやシーンについての彼のアイデアは、ひとつの自問「次に何が起こるだろう?」だけをベースにして浮かんだものばかりだ。主人公を物理的な旅に送り出すことも多い。プロットは三幕構成でまとめているので、このストーリーを三つに分けただけの表面的な痕跡は、表面下にある出来事の数々をリンクさせたものではない。その結果、プロットは個々の出来事やシーンを別々に並べただけの挿話的なものになる。そんなわけで彼は結局、「第二幕が上手くいかない」と悩み、どうして観客を深く感動させられるようなパンチ力のあるクライマックスが生まれないのか理解できないと言う。彼は今起こっている出来事についてだけの対立・葛藤にフォーカスをあて、またダイアログは単にプロットを前進させるために書いている。または、果敢にも、ストーリーの終わり近くで、主人公のセリフを使って直接的にテーマを語らせようとするかもしれない。

多くのライターが採用しているこのような執筆プロセスは、外的で機械的で断片的で一般的であるのに対して、私たちがこれから取り上げる執筆プロセスは、内的で自然で相関的で独創的なものだ。それについてお話しする前に、ひとつだけ警告しておきたいことがある。このプロセスは生易しいものではないということだ。ただし、このアプローチだけが、または、このアプローチを基礎に置いたバリエーションだけが、本当の意味で利用価値のある唯一のアプローチだと私は信じている。しかもこのアプローチは、学んで身に着けることのできるものだ。本書では後述のような形で執筆プロセスを学んでゆくことになる。あなた自身が今後行なうべきストーリー創作の順序に従って進めながら、ストーリーテリングの名作を例題に個々の手法を考察してゆく。ここで何よりも大切なのは、あなたが内側から外側へと広がる形でストーリーを創作することだ。それはつまり次の二つを意味する。(1)あなたにとって私的で独創的なストーリーを作ること。(2)ストーリー・アイデアの中に隠れている独創性を見いだし、それを押し広げること。本書のチャプターをひとつ追うごとに、あなたのストーリーも成長し、よりディテールに富んだものとなり、各部位が他の部位とつながってゆくことになるはずだ。

■プレミス　私たちはまずプレミス作りから始める。プレミスとは「ストーリー全体を一文にまとめて凝縮したもの」のことだ。プレミスはストーリーのエッセンスを提示したものなので、ストーリー・アイデアを最大限に活用するためにどう進めるべきかを見極めることにとても役立つものとなる。

■ストーリー構造に不可欠な7段階の道程　ストーリー構造に不可欠な7段階の道程は、ストーリー創作の大きな位置を占めるステージだ。これはストーリーの底流にドラマティック・コードを埋め込むステージである。このストーリー構造に組み込まれている7段階は、ストーリーのDNAだと考えたらいいだろう。7段階の道程が決まると、そのストーリーにしっかりした揺るぎない基礎土台がもたらされる。

■キャラクター　その次に、キャラクターたちを創作する。何もないところから無理やり引き出すのではなく、あなたの独創的なストーリー・アイデアからキャラクターたちを導き出すのだ。次いで各キャラクターを他のすべてのキャラクターとつなぎ合わせて比較することで、どのキャラクターも力強く輪郭のはっきりした者たちとなる。その上で、主人公の成長を促すという意味で、彼らがそれぞれどのように機能するべきかを見いだしてゆく。

■テーマ（道徳論議）　ここで言うテーマとは、書き手であるあなたの道徳観のことで、人々が社会においてどのように行動すべきかということについての、あなた自身の観点のことだ。ただし、キャラクターをそのメッセージを伝えるための代弁者として使うのではなく、ストーリー・アイデアに埋め込む形でテーマを表現する。ストーリー構造を通してテーマを表現すれば、観客を驚かせ感動させることができる。

■ストーリー・ワールド　次に、主人公から自然に導き出された副産物としてそのストーリーが展開される世界、ストーリー・ワールドを創作する。このストーリー・ワールドは、主人公を定義することや、主人公の成長を物理的に観客に見せることに役立つ。

■シンボル・ウェブ　シンボルとは、意味を煮詰めて凝縮し包み込んだものだ。書き手であるあなたは、キャラクターやストーリー・ワールドやプロットのさまざまな側面を強調して伝えるシンボルの数々が張りめぐらされた網（ウェブ）を作り上げる。

■**プロット**　キャラクターを基礎にして適切なストーリー形式を見いだす。プロットは、あなたが作った独創的なキャラクターたちから生まれ育ってゆくものでなければならない。ストーリー構造上の22段階（7の主要段階とその他の15段階）の道程を利用して、底流ですべての出来事がつながり、サプライズでありながらも理論的な必然性のあるエンディングに導かれるプロットを設計する。

■**シーン・ウィーヴ**　シーンを実際に書き始める前の最後のステージとして、そのストーリーで描かれるすべてのプロットラインとテーマを含んだ全シーンをリストアップし、それらをすべて編み込んだタペストリーを織り上げる。

■**シーンの構築と交響曲のようなダイアローグ**　最後に、各シーンを一つずつ構築しながらストーリーを書き進める。こうすることで主人公がさらに成長してゆく。また、ダイアローグは単にプロットを前進させるだけのものではなく、そこにはさまざまな「楽器」や層が一緒にブレンドされた交響楽のようなクオリティがなければならない。

自分の書くストーリーが自分の目前で成長してゆくのを目の当たりにすると、あなたはその創作を心から楽しむことになるだろう。そうなることを今ここで約束しよう。さあ、それでは始めましょう。

＊1　Peter S. Stevens, *Patterns in Natur* (Little, brown, 1974) pp. 38-48.
［ピーター・S・スティーヴンズ『自然のパターン——形の生成原理』金子務訳、白揚社］

第2章 プレミス

マイケル・クライトンの作品には、チェーホフほど深い人間味のあるキャラクターがいるわけでもなければ、ディケンズほど並外れたプロットがあるわけでもない。しかし彼は間違いなくハリウッド随一のプレミスの書き手だ。たとえば『ジュラシック・パーク』を例に挙げてみよう。クライトンが書いたこのストーリーは、「進化における2種類のヘビー級王者――恐竜と人間――を同じリングに入れ、死を賭けて戦わせたらどうなるだろうか？」という設定原則から生まれたものだろう。この一文を聞いただけで観たくなってくるのではないか？

執筆プロセスをスタートさせる方法は数多くある。中には、ストーリーを構造上の7の主要段階に仕分けするところから始めることを好む人もいる。それについては次のチャプターで探究することとして、ここではまず多くのライターが用いている方法から始めよう。ストーリー全体を最も短い文章で表現すること、つまりプレミスを書くところから始めるのだ。

プレミスとは何か

プレミスとは、ストーリーを一文にまとめて書き表したもののことだ。それはキャラクターとプロットの最もシンプルなコンビネーションであり、そこには、行動をスタートさせる複数の出来事、メイン・キャラクターとストーリーの結末についての何らかの概念が盛り込まれているのが典型的だ。

次に例をいくつか挙げてみよう。

■『ゴッドファーザー』…マフィア・ファミリーの末っ子の息子が、彼の父親を撃った男たちに復讐して新たなゴッドファーザーとなる。

■『月の輝く夜に』…ある女性が、自分の婚約者がイタリアにいる母を訪ねている間に、婚約者の弟と恋に落ちる。

■『カサブランカ』…故国を捨てたタフなアメリカ人男性が、かつての恋人と再会するが、ナチスと戦うためには、彼女のことをあきらめなければならない。

■「欲望という名の電車」…婚期を過ぎた美しい女性が、ある男と結婚しようと努力するが、彼女の妹の粗野な夫から非難を受け続ける。

■『スター・ウォーズ』…プリンセスが死の危機にさらされたとき、ある若者が戦う者としての技術を駆使しながら彼女を救い、銀河帝国の邪悪な力を打ち倒す。

書き手として成功するためには優れたプレミスを書くことが重要だという実際的な理由をいくつか挙げておこう。第一に、ハリウッドは映画を世界中に売り、公開週の週末に莫大な収益を上げることをビジネスとしている産業だ。だからプロデューサーはいつも「ハイ・コンセプト」なプレミスを求める。ハイ・コンセプトなプレミスとはつまり、観客がそれを聞いただけで内容を理解し、すぐに映画館に押し寄せてくるような、覚えやすい一文に凝縮された描写ということだ。ハリウッドではそういう映画が求められている。

第二に、あなたの書いたプレミスは、あなたのインスピレーションでもあるということ。それは「これはすごいストーリーになりそうだぞ」と思えた「ひらめき」の瞬間だ。その興奮が、数ヵ月、時として数年にわたるハードな執筆作業に取り組めるだけの根気強さをあたえてくれるだろう。

この事実は別の重要ポイントにもつながっている。プレミスとは、良くも悪くも、書き手であるあなたをそこに閉じ込めるものである。ひとつのアイデアを追求しようと決めた瞬間とは、何千何万もあるその他のアイデアを書かないことに決めた瞬間でもある。だからこそ、自分が選んだその特別な世界は、あなた自身が心から満足できるものでなければいけない。

☑この時点であなたが書こうと決断したものは、執筆中に下すことになるどの決断よりもずっと重要なものである。

優れたプレミスを書く必要があるもう一つの理由は、プレミスは、執筆中に書き手であるあなたが下すあらゆる決断のベースとなるものだからだ。キャラクターもプロットもテーマもシンボルも、すべてこのストーリー・アイデア、つまりプレミスから生まれたものだ。プレミスの段階で失敗すれば、何ひとつ上手くいかない。建物の基礎工事に欠陥があれば、どんなに努力してそこに床を作っても、安定した建物ができないのと同じだ。キャラクター作りが得意だろうが、プロット作りの名手だろうが、会話を書くのが天才的にうまかろうが、プレミスが貧弱だったら、そのストーリーを救うことは一切できないのだ。

☑10人のライターのうち9人はプレミスで失敗している。

そこまで多くのライターがこの段階で失敗する大きな理由は、アイデアを発展させる方法を知らないこと、アイデアの中に埋まっている金塊の掘り出し方を知らないことにある。プレミスがあるからこそ、実際に書き始める前の段階でストーリー全体を精査したり、数多くあるストーリー形式の可能性を探ったりできる。プレミスの大きな価値はそこにあるのだが、多くのライターがそのことに気づいていない。

これは中途半端な知識がいかに危険かという典型例でもある。ほとんどのライターはハリウッドがハイ・コンセプトのプレミスを求めていることをよく知っている。しかし、そんな彼らが知らないのは、マーケティング用につづられたハイ・コンセプトのプレミスには、自然なストーリーに必要なものが何ひとつ語られていないという事実だ。

また、ハイ・コンセプトのプレミスは、その性質上、ストーリー構造が弱く、2~3のシーンだけについてしか描写されていないものだが、そのこともほとんど理解されていない。その2~3のシーンとは、ストーリーのひねりの直前と直後に位置するシーンで、それは単にプレミスを独創的に見せることを狙ったためのものだ。平均的な長編映画のシーン数は40~70シーンある。長編小説となれば、その2~3倍になるだろう。ストーリーテリングに必要な手法をすべて知りつくしていなければ、ハイ・コンセプトのプレミスにつきまとう制約を乗り越えてストーリー全体を上手に描写したプレミスを書くことはできない。

アイデアの中に埋まっている金塊を掘り出すためにまず必要なものは「時間」だ。執筆プロセスの出だしとなるこのステージに時間をたくさん使おう。数時間とか数日ではまず足りない。数週間は必要だ。これはいけると思えるプレミスを思いついたら、すぐにシーンを書き始めるような、いかにもアマチュアらしいミスは犯さないこと。それをしてしまうと、20~30ページ書き進めたところで行き詰まり、どこにも行き先を見いだせなくなるだろう。

プレミスを書くという、執筆プロセスにおけるこのステージは、ストーリーの包括的な戦略を探究し、ストーリーを大観から眺めて、ストーリーの全般的な形態を見いだして発展させるためのステージだ。創作とは、ほとんど何もないところから始まるものだ。それだけに、このプレミスのステージこそ、執筆プロセス全体を通して最もためらいがちに少しずつ進めていくべきだ。暗闇の中で手探りするように、何が機能し、何が機能しないのか、どうすれば自然に発展し、どうすればバラバラになってしまうのか、そういった可能性を時間をかけて探究しよう。

それをするためには、柔軟性を保ち、どんな可能性にもオープンでいる必要がある。自然な創作メソッドをガイドに、このステージを進めることが重要な理由もそこにあるのだ。

プレミスの創作

数週間かけてプレミスを探究する際には、次のようなステップをたどって、優れたストーリーへと変換することが可能なプレミスの一文を書き上げよう。

〈ステップ1　あなた自身の人生を変えてしまうほどのものを書くこと〉

これはとても難しい要求ではあるが、ライターが受けるアドバイスとして最も価値あるアドバイスではないだろうか。このアドバイスに従って失敗したライターを私は1人も見たことがない。なぜか？　書いているストーリーが自分にとってそれほど重要なものであるなら、それが観客の中にいる大勢の人々にとっても重要なものである可能性が高いからだ。そしてそのストーリーを書き終えたなら、どんなことが起こるにせよ、あなたの人生はすでに以前とは変わっていることだろう。

「私だって自分の人生を変えるようなストーリーを書いてみたいけれど、書いてもいないうちから、それが自分の人生を変えられるかどうかなんて分からないのでは？」と疑問を持つ人もいるだろう。しかしその答えは簡単、自己分析をすることだ。これは、驚くべきことに、ほとんどのライターがすっかり怠っている作業だ。多くのライターは、他人の映画や本や舞台を少し変えて模倣したものをプレミスにして満足している。そうすれば商業的アピール力があるように思えるかもしれないが、そこにはそのライターの私的なものが一切存在しない。それでは、ありふれた物語の域を越えることはできないので、失敗作に終わる可能性はとても高い。

自己分析するためには、そして自分の人生を変えるかもしれないものを書くチャンスを得るためには、自分が何者かということについてある程度のデータがなければいけない。そしてそれを自分の内側から取り出して文字通り目の前に置き、一定の距離を保った状態で研究しなければならない。

それをするのに役立つエクササイズがふたつある。ひとつ目は、映画スクリーン上、または本のページ上、または舞台上であなたが見たいと思っていることすべてを列挙した「書きたいことリスト」を書き出すことだ。そこには、あなたが熱心に興味を持っていること、あなたを楽しませてくれるものが並んでいる。たとえばそれは、あなたの想像するキャラクターかもしれないし、すごいプロットのひねりかもしれないし、頭に思い浮かんだ一言のセリフかもしれない。日ごろから深い関心を寄せているテーマかもしれないし、何故かいつでも惹かれる特定のジャンルかもしれない。

必要なだけの紙を使ってそれらをすべて書き出そう。これはあなたの私的な「書きたいことリスト」なのだから、何ひとつ不採用にしてはいけない。「これはちょっと予算がかかりすぎるかな」などといった考えはすべて捨てよう。また、このリストを秩序立てて整理しながら書こうともしないこと。出てきたアイデアに触発されて次々と別のアイデアが頭に浮かぶままに書き留めよう。

ふたつ目のエクササイズは、プレミスのリストを書くこと。これまで考えたことのあるすべてのプレミスを一覧にするのだ。5個ある人もいるだろうし、20、50、それ以上になる人もいるだろう。これもまた必要なだけ紙を使ってすべて書き出そう。このエクササイズで守るべき重要点は、どのプレミスも一文で記述すること。そうすることで、あなたはそのアイデアについてとても明確にならざるを得なくなる。また、数あるプレミスをすべて1ヵ所にまとめて見やすくもなる。

書きたいことリストとプレミス・リストを両方とも完成させたら、その紙を目の前に並べよう。そして、両方のリストから、何度も繰り返し出てくる要素を探し出してみる。それが核となる要素だ。特定のキャラクターや、特定のタイプのキャラクターが繰り返し出ているかもしれないし、ダイアローグの中に出てくる言葉にいつもある種の同じ主張がにじみ出ているかもしれないし、1~2の特定タイプ(ジャンル)のストーリーが繰り返されているかもしれないし、同じテーマや主題や時代に自分が何度も立ち返ろうとしていることが分かるかもしれない。

そのような主要パターンをいくつか導き出していると、自分が大好きなことが何なのか見え始めてくるはずだ。それはこの上なく生の状態にあるあなたの考えだ。紙上に書かれて目の前に提出されたあなた自身の人となりだ。執筆中も頻繁にここに立ち返るようにしよう。

もうお気づきのことと思うが、このふたつのエクササイズは、あなたの心を開かせることや、すでにあなたの奥深くにあったものをまとめるためのものだ。これがあるからといって人生を変えるストーリーが書けると確約することはできない。それを約束できるものなんて何ひとつない。しかし、こういう自己分析における本質的な作業を一度やっておくことで、あなたが今後考えつくプレミスはどれも、今までよりずっと私的で独創的なものになることは間違いない。

〈ステップ2　潜在性を探る〉

プレミスのステージで多くのライターが失敗する理由のひとつは、自分の書くストーリーの真のポテンシャルの見極め方を知らないことにある。これを出来るようになるためには、方法論だけでなく経験も必要になってくる。このステージは、自分のアイデアがどこに行き着く可能性があるのか、どうすれば花開くかもしれないかを探るためのステージだ。見つかった潜在性がいかに素晴らしそうだと思えたとしても、たったひとつの候補にすぐに飛びついてはいけない。

☑複数の候補を探究しよう。ここでやろうとしていることは、そのアイデアで進むことのできるさまざまな道のりの選択肢の数々をブレインストーミングした上で、その中からベストな道のりを選ぶことである。

さまざまな候補を探究する方法のひとつは、そのアイデアが何かを約束するものかどうかを見極めることだ。アイデアには特定の期待を起こさせるものと、そうでないものがある。何かを約束するアイデアは、それがひとつのストーリーとなって描かれたとき、観客を満足させることが起こる。それらの「約束」を見極めることで、ベストな候補を導き出すことができる。

アイデアの潜在性を探る方法として何よりも優れている方法は、「もし……なら？」と自問することだ。「もし……なら」と問いかけると、ストーリー・アイデアとあなたの思考の二つを同時に探究することができる。ストーリー・アイデアとしては、そのストーリー・ワールドで何が起こり得て、何が起こり得ないのかを知るのに役立つ。それと同時に、その架空の舞台の中でさまざまな想像力を働かせることで、あなたの思考を探るのにも役立つのだ。「もし……なら？」と問いかければ問いかければ、あなたはより一層その舞台の中に身を投じ、ディテールを肉付けし、観客を惹きつけられるアイデアを導き出すことができる。

ここで大切なのは、頭が思考するままに任せることだ。自分で評価したり決めつけたりしないこと。頭に浮かんだどのアイデアについても「馬鹿げている」などと否定しないこと。「馬鹿げた」アイデアがクリエイティブな打開策となることも少なくないのだ。

それではここで、このプロセスをより具体的に理解する目的で、既存のストーリーを例題に、それらの作者がプレミスの中に眠っている潜在性を見いだす作業段階で「もし……なら？」と自問していたとしたら、どんな自問になっていただろうか想像してみることにしよう。

『刑事ジョン・ブック／目撃者』（脚本…ウィリアム・ケリー&アール・W・ウォレス　ストーリー原案…ウィリアム・ケリー　1985年）

犯罪の現場を目撃した少年という設定はサスペンスの典型だ。このアイデアにはハラハラドキドキの危機感、激しいアクション、バイオレンスが約束される。しかし、もし、このストーリーにもっと奥深く踏み込んで、アメリカ社会に潜在する暴力という側面を探究してみたらどうなるだろうか？もし、この少年を平和的なアーミッシュのコミュニティから暴力が蔓延する都会に行かせ、暴力と無抵抗主義という両極のあり方を描いてみたらどうだろう？　そしてもし、良心の持ち主ではあるが手段として暴力を使う主人公の刑事がアーミッシュのコミュニティに入らなければならない状況となり、そこで恋に落ちてしまったらどうなるだろう？　そしてもし、その無抵抗主義の中心地に暴力を持ち込んだらどうなるだろう？

『トッツィー』（脚本…ラリー・ゲルバート、マレー・シスガル　ストーリー原案…ドン・マクガイア、ラリー・ゲルバート　1982年）

このアイデアは、女装する男性を見ることの楽しさを観客に約束できるものだ。また、これでもかというほど多くの困難なシチュエーションにこの主人公が遭遇することが観客に求められることも明白だ。しかし、もし、そういった便利ではあるが見え透いた設定を超越してみたらどうだろう？　もし、主人公に色々な作戦を考えさせることで、男性の内面からの恋の駆け引きを見せたらどうだろう？　もし、この主人公を男性偏重主義者という設定にして、彼が一番やりたくないことだが、成長するためには何よりも必要なこととして、女性の振りをしなければならない状況に追い込んでみたらどうだろう？　もし、ストーリーを滑稽芝居のように演出し、たくさんの男たちからも女たちからも主人公が同時に迫られる姿を見せるという形で、ペースやプロットを作ってみたらどうだろう？

『チャイナタウン』（脚本…ロバート・タウン　1974年）

1930年代のロサンゼルスで、ある殺人事件を捜査する探偵というアイデアには、優れた推理モノにつきものの新事実の発見もひねりもサプライズも約束される。もし、事件が底なしに深まり続けていくようにしたらどうだろう？　もし、最初はごく他愛のない不倫の捜査していたはずのこの探偵が、最終的に、殺人によってこの街全体が成り立っていることを知ったとしたらどうだろう？　そうすれば、徐々に高まってゆくように新事実の発見を繰り返し、最終的にアメリカの最も深くて暗い隠れた側面を観客に開示することができるのではないだろうか。

『ゴッドファーザー』（原作小説…マリオ・プーゾ　脚本…マリオ・プーゾ、フランシス・フォード・コッポラ　1972年）

マフィア・ファミリーのストーリーには、冷徹な殺人と暴力的犯罪が約束される。もし、このファミリーのボスをものすごい大物ということに設定し、アメリカの王のような存在にしてみたらどうだろう？　もし、彼をアメリカの裏社会の王として描き、アメリカ合衆国大統領と同じくらいの権力を暗黒街で握っていることにしたらどうだろう？　この男を王として考えれば、1人の王が死に、他の誰かがその王座につくときの盛衰を描いたシェイクスピア的な壮大な悲劇を創ることができそうだ。もし、シンプルな犯罪ストーリーではなく暗いアメリカの側面を描いた大作物語に変えてみたらどうなるだろう？

『オリエント急行殺人事件』（原作小説…アガサ・クリスティ　脚本…ポール・ディーン　1974年）

長距離列車で旅をする優秀な探偵が眠る隣の車室である男が殺されるというアイデアは、これが精巧な推理物語であることを約束している。しかし、もし、単に殺人犯を捕まえることを超越して、正義とは何かを描いてみたらどうなるだろう？　もし、究極的なまでに詩趣に富んだ正義を描いてみたらどうだろう？　もし、殺された男が殺されるに値する男であり、12人の男女は、必然性を持った陪審員として、または、殺された男を断罪する判事および死刑執行人として立ち回ったとしたらどうだろう？

『ビッグ』（脚本…ゲイリー・ロス&アン・スピルバーグ　1988年）

少年がある朝目覚めるとすっかり成長した大人になっているというアイデアには、楽しい喜劇的ファンタジーが約束される。もしこれを、遠い不思議な世界を舞台にしたファンタジーでなく、ごく普通の子供が日常として認識できるような世界を舞台にしたファンタジーとして書いてみたらどうだろう？　もし、この主人公を子供にとってのユートピアと言える玩具会社に入れ、美人でセクシーな女性と交際させてみたらどうだろう？　もし、単に少年が身体的に大きくなることを描くのでなく、少年の心と大人の心を持ち合わせるという、幸せな大人の人生を営むために理想的なブレンドを表現してみたらどうだろう？

〈ステップ3　ストーリーの課題と問題点を見定める〉

どんなストーリーにも当てはめることのできる構築上の規則はたくさんある。しかしまた、個々のストーリーにもそれ独自の規則や課題が存在するものだ。あなたのアイデアにも、間違いなく、深く根差していて逃れることのできない特定の問題点があるはずだ。または、あなたはそこから逃れるつもりさえないかもしれない。そういった問題点は、本当のストーリーを探し出すための道しるべとなる。ストーリーをしっかりと書き上げるためには、それらの問題点に正面から立ち向かって解決しなければならない。ほとんどのライターは、問題点の存在にまるで気づかない、もしくは、気づいたとしてもストーリーを書き上げた後でようやく気づいているようだ。しかしそれでは遅すぎるのだ。

プレミスの一文を読んだだけで、そこに眠っている問題点の数々を見いだせるようになることが必要だ。もちろん、いかに優れたライターであっても、執筆プロセスの初期にあたるこの段階ですべての問題点を言い当てることはできないだろう。しかし、キャラクター、プロット、テーマ、ストーリー・ワールド、シンボル、ダイアローグについての主な手法が身に着いてくると、どんなアイデアからでも難点を上手に掘り当てられるようになった自分に驚くことになるはずだ。それではまた、実例を使って、ストーリー・アイデアに眠る課題や問題点をいくつか挙げてみることにしよう。

『スター・ウォーズ』（脚本…ジョージ・ルーカス　1977年）

壮大なストーリー、特に『スター・ウォーズ』のように壮大なスペース・オペラでは、実に幅広いタイプのさまざまなキャラクターを素早く紹介し、その上で、広大な時空の中で彼らを相互作用させ続けなければならない。また、この未来的なストーリーに説得力を持たせ、現代と共通するものを認識させなければならない。さらには、出だしから善良な道徳心を持つ主人公をいかに変化させて成長させるか、その方法を見いださなければならない。

『フォレスト・ガンプ／一期一会』（原作小説…ウィンストン・グルーム　脚本…エリック・ロス　1994年）

40年にわたる歴史的出来事の数々を、どのようにすれば凝縮性のある自然で私的なストーリーに転換できるだろうか？　また、知的障害のある主人公に、プロットを前進させる力を持たせ、彼に深い洞察力があることに説得力を持たせ、風変わりさと純粋な言葉のバランスを保ちながら、成長と変化を経験させることが大きな課題のひとつとなってくる。

小説「ビラヴド」（作者…トニ・モリソン　1988年）

この作品でトニ・モリソンにとっての最大の課題は、主人公を犠牲者として描くことなく奴隷の物語を書き上げることだ。この小説のように野心的なストーリーを書くためは、解決すべき問題はたくさんある。過去と現在の間をあまりにも頻繁に行ったり来たりすることなく筋書きを前進させ続けること、遠い昔に起こった出来事でも今日の読者が意味深さを感じられるようにすること、感応性の高いキャラクターでプロットを進めること、奴隷制がそれを体験した人々の心にあたえた影響を示すこと、その影響が、奴隷制が終わって何年過ぎても、その人々の心を苛《さいな》み続けていたのだという事実を表現することなどだ。

『JAWS／ジョーズ』（原作小説…ピーター・ベンチリー　脚本…ピーター・ベンチリー、カール・ゴットリーブ　1975年）

「リアル」な恐怖ストーリー（人間を襲う自然界の肉食生物と登場人物たちが戦う）を書くためには多くの問題がある。知性に限界のある敵との戦いを公正な戦いとして描くこと、サメが頻繁に襲ってくるという状況をしっかりと設定すること、主人公とサメとの一対一の対決でストーリーを終えることなど。

小説「ハックルベリー・フィンの冒険」（作者…マーク・トウェイン　1885年）

「ハックルベリー・フィンの冒険」の作者は実に大きな課題に直面している。アメリカ全体の道徳構造（厳密に言うなら不道徳構造）をフィクションとしてどのように描くべきか？　この素晴らしいストーリー・アイデアには解決すべき大きな問題がいくつかある。出来事の原動力として少年を使うこと。ストーリーの勢いを保って、旅物語や挿話的な構造にならないようにすること。単純で必ずしも立派ではない少年が素晴らしい道徳観念を育んでゆく姿を見せることなど。

小説「華麗なるギャツビー」（作者…F・スコット・フィッツジェラルド　1925年）

フィッツジェラルドが直面した課題は、アメリカンドリームが崩壊し、それが名声や富を追うただの競争に成り下がってしまったことを描くことだ。フィッツジェラルドが直面した問題もまた、この課題と同じく、目もくらむほど大きなものだった。第三者のヘルパー的立場にある人物を主人公として物語に原動力をあたえることで、底の浅い登場人物たちに読者が心から興味を持てるようにすること。また、どうにかして、ささやかなラブ・ストーリーをアメリカ社会のメタファーへと変貌させること。

戯曲「セールスマンの死」（作者：アーサー・ミラー　1949年）

アーサー・ミラーが直面した中心的な課題は、何でもない男の人生を大きな悲劇として描くことだ。彼が解決しなければならなかった問題としては、観客を混乱させることなく過去の出来事と現在の出来事をブレンドさせること。物語としての原動力を保つこと。そして絶望的で悲痛な結末に希望の光を残すことなどがある。

〈ステップ4　設定原則を見いだす〉

このように、あなたのアイデアには約束もあれば問題もある。そこでまず、そのアイデアからストーリーを語る方法について、包括的な戦略を考えなければならない。包括的なストーリー戦略を一文で書き表してみよう。これがストーリーを設計するための基準になる（設定原則）。この設定原則は、あなたがプレミスをより深い構造へと押し広げようとするとき、大いに役立つことになる。

☑設定原則はストーリー全体を系統立ててくれるものだ。設定原則がストーリーの内部回路となってさまざまなパーツを系統立ててつなぎ合わせる。これによって、そのストーリーは単にパーツを足し算したもの以上の優れた作品となるのだ。また、そうなることで独創性も生まれてくる。

端的に言うなら、設定原則はストーリーの種だ。または、ストーリーを独創的で効果的なものにするための最重要にして唯一の要素だ。ごくたまにだが、シンボルやメタファーを設定原則として用いる場合もある（セントラル・シンボル、グランド・メタファー、ルート・メタファーと呼ばれているもの）。しかし、たいていの場合は、それよりも大きいのが普通で、むしろ、〈ストーリー全体の流れを作る根本的プロセスを追ったもの〉といったところだ。

設定原則を見いだすのは難しい。しかも、実を言うと、多くのストーリーはこれを持ち合わせてすらいない。そういったストーリーはどれも、ごく一般的に展開する平凡なストーリーだ。そこがプレミスと設定原則の大きな違いとも言えるだろう。プレミスはどんなストーリーにもあるが、設定原則は優れたストーリーにしかない。プレミスは実際に起こる出来事を表す、明確で具体的なものだ。一方の設定原則は抽象的だ。独創的に語られるストーリーの深いところで起こっているプロセスを一文で示したものだからだ。

設定原則＝ストーリー・プロセス＋独創的な手法

たとえばあなたが、アメリカのマフィアによる闇の仕事を描きたいと思っているとしよう。これだけなら、文字通り何百人もの脚本家や小説家がすでに行なっていることだ。しかしその中で特に優秀な書き手であれば、次のような（『ゴッドファーザー』の）設定原則に行き着くかもしれない。

3人兄弟の末っ子が新しい「王」となる姿を、古典的おとぎ話の戦略を使って見せる。

設定原則において重要なことは、「アイデアを総合的に扱うこと」とストーリーの「大目的を言及する」ことだ（＊1）。これによってストーリーが内的なひとつの存在としてまとまるだけでなく、他のどんなストーリーとも異なる独特なものとなる。

☑設定原則を見いだし、それを最後まで守り続けること。とにかく設定原則の発見に努め、一度それを見いだしたら、その後の長い執筆プロセス中にはその設定原則から絶対に目を離さないようにしよう。

それでは、『トッツィー』を題材に、プレミスと設定原則が実際のストーリーでそれぞれどのように機能しているか、その違いを探ってみよう。

■プレミス ある俳優が役をもらえなくなったことから、女性に扮装してテレビ・シリーズの役を得るが、ある共演者の女優に恋をしてしまう。

■設定原則 ある男性偏重主義者を、女性として生きなければならない状況に陥らせる。

プレミスから、どのようにして設定原則を見いだせばよいのだろうか？　この時、多くのライターが犯しているミスを犯さないよう注意しよう。そのミスとは、独創的な設定原則を見つけ出すのではなく、ジャンルをまず決めてプレミスをそれに当てはめること、つまり、そのジャンルの典型とされるプロット・ビート（主要な行動や出来事）にストーリーを無理やり合わせることだ。これをすると、機械的でどこにでもありがちなオリジナリティのないフィクションが生まれてしまうことになる。

設定原則は、自分の目の前にあるシンプルな一文のプレミスから梳《す》き出すようにして見いださなければならない。ちょうど刑事や探偵がそうするように、プレミスの中からストーリーの形状を「あぶり出して」ゆくのだ。

ただし、設定原則は、たとえば「ひとつのアイデアにつきひとつしか存在しない」とか、「固定されたものである」とか、「初めから決まっている」とかいった類のものではない。あなたのプレミスからコツコツと拾い集めてストーリーへと発展させることのできる設定原則や形式はいくらでも存在する。それぞれ違う可能性を持ち、それぞれ違う解決すべき問題を抱えている。設定原則を導き出すのに役立つ手法を紹介しよう。

設定原則を導き出すひとつの方法として、旅路（ジャーニー）などといった旅のメタファーを使うことができる。ハックルベリー・フィンはジムと共にミシシッピ川をいかだで下り、マーロウは船で川を上って「闇の奥」に入り、「ユリシーズ」のレオポルド・ブルームはダブリンの街中を歩き回り、アリスはウサギの穴から不思議の国という逆さまの世界に落ちてゆく。これらはどれも、ストーリーの深いところにあるプロセスを体系づけるために用いた旅のメタファーだ。

ではここで、「闇の奥」を例に、旅路のメタファーから、この実に複雑なフィクション作品の設定原則がどのように導き出されているか確かめてみよう。

この物語の語り部が川を上り、ジャングルに入ってゆく旅は、それぞれ異なる三つの地点に向かう道筋のメタファーとなっている。それぞれの地点を具体的にまとめると次のようになるだろう。非道徳的とされている男と彼の謎についての真実、語り部自身についての真実、全人類の心に存在する野蛮な道徳観という闇の奥に後退してゆく文明。

また、先ほども述べたように、ひとつのシンボルが設定原則として機能する場合もある。たとえば、「緋文字」におけるAという文字、「テンペスト」における島、「白鯨」における鯨、「魔の山」における山などがそうだ。または、たとえば「わが谷は緑なりき」における緑の自然と黒い炭坑のように、物語のプロセスにおける二つの大きなシンボルを組み合わせた設定原則もある。その他の設定原則としては、時間単位（日、夜、四季）もあれば、語り部の独特な使い方や独特な形でのストーリー展開もある。

次は、幅広く、聖書から「ハリー・ポッター」シリーズまで、小説や映画や戯曲の実例から、それぞれの設定原則とプレミスをピックアップして、その違いを示したものだ。

出エジプト記におけるモーゼ

■**プレミス**　自身がヘブライ人だったことを知ったエジプトの王子が、ヘブライ人たちを率いて奴隷の身分から逃れる。

■**設定原則**　自分が何者かを知らない男が、自由のため人々を率い、その人々や自身を定義することとなる新たな道徳律を受けるため格闘する。

「ユリシーズ」

■**プレミス**　ダブリンの普通の男の1日を追う。

■**設定原則**　ダブリンの街を舞台に、ある1日を追った現代版「オデュッセウス」として、1人の男は父のような存在を、もう1人の男は息子のような存在を見いだす。

『フォー・ウェディング』

■**プレミス**　ある男がある女性と恋に落ちるが、最初は一方が、次いでもう一方がそれぞれ別の人物と婚約する。

■**設定原則**　それぞれ自分に合った結婚相手を探している友だち同士のグループが、ユートピア（結婚式）を四度と地獄（葬式）を一度体験する。

「ハリー・ポッター」小説シリーズ

■**プレミス**　自分に魔法を使う能力があることを知った少年が、魔法使いの学校で学ぶ。

■**設定原則**　魔法使いの王子が7年間の学校生活を魔法使いの寄宿学校で過ごし成長して王にな

るすべを学ぶ。

『スティング』

■**プレミス**　2人の詐欺師が共通の友人を殺した裕福な男から大金をだまし取る。

■**設定原則**　詐欺のストーリーを詐欺形式で語り、対抗者と観客の両方をペテンにかける。

「夜への長い航路」

■**プレミス**　母親の麻薬中毒とそれに向き合う家族たち。

■**設定原則**　時が昼から夜へと移り変わってゆくにつれて、ある家族の面々が、それぞれの罪の意識や過去の亡霊と直面する。

『若草の頃』

■**プレミス**　若い娘が隣家の若者に恋をする。

■**設定原則**　四季の季節ごとに展開されるそれぞれの出来事を通して、1年で成長する家族の姿を表現する。

「コペンハーゲン」

■**プレミス**　第二次世界大戦の結末を変えたある話し合いについて、3人が矛盾する見解を語る。

■**設定原則**　ハイゼンベルクの物理学の不確定性原理を使い、それを発見した人物の矛盾する道徳観を探究する。

「クリスマス・キャロル」

■**プレミス**　けちな老人のもとに3人の亡霊が訪れ、その老人がクリスマス精神を取り戻す。

■**設定原則**　クリスマス・イブの夜に自身の過去と現在と未来を垣間見ることを強いられて生まれ変わる男の姿を追う。

『素晴らしき哉、人生！』

■**プレミス**　ある男が自殺しようとしているところに天使が現れ、この男が生まれていなかったらどのような世界になっていたかを見せてやる。

■**設定原則**　彼が生まれていなければ、その街が、さらにはその国がどのようなものになっていたかを見せることで、その男の力を表現する。

『市民ケーン』

■**プレミス**　ある裕福な新聞王の生涯を語る。

■**設定原則**　数多くの語り手を通して、1人の男の人生が他人には決して理解できないものとなり得ることを描く。

〈ステップ5　アイデアの中からベスト・キャラクターを決める〉

ストーリーの設定原則がしっかりと定まったら、次は主人公に目を向けよう。

☑常にベスト・キャラクターについてのストーリーを語る。

ここで言う「ベスト」とは「最も適した」という意味だ。それはつまり、たとえそのキャラクターが特に好感を持てないような性格の人物であったとしても、「最も魅力があり、最も困難で、最も複雑な」キャラクターであるということを意味する。ベスト・キャラクターについてのストーリーを語るべき理由は、あなたの興味も観客の興味も、必然的に、そこに行くようになっているものだからだ。このキャラクターが常にストーリーで描かれる出来事の原動力となるようにしておきたいところだ。

アイデアの中に眠っているベスト・キャラクターを見極める方法は、「私は誰のことが好きだろうか?」という重要な質問を自分自身に投げかけることだ。それに対する自分の答えが正しいかどうかを知るためには、さらに次の質問を投げかけてみる。「私は彼（彼女）が行動する姿を見たいと思っているか?」「彼（彼女）の考え方を私は大好きか?」「彼（彼女）が乗り越えなければならない困難について、私は心から関心を持っているだろうか?」

自分のストーリー・アイデアに眠っているどのキャラクターも大好きになれなかったら、そのアイデアはもう忘れて、別のアイデアに移るべきだ。また、そういうキャラクターを見つけたものの、その人物がメイン・キャラクターでなかったとしたら、今すぐプレミスを変更して、その人物をメイン・キャラクターにしよう。

メイン・キャラクターが複数になりそうなアイデアを考えているとしたら、そのメイン・キャラクターの数だけストーリーラインを持つことになる。その場合、それぞれのストーリーラインについてのベスト・キャラクターをそれぞれ見いださなければならない。

〈ステップ6　中心となる葛藤・対立をとらえる〉

ストーリーの原動力となる人物が決まったら、次はそのストーリーが本質的なレベルで何を描くものなのかを見いだそう。つまり、ストーリーの中心となる葛藤・対立を決めるということだ。中心となる葛藤・対立を見いだすため、「誰が何をめぐって誰と戦うのか?」を自問し、その答えを簡潔な文章でまとめよう。

この簡潔な答えが、あなたのストーリーが本質的に描くものだ。なぜなら、ストーリーで描かれている葛藤や対立の数々を煮詰めると、必ず根本に行き着くものだからだ。この葛藤・対立については、チャプター3とチャプター4で、もっと綿密に、もっと押し広げて検証していくことにする。とにかく、一文でまとめた葛藤・対立についての記述は、設定原則と同様に、実際に執筆が始まってからも、常に自分の目の前に置き続けておくべきものだ。

〈ステップ7　原因と結果という1本の道筋をとらえる〉

優れた自然なストーリーはどれも、一本道で原因と結果が示されている。AによってBが起こり、そのBによってCが起こる、というように最後のZまで続くのだ。これはストーリーの背骨にあたるものだが、その背骨がなかったり、逆にたくさんあると、ストーリーはバラバラになってしまう(複数の主人公が登場するストーリーについては後で取り上げる)。

たとえば、次のようなプレミスを思いついたとしよう。

恋に落ちた男が、ワイン醸造場の支配権を兄と争う。

これは、ふたつの道筋の原因と結果が書かれている分裂したプレミスであることに気づいただろうか。最初にプレミスを一文にまとめることが便利な理由のひとつは、このように容易に問題点やその解決法を見いだせることにある。これがたとえばストーリーや脚本をすべて書き終えてしまってからでは、ストーリーの問題点はまるでコンクリートですっかり固まってしまっているかのように感じられるはずだ。しかし一文の文章で書かれたものなら、シンプルに変更を加えるだけで、分裂したプレミスを一本道に訂正することができる。たとえばこんな感じだ。

ある男が、善意ある女性の愛を通して、ワイン醸造場を支配している兄を倒す。

一本道の原因と結果を見いだすためのコツは、「主人公の基本的行動は何だろう?」と自問することだ。主人公というものは、ストーリー全体の流れを通して、数多くの行動をとる。しかし、その中にひとつだけ、主人公のすべての行動を統合するような、特に大切な行動があるはずなのだ。その行動が原因と結果の道筋ということになる。

たとえば、『スター・ウォーズ』の一文のプレミスに立ち戻ってみよう。

プリンセスが死の危機にさらされたとき、ある若者が戦う者としての技術を駆使して彼女を救い、銀河帝国の邪悪な力を打ち倒す。

この壮大な映画をひとつの一文にまとめるよう強いたことで、『スター・ウォーズ』で描かれている数多くの行動をすべて統合した行動は「戦う者として技術を駆使する」ことだということが見えてくる。

では、壮大な書籍であり映画でもある『ゴッドファーザー』の場合はどうだろう。ここでもやはり、一文のプレミスに蒸留させることから初めてみると、次のような基本行動が明確に見えてくるだろう。

マフィア・ファミリーの末っ子の息子が、彼の父親を撃った男たちに復讐して新たなゴッドファ

ーザーとなる。

このストーリーでマイケルがとるあらゆる行動の中でも、「復讐する」というひとつの行動がその他すべての行動につながっている。つまりこれが基本行動なのだ。

☑多くのメイン・キャラクターが登場するプレミスを作る場合には、それぞれのストーリーラインについてそれぞれ1本の原因と結果の道筋がなければならない。また、それらのストーリーラインがひとつにまとまって、より大きな形で全体を網羅する背骨となるようにしなければならない。

たとえば、「カンタベリー物語」では、それぞれの旅人がそれぞれのストーリーを語っている。ただし、それらのストーリーはどれも、カンタベリーに向かって旅をしているこのグループ（それはイギリス社会の縮図でもある）の一部である。

〈ステップ8　主人公のキャラクター・チェンジの候補を考える〉

書き上げたプレミスの一文から見いだすべきものの中で、設定原則の次に大切なものは、主人公の根本的なキャラクター・チェンジ（キャラクターの変化）だ。これは、どのような形式のストーリーであっても、また、キャラクターの変化自体が（『ゴッドファーザー』のように）ネガティブな変化であってさえも、観客に最も深い満足感をもたらせるものだ。

キャラクター・チェンジは、主人公が葛藤・対立を経て体験する。ごく単純なレベルで見るなら、この変化は三つの要素から成り立つ次のような方程式に置き換えることができる。

W×A＝C

Wは精神的および道徳的なウィークネスの頭文字、つまり弱点を示す。Aはアクションの頭文字、つまりストーリーの中心ある基本行動とそれにともなう葛藤・対立を示す。そしてCはチェンジ、つまり変化したその人物を示すものだ。

ほとんどすべてのストーリーで、弱点を持つキャラクターが何かを達成しようと葛藤・対立し、その結果として（ポジティブにまたはネガティブに）変化している。シンプルなストーリー理論は次のような形で成立する。キャラクターがWからCへと変化することを導く基本行動（A）において、どのような葛藤・対立の出来事が起こるのか？　このときA、つまり基本行動が支点となってテコの役割を果たしている。ある弱点を持つキャラクターが、特定の葛藤・対立によって辛い体験をして鍛えられ、生まれ変わるということだ。

☑この基本行動は、弱点と向き合って変化することを最も的確な形でキャラクターにしいる行動でなければならない。

これは人の成長を追ったものであり、どんなストーリーにも当てはまるシンプルな形状だろう。人の成長とは、確かに捕らえどころのないものではあるが、間違いなくリアルなものでもある。だからこそ、書き手であるあなたは、何よりもまず人の成長を表現しなければ（または、成長しない場合はその理由を描かなければ）ならない。

これを行なうコツは、まず基本行動を定めた上で、その行動と正反対のものを考えることだ。こうすると、主人公のストーリーの出だしでの人間像（その弱点）とエンディングでの人間像（どのように変化したのか）がはっきりしてくる。
このステップは次のような感じで進むことになるはずだ。

1　シンプルなプレミスの一文を書く（後にキャラクター・チェンジを見いだした段階でこのプレミスを修正できるよう柔軟性は保っておく）。
2　ストーリー全体の流れにおける主人公の基本行動を決める。
3　W（主人公の弱点）およびC（変化した人物像）を導き出すため、A（基本行動）と正反対のことについて考える。

基本行動と正反対のものを考えることが大切な理由は、それがなければ変化が起きないからだ。主人公の弱点が、ストーリーで主人公がとる基本行動と似たようなものだったら、その主人公は単に自身の弱点を深めるだけで人物像が変化することはない。

☑主人公の弱点と変化の候補をできるだけたくさん書き出そう。

プレミスを作り上げる際にも選択肢がたくさんあったのと同じように、主人公の弱点についても変化した人物像についても、数多くの選択肢が潜在する。たとえば、あなたの主人公のストーリー中の基本行動が「無法者になること」だとしよう。

まずこの基本行動が定まると、この主人公の弱点と変化の選択肢が次のように色々と思い浮かんでくるはずだ。どの弱点もどの変化も、基本行動と正反対のものとして成立することに注目しよう。

■神経質で恐妻家の男が無法者グループとかかわりを持ち離婚する。
W（出だしでの弱点）…神経質、恐妻家
A（基本行動）…無法者グループとかかわりを持つ
C（変化した人物像）…離婚する

■神経質で傲慢な銀行家が無法者グループとかかわりを持ち貧しい人々に手を差し伸べる。
W（出だしでの弱点）…神経質、傲慢な銀行員
A（基本行動）…無法者グループとかかわりを持つ
C（変化した人物像）…貧しい人々に手を差し伸べる

■シャイで内気な男が無法者グループとかかわりを持ち名声に酔いしれる。
W（出だしでの弱点）…シャイ、内気な男
A（基本行動）…無法者グループとかかわりを持つ
C（変化した人物像）…名声に酔いしれる

これらはどれも、「ある男が無法者になる」という最初のプレミスの一文から導き出せるキャラクター・チェンジの候補例だ。
それではここで、有名なストーリーを例題に、この手法をおさらいしてみよう。

『スター・ウォーズ』
■**プレミス**…プリンセスが死の危機にさらされたとき、ある若者が戦う者としての技術を駆使し

て彼女を救い、銀河帝国の邪悪な力を打ち倒す。

W（出だしでの弱点）…世間知らず、衝動的、無力、目標がはっきりしていない、自信がない。

A（基本行動）…戦う者としての技術を駆使する。

C（変化した人物像）…自尊心、選ばれた者にしかなれない立場、善のために戦う者。


ルークの出だしでの弱点には、戦う者としての資質が見当たらない。しかし、コンスタントに戦う者としての技術を使わなければならないため、彼は善のために戦う者としての自信を深めてゆく。

『ゴッドファーザー』

■**プレミス**…マフィア・ファミリーの末っ子の息子が、彼の父親を撃った男たちに復讐して新たなゴッドファーザーとなる。
W（出だしでの弱点）…無関心、恐れ、正統派、まっとうな生き方、家族との乖離。

A（基本行動）…復讐する。

C（変化した人物像）…ファミリーの圧政的で絶対的な支配者。


『ゴッドファーザー』は、主人公の弱点と変化を決定するために基本行動の正反対について探究することが有意義だということを示す好例だ。もしもマイケルがストーリーの出だしから復讐心に燃える執念深い男だったとしたら、父を撃った男に復讐しても、彼は彼のままでありつづけるだけだ。そこにキャラクター・チェンジはない。しかし、彼が執念深さとは正反対な男として始まっていたらどうなるだろう？　マフィアである自身の家族と乖離している、無関心で、恐れていて、正統派で、まっとうな男が、復讐を行なうことで、このファミリーの圧政的で絶対的な支配者になる。これがラジカルな変化であることは間違いなく、しかも説得力もある。

この手法によって得られるものは、あくまでもストーリーのキャラクター・チェンジとなりえる候補でしかないということを頭に入れておこう。プレミス作りというものは、あくまでも仮説的なものでしかない。執筆プロセスを通して、特にキャラクター・チェンジに関する取り組みについては、あくまでも仮説的なものでしかない。執筆プロセスを通して、別のキャラクター・チェンジについても考慮できるだけの柔軟性を持ち合わせておこう。この重要なストーリー要素については、次のふたつのチャプターでも、もっと詳しく探究する。

〈ステップ9　主人公の道徳的決断の候補を考える〉

物語の中心テーマは、主人公が二者択一を迫られる道徳的決断によって具体化されることが多く、たいていの場合は、その決断はストーリーの終盤で下されるものだ。本書で言う「テーマ」とは、社会の中でどのように行動するのが適切かということについての書き手（あなた）の意見のことだ。これはあなたの道徳観であり、そもそもあなたがストーリーを書く理由のひとつでもあるはずだ。

テーマは、ストーリー構造を通して表現されるのがベストだ（ストーリー構造を通して表現されるテーマのことを私は「道徳論議」と呼んでいる）。書き手であるあなたが、哲学的な議論を通してではなく、ゴールに向かうキャラクターたちの行動を通して、人生の生き方についてのあなたの主張を説明するということだ（より詳しくはチャプター5の道徳論議を参照）。そして、この道徳論議の中で最も重要なステップが、書き手が主人公に強いる最後の二者択一の道徳的決断だろう。

実に多くのライターが、主人公に本物ではない決断を迫るというミスを犯している。本物ではない決断とは、ポジティブでもネガティブでもない決断だ。たとえば、書き手が主人公に、刑務所行きか好きな娘を射止めるかの二者択一を迫った場合、主人公がどちらを選ぶかは明白だ。

☑本物の決断を迫るためには、どちらもポジティブな結果をもたらせる二つの選択肢のどちらかを主人公に選ばせること、または、ごく稀なケースとして、(『ソフィーの選択』のように)どちらもネガティブな結果をもたらせる選択肢のどちらか一方を回避する決断を主人公に迫る場合もある。

決断の二つの選択肢は、可能な限り同等に近いながらも、どちらか片方をほんの少しだけ良いものにしよう。どちらもポジティブな二つの選択肢の典型例としては、愛と名誉のどちらをとるかというものがある。「武器よさらば」の主人公は愛を選んだ。「マルタの鷹」(を初めとするほとんどの探偵もの)の主人公は名誉を選んだ。

この手法もまた、道徳的決断の候補を考えるためのものでしかない。この段階で思いついた決断が、ストーリー全体を書き上げた段階でまったく変わってしまうこともあり得ることだ。この手法はあくまでも、執筆プロセスのごく初期段階で、書き手であるあなたが自分のテーマについて、より実践的な方法で考え始めることを目的としたものだ。

〈ステップ10　観客へのアピール度を評価する〉

プレミスの取り組みをすべて終えた段階で、最後の質問を自分に投げかけよう。この一文にまとめられたストーリーラインは、私以外の多くの人々にとっても十分に興味を持てるものだろうか？

これは人気や商業的アピールについての質問だ。この質問には、毅然とした態度で答えなければならない。あなたが自分のプレミスを見て、このストーリーを見たいと思ってくれそうな人が自分と家族だけだと感じたなら、そのプレミスをベースにストーリーを書くのはやめるべきだと私は強く言いたい。

もちろんいつだって、まずは自分のために、自分が大いに関心を持っていることを書くべきだ。ただし、自分だけのために書くべきではない。多くのライターが犯しがちな大きなミスのひとつは、「自分が大いに関心を持っていることを書くべきか、それとも売れるものを書くべきか」という二元論に陥ってしまうことだ。この二つを区別してしまうのは「芸術のため貧困に耐えながら安い屋根裏部屋で執筆する」という古風でロマンティックなイメージにとらわれた誤った発想だ。

時には、これはどうしても書かなければならないと確信できるアイデアが思い浮かぶ場合もあるだろう。または、素晴らしいアイデアが浮かんだけれど、観客に気に入られるかどうかはまったく想像もつかない場合もあるはずだ。しかし、これだけは覚えておいてほしい。あなたが今後の人生の中で思い浮かぶことになるアイデアの数は、そのすべてをストーリーとして仕上げることなど絶対に不可能なほどたくさんあるということを。だからこそ、いつでも、あなたが心から関心を持ち、しかも観客にアピールできるものを書くようにしよう。確かにあなたの作品はあなた個人にとって大きな意味を持つものでなければならない。しかし、あなたが心から好きなことであれば、観客のために書く作業もずっと容易なものになるだろう。

プレミスの創作――執筆エクササイズ　1

■プレミス　一文の文章であなたのプレミスを書く。そのプレミス文があなたの人生を変えることができるほどのストーリーになるだろうかと自問する。

■「書きたいことリスト」と「プレミス・リスト」　「書きたいことリスト」と「プレミス・リスト」を書き出す。この2種類のリストを一緒に分析し、心から関心を持っているものや心から楽しんでいるものの中核にある要素を導き出す。

■潜在性　そのプレミスで何が可能なのかを探り、その選択肢の数々を書き出す。

■ストーリーの課題と問題点　そのストーリー・アイデアならではの課題と問題点を、考えられる限り記述する。
■設定原則　そのストーリー・アイデアの設定原則を考え出す。設定原則とは、ストーリーが独創的に展開するための深いプロセスや形態について述べたものであることを忘れないようにしよう。
■ベスト・キャラクター　そのストーリー・アイデアにおけるベスト・キャラクターを決める。そのキャラクターをあなたのプレミスの主人公にする。
■葛藤・対立　「この主人公は誰と戦っているのか、何をめぐって戦っているのか？」と自問する。
■基本行動　主人公がそのストーリーで行なう基本行動を特定して、原因と結果の1本の道筋を見いだす。
■キャラクター・チェンジ　まずは基本行動（A）を定め、その基本行動の正反対にあたるものについて考え、主人公の出だしでの弱点（W）と終盤での変化（C）を色々と考えながら、主人公のキャラクター・チェンジの候補をあげてゆく。
■道徳的決断　主人公がストーリーの終盤近くで下す道徳的決断の候補をリストアップする。主人公にとって決断するのが難しく、しかも説得力のある二者択一を迫ろう。
■観客へのアピール　そのプレミスが幅広い観客にアピールできるだろうかと自問する。そうではないと感じたら、もう一度白紙の製図版に戻ろう。

それではここで、このプレミスを作り上げるプロセスが具体的にどのように進むのか、『トッツィー』に当てはめて検証してみよう。

『トッツィー』（脚本…ラリー・ゲルバート、マレー・シスガル　ストーリー原案…ドン・マクガイア、ラリー・ゲルバート　1982年）

■プレミス　ある俳優が役をもらえなくなったことから、女性に扮装してテレビ・シリーズの役を得るが、共演者の女優に恋をしてしまう。

■潜在性　現代の男女交際を面白おかしく描くこともできるが、それだけでなく、人生における最も親密な部分で、世の男女が相手をどう扱っているかということに深く根差した非道徳性を深く掘り下げることもできる。

■ストーリーの課題　男性の非道徳的な行動が女性にあたえる影響を描きながらも、女性は誰もが潔白で、男性は誰もが悪者だという攻撃的な形ではない描き方をするにはどうすべきか？

■問題点　女性のふりをする男という存在に説得力を持たせ、男女関係にまつわる複数のプロットをひとつに織り上げながら、その複数のプロットラインを上手に完結させ、心情的に満足のいくラブ・ストーリーに仕立てるにはどうすべきか？　その一方で、笑いの手法を使って観客を上位ポジションにおくにはどうすべきか？

■設定原則　ある男性偏重主義者を、女性として生きなければならない状況に陥らせる。ストーリーの舞台をエンターテイメント業界に置くことで、変装するという行為に説得力を持たせる。

■ベスト・キャラクター　マイケルが男装と女装の両方を使い分けるという行為は、彼自身の中にある究極的な矛盾を、物理的に、そしてコミカルに表現することができそうだ。

■葛藤・対立　マイケルは愛と誠実さについて、ジュリー、ロン、レス、サンディを相手に対立・葛藤する。

■**基本行動**　男性である主人公が女性のふりをする。

■**キャラクター・チェンジ**

W…マイケルは傲慢で嘘つきで女たらしだ。

C…女性のふりをすることで、マイケルは男としての人間性が向上し、真の愛と向き合えるようになる。

■**道徳的決断**　マイケルは嘘をついていたことをジュリーに謝るため、収入源であるドラマの仕事を犠牲にする。

＊1　R. S. Crane, *The Language of Criticism and the Structure of Poetry* (University of Toronto Press, 1953) p. 2.

第3章

ストーリー構造に不可欠な7段階の道程

『ゴッドファーザー』は小説も映画も長くて複雑な作品だ。『トッツィー』は、報われない愛と人としての過ちと滑稽な行き違いの大混乱を高度な演出で描いている。『チャイナタウン』では、驚くべき新事実の発見の連続が巧みに開示されてゆく。どれもまるで違うタイプのストーリーだが、どれも大ヒットをおさめている。その理由は、どの作品もストーリー構造の奥深くに、なくてはならない自然な7段階の道程連鎖がしっかりと存在しているからだ。

本書で言う「ストーリー構造」とは、ストーリーが時間を経て発展する、その発展の仕方を意味する。たとえば、どんな命あるものでも、その成長は一連の継続的な流れのように見えるものだが、詳しく観察してみれば、その成長の道程で特定のステップやステージの段階を踏んでいることが分かる。これがストーリーにも当てはまるのだ。

ストーリーの出だしから終わりまでの成長の道程には最小限でも次の7段階が必ずある。

1　弱点と欠陥
2　欲求
3　ライバル
4　プラン
5　決戦
6　自己発見
7　新たなバランス状態

この7段階の道程は、たとえば三幕構成などといった機械的なストーリー構造のように、任意に外から当てはめる類のものではない。これらはストーリーの中に存在するものなのだ。この7段階の道程は、言わばストーリーの核やDNAにあたるものであり、あなたがストーリーテラーとして成功するための基盤となるものでもある。なぜならこの道程は人間行動をベースにした道程だからだ。つまり誰でも人生における問題を解決するためにたどらなければならない段階の数々なのだ。また、この7段階の道程は、（あなたのプレミスに含意する）自然なものなので、必ず観客に最大限のインパクトをあたえる形でストーリーを適切につなぎ合わせてくれるはずだ。

それでは、それぞれの段階の意味するものは何なのか、そして、それぞれが表面下で他の段階とどのようにリンクしているのか、さらには、これらがストーリーの中で実際にどのように機能しているのかを検証していこう。

1　弱点と欠陥

ストーリーの出だしの主人公には、ひとつかそれ以上の弱点があり、その弱点のせいで迷いを持っている。内的にとても大切な何かが欠けていて、そのせいで人生が台無しになっている。

ここで言う「欠陥」とは、より良い人生を送るため、主人公の中に欠けているもの、満たす必要のあるものを指す。たいていの場合、これには弱点を克服して変化することや、成長することが何らかの形で関わってくるはずだ。

『トッツィー』

■**弱点** マイケルは傲慢で嘘つきで女たらしだ。

■**欠陥** マイケルは女性たちに対する傲慢さを克服し、自分が欲しいものを得る目的で女性たちに嘘をついたり利用したりすることをやめなければならない。

『羊たちの沈黙』

■**弱点** クラリスは仕事の経験が浅い、幼少期の記憶がトラウマとなって憑《と》りついている、そして、男性社会で生きる女性である。

■**欠陥** クラリスは過去の亡霊を克服し、男性社会の真っただ中でも専門家として周囲からの敬意を勝ち取らなければならない。

売れるライターになりたい人にとって、この「欠陥」がいかに大切かということについては、強調してもし切れないほどだ。欠陥はストーリーの源泉となって後のすべての段階の設定に強く関わっている。主人公の欠陥について考える際には、次のふたつのキーポイントをしっかりとおさえておこう。

☑主人公がストーリーの出だしで自身の欠陥が何なのか把握できていないようにすること。

主人公が自分に足りないものが何なのかすでに理解していたら、もうそのストーリーは終わったも同然だ。そうではなく、主人公が自己発見の段階でようやく自分の欠陥が何かを知るようでなければならない。自己発見は、ストーリーの終わり近くの、ものすごい苦痛（シリアス・ドラマ作品）または葛藤・対立（コメディ作品）を経験した直後に起こるものだ。

☑主人公には、心理的な欠陥だけでなく道徳的な欠陥もあたえること。

平凡なストーリーの多くは、主人公に心理的な欠陥だけしかあたえられていない。それだと、自分以外の誰も傷つけることなく、その重大な弱点を克服するだけで、その欠陥を満たすことができてしまう。

優れたストーリーでは、主人公に心理的な欠陥だけでなく、道徳的な欠陥もあたえられている。主人公は道徳的な欠陥を克服して他人に対して適切に行動することを学ぶ。道徳的な欠陥を持つキャラクターは、ストーリーの出だしで常に何らかの形で他人を傷つけるものだ（主人公の道徳的な弱点）。

『評決』

フランクの心理的な欠陥を満たすためには、アルコール依存症に打ち勝って自尊心を取り戻さなければならない。彼の道徳的な欠陥を満たすには、収入のためだけに他者を利用することをやめ、正義感で行動することを学ばなければならない。私たち観客は、フランクが仕事を得る目的で、嘘をつき赤の他人の葬式に紛れ込む姿を見た時点で、彼に道徳的な欠陥があることを知る。遺族の傷ついた気持ちなど意に介さないのだ。ひたすら彼らを利用して金を稼ぐことしか考えていない。

主人公に心理的な欠陥だけでなく道徳的な欠陥をあたえることが重要な理由のひとつは、それをすることで登場人物の規模が広がることにある。その主人公の行動が、本人以外の他者にも影響をあたえるようになるからだ。これによって観客の心はずっと大きく動かされることになる。

主人公に道徳的な欠陥をあたえておきたいもうひとつの理由は、これによって主人公を完璧な存在、または犠牲者に見えてしまうことを回避できるからだ。このどちらに見えてしまったとしても、それはストーリーテリングにとっては死の接吻を意味する。完璧なキャラクターにはリアルさも説得力もない。主人公に道徳的な欠陥が一切ないと、逆に道徳的な欠陥を持つライバルの方が主人公を食ってしまうことになり、そのストーリーは受動的で意外性のないものになるだろう。

また、弱点や欠陥と同じくストーリーの1ページ目から存在するが、その重要度は弱点や欠陥ほどではない要素が「困窮状態」だ。優れたストーリーというものは、どれも出だしから人々の興味を引くものであり、主人公はすでに何らかの困窮状態に陥っているはずだ。ここで言う「困窮状態」とは、出だしで主人公が直面している危機のことを指す。その段階で主人公はその危機の存在をしっかりと把握しているが、それをどうすれば解決できるかまでは分かっていない。

困窮状態は7段階の道程のひとつではないが、弱点や欠陥の側面を持っているので、ストーリーテリングにとても役立つ。そこに危機が存在すると、そのキャラクターの定義は即座になされるものだからだ。ただし、この類の危機は、主人公の弱点の表れとは区別して考えなければならない。この危機はあくまでも、観客に主人公の弱点を強調してストーリーを素早くスタートさせるためだけのものだ。

☑困窮状態はシンプルで具体的なものにすること。

『サンセット大通り』

■**弱点**　ジョー・ギリスには、お金や高級品に惹かれてしまう性向がある。彼は私的快楽のためなら芸術や道徳への忠誠を喜んで犠牲にする。

■**困窮状態**　ジョーは金欠状態にある。金融会社の男たちが、支払いの滞った彼の車を取り上げるため、彼のアパートメントにやってくる。彼はその車で逃亡する。

『トッツィー』

■**弱点**　マイケルは傲慢で自分勝手で嘘つきだ。

■**困窮状態**　マイケルは優秀な役者だが、あまりにも高圧的なので、もはや誰も彼をキャスティングしようとしない。彼は仕事が欲しくてたまらない。

7段階の道程の手法——道徳的な欠陥を創作する

書き手が、実際には主人公に心理的な欠陥をあたえただけなのに、それを道徳的な欠陥だと勘違いしてしまうことが多い。それを回避するためにも、やや大まかだがシンプルな次のルールを忘れないようにしよう。道徳的な欠陥を持つ主人公は、必ずストーリーの出だしで本人以外の少なくとも1人の人物を傷つけているものである。

道徳的な欠陥を考えつくための方法を二つ紹介しよう。心理的な欠陥と結びつける方法、そして、強みを弱点に変える方法だ。

優れたストーリーでは、道徳的な欠陥が心理的な欠陥から生まれている場合が多い。心理的な欠陥を持つ主人公が、その欠陥を発動させて他人を傷つけるのである。

心理的な欠陥だけでなく道徳的な欠陥をあたえて、あなたの描く主人公として相応しいキャラクターにするためには……

1 まずは心理的な欠陥の創作から始める。

2 そこから、どのようなタイプの非道徳的な行動が自然発生するかを考える。

3 その非道徳的な行動の源泉にある根深い道徳的な弱点や欠陥を特定する。

道徳的な欠陥を作り上げるためのもう一つの手法は、その人物の強みを行き過ぎるまでに発揮させて弱点に転換させるというものだ。この手法は次のような形で進められる。

1 主人公の長所を特定したら、その長所にまつわる情熱を、あまりにも激しすぎて耐えがたいところまで発展させる。

2 主人公が心から信じている価値基準を導き出した上で、その価値基準のネガティブ版は何だろうかと考えてみる。

2 欲求

弱点と欠陥が決まったら、次はこの主人公に欲求をあたえなければならない。ここで言う「欲求」とは、ストーリーの中で主人公が欲している事物、その具体的なゴールを指す。

この欲求が動き始めてようやく観客はストーリーに興味を持てるようになる。欲求とは、観客が「乗って進む」列車（ストーリー）の線路だと考えたらいいだろう。観客は、主人公とともに「列車」に乗り込み、一緒に主人公のゴールを目指す。欲求は、そのストーリーの原動力であり、また全員を乗せた列車が走る1本のレールだ。

欲求は欠陥と密接につながっている。ほとんどすべてのストーリーで、主人公は自身のゴールに到達した時点で、自らの欠陥も満たされるものだ。自然界のシンプルな例を見てもそれは同様だ。空腹なライオンの欠陥（物理的に欠乏しているもの）は食物だ。そのライオンが、移動中のレイヨウの群に遭遇すれば、その群の一頭の若いレイヨウに目をつけて、食べたいと思う（欲求）。もしもそのライオンがそのレイヨウを捕まえることができれば、もう空腹ではなくなる。めでたしめでたし。

多くのライターが陥りがちな大きなミスのひとつは、欠陥と欲求を混同してしまうこと、またはこの二つをひとつの段階とみなしてしまうことだ。実際には、この二つはストーリーの出だしを形成するためのまったく別々の段階なのだから、書き手はそれぞれの機能の違いをしっかりと把握しておく必要がある。

欠陥はキャラクターの中にある弱点を克服することに関連していなければならない。欠陥を持つ主人公は必ず、ストーリーの出だしで自分の弱点のせいで、何らかの形で無力な状態にあるものだ。一方の欲求は、キャラクターの外にあるゴールだ。キャラクターは欲求を抱いた時点から、特定の方向に向かって動き出し、自身のゴールにたどり着くためさまざまな行動をとる。

また、欠陥と欲求は、観客に対してもまるで違う形で機能している。欠陥は、主人公がより良い人生を送るためには、どのように変わらなければならないかを観客に知らせるものだ。それはストーリー全体のカギとなるものではあるが、表面下に潜んだままでなければならない。一方の欲求は、観客が主人公と一緒になって欲するもの、ストーリーの（脱線さえも含めた）さまざまな紆余曲折をたどりながら一緒に目指せる類のものだ。欲求は表面に見えている。だから観客はこのストーリーが描いているのはコレだと思う。欠陥と欲求の違いはこのような図表で示すこともできるだろう。

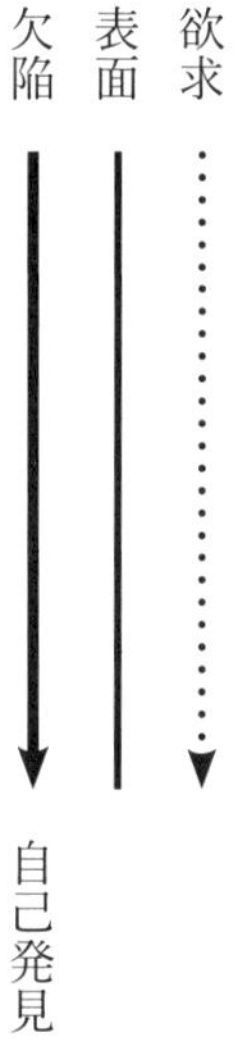

それではここで、実例を使って欠陥と欲求の決定的な違いを確認してみよう。

『プライベート・ライアン』

■**欠陥**　主人公のジョン・ミラーは、ある任務に恐怖心を抱いているが、それを遂行しなければならない（心理的および道徳的な欠陥）。

■**欲求**　彼はプライベート・ライアンを見つけ出して生還させたい。

『フル・モンティ』

■**欠陥**　このグループの各人は、それぞれ自尊心を取り戻す必要がある（心理的な欠陥）。

■**欲求**　彼らは満員の女たちの前で全裸パフォーマンスをすることで大金を稼ぎたい。

『評決』

■**欠陥**　主人公は自尊心を取り戻さなければならず（心理的な欠陥）、また正義感を持って他者のために行動することを学ばなければならない（道徳的な欠陥）。

■**欲求**　すべての法廷ドラマがそうであるように、彼はこの裁判に勝ちたい。

『チャイナタウン』

■**欠陥**　ジェイクは、うぬぼれからくる傲慢さを克服し、他者を信用することを学ばなければならない（心理的な欠陥）。彼はまた、そうすることが正しい行いだということを理解し、お金を稼ぐために他者を利用するのをやめ、殺人犯に正義の裁きを下さなければならない。

■**欲求**　すべての探偵もののストーリーがそうであるように、ジェイクの欲求は事件の謎を解くことにある。この作品の場合では、〈誰がどんな理由でホリスを殺したのか〉ということ。

☑ここで言う「主人公の欲求」とは、あくまでも主人公がそのストーリーの中で何を欲しているかであり、人生において何を求めているかではない。

たとえば、『プライベート・ライアン』の主人公は、戦うことをやめて我が家に帰り家族と共に過ごしたいと望んでいる。しかしそれはこのストーリーが追っている道のりではない。このストーリーにおいて、具体的な一連の行動をとることが必要な彼のゴールは、プライベート・ライアンを生きたまま連れ帰ることなのだ。

7段階の道程の手法——欲求からストーリーを始めることについて

繰り返しになるが、主人公の欲求が動き始めるまで観客は刺激を受けることはない。その事実を知っているライターは、時として、巧妙に立ち回ろうと頭を使い、「弱点と欠陥の段階を飛ばして、欲求の段階からストーリーを始めよう」と思いついたりする。実はそれは、悪魔と契約を交わすようなものだ。

出だしで欲求が描かれていれば、確かにストーリーは一気にスタートするだろう。しかし同時に、エンディングのクライマックスを殺してしまうことになる。ストーリーの土台は弱点と欠陥にあるのだ。弱点と欠陥があるからこそ主人公は終盤で変わることができる。また弱点と欠陥はそのストーリーを観客にとって私的で意味深いものにしてくれ、そのことによって、観客は主人公のことを心から気にかけるのだ。

弱点と欠陥の段階を絶対に飛ばさないこと。これは絶対だ。

3 ライバル

ライバル、または敵対者。彼らのことを、見た目も喋り方も行いも邪悪なキャラクターだと誤解しているライターは意外と多い。ライバルをそのように捉えてしまうと、優れたストーリーを書くことはできないだろう。

ライバルのことは、ストーリーにおける一つの重要な役割として、むしろ構造的に捉えるべきだ。本当のライバルとは、主人公の欲求の達成を妨げたいと思っているだけでなく、自分も主人公と同じゴールを目指して争っている者のことだ。

注目すべきことに、ライバルをそのように定義するだけで、この段階が人工的ではなく、自然に主人公の欲求とつながってゆく。主人公とライバルが直接的に対立し、ストーリーを通して何度も対立が繰り返されることは、この2人が同じゴールに向かって争うことでしか起こり得ない。主人公とライバルがそれぞれ別々のゴールを持っていたとしたら、どちらも直接的に対立することなく、それぞれの欲する事物を手に入れることができるだろう。そこにはもう語るべきストーリーは存在しない。

優れたストーリーの数々を研究してみると、一見すると、主人公とライバルが同じゴールを目指して争っていないように見えるものが多い。しかし、よくよく注目してみるとどうだろう。彼らが真の意味で何をめぐって争っているか突き止めてみよう。たとえば、探偵もののストーリーでは、主人公は殺人犯を捕まえたい一方で、ライバルである殺人犯はその追及から逃れたいという構図に見える。しかし彼らは実は、どちらが主張する真実を人々が信じるかということをめぐって争っているのだ。

主人公と同じゴールを目指すライバルを作り上げるコツは、最も深いレベルでの主人公とライバルの対立を見いだすことだ。「この2人が争っている最も重要なことって何だろう?」と自問しよう。その答えが必ずストーリーの焦点となってくるはずだ。

☑本当のライバルが誰かを見いだすためには、まずは主人公の具体的なゴールについて考察することから始めよう。その目的を果たさせたくないと考えている者がライバルとなる。

ライターが「私の主人公のライバルは彼自身だ」と語っているのを耳にしたことは何度もあるだろう。このミスを犯すとさまざまな構造上の問題が続出することになる。ちなみに本書で「主人公が自分自身と戦う」と述べることがあるとすれば、それはライバルについてではなく、主人公の中にある弱点について語るときだけだ。

それではここで、実例から各作品のライバルを確認してみよう。

『ゴッドファーザー』

マイケルの最初のライバルはソロッツォだ。しかし、彼のメインのライバルは、ソロッツォの背後で力を振るい、コルレオーネ・ファミリーを潰そうとしているパワフルなバルジーニだ。マイケルとバルジーニは、コルレオーネ・ファミリーの存続をめぐって、そして誰がニューヨークの闇社会の支配者となるのかをめぐって争っている。

『スター・ウォーズ』

ルークのライバルは冷酷なダース・ベイダーであり、この2人は誰が銀河を支配するかということをめぐって争っている。ベイダーは専制的な帝国の邪悪なフォースを体現する存在だ。一方のルークはジェダイの騎士と民主的な共和国で構成される善のフォースを体現している。

『チャイナタウン』

優れた探偵モノのストーリーがすべてそうであるように、『チャイナタウン』のライバルもまた、最後の最後まで隠れ続ける、狡猾にして独特な人物である。ジェイクのライバルは、最終的に富豪で権力者のノア・クロスだということが判明する。クロスは水道事業を通じてロサンゼルスの将来を支配したいと考えているのだ。しかし彼がジェイクと争っているのは、その支配権ではない。探偵ものである『チャイナタウン』では、「どちらの語る真実が人々から信じられるか」をめぐってクロスとジェイクは争っている。クロスは、ホリスの死は事故による溺死であり、またエヴリンの娘はクロスの孫娘であると世間に信じさせたい。一方のジェイクは、ホリスを殺したのも実の娘をレイプしたのもクロスであることを世間の人々に分かってもらいたいのだ。

4 プラン

人生においてもストーリーテリングにおいても、何のプランもなしに行動を起こすことはできない。ここで言う「プラン」とは、一連のガイドラインまたは戦略を指す。主人公はそのプランを使ってライバルを乗り越え、ゴールにたどり着く。

プランもまた、自然な形で欲求やライバルとつながっていなければならない。このプランはいつでも「ライバルを倒してゴールにたどり着くこと」に明確に焦点を絞ったものでなければならない。主人公の持つプランは、時には、曖昧でおぼろげな場合もあるだろう。また、犯罪コメディや戦争ものといった特定ジャンルでは、プランがあまりにも複雑なため、登場人物がシーンの中でそれを書き記すという形で、観客にその内容を理解できるよう工夫しているケースも多い。

『チャイナタウン』

ジェイクのプランは、生前のホリスを良く知っていた人物たちに聞き込みをすることと、ホリス殺害を証明する物理的な証拠を追うこと。

『ハムレット』

ハムレットのプランは、彼の父を殺したのは現在の王だということを模した劇を上演すること。その劇を見た王の反応から、王が本当にやったことを彼は確信する。

『ゴッドファーザー』

マイケルの最初のプランは、ソロッツォとソロッツォを警護する警部を殺すこと。ストーリーの終盤におけるマイケルの第二のプランは、他のファミリーのドンたちを一気に抹殺すること。

5 決戦

主人公とライバルは、ストーリーの中盤全体を通して対立を繰り返し、目指す同じゴールを自分こそが勝ち取ろうとパンチとカウンターパンチの応酬が繰り広げられる。そして、その対立が生じるたびにヒートアップしてゆく。ここで言う「決戦」とは、どちらのキャラクターがそのゴールを勝ち取るかがようやく決定する、主人公とライバルによる最後の対立を指す。この最後の戦いは、暴力による対決の場合もあれば、言葉による対決の場合もある。

「オデュッセイア」

オデュッセウスは、彼の妻を苦しめ彼の領地を荒らした求婚者たちを皆殺しにする。

『チャイナタウン』

エヴリンは警官に殺され、ノアはエヴリンの娘を連れて逃げ去り、ジェイクは悲嘆に暮れてその場を去る。

『評決』

フランクは、法廷で弁護士として素晴らしい力を発揮し、説得力ある言葉で相手弁護団を打ち負かす。

6　自己発見

決戦は主人公にとって苦痛をともなう強烈な経験だ。この決戦という厳しい試練が起因となって、主人公は自分自身が何者なのかということについて大きな新発見をする。この自己発見のクオリティによって、ストーリーのクオリティがおおかた決まると言っていいだろう。良くできた自己発見は、この段階になって主人公がようやく初めて気づくものであり、また欠陥と同じく、心理的自己発見と道徳的自己発見というふたつの形で表出するものだ。

心理的自己発見は、主人公がそれまで被っていた殻をすべて脱ぎ捨て、ずっと隠しながら生きてきた真の自分を初めて正直に直視することだ。この殻を脱ぎ去るという行動は、受動的でも、容易でもあってはならない。むしろ、他のどの行動よりも能動的で、どれよりも難しい行動、つまりそのストーリー全体を通して主人公がとる行動の中で、最も勇気のいる行動でなければならない。

また、「自分は何々を学んだ」と真正面から言葉にして主人公に言わせたりしないこと。見え透いている上に、説教臭く響き、観客に顔をそむけられてしまうだろう。そうではなく、その自己発見へとつながる主人公の一連の行動を使って、主人公の自己洞察を提示したい。

『ビッグ』

ジョシュは、今度の人生で大人として愛にあふれた人生を送るためには、彼女と別れ、玩具会社での今の満ち足りた生活を捨てて、子どもに戻らなければならないことに気がつく。

『カサブランカ』

リックはシニカルな態度を改めて理想主義を取り戻し、イルザとの愛をあきらめ、自由のために闘う。

『チャイナタウン』

ジェイクの自己発見はネガティブである。エヴリンの死を確認した彼は、「できるだけ何もしない（ことがよしとされる街）か」とつぶやく。彼は自分の人生が無用なものであるどころか、有害であるとさえ思っているようだ。再びこうして愛する者を傷つけてしまったのだから。

『ダンス・ウィズ・ウルブズ』

ダンバーは、ラコタ・スー族の妻と大家族を得たことで、人生の新しい意味、そして人としての新たな生き方を見いだす。しかし皮肉なことに、彼らラコタ族の生き方はその最後の時代を迎えていた。つまりダンバーの自己発見は、ポジティブでもあり、ネガティブでもあるということになる。

主人公に道徳的な欠陥をあたえたのであれば、自己発見も道徳的なものでなければならない。主人公は単に新たな希望の光に照らされた自分自身を発見するだけでなく、他者に対して適切に行動しようという考えを持つようになる。基本的に、主人公は今までの自分が間違っていたこと、他者を傷つけていたことに気づき、それを改めなければならないと思うようになる。その上で、その自己発見に基づいた道徳的行動をして、自身が変わったことを証明するのだ。

『トッツィー』

マイケルは男であることの本当の意味に気がつく――「これまで男として女たちとつきあってきた

僕よりも、女として君とつきあっていた時の僕の方が、男としてずっと良い人間だった。僕が学ぶべきことは、女装しなくてもそれができるようになることなんだ」――と彼は言い、愛する女性を傷つけたことを謝罪する。ここで注目すべきは、主人公が真正面から彼が学んだことを言葉に出して言っているにもかかわらず、巧妙に笑いを誘う形でそれをやることにより、説教臭さを見事に消していることだ。

「ハックルベリー・フィンの冒険」

ハックはジムの事を人間以下だと考えていたのは間違いだったと悟り、ジムの所有者に「彼の行方を教えるくらいなら地獄に落ちたほうがましだ」と宣言する。

ストーリー構造的には、この自己発見の段階は、欠陥の段階と最も深くつながっており、どちらの段階も主人公のキャラクター・チェンジと通じ合っている（これについては次のチャプターでより詳しく探究しよう）。欠陥は主人公のキャラクター・チェンジの始まりの地点で、自己発見はその変化の最終地点にあたる。欠陥の段階では、主人公の未熟さ、つまりこの人物に欠けているもの、この人物を押しとどめているものが提示される。一方の自己発見の段階は、その主人公が人として成長する、つまり何かを学ぶ、何かを得る、今後より良い人生を主人公が送れるようになる（または、発見した内容があまりにも苦痛に満ちたものであるために崩壊してしまう）瞬間である。

7　新たなバランス状態

新たなバランス状態の段階では、すべてが通常に戻り、それまでの欲求がすべてなくなる。ただし、そこには以前との大きな違いがある。主人公は、厳しい試練を経験したことで、より高い（またはより低い）レベルに移っているのだ。この主人公には根本的で永続的な変化が起こっている。自己発見がポジティブな（主人公が本来の自分の姿を見いだし、この社会で自分に相応しく生きるすべを学んだ）場合には、その人物はより高いレベルに上昇する。自己発見がネガティブな（自身が恐るべき罪を犯したことを知り、自身の有害な欠陥を目の当たりにした）場合、または自己発見をすることができなかった場合には、その人物はより低いレベルに落ちる、または崩壊する。

まずは、主人公が上昇する実例から見てみよう。

『ダイ・ハード』
ジョンは犯罪者たちを倒して妻を救い、2人の愛を再確認する。

『プリティ・ウーマン』
ビビアンは娼婦の世界を去り、愛する男（幸運にも大金持ち）と一緒になる。

『羊たちの沈黙』
クラリスはバッファロー・ビルに正義の裁きを下して有能なFBI捜査官となり、またあのひどい悪夢もどうやら克服できたようだと分かる。

次に、主人公が堕ちる実例を見てみよう。

「エディプス王」

実の父を殺し、実の母と交わったことを知ったエディプスは、自らの両目をえぐる。

『カンバセーション…盗聴…』

主人公は、自分がある人物の殺害に貢献していたことを知り、動顚し、必死になって盗聴器を探そうと自宅アパートメントをめちゃくちゃにする。

『めまい』

主人公は愛する女性を鐘楼の頂上まで無理やり連れてゆき、彼女に殺人の真相を問い詰める。罪の意識に打ちのめされた彼女が誤って転落死すると、彼は戦慄し、ただ下を見下ろす。

7段階の道程の使い方――執筆エクササイズ　2

ここまで、ストーリー構造に不可欠な7段階の道程がどういうものなのかを見てきた。ここからは、それを実践的にストーリー作りに利用する方法について説明しよう。

■ストーリー・イベント（ストーリー内で起こるさまざまな出来事）　ストーリー・イベントの数々を書き出し、それぞれを一文でまとめよう。

これら7段階の道程は外側から当てはめるものではなく、ストーリー・アイデアの中に眠っているものだ。だからこそ、7段階の道程に取り組むにあたって最初にやらなければならないことは、そのストーリーで起こり得る出来事の数々をリストアップすることだ。

通常、あるストーリー・アイデアが思い浮かぶと、「こういうことが起こるかもしれない、それからこういうことも、それにこういうことも」という感じで即座に複数の出来事が頭に浮かんでくるものだ。また、ストーリー・イベントは、通常、主人公またはライバルの行動である場合がほとんどだ。そうやって思い浮かんだストーリー・イベントの数々は、たとえ結果的にどれ一つとして完成作には残らなかったとしても、創作上とても貴重なものとなる。それぞれの出来事について一文の文章で書き記そう。ポイントは、あまりディテールにこだわらずに、それぞれの出来事で何が起こるのかという基本的な発想を素直に書き記すことだ。

数としては、最低でも5個のストーリー・イベントが欲しいところで、10とか15もあればなおさら良い。出来事のリストが多ければ多いほど、ストーリーの全体像から7段階の道程を探し出しやすくなるからだ。

■出来事を順に並べる　書き記したストーリー・イベントを出だしから終わりまでの大まかな順序に並べよう。ただし、これが必ずしも完成作の順序になるわけではない。ここでの目的は、ストーリーが出だしから終わりまでどのような形で発展し得るものなのかを大まかに知ることだ。

■7段階の道程　それぞれのストーリー・イベントを一つずつ探究しながら、7段階の道程の構造を特定してゆこう。

☑最初はストーリーの終わりにくる自己発見の段階を見極めることから始め、次に出だしの主人公の欠陥と欲求を特定すること。

まずはストーリーの終わりから取り組み始め、次に出だしに戻るという方法論は、この後でも、キャラクターやプロットやテーマに取り組む際に繰り返し使われる手法だ。これがフィクション執筆における最良の手法のひとつだと言える理由は、こうすることで、主人公もストーリーも構造上の旅路における真の最終地点である自己発見に向かって進むことが確保されるからだ。

■心理的自己発見と道徳的自己発見　自己発見に取り組む際には、主人公に心理的自己発見と道徳的自己発見の両方をあたえるよう努めよう。

主人公が最後に何を学ぶかについて具体的に考えよう。またこの作業が終わって、その他の6段階や執筆プロセス全体に取り組む際には、この作業で書き記した内容を変更できる柔軟性を持ち続けるようにすることも大切だ。ストーリーのさまざまなパートも、この7段階の道程への取り組みも、ちょうどクロスワード・パズルのようなものだ。簡単に解ける部分もあれば、ものすごく難しい部分もある。簡単に解けた部分を利用しながら、タフな部分の答えを見いだしてゆくだけでなく、後に理解できたことに新たな発見があれば、喜んで後戻りして、先に書き記した答えを変更しなければならない。

■心理的および道徳的な弱点と欠陥　自己発見への取り組みが終わったら、ストーリーの出だしに戻り、主人公に心理的な弱点と欠陥、そして道徳的な弱点と欠陥の両方をあたえるよう努めよう。

この二つの主な違いを覚えているだろうか。心理的な弱点や欠陥は主人公だけに影響するもの、道徳的な弱点や欠陥は他者に影響をあたえるものだ。

主人公の弱点については、ひとつだけでなく、たくさん考え出すようにしたい。それらはどれも、主人公の人生を台無しにするような、またはそうなる潜在性を秘めているような、危険で重大で根深い弱点でなければならない。

■困窮状態　ストーリーの出だしで主人公が直面する困窮状態または危機は何か？　それは主人公の弱点から自然の成り行きで持ち上がったものとなるようにしよう。

■欲求　主人公にはとても具体的な欲求をあたえること。

主人公のゴールについては、それを達成するためには数々の行動をとることが強いられるものであること、また主人公をストーリーの最後まで導くものであることが求められる。

■ライバル　主人公と同じゴールを持ち、また主人公の弱点を攻撃することが非常に上手なライバルが求められる。

ライバルは何人いてもかまわない。ただし、その中のベストは誰かを見極めることが大切だ。まずは、あの自問に立ち戻るところから始めよう。「主人公とライバルが争っている対象の中で一番深いものは何か？」　メインのライバルには、主人公と同じくらいそのゴールを勝ち取ることに執着してほしい。また、そのライバルに主人公の最大の弱点を攻撃できる特別な能力をあたる。このライバルがゴールを勝ち取ろうと励みがら、その攻撃能力をいかんなく発揮するようにしたい。

■**プラン**　主人公が数々の行動をとることを必要とされ、また、最初の行動が上手くいかなかったときに調整がきくようなプランを作ろう。

たいていの場合、プランによってその後のストーリーが形作られるものだ。だからこそ、プランには多くの段階が含まれていなければならない。そうでないと、とても短いストーリーになってしまうだろう。また、そのプランが失敗して主人公が調整を強いられるような、独創的で複雑なプランでなければならない。

■**決戦**　最後の戦いと新たなバランス状態を導き出そう。

決戦は主人公とメインのライバルによるものでなければならず、また、今回ばかりは、どちらがゴールを勝ち取るか決着がつかなければならない。アクションや暴力による決戦にするか、それとも言葉による決戦にするかも決定しよう。どのようなタイプの決戦を選んだにせよ、それが主人公にとって究極の試練となる強烈な経験であることが重要だ。

それではここで、『ゴッドファーザー』のストーリーを7段階の道程に分解してみよう。あなたが自身のストーリーを分解するとき、どのように見えるかをつかむのに役立つはずだ。

『ゴッドファーザー』（原作小説…マリオ・プーゾ　脚本…マリオ・プーゾ、フランシス・フォード・コッポラ　1972年）

■**主人公**　マイケル・コルレオーネ

■**弱点**　マイケルは若く、不慣れで、実践的な経験がなく、自信過剰である。

■**心理的な欠陥**　マイケルは自身の持つ優越感や独善的なところを克服しなければならない。

■**道徳的な欠陥**　彼はファミリーを守りながらも、他のマフィアのボスたちのように冷酷になることを回避する必要がある。

■**困窮状態**　ライバルのマフィアが、コルレオーネ・ファミリーのドンであるマイケルの父を撃つ。

■**欲求**　マイケルは父を撃った男たちに復讐することでこのファミリーを守りたい。

■**ライバル**　マイケルの最初のライバルはソロッツォ。だが、彼の真のライバルはソロッツォの背後で力を発揮している、よりパワフルなバルジーニだ。バルジーニはコルレオーネ・ファミリー全体を壊滅させたいと思っている。マイケルとバルジーニはコルレオーネ・ファミリーの存続とニューヨークの裏社会の支配権をめぐって争う。

■**プラン**　マイケルの最初のプランはソロッツォとソロッツォを警護している警部を殺すこと。第二のプランは他のファミリーのドンたちを一気に殺すこと。

■**決戦**　最終決戦は、甥の洗礼式に出席するマイケルと、殺戮される五大マフィア・ファミリーのドンたちのクロスカットだ。マイケルは洗礼式で神を信じると宣誓する。クレメンザがエレベーターから出てくる数人の男たちをショットガンで撃ち殺す。モー・グリーンが目を撃ち抜かれて死ぬ。マイケルは洗礼式の典礼に従い、悪魔を退けると宣誓する。別の狙撃者が回転ドアのところで別のファミリーのドンを撃ち殺す。バルジーニが射殺される。トムがテッシオを送り出し、テッシオが殺される。カルロは絞殺される。

■**道徳的自己発見**　存在しない。マイケルは冷酷な人殺しとなった。この作品の書き手は、主人公の妻ケイに道徳的自己発見をさせるという、ストーリー構造上とても高度な手法を使っている。目の前でドアがバタンと閉められたとき、彼女は夫がどういう男になってしまったのかを悟る。

■**新たなバランス状態**　マイケルは敵をすべて殺し、ゴッドファーザーの地位に「上昇」する。しかし、道徳的には堕ちて「悪魔」と化している。ファミリーの暴力や犯罪に一切かかわりたくなかったこの男が、今ではこのファミリーのリーダーとなり、裏切り者や邪魔者はことごとく殺してしまうようになった。

第4章 キャラクター

『トッツィー』が大ヒットを飛ばしたのは、ダスティン・ホフマン演じるメイン・キャラクターが女装したからである。正解だと思いますか？　答えはノーだ。あのキャラクターを可笑しくしているもの、そしてストーリー全体を機能させているものは、さまざまなキャラクターたちからなるウェブ（網目）であり、このウェブが主人公である彼を定義し、おかしな存在であることを可能にしているのだ。女装した見掛け倒しのダスティン・ホフマンの表面下にあるものに目を向けてみると、このストーリーに登場するそれぞれのキャラクターが、この主人公の中核にある道徳的問題点（男性による女性の接し方）を、それぞれのバージョンで体現していることが分かってくる。

すっかり間違えた方法でキャラクターを扱っているライターは驚くほど多い。主人公の弱点をすべてリストアップすることから始め、その人物のストーリーを語り、その上で、最終的にこの人物を変えようと試みている。しかしどんなに頑張って試みたところで、この方法は機能しない。

私たちはそれとは違うプロセスで進んでいこうと思う。この方がずっと役立つと身をもって感じられるはずだ。このプロセスは次の数ステップで成り立っている。

1　最初に主人公に集中して取り組むのではなく、蜘蛛の巣のように連結するキャラクター・ウェブを成り立たせているキャラクター全員に目を向けるところから始める。ストーリー・ファンクション（ストーリーにおける役割）と元型に従いながら、それぞれのキャラクターを他のキャラクターと比較して、全キャラクターを分類してゆく。

2　次いで、テーマや対立関係をベースに、各キャラクターに特色をあたえてゆく。

3　その上でようやく主人公に集中し、主人公を一歩ずつ「構築」して、観客が心から気づかえるような、深みと複雑さを持った人物像を作り上げる。

4　ライバルを詳細に作り上げる。ライバルは主人公に次いで重要なキャラクターであり、さまざまな意味で、主人公を定義するためのカギとなるものだ。

5　最後に、ストーリー全体を通しての葛藤・対立を構築するため、キャラクター作りの手法全体をいま一度おさらいする。

キャラクター・ウェブ

キャラクターを作り上げるときに犯しがちな最大のミスは、主人公とその他すべてのキャラクターを別々に考えてしまうことだ。そうすると主人公は孤立し、他者たちと分離した状態になる。その結果、主人公の人間像が弱くなるだけでなく、それ以外のキャラクターに至っては、主人公以上に弱い、型どおりのライバルや主人公を鏡映しにしただけの人物像ができあがってしまう。

この大きなミスを犯すと、ハイ・コンセプトのプレミスが更に強調されてしまうだけに、執筆時にさらに悪化してゆくことになる。ハイ・コンセプトのプレミスを持つストーリーは、主人公だけが唯一の大切な人物のように見えるものだ。しかし皮肉なことに、主人公だけに強烈なスポットライトを浴びせてしまうと、主人公自体を明確に定義することができず、むしろ単調なマーケティング用のツールのようにしか見えなくなるのだ。

素晴らしいキャラクターを生み出したいのなら、ストーリーに登場するキャラクター全員がキャラクター・ウェブを形成しているように考え、それぞれのキャラクターが他のキャラクターを定義するのに役立っているという発想から入ろう。別の言い方をするなら、キャラクターというものは、本人以外の人物から定義されるものである、ということだ。

☑主人公を初めとするキャラクター全員を作り上げるための最重要ステップは、お互いを結びつけて比較することである。

書き手は、各キャラクターと主人公を比較するたびに、主人公について新たな形で定義することが強いられることになるだろう。また、二次的キャラクターについても1人の人間として扱えるようになり、主人公と同じくらい複雑で価値ある存在として見ることができるようになる。

すべてのキャラクターは、主に次の四つの形で、お互いと結びつき、定義し合っている。ストーリー・ファンクション、元型、テーマ、対立だ。

ストーリー・ファンクション（ストーリーへの役割）を基礎にしたキャラクター・ウェブ

すべてのキャラクターが、設定原則（チャプター2　プレミス参照）に内在するストーリーの意図に貢献するものでなければならない。各キャラクターは、ストーリーの意図を満たすため役立つよう設定されたそれぞれの役割や機能を持っているのだ。舞台演出家のピーター・ブルックが役者たちに向けて語ったある言葉は、キャラクター創作時のライターにも当てはまる助言だと思うので、以下に抜粋しておくことにする。

「（ブレヒトは）すべての役者は戯曲の前進に貢献しなければならないと言っています……。（役者が）自分自身のことを作品全体との関係性を軸に捉えられるようになると、行き過ぎた役作り（取るに足りないディテール作り）がいかに作品への妨げとなるか、そして行き過ぎた役作りによって不必要な特徴を持ちすぎることで、役者本人への妨げとなり、役者自身の見た目や魅力までも損ないかねないという事実が分かってくるはずです」。（＊1）

観客は主人公がどのようにして変わってゆくのかということに最も強い興味を持っているとは言え、主人公を含んだすべてのキャラクターがひとつのチームとしてそれぞれの役割を果たさなければ、主人公の変化を見せることは不可能なのだ。それでは、フィクション・ストーリーにおける主要キャラクターのストーリー・ファンクションを説明していこう。

主人公

最も大切なキャラクターはメイン・キャラクター、つまり主人公だ。中心となる問題点を抱えており、その問題点を解決しようすることでストーリーを前進させる人物である。主人公はゴール（欲求）を目指そうと決心しているが、特定の弱点や欠陥を持っており、それらが成功を妨げる。

ストーリーに登場するその他のキャラクターはすべて、主人公にとってのライバル、仲間、またはその両方のコンビネーションのどれかに当てはまる。ストーリーにおける紆余曲折の多くは、さまざまなキャラクターと主人公の間で繰り広げられる敵対と友好の潮の満ち引きによって生み出されているものだ。

■「ハムレット」の主人公　ハムレット

ライバル

主人公の目的達成を妨げたいと誰よりも強く思っているのがライバルだ。ライバルは主人公にとって単なる障害物程度の存在であっては不十分だ。それではあまりにも機械的で個性がなさすぎるからだ。

前にも述べたように、ライバルは主人公と同じものを欲している者でなければならない。つまり、主人公とライバルはストーリー全体を通して何度も直接的な対決をしなければならないのだ。ただし、表面上は直接的に対決しているように見えないケースが多い。だからこそ、書き手であるあなたは、主人公とライバルが何をめぐって争っているのかということについて、その最も深い対立の内容を常に探し続けなければならない。

主人公とライバルの関係は、ストーリーに登場するさまざまな関係性の中でも一番重要な関係性だ。この2人のキャラクターの対立について見いだすことさえできれば、そのストーリーの主要な論点やテーマはほとんど決まったようなものだ。

ところで、ライバルのことを主人公が嫌っていると決めつけるのはやめよう。そうである場合もあれば、そうでない場合もある。ライバルはシンプルに主人公の反対側にいる人物のことだ。ライバルの方が主人公よりも好人物で道徳的な場合だってあるだろうし、主人公の恋人や友人がライバルという場合もあるだろう。

■「ハムレット」のメインのライバル　クローディアス王
■第二のライバル　ガートルード女王
■第三のライバル　ポローニアス内大臣

仲間

仲間は主人公を手助けする人物だ。仲間はまた、共鳴板の役割を担って、主人公の価値基準や感情を観客に届けるという機能も果たしている。たいていは、仲間の目指すゴールも主人公と同じものだが、時として、仲間は仲間で自分自身の別のゴールを持っている場合もある。

■「ハムレット」の仲間　ホレイショー

仲間のふりをしたライバル

仲間のふりをしたライバルというキャラクターは、一見すると主人公の友だが、実際にはライバルである者のことだ。メインのライバルのパワーを増強させたり、プロットにひねりを加えたりするための主要な方法のひとつとしてこのキャラクターが使われることが多い。

仲間のふりをしたライバルは、通常、その役割上ジレンマを抱えているものなので、登場人物の中で最も複雑で興味深いキャラクターの1人となり得ることは明らかだ。仲間のふりをしたライバルは、主人公の仲間であるふりをしている間に、本当に仲間のような気持ちになってくる。そんなわけで、主人公を倒すつもりだったにもかかわらず、最終的には主人公の勝利を手助けすることが多い。

■「ハムレット」の仲間のふりをしたライバル

オフェーリア、ローゼンクランツ、ギルデンスターン

ライバルのふりをした仲間

このキャラクターは一見すると主人公と争っているように見えるが、実際には主人公の友である。ライバルのふりをした仲間は、書き手側からすると、仲間のふりをしたライバルほど利用価値があるものではないので、あまり多くの作品に登場することはない。チャプター8で詳しく取り上げるが、プロットというものは、ライバル側、特に影に隠れた敵から発生するものだ。たとえ最初はライバルのように見えたとしても、あくまでも仲間であるこの人物には、ライバルのような対立やサプライズを生み出すことがなかなかできない。

■「ハムレット」のライバルのふりをした仲間

なし

サブプロット・キャラクター（わき筋のキャラクター）

サブプロット・キャラクターは、フィクションに登場する人物の中で最も書き手からの誤解を受けているキャラクターだろう。多くのライターはこのキャラクターのことを、たとえば探偵もののストーリーに登場する恋の相手などのように、二次的ストーリーラインの主役と考えている。しかしサブプロット・キャラクターはそういう存在ではない。

サブプロット・キャラクターはフィクション・ストーリーにおいてとても具体的な役割を担うものだ。ここでもまた比較方式が絡んでいる。サブプロット（わき筋）は、別のキャラクターが主人公と似たような問題に違う形で対処している姿を描き、主人公とのコントラストを見せるために存在する。

その比較を通して、主人公の弱点やジレンマを強調するのがサブプロット・キャラクターの役目だ。

サブプロット・キャラクターがどのように作られているか、その具体例を「ハムレット」から探ってみよう。ハムレットの抱える問題を煮詰めて一文で示すと「父を殺した男に復讐すること」だろう。レアティーズの抱える問題もまた、ハムレットと同様に「父を殺した男に復讐すること」だ。この2人のコントラストに着目すると、ひとつは周到に準備された殺人であるのに対し、もうひとつは見当違いで衝動的なミスであることが分かる。

☑サブプロット・キャラクターは、通常、仲間ではない。

サブプロット・キャラクターは、仲間やライバルと同じように、比較を通して主人公を再定義する機会と、プロットを前進させる機会の両方を提供してくれる。仲間は主人公がメインのゴールに到達できるよう手助けする存在であり、サブプロット・キャラクターは主人公とよく似た平行する別の軌跡をたどり身をもって主人公とは違う結果を見せる存在だ。

■「ハムレット」のサブプロット・キャラクター　ポローニアスの息子レアティーズ

それではここで、既存のストーリーを例題に、ストーリー・ファンクションにおけるキャラクター間のコントラストを検証してみよう。

『羊たちの沈黙』（小説…トマス・ハリス　脚本…テッド・タリー　1991年）

このストーリーは「バッファロー・ビル」の通り名で知られる連続殺人犯を捜査するＦＢＩの実習

生クラリスのストーリーだ。ボスのジャックの提案により、彼女は獄中にいる別の連続殺人犯、悪名高き「人喰い」ハンニバル・レクターに助言を求める。レクターは当初、彼女に敵意を見せるが、結果的には、彼女はFBIで受けるよりもずっと貴重なトレーニングを彼から受けたことになる。

■**主人公**　クラリス・スターリング
■**メインのライバル**　連続殺人犯バッファロー・ビル
■**第二のライバル**　監視人のチルトン医師
■**仲間のふりをしたライバル**　なし
■**仲間**　FBIの上司ジャック
■**ライバルのふりをした仲間**　ハンニバル・レクター
■**サブプロット・キャラクター**　なし

『アメリカン・ビューティ』（脚本…アラン・ボール　1999年）

『アメリカン・ビューティ』は、アメリカの郊外住宅地を舞台にしたコメディ・ドラマで、レスターのメインのライバルは家族だ。妻のキャロラインと娘のジェーンは、どちらも彼のことを嫌っている。彼は娘の友人アンジェラに夢中になる。しかし彼は妻帯者であり、ティーンエイジャーの娘を持つ身でもあるので、アンジェラもまたライバルに当たる。隣家には、とても厳格で保守的なフランク・フィッツ大佐が暮らしており、彼はレスターのライフスタイルを好ましく思っていない。また、レスターの同僚のブラッドはレスターを解雇しようとしている。

会社をゆすって好条件の退職手当を手にしたレスターは、好きなように生き始め、また、彼にマリファナを売ってくれる隣家の息子リッキー・フィッツと意気投合する。リッキーとリッキーの父フランク・フィッツ大佐は、どちらもサブプロット・キャラクターに当たる。レスターが抱えている中心的な問題は、見た目や金銭に価値が見いだされ超体制順応的なこの社会の中で、自身の心の奥深くにある欲求を表現できるような、意義深い生活の送り方をいかにして見いだすかということだ。リッキーは人生の行き詰まりや軍隊的な家庭への反発からマリファナを売ったりビデオカメラで他者を盗撮したりするようになった。フランクは自身を含む自らの家族に鉄のような厳格さを発揮することで、自らの同性愛願望を抑圧しようとしていた。

■**主人公**　レスター
■**メインのライバル**　妻のキャロライン
■**第二のライバル**　娘のジェーン
■**第三のライバル**　可憐な娘の同級生アンジェラ
■**第四のライバル**　フランク・フィッツ大佐
■**第五のライバル**　同僚のブラッド
■**仲間**　リッキー・フィッツ
■**仲間のふりをしたライバル**　なし
■**ライバルのふりをした仲間**　なし
■**サブプロット・キャラクター**　フランク、リッキー

キャラクター創作の手法――2人のメイン・キャラクター

メイン・キャラクターが2人登場することがよくあるジャンルまたはストーリー形式は2種類ある。

ラブ・ストーリーとバディ・ムービー（男同士の友情映画）だ。ちなみにバディ・ムービーは、アクションと恋愛とコメディという三つのジャンルの組み合わせで成り立っている。それでは、この2種類の形式における、ストーリー・ファンクションをベースにしたキャラクター・ウェブを検証してみよう。

ラブ・ストーリー

明らかに同等な2人のキャラクターを創作するためには、キャラクター・ウェブに特定の必要条件が課せられることになる。ラブ・ストーリーの存在意義は、2人の同等な人物によって構成される運命共同体の価値を観客に見せることにある。ラブ・ストーリーの中心コンセプトはとても奥深い。ラブ・ストーリーは、独りでは真の存在にはなれないということを描いている。本当の自分を見つけて真の存在になりたいのであれば、2人からなるコミュニティに入ってゆかなければならない。お互いが、他者を愛することを通して、成長し、より奥深い存在になれるという発想だ。

この深みのある発想を、適切なキャラクター・ウェブを使って表現するのは簡単な作業ではない。2人のメイン・キャラクターを使ってラブ・ストーリーを書くということは、2本の背骨、二つの欲求の道筋、二つの線路の上で、ひとつのストーリーを進めようとしているようなものだ。そこで、書き手であるあなたは、片方のキャラクターをもう1人よりもほんの少しだけ中心に据えて扱うことが必要になってくる。ストーリーの出だしでは両方のキャラクターの欠陥を詳しく述べなければならないが、ストーリーが実際に追いかける欲求の道筋は、どちらか片方のキャラクターのものを採用するのだ。ほとんどのライターは男性側のそれを採用する傾向にある。なぜなら、私たちの社会では、男性が女性を追うものだとされているからだ。しかし、あえて女性の道筋を追うことも、他の一般的なラブ・ストーリーと一線を画すための方法として優れたものであり、たとえば、『月の輝く夜に』『ブロードキャスト・ニュース』『風と共に去りぬ』などの名作もこの方法をとっている。

片方のキャラクターの欲求の道筋を追うことで、その人物は自動的によりパワフルなキャラクターとなる。これをストーリー・ファンクションに当てはめると、欲求を持たれている側、つまり主人公の恋人に当たる人物の方は、第二の主人公ではなく、実はメインのライバルになる。また、この場合のキャラクター・ウェブには、たとえばこの2人のコミュニティに異議を唱える家族の一員など、外部からのライバルをもう1人か2人含ませるのが典型的だ。さらには、主人公またはその恋人に愛を告白する別の人物も入れることで、別バージョンとの比較を描くようにする場合もある。

『フィラデルフィア物語』(原作戯曲…フィリップ・バリー、脚本…ドナルド・オグデン・スチュワート　1940年)

- **主人公**　トレイシー・ロード
- **メインのライバル**　前夫のデクスター
- **第二のライバル**　記者のマイク
- **第三のライバル**　上流社会に入り込もうとする退屈な婚約者のジョージ
- **仲間のふりをしたライバル**　妹のディナ
- **仲間**　母
- **ライバルのふりをした仲間**　父
- **サブプロット・キャラクター**　写真家のリズ

『トッツィー』(脚本…ラリー・ゲルバート、マレー・シスガル　ストーリー原案…ドン・マクガイア、ラリー・ゲルバート　1982年)

- **主人公**　マイケル

■**メインのライバル**　ジュリー
■**第二のライバル**　監督のロン
■**第三のライバル**　医者役の俳優ジョン
■**第四のライバル**　ジュリーの父レス
■**仲間のふりをしたライバル**　サンディ
■**仲間**　マイケルのエージェントのジョージ、ルームメイトのジェフ
■**ライバルのふりをした仲間**　なし
■**サブプロット・キャラクター**　ロン、サンディ

バディ・ストーリー

男同士の友情関係をキャラクター・ウェブのベースに利用する作戦は、ギルガメッシュとエンキドゥの友情が描かれた太古の昔から存在する手法だ。また、ドン・キホーテとサンチョ・パンサの間柄には、夢想家とリアリスト、主人と従者という、同等ではないが、それ以上に情報量の豊富なパートナーシップを見ることができる。

このバディ作戦を使うことで、書き手はメイン・キャラクターを真っ二つに割り、2種類の異なった生き方や、2種類の人間的特性を描くことができる。この2人のキャラクターは、ひとつのチームとして「結ばれて」おり、彼らの違いが分かる形で観客に提出されるだけでなく、その違いが2人の共同作業を有利に働かせ、単なる足し算以上の結実を果たしていることも表現される。

ラブ・ストーリーと同じく、ここでも2人のうちの片方をより中心に据えなければならない。たいていの場合は、2人の内でも思索家、陰謀者、戦略家タイプの人物が中心に据えられている。その理由は、プランを考えて自分たちを欲求の道筋に歩み出させる人物がこちらだからだ。相棒に当たる方

の人物は、主人公と同じような存在で、大切な部分は似た者同士ではあるものの、きちんと相違点もある。

ストーリー構造的には、相棒はメインのライバル、またはメインの仲間に当たる。決して第二の主人公ではない。また、たいていの場合、この相棒同士の間に存在する主な対立関係は、シリアスでもなければ、悲劇的でもない。悪意のない口論の形をとっているのが普通だ。

バディ・ストーリーでは、頻繁に、キャラクター・ウェブの中に部外者で危険な進行形のライバルが少なくとも1人は含まれている。また、ほとんどのバディ・ストーリーは神話的な旅路に沿って語られており、この2人組は、その道筋の中で数多くの二次的ライバルと出会うことになる。これら二次的ライバルのほとんどは、この2人のメイン・キャラクターよりも強力で、しかも次から次へと立て続けに登場する。各ライバルはそれぞれが社会のネガティブな側面を体現する存在で、またこの2人を嫌っていたり、2人の仲を引き裂こうとしたりする。このように描くことによって、効率的に二次的キャラクターを定義し、他の種類のキャラクターと明確に区別をつけることができる。また、こうして2人のメイン・キャラクターと二次的ライバルたちを比較することで、社会におけるさまざまな側面が定義され、それによって2人の友情の広がりと深みも増すことになる。

バディ・ストーリーのキャラクター・ウェブについて最も大切なことのひとつは、仲間である2人の間にある根本的な対立をどう扱うかということだ。この2人の間には、常に衝突し合う関係性を作っておこう。旅の道のりで出会うほとんどのライバルが、唐突にやって来ては去ってゆくよそ者ばかりであるだけに、2人のメイン・キャラクターの間に現在進行形の対立関係があることが重要になってくるのだ。

『明日に向かって撃て!』(脚本…ウィリアム・ゴールドマン　1969年)

■主人公　ブッチ
■メインのライバル　サンダンス
■第二のライバル　鉄道会社トップのE・H・ハリマン（彼は一度も映画に姿を見せない）と彼が雇ったジョー・ラフォート率いるガンマンのオールスター集団
■第三のライバル　ボリビアの警察隊と軍隊
■仲間のふりをしたライバル　ブッチのリーダーシップに異を唱えるハーヴェイ
■仲間　サンダンスの恋人のエッタ
■ライバルのふりをした仲間　保安官のレイ
■サブプロット・キャラクター　なし

キャラクター創作の手法――複数の主人公と物語の推進力

人気の高いジャンルは、確かにどれも1人のメイン・キャラクターで成り立っているものばかりだが、多くの主人公を擁するノンジャンルのストーリーも存在する。チャプター1で、ストーリーの進行の仕方について述べたとき、直線状のパターンと同時進行でさまざまな行動が起こるパターンは両極に位置するものだということを確認したと思う。たくさんの主人公がいると、主に同時に複数の出来事が展開されるストーリー進行で物語を作ってゆくことになる。単一キャラクターの成長を追う（直線状）のではなく、数多くの主人公たちが同時期にそれぞれ行なっていることを比較する形でストーリーは進行する。これに伴うリスクは、数多くのキャラクターを同時に見せることで、ストーリーがもはやストーリーでなくなってしまう可能性があることだ。なぜなら物語の推進力を失ってしまう可能性が高いからだ。同時進行型のストーリーであっても、そのほとんどは、出来事を連続的にひとつひとつ見せてゆく直線的なクオリティが必要とされる。

多くの主人公を擁するストーリーをしっかりと書き上げるためには、主人公である各キャラクターそれぞれにストーリー構造に不可欠な7段階の道程（弱点と欠陥、欲求、ライバル、プラン、決戦、自己発見、新たなバランス状態）をたどらせなければならない。それをしないということは、そのキャラクターの成長に必要最小限の段階を観客がたどることができないということを意味するのだから、もはやそのキャラクターは主人公とは呼べない。

複数の主人公を据えると、自動的に、物語の推進力が弱まるという事実を覚えておこう。ディテールをあたえなければならないキャラクターの数が多ければ多いほど、語ろうとしているストーリーが文字通り停滞してしまうリスクは高まるのだ。

次はどれも、複数の主人公を擁するストーリーに推進力をもたらすための方法だ。

■ストーリー全体を通して他の主人公よりも中心的なキャラクターを1人出す。
■すべての主人公に同じ欲求の道筋をあたえる。
■同じ人物が、あるストーリーラインでは主人公として、別のストーリーラインではライバルとして登場するように描く。
■主人公全員を単一の主題やテーマに基づいた例証として扱い結びつける。
■ひとつのストーリーラインのエンディングをクリフハンガー（次回に興味をもたせる場面）で終わらせ、別のストーリーラインに入ってゆくための引き金として利用する。
■最初はバラバラな場所にいる主人公たちを徐々にひとつの中心点に向かわせるように描く。
■時間を制限する。たとえば、1日の間、または一晩の間に起こった出来事としてストーリーを描くなど。

■前進と変化を示唆するため、ストーリー全体に同じ年間行事やグループ・イベントを繰り返し（少なくとも3回は）描く。
■主人公同士を、時折、偶然出会わせる。

複数の主人公が登場する既存のストーリーで、右記の方法を少なくとも一つは使っている作品には、『アメリカン・グラフィティ』『ハンナとその姉妹』『L・A・コンフィデンシャル』『パルプ・フィクション』「カンタベリー物語」『輪舞』『ナッシュビル』『クラッシュ』『夏の夜は三たび微笑む』などがある。

キャラクター創作の手法――無関係なキャラクターをカットする

無関係なキャラクターが登場すると、ストーリーが挿話的になってしまったり、無機的になってしまったりする原因のひとつになる。キャラクター創作の際に書き手が自分に問いかけるべき最初の質問は、「このキャラクターはこのストーリーにとって大切な役割を担うことになるだろうか？」だ。その答えがノーだったら（そのキャラクターが単にストーリーに質感や色合いをあたえるだけのものだったら）その人物をカットすることを真剣に考慮すべきだろう。そのキャラクターの価値には限界があり、ストーリーラインの時間を割くに値するほどではないかもしれないからだ。

アーキタイプ（元型）を基礎にしたキャラクター・ウェブ

ストーリーに登場するキャラクター同士を結びつけて対比する第二の方法は、元型を用いるものだ。

元型は、人の心の中にある普遍的な心理パターンでもあり、社会においてその人物が担っている役割でもあり、基本的な他者との触れ合い方であったりもする。元型はあらゆる人間の根本にあるものなので、文化の違いを超越した普遍的なアピール力を持っている。

ストーリーに登場するキャラクターのベースに元型を使うと、ただちにそのキャラクターに重みが出るはずだ。それは、どのタイプの元型も、観客にとってなじみ深い根本的パターンのひとつだからだ。しかもこのパターンは、キャラクターの心理内だけにとどまらず、より大きな枠組みである社会とも相互作用するパターンである。

元型を使うと、観客の心の奥深くに響き、とても強い感情が引き出される。ただし、元型は生のままだと切れ味の鈍いツールとなるだろう。そこに独創的なディテールをあたえない限り、そのキャラクターはごくありふれた一般的なものになってしまうからだ。

☑元型を使うときは、必ず具体的・個性的に仕立て、独創的なキャラクター作りを目指すこと。

心理学者カール・ユングに始まり、これまで数多くのライターがさまざまな元型の意味や相互作用について分析している。そんな中でも、フィクション・ライターにとって、元型のカギを握っているのではないかと思われる心理学的コンセプトは「影」だ。影とは、それぞれの元型に潜在するネガティブ面の性質であると解釈しても、ここでは差し支えないと思う。これは、人が自分の元型的役割を担って行動しているときや、元型的な心持ちで生活しているときに、陥ってしまいかねない心理的トラップとなるものだ。

元型をストーリー創作に活用できるようになるためにも、まずは主な元型についての説明を、続いてその元型の影についての説明を、さらにはそれが当てはまるストーリーの具体例も含めて、次にいくつか挙げておくことにする。これら以外に数多く存在する元型も含めて、それぞれの長所とそこに潜在する短所の両面を知っておくことが重要だ。この両面はどちらもストーリーに活かせる可能性を秘めている。

王（または父）

■**長所**　知恵と洞察力と不屈の精神で自らの国民（または家族）を率い、彼らを成功や成長に導く。

■**潜在する短所**　厳格で制圧的なルールに従うことを国民（妻や子供）に強いる潜在性、自分の国（家族）の情緒的な側面を心の中から排除する潜在性、または国民（家族）の生活が、彼自身の喜びや利益のためだけに営まれるべきだと主張する潜在性。

■**主な具体例**　アーサー王（アーサー王伝説）、ゼウス（ギリシア神話）、「テンペスト」『ゴッドファーザー』『カサブランカ』のリック、「リア王」「ハムレット」「ロード・オブ・ザ・リング」のアラゴルンとサウロン、「イーリアス」のアガメムノン、『市民ケーン』『スター・ウォーズ』「欲望という名の電車」のスタンリー、『アメリカン・ビューティ』「セールスマンの死」のウィリー・ローマン、『アパッチ砦』『若草の頃』『メアリー・ポピンズ』『トッツィー』『フィラデルフィア物語』「オセロ」『赤い河』「ハワーズ・エンド」『チャイナタウン』

女王（または母）

■**長所**　国民（または子ども）が成長できる保護の殻を提供する。

■**潜在する短所**　独善的な視点での保護や抑制を強要する潜在性、罪悪感や恥辱感を植え付けることで子供を自分の傍に置き続け、それによって彼女自身の安楽を保とうとする潜在性。

■**主な具体例**　「ハムレット」「マクベス」、ヘラ（ギリシア神話）、「欲望という名の電車」のステラ、『エリザベス』『アメリカン・ビューティ』「冬のライオン」「ガラスの動物園」「夜への長い航路」『アダム氏とマダム』

老賢者（または師匠、教師）（男女）

■**長所**　知恵や知識を授けることで、より良い人生を送ることや、より良い社会を作ることを可能にする。

■**潜在する短所**　教え子に、限られた特定の考え方を強いたり、その発想自体の素晴らしさではなく、自分個人の素晴らしさを吹聴することを強いたりする潜在性。

■**主な具体例**　『スター・ウォーズ』のヨーダ、『羊たちの沈黙』のハンニバル・レクター、『マトリックス』『ロード・オブ・ザ・リング』のガンダルフとサウロン、「嵐が丘」「ハムレット」のポローニアス、「ボヴァリー夫人」のオメー、「大いなる遺産」のミス・ハヴィシャム、「デイヴィッド・コパフィールド」のミコーバー、「イーリアス」

戦士

■**長所**　実質上の正義の執行者。

■**潜在する短所**　「殺すか殺されるか」という無情なモットーに従い続けることにより、弱者は誰であれ撲滅されるべきだという信念を持つようになり、むしろ悪の執行者と化してしまう潜在性。

■**主な具体例**　「イーリアス」のアキレスとヘクトル、『スター・ウォーズ』のルーク・スカイウォーカーとハン・ソロ、『七人の侍』、アーサー王（アーサー王伝説）、ソー（北欧神話）、アレス（ギリシア神話）、セテウス（ギリシア神話）、「ギルガメッシュ叙事詩」『ロード・オブ・ザ・リング』のアラゴルン、レゴラス、ギムリ、『ダイ・ハード』『ゴッドファーザー』のソニー、「欲望という名の電車」『パパ』『シェーン』『プラトーン』『明日に向かって撃て』のサンダンス、『ターミネーター』『エイリアン2』

魔法使い（または呪術師）

■**長所**　表面下の深いところに隠れている現実を人に見せてやること、また自然界にあるより大きな力や隠れた力のバランスをとり、コントロールすることができる。

■**潜在する短所**　他者を虜にしたり、自然の法則を破ったりして、より深い現実を操作しようとするようになる潜在性がある。

■**主な具体例**　『マクベス』「ハリー・ポッター」小説シリーズ、「オペラ座の怪人」、マーリン（アーサー王伝説）、『スター・ウォーズ』『めまい』『ロード・オブ・ザ・リング』のガンダルフとサルマン、「アーサー王宮廷のコネチカット・ヤンキー」『カンバセーション…盗聴…』、さらにはシャーロック・ホームズやエルキュール・ポワロや「影なき男」のニック・チャールズのような探偵たち。

トリックスター

トリックスターは魔法使いの元型より一段低い形態にあたり、また、現代のストーリーテリングにおいてものすごく人気の高い元型だ。

■**長所**　秘密やペテンや口のうまさを駆使して欲求を達成する。

■**潜在する短所**　自分のことだけを考えるあまり完全な嘘つきになってしまう潜在性。

■**主な具体例**　「オデュッセイア」のオデュッセウス、『メン・イン・ブラック』『ビバリーヒルズ・コップ』『クロコダイル・ダンディ』『Volpone』、北欧神話のロキ、「オセロ」のイアーゴー、インディ・ジョーンズ、『ホーム・アローン』『キャッチ・ミー・イフ・ユー・キャン』『羊たちの沈黙』のハンニバル・レクター、『南部の唄』のブレア・ラビット、『明日に向かって撃て』のブッチ、『The Phil Silvers Show』のビルコー、『トッツィー』のマイケル、『アメリカン・ビューティ』『ユージュアル・サスペクト』のヴァーバル、「オリバー・ツイスト」「虚栄の市」「トム・ソーヤーの冒険」「ハックルベリー・フィンの冒険」

アーティスト（芸術家・達人）（または道化）

■**長所**　人々に、美とは何かを定義してみせる、または何が機能しないかをネガティブな形で見せてくれる。美や未来のビジョンを、または見た目は美しいが実は醜かったりバカらしかったりするものを人々に見せてくれる。

■**潜在する短所**　完璧だけを求める究極のファシストと化してしまう潜在性、すべてを自分で統制できる特殊な世界を作り出してしまう潜在性、またはあらゆるものを無価値なものにしようと、単にすべてを破壊してしまう潜在性。

■**主な具体例**　「ユリシーズ」および「若き芸術家の肖像」のスティーヴン、「イーリアス」のアキレス、「ピグマリオン」「フランケンシュタイン」「リア王」「ハムレット」『七人の侍』の久蔵、『トッツィー』のマイケル、「欲望という名の電車」のブランチ、『ユージュアル・サスペクツ』のヴァーバル、「ライ麦畑でつかまえて」のホールデン・コールフィールド、『フィラデルフィア物語』「デイヴィッド・コパフィールド」

ラバー（愛人）

■**長所**　気づかい、理解、肉欲を提供し、相手を満足させて幸せにする。

■**潜在する短所**　相手に溺れてしまう潜在性、または相手を自分の影で目立たなくせてしまう潜在性。

■**主な具体例**　「イーリアス」のパリス、「嵐が丘」のヒースクリフとキャシー、アフロディテ（ギリシア神話）、「ロミオとジュリエット」『明日に向かって撃て』のエッタ、『フィラデルフィア物語』「ハムレット」「イングリッシュ・ペイシェント」『ゴッドファーザー』のケイ、「カミーユ」『ムーラン・ルージュ』『トッツィー』『カサブランカ』のリックとイルザ、「ハワーズ・エンド」「ボヴァリー夫人」

反逆者

■**長所**　群衆の中から立ち上がり、民衆を奴隷状態にしている体制に歯向かう行動をとる勇気を持ち合わせている。

■**潜在する短所**　より良い代案を出すことができない、またはそれをしようとしないことが多いため、現状の体制や社会を打ち壊すこと以外に選択肢を持たない。

■**主な具体例**　プロメテウス（ギリシア神話）、ロキ（北欧神話）、「嵐が丘」のヒースクリフ、『アメリカン・ビューティ』「ライ麦畑でつかまえて」のホールデン・コールフィールド、「イーリアス」のアキレス、「ハムレット」『カサブランカ』のリック、「ハワーズ・エンド」「ボヴァリー夫人」『理由なき反抗』「罪と罰」「地下室の手記」『レッズ』

元型のコントラストが強調されたシンプルだが効果的なキャラクター・ウェブの好例は、

『スター・ウォーズ』

（脚本…ジョージ・ルーカス　1977年）

ルーク（＋R2D2＋C3PO）　　ダース・ベイダー

（王子／戦士／魔法使い）　　（王／戦士／魔法使い）

ハン・ソロ（＋チューバッカ）　　レイア姫

（反逆者／戦士）　　（姫）

キャラクター・ウェブにおける個々のキャラクター

ストーリーに必要不可欠な複数のキャラクターを、キャラクター・ウェブに対立させるように配置できたら、次はキャラクターとしての役割や元型を、もっと現実味のある個々の人物として作り上げてゆく作業に入ろう。しかし、あたかも全員が同じストーリーの中にたまたま存在していたかのように、バラバラに個々の人物を作るようなことをしてはならない。

ここまでは、お互いを比較する形で主人公やライバルやマイナー・キャラクターたちに個性をあたえてきたが、この段階では、主にテーマと対立関係を利用してキャラクターづくりをしてゆくことになる。テーマに関してはチャプター5の「道徳論議」でより詳しく述べるので、ここではテーマの主要コンセプトだけを簡単に説明しておくことにしよう。

ここで言う「テーマ」とは、世界や社会における適切な行動とは何かということについての書き手の意見で、それは行動するキャラクターたちのプロットを通して表現される。つまり、本書で言うテーマは、たとえば「人種差別」や「自由」といった、いわゆる主題のことではない。テーマとは、書き手であるあなた自身の道徳観であり、良い人生または悪い人生の送り方についてのあなた自身の意見のことだ。あなたが書くストーリーはどれも必ず、それぞれ独自のテーマを持つものとなる。

☑キャラクターの個性づくりは、プレミスの中核にある道徳的問題点を見いだすことから始める。その上でストーリー全体における道徳的問題点についてさまざまな可能性を探ってみよう。

その「さまざまな可能性」は対立関係を通して探ろう。具体的には、主人公にその道徳的問題点に取り組むことを強いる、ライバルたち（および仲間たち）をそれぞれのグループに分けるのだ。このとき、一人ひとりのライバルはそれぞれ同じテーマの別バリエーションを体現する存在となるようにする。つまり、それぞれのライバルが同じ問題について別の方法で取り組んでいるのだ。

この重要な手法の具体的な流れは次のようになる。

1　ストーリーの中核の道徳的問題点について、思いついたものをすべて書き出すところから始める。先のプレミスづくりの段階をしっかりと経てきた人であれば、すでにこの答えは出ているはずだ。

2　主人公を初めとするすべてのキャラクターについて次の要素をすべて書き出す。

■弱点

■欠陥（心理的な欠陥と道徳的な欠陥の両方）

■欲求
■価値基準
■力、ステータス、能力
■中核の道徳的問題点にどのような形で直面しているか。

3　これらの比較は、まず主人公とメインのライバルの比較から始める。どんなストーリーにおいても、この2人の関係性が最も重要な関係性だからだ。メインのライバルは、さまざまな意味で、ストーリー創作のカギを握っている。その理由は、この人物は主人公を最も効果的に定義する手段であるだけでなく、質の良いキャラクター・ウェブを作り上げる秘訣をあなたに授けてくれる存在でもあるからだ。

4　主人公とメインのライバルの比較を終えたら、主人公とその他のライバルたちの比較を、次いで主人公と仲間たちの比較をする。そして最後に、ライバルたちと仲間たちをそれぞれの組み合わせで比較してゆく。

各キャラクターは、中核の道徳的問題点に対して、それぞれ異なる形でアプローチしていなければならない（テーマのバリエーション）ことを決して忘れないようにしよう。

それではここで、実際の作品でこの手法がどのような形で使われているかを確認してみることにする。

『トッツィー』（脚本…ラリー・ゲルバート、マレー・シスガル　ストーリー原案…ドン・マクガイア、ラリー・ゲルバート　1982年）

『トッツィー』の例題としての素晴らしさは、ハイ・コンセプトのプレミスから始めて、自然にストーリーが作り上げられてゆく過程を確認できるところにある。『トッツィー』は、いわゆる〈入れ替わり喜劇〉の典型的な好例だ。入れ替わり喜劇のプレミスは、主人公が何らかの理由で突然自分以外の事物や人物になってしまうというものだ。これまで何百本もの入れ替わり喜劇が書かれている。少なくとも、この手法の名手と言われたマーク・トゥエインの昔にまでさかのぼることができるジャンルだ。

しかし、入れ替わり喜劇を書こうと試みた大半のライターはひどい失敗に終わっている。その主な理由は、このハイ・コンセプトのプレミスそのものからは、わずか2〜3のシーンしか作れないという大きな弱点を把握せずに書こうとすることによるものだ。しかし『トッツィー』の脚本家たちは、ストーリーテリングのさまざまな方法を知りつくしており、特に力強いキャラクター・ウェブの作り方や、比較することで各キャラクターに個性をあたえる方法をよく理解している。この類のハイ・コンセプトのストーリーのほとんどがそうであるように、『トッツィー』にもまた2〜3の面白いシーンがあり、ダスティン・ホフマン演じるマイケルが別人物になる様子を描いて笑いをとっている。彼が初めて女装して女性役のオーディションを受けるシーンやレストランで食事をしている彼のエージェントを訪ねるシーンなどがそうだ。

しかし『トッツィー』の脚本家たちは、こうしておかしな2〜3のシーンを描くこと以上にずっと素晴らしいことをしてのけている。執筆プロセスにおいて、彼らはまず、マイケルに核となる道徳的問題点をあたえている。それは男性による女性の扱い方についてのものだ。この主人公が満たすべき道徳的な欠陥は、女性に対する適切な行動を学ぶこと、特に彼が恋に落ちた女性に対して、真摯な態度で接することを学ぶことにある。この脚本家たちは、それを設定した上で、数々のライバルを作り、その各人が、男性による女性の扱い方、または、女性による男性からの扱いの受け方のバリエーションを体現させている。たとえば、次のような感じだ。

■監督のロンは、ジュリーに嘘をついてだまし、それを正当化する自己弁護として、もしも本当のことを言ったらジュリーをもっと傷つけることになるだろうと言う。
■マイケルが恋に落ちる相手の女優ジュリーは、美しく才能もあるが、男たちから、特にロンからひどい扱いを受けることや、ふり回されることを許してしまう。
■番組で医師を演じる俳優ジョンは、自分の名声やこの番組における立場を利用して、共演者の女優たちに無理強いする女たらしだ。
■マイケルの女友だちのサンディは、自分自身のことをあまりにも低く評価するあまり、マイケルに嘘をつかれて騙されたと知ったときも、彼女の方が謝っている。
■ジュリーの父レスは、（ドロシーに扮した）マイケルに恋をし、ドロシーに最大級の敬意を払いながらも、ダンスや花で彼女の関心を買おうとする。
■女プロデューサーのリタ・マーシャルは、権力のある地位を保つために、自身の女性らしさや、他の女性たちを気にかける心情を隠している。
■マイケルは、ドロシーに扮しているときには、男性に立ち向かい、番組にかかわる女性たちに貢献して、彼女たちからの尊敬と親愛を勝ち取る。しかし男性のときのマイケルは、パーティで出会う女性たちを片端から口説いたり、サンディに女性としての魅力を感じているふりをしたり、ジュリーとロンを別れさせようと画策したりする。

「大いなる遺産」（小説…チャールズ・ディケンズ　１８６１年）

ディケンズは網目のように絡み合うキャラクター・ウェブを駆使するストーリーテリングの達人だ。特に教訓的な「大いなる遺産」は、さまざまな意味で、彼の他のどの作品よりもさらに進化したキャラクター・ウェブになっている。

「大いなる遺産」のキャラクター・ウェブの特徴は、ディケンズがキャラクターをマグウィッチとピップ、ミス・ハヴィシャムとエステラという二組のペアとして設定しているところにある。どちらのペアも本質的には同じ関係性（師と生徒）にあるが、この二組の関係性はとても重要なところが異なっている。姿を見せない囚人のマグウィッチは、自分が誰であるかを隠したままピップに金銭と自由をあたえ、しかもそれは、すべて彼の自発的な行動だ。一方のミス・ハヴィシャムは、その真逆で、エステラを厳格にコントロールし、またかつて自分が男から受けた仕打ちへの恨みから、エステラをも愛に冷徹な女性へと成長させてしまう。

「虚栄の市」（小説…ウィリアム・メイクピース・サッカレー　1874年）

サッカレーは「虚栄の市」を「主人公不在の小説」と称していたが、彼の意味するところは、模倣すべき価値のある英雄的キャラクターが登場しないということだ。登場するキャラクターはすべて、金銭、権力、ステータスを目的に他者の背に乗ろうとする利己的なアニマルのような存在ばかりだ。それによって「虚栄の市」のキャラクター・ウェブ全体がとても独創的なものとなっている。サッカレーが選択したこのキャラクター・ウェブは、彼が自身の道徳観を表現するための、またそのビジョンに独創性を付加するための、大きな手段のひとつとなっていることに注目しよう。

このキャラクター・ウェブの中でメインとなる比較は、ベッキーとアミーリアの比較だ。どちらも女性として結婚相手を見いだすことについて徹底的に違うアプローチをとっている。アミーリアが非道徳的な理由は愚鈍に振る舞うからであり、一方のベッキーが非道徳的な理由は上手に画策をめぐらすからだ。

「トム・ジョーンズ」（小説…ヘンリー・フィールディング　1749年）

「トム・ジョーンズ」のようなタイプのストーリーは、書き手の選択したキャラクター・ウェブがいかに主人公に多大な影響をあたえているか分かるものだ。このピカレスク風喜劇小説には、実に大人数のキャラクターが登場する。社会という織物をこれほど大きなものとして描くと、当然、同時多発的な出来事が描かれることとなるため、その分だけ具体的な深みは失われる。このアプローチで喜劇を書く場合には、多くの登場人物による馬鹿な行動や悪い行動を見せることで、各キャラクターの真実性があぶり出される。

それは主人公についても同様だ。トムを馬鹿な世間知らずに設定したことと、プロットの基礎をトムの出生の秘密についての誤解においたことにより、作者のフィールディングにとっては、トムにあたえることのできる自己発見やキャラクターとしての深みには限界があるだろう。しかしそれでも、トムは中核となる道徳的問題点をしっかりとたずさえている。それは愛する女性への貞節に対する責任感のなさだ。

主人公の創作

紙上で完全に人間らしく見える主人公を作り上げるという作業は、ものすごく複雑なものであり、数多くのステップを踏むことが必要となる。名画家がそうするのと同じように、書き手は幾層も厚みのあるキャラクターを作り上げてゆかなければならない。幸いなことに、あなたの場合は、キャラクター・ウェブを作ることから始めているので、この作業をきちんとこなせるチャンスはずっと高くなっている。あなたが作ったキャラクター・ウェブがどんなものであれ、そこから生まれてくる主人公にキャラクター・ウェブがあたえる影響は実に大きなものとなるだけでなく、これから主人公を詳細に作り上げるための価値あるガイドとなるはずだ。

主人公の創作　ステップ1――素晴らしい主人公に不可欠な要素を満たす

主人公作りの最初のステップは、どんなストーリーのどんな主人公にも必要不可欠な要素をすべて確実に満たすことだ。これらの要素はすべて、メイン・キャラクターとしての役割に関するものだ。主人公の役割はストーリー全体を前進させる推進力になることである。

1　最初から最後まで人々の興味をそそり続ける主人公であること

ストーリーを前進させるキャラクターは、観客の注目をつかんで片時もなく保ち続けなければならない。そこには一瞬の隙も、一滴の水漏れも、余分なつけ足しも（論点を力説するためのメタファーも含めて）あってはならない。主人公が退屈な存在になると、その瞬間にストーリーは停止してしまう。

観客の注目をつかんで片時もなく保ち続ける方法のひとつが、そのキャラクターをミステリアスな存在にすることだ。その人物が何かを隠しているという事実を観客に見せるのだ。これをすると、受動的な観客にさえも、身を乗り出して積極的にストーリーに参加することを促すことができる。「あのキャラクターは何かを隠しているぞ。それが何か見つけてやろう」と思わせるわけだ。

2　観客が共感できる主人公であること、ただしやり過ぎに注意

多くの人々が「共感」という用語を頻繁に使っているが、その本当の意味をきちんと定義できている者は少ない。観客を主人公に共感させて、心情的にその人物に親近感を持つようにしなければならないというフレーズをよく耳にする。しかし実際の話、これはどういう意味なのだろう。

一般的な考え方として、キャラクター作りは弱点を付加しながら進めるものであり、また観客はそ

ういったキャラクターのバックグラウンドや職業や着こなしや収入や人種や性別に共感を覚えるものだと考えられている。しかし、これほど真実とかけ離れた的外れな解釈はない。もしも観客がそういった具体的な特徴に共感するのであれば、誰一人としてどんな人物にも共感できなくなってしまう。なぜなら、どのキャラクターも観客と共有できない弱点をあまりにも多く持っているのだから。

実際には、観客はある二つの側面をベースにしてキャラクターに共感するものだ。それは欲求と道徳的問題点であり、この二つをストーリー構造の7段階の道程に当てはめるなら、「欲求」と「欠陥」ということになる。主人公の欲求がストーリーを前進させる理由は、観客が主人公にその欲求を叶えてほしい、成功してほしいと願うからだ。また、道徳的問題点は、主人公が他者と共に適切に生きる方法を見いだすための、より深い葛藤をはらんだもので、観客は主人公にこの問題を解決してほしいと願う。

観客による主人公への過度な共感は避けるよう注意しよう。あまりにも共感しすぎてしまうと、一歩さがって主人公の変化や成長を見つめることができなくなってしまうからだ。これに関してもまた、ピーター・ブルックによる役者たちへの助言が、書き手によるキャラクター作りも当てはまる素晴らしいアドバイスとなっている。

「(役者が)自分自身のことを作品全体との関係性を軸に捉えられるようになると、これまでとはまったく違った視点から(自身の演じるキャラクターの)共鳴できる側面や共鳴できない側面が見えてきます。そして最終的には、これまでのように「共感」することが何よりも重要だと考えていた時とは、まるで異なる判断が下せるようになるでしょう」(＊2)

ちなみに、適切なタイミングで観客と主人公に距離を置かせる方法については、チャプター8の

「プロット」で検証する。

3　好意を持てる主人公ではなく、感情移入できる主人公であること。

主人公は人々から好意を持たれる者でなければならないと誰もが言う。観客が（自分と重ね合わせて）好意を持てる主人公であれば、主人公に頑張ってゴールに到達してほしいと思えるという意味では、確かにそうかもしれない。それによって観客は事実上ストーリーテリングに参加することができるからだ。

しかし、既存のストーリーに登場するパワフルな主人公の中には、まったく好意を持てないタイプの者たちも存在する。それでも観客はそういった主人公たちに強い興味を抱き続けている。また、基本的には好意を持てる主人公でも、最初のうちは非道徳的な（つまり好意を持てない）行動をしてライバルに負けるところから始まったりもする。それでも観客がストーリーの途中で客席から立ち上がり劇場を後にするようなことはない。

☑本当に大切なことは、観客がその人物を理解できるかどうかであり、必ずしもその人物のすることすべてに好感を持てなければならないというわけではない。

ここで言う感情移入とは、その人物のことを理解して気にかけるという意味だ。たとえ主人公が好意を持てる人物ではなくても、または非道徳的な行動をとったとしても、観客に主人公への興味を持たせ続けるためのコツは、その人物の意図を明らかにすることにある。

☑主人公がなぜそのような行動をとるのか、その意図を常に見せるようにすること。

主人公の行動の選択理由を観客に見せるようにすれば、観客はその行動自体を必ずしも良いことだと思えなくても（好意を持てなくても）、その行動の根拠については理解することが（感情移入することが）できる。

観客には主人公の意図を知らせても、主人公本人にそれを知らせる必要はない。往々にして、主人公というものは、自分がゴールを目指す本当の理由を最初のうちは誤認しているもので、ストーリー終盤の自己発見の段階になるまでずっと本当の意図を見いだせないものだからだ。

4　道徳的な欠陥だけでなく心理的な欠陥も主人公に持たせること。

とてもパワフルなキャラクターは、道徳的な欠陥と心理的な欠陥の両方を持っているものだ。この二つの欠陥の違いをここで再確認しよう。心理的な欠陥は主人公本人だけに関係するものであり、道徳的な欠陥は主人公が他者に対する適切な態度を学ぶことに関係するものである。主人公に道徳的な欠陥と心理的な欠陥の両方をあたえることで、そのストーリーによって主人公が受ける影響は増大し、結果的に、ストーリーそのものの感情的なパワー増大にもつながる。

主人公の創作　ステップ2――キャラクター・チェンジ

キャラクター・チェンジとは、別名キャラクター・アーク、キャラクター・ディベロップメント、変化域なども呼ばれているもので、ストーリー全体の進展にともなうキャラクターの発展・成長を表す言葉だ。これはおそらく、執筆プロセス全体を通して最も難しく、最も重要なステップではないだろうか。

「キャラクター・ディベロップメント」という用語もまた、キャラクターへの「共感」と同じで、広く使われている割にはその真の意味を理解している人があまりいない。前にも少し触れたが、一般的に考えられているキャラクター創作の標準的なアプローチは次のような感じだ。まず1人の人物に焦点をあて、その人物の弱点をできるだけ列挙した上で、その人物のストーリーを語り始め、ストーリーの終盤にその人物を変化させようと試みる。これ私は「電気スイッチ型キャラクター・チェンジ」と呼んでいる。最後のシーンで、まるで照明のスイッチを入れたように、パッと一瞬にして主人公が「変化」するからだ。この方法が決して上手くいかないことはもうお分かりだろう。というわけで、それ以外の方法を考えてゆくことにしよう。

キャラクターとしての自我表現

本当のキャラクター・チェンジやその創作方法について考える前に、まず「自我」とは何かということを知っておく必要がある。なぜならキャラクター・チェンジで変化するものこそが、この自我だからだ。まずは「ストーリーテリングにおける自我の目的は何だろう」と自問することから、自我についての理解を深めていこう。

キャラクターとは架空の自我である。架空の自我が創作される目的は、人はそれぞれさまざまな意味で徹底的に個性的で独特な存在であると同時に、人間であるという全員に共通する事実は永遠に変わりないことを見せることにある。つまり、キャラクター（＝架空の自我）が時間や空間の中で行動している姿を見せること、またこのキャラクターを他のキャラクターと比較することで、人としての良い生き方や悪い生き方や、人生における成長の過程を表現するわけだ。

もちろん、ストーリーの歴史を紐解いてみたとしても、そこには自我についての完全に統一されたコンセプトなど存在しない。ここでは自我についての考え方として特に大切なものだけをいくつか挙げておくことにしよう。

■冷徹に統制した心を持つ単一の人物。この自我は他者と自分を明確に区別しており、自身の「運命」を探し求めている。この自我はそれをするために、深遠な能力を持って生まれてきたのだ。こういった自我のコンセプトは、特に元型的な戦士の主人公を持つ神話のストーリーに多く見ることができる。

■欠陥と欲求をたくさん持ち合わせて葛藤する単一の人物。この自我は、他者とつながりを持ちたい、または他者に組み込まれてしまいたいという強い欲望を抱いている。こういった自我のコンセプトは、幅広い種類のストーリーで見ることができるが、特に、イプセン、チェーホフ、ストリンドベリ、オニール、テネシー・ウィリアムズといった現代演劇作品に顕著だ。

■役割がその時点における社会の在り方によって変化する人物。おそらく、この自我のコンセプトの支持者として最も有名な書き手はマーク・トゥエインだろう。彼は「アーサー王宮廷のコネチカット・ヤンキー」や「王子と乞食」といった入れ替わり喜劇で、人は社会における地位によって決められてしまうことが多いという事実を見せつけている。また「ハックルベリー・フィンの冒険」や「トム・ソーヤーの冒険」といった作品においてさえも、人にあたえられた役割がいかにパワフルなものかということ、また社会によって決められた存在に人は合わせてゆくようになるものであることを強調している。

■あまりにも不安定で、感染されやすく、影響されやすく、弱く、統一性に欠けているため、まったく異なるものにさえ姿を変貌することさえある、曖昧なイメージの集まり。この曖昧な自我を表現している有名作家には、カフカ、ボルヘス、フォークナーらがいる。娯楽フィクション作品では、この自我は、特に吸血鬼や猫人間や狼男などが登場するタイプのホラー・ストーリーに多く見ることができる。

自我についてのこれらのコンセプトは、確かにそれぞれ深い相違点があることは事実だが、キャラクター・チェンジの目的や、それ自体をしっかりと描く方法は、どの自我であってもほぼ同じだ。

☑キャラクター・チェンジは、ストーリーの最後に生まれるのではなく、むしろ出だしに生まれている。もっと厳密に言うなら、出だしをどのように設定するかによって変化が可能になるのだ。

☑主人公のことを、しっかりできあがった確固たる人物と捉えてストーリーを語ろうとしないこと。むしろ主人公を、出だしからの変化域もしくは可能域として捉えよう。つまり、執筆プロセスの開始時に主人公の変化域を決めておかなければならないということ。それをしなければストーリーの終わりに主人公が変化することは不可能だ。

この方法論の重要性は強調してもし切れないほどだ。変化域をマスターできれば、もはやストーリテリングという「ゲーム」に勝ったようなものだ。逆にこれをマスターできなければ、何度書き直しを繰り返しても、ピタリと仕上げることはできないだろう。

変化域の大雑把な法則は次のような感じだ。変化域が小さければ小さいほどストーリーはつまらなくなる。変化域が大きければ大きいほどストーリーはより面白くなるが、同時にリスクも大きくなる。なぜなら、ストーリーで描かれる限りある時間の中で、人は実際にそれほど変われるものではないからだ。

ところで、そもそもここで言う「変化域」とは厳密に何を指しているのか説明しておこう。それは、キャラクターが自分自身を深く理解したことによって変わり得る可能性の幅のことだ。キャラクター・チェンジは、主人公が最終的に真の自分に変化することである。言い換えるなら、メイン・キャラクターである主人公は唐突に別人に変わるわけではないということ（稀にそういう例もあるが）。主人公は、より深く、より意識の高い自分自身へと変わるプロセスを最終的に完了するのだが、そのプロセスはストーリー全体を通して起こるものだ。

主人公がより深い真の自分になるこのプロセスは、絶望的なほどデリケートなプロセスとなる場合もあるため、誤解されることがとても多い。そのためにも、ここで次のことを声高らかに強調させもらおう。ストーリーでキャラクターが変化することはいくら見せても構わないが、そのすべてがキャラクター・チェンジに当てはまるわけではない。

たとえば、出だしで貧乏だった主人公が最後には金持ちになるとか、小作農だった主人公が王になるとか、アルコール依存症だった主人公が酒を絶てるようになるとか、そういう主人公の変化を描くことは確かにできる。これらはどれも変化であることに間違いない。ただしキャラクター・チェンジではないのだ。

☑キャラクター・チェンジとは、主人公が新たな道徳的行動に導かれ、それまでの自分の根本的な信念に疑いを持つことが含まれた変化である。

キャラクターの自己認識は、社会や自分自身についての自分なりの信念で成り立っている。言い換えるなら、良い人生の送り方や自分が求めているものを得る方法について、自ら信じているもののことだ。優れたストーリーでは、主人公がゴールを目指している間に、自分の最も深いところにあった信念に疑問を持つことを強いられる。煮えたぎる大鍋のような難局に身を置くことで、主人公は本当の信念を見いだし、これからどのような行動をとるべきかを決断し、道徳的行動をすることによって、その新たな信念が正しいことを証明する。

自我の解釈が書き手によってそれぞれ異なるように、キャラクター・チェンジを表現するための戦略も書き手によってさまざまだ。チャプター1で、ストーリーが2本の「脚」で「歩き」始めると、キャラクターが自発的に行動を起こし学んでゆくようになるものだという内容のことを述べたと思う。ストーリーテリングの長い歴史の流れに注目してみると、描かれ方が推移してきたことが分かる。大雑把に言うなら、ほぼ行動だけを強調する描き方（主人公の行動をモデルにして、観客がそれを自分に当てはめることで学ぶ神話形式）から、学ぶことに重きを置いて強調する描き方（良き人生の送り方を理解する以前に、目の前で起こっている出来事がどのように解決されるのか、その人物の真の姿はどのようなものなのか、発生した出来事の内容は何なのかに観客は注目する）へと推移してきた。

こういった「学び」のストーリー形式を特に好む有名作家には、ジョイス、ウルフ、フォークナー、ゴダール、ストッパード、フレイン、エイクボーンらがいる。主な映画作品では、『去年マリエンバートで』『欲望』『暗殺の森』『メメント』『カンバセーション…盗聴…』『ユージュアル・サスペクツ』などが挙げられるだろう。

「学び」のストーリーにおけるキャラクター・チェンジは、ストーリーの最後にキャラクターが自分についての理解を深める姿をただ見せるだけの単純なものではない。観客が実質的にキャラクター・チェンジに参加し、ストーリーテリング・プロセス全体を通して登場するさまざまなキャラクター自身の立場になってもらわなければならない。それを実現させるためには、さまざまなキャラクターの色々な視点を観客に体験的に知らせることだけでなく、観客がどの人物の視点でこれを観ているかを見いだすことが必要になってくる。

当然、キャラクター・チェンジの可能性は無限にある。最初に主人公が持っている信念次第で、その信念への疑問の持ち方や、ストーリーの終わりでの変化の仕方が違ってくる。ということは、ストーリーを書き手であるあなた独自の個性的なものにする方法のひとつでもあるわけだ。

ただし、利用頻度の高い普遍的なキャラクター・チェンジも確かに存在する。その内のいくつかをここに挙げておくことにする。ただし、これらを使わなければならないということではない。あくまでも、ストーリーの創作方法においてキャラクター・チェンジというとても大切なコンセプトの理解を深めることが目的だ。

1　子供から大人へ　成長譚とも呼ばれるこのキャラクター・チェンジは、もちろん子供から大人への肉体的な変化とは無関係だ。そんなの当たり前だと思われるかもしれないが、成長の物語とは性的な初体験によるキャラクター・ディベロップメントだと勘違いしているライターは驚くほど多い。性的な初体験は、悲劇的としても娯楽としても物語を成立させられるものかもしれないが、キャラクター・チェンジとは無関係なのだ。

真の成長譚とは、若者がそれまで抱いていた根本的な信念に疑問を持ち、信念が変わり、新たな信念にもとづいた道徳的行動をとることを描いた物語だ。このキャラクター・チェンジを見ることのできる作品としては、「ライ麦畑でつかまえて」「ハックルベリー・フィンの冒険」「デイヴィッド・コパフィールド」『シックス・センス』『ビッグ』『グッド・ウィル・ハンティング』『フォレスト・ガンプ／一期一会』『セント・オブ・ウーマン／夢の香り』「スタンド・バイ・ミー」『スミス都へ行く』「トリストラム・シャンディ」（これはおそらく小説史上で初めての成長譚であると同時に反成長譚でもある作品だ！）などがある。

2　成人からリーダーへ　ここでは、初めのうちは自分自身のために正しい道のりを見いだすことだけを考えていた主人公が、後に他者が正しい道のりを見いだせるよう手助けしなければならないことに気がつく。このキャラクター・チェンジは、『マトリックス』『プライベート・ライアン』『エリザベス』『ブレイブハート』『フォレスト・ガンプ／一期一会』『シンドラーのリスト』『ライオン・キング』「怒りの葡萄」『ダンス・ウィズ・ウルブズ』「ハムレット」などといった作品に見ることができる。

3 すねた者から積極的に関与する者へ これは、成人からリーダーへのキャラクター・チェンジの特別版といったところだ。まずは自分のことだけしか考えない主人公がいる。この人物は社会から身を引き、享楽や個人の自由や金銭にしか興味を示さない。しかしストーリーの最後には、個よりも大きな社会・世界を正しく導くことの真の価値に気づき、リーダーとして再び社会に戻ってゆく。『カサブランカ』、そして『スター・ウォーズ』のハン・ソロにもこのキャラクター・チェンジを見ることができる。

4 リーダーから独裁者へ キャラクター・チェンジはポジティブなものばかりとは限らない。リーダーから独裁者へと変化するストーリーでは、正しい道のりを見いだそうとする他者に協力していた存在が、自分に従うことを他者に強いる存在へと変化する。多くの役者は、この変化を演じると印象が悪くなってしまうと尻込みしているようだが、このキャラクター・チェンジはとても素晴らしいドラマ性を引き出す可能性を秘めている。このキャラクター・チェンジは、『L・A・コンフィデンシャル』『ア・フュー・グッドメン』「ハワーズ・エンド」『赤い河』『ゴッドファーザー』「マクベス」といった作品に見ることができる。

5 リーダーから予見者へ ここでは、正しい道のりを見いだそうとする他者を手助けしていたキャラクターが、社会全体がどのように変わるのか、未来の生き方はどうなるのかを予見する存在になる。この変化は、優れた宗教物語や創作神話に多く見ることができる。

この類のキャラクター・チェンジを描くとき頻繁に利用されているのが、モーゼのストーリー構造だ。たとえば、『未知との遭遇』では、どこにでもいるような普通の男、ロイがある山のビジョンを抱くようになる。その山の上まで登ってゆくと、彼がそこで見たものは、巨大な宇宙船、つまり未来宇宙の姿である。

キャラクターが予見者になる姿を描く際には、乗り越えなければならない大問題があることを頭に留めておこう。それは、書き手であるあなた自身が未来のビジョンを持っていなければならないということだ。このタイプのストーリーを書こうとするライターが、ストーリーの終盤まで書き進めた段階になってようやく「未来社会の全体像が今のそれとはどう違うのか」ということについて自分のビジョンを持ち合わせていなかったことに気づいたとしたら、最後の自己発見の場面は、主人公が白い光を見るとか、美しい自然のイメージを見るとか、そういう曖昧な形で締めくくるしかなくなってしまうだろう。

これではストーリーは機能しない。主人公のビジョンはディテールに富んだ道徳観でなければならないからだ。「モーゼの十戒」とは10個の道徳律のことだ。「イエスの山上の説教」は一連の道徳律なのだ。それができないのであれば、このタイプのストーリーを書くことはやめよう。

6

変身　ホラー、ファンタジー、おとぎ話、そして特定の強烈な心理ドラマでは、主人公が変身する、または極端なキャラクター・チェンジをすることがある。キャラクターが別の人間や動物や物になる例については、ここでもう少し掘り下げておくことにする。

この変化は犠牲をともなうとてもラジカルな変化で、出だしの主人公が、弱くて欠陥を持った自我であること、または何かに打ちひしがれている自我であることを含意する変化でもある。この成長変化がベストな方向に転がると、その人物は他者への究極的な共感を持った行動をするようになる。逆に最悪な方向に転がると、そもそもの自我が完全に破壊され、新たな形態の中にそれをとじ込めてしまうことになる。

『狼男』『ウルフェン』『ザ・フライ』といったホラー・ストーリーでは、人が動物に変貌することで、性的情熱や肉食性の生態に完全に支配される。こういった作品の観客は、人間が動物的なルーツへ戻ってゆくプロセスを段階的に目撃する。

ごく稀なことだが、キャラクターが野獣から人間に変化するストーリーもある。議論の余地はあるが、キングコングもそういったキャラクターに当てはまるのではないだろうか。フェイ・レイ演じる女性に恋した彼は、彼女と一緒にいたいがために死を選ぶ。そしてキングコングよりもずっと利己的な存在であるプロデューサーが「この野獣を殺したのは美だ」と言うのだ。『マッドマックス2』では、言葉も話せない野生児のキッドが、マッドマックスを見てきたことによって、人間になることを学んだだけでなく、自身のグループのリーダーにまでなっている。「ギルガメッシュ叙事詩」では、野人エンキドが、女性と寝るように仕向けられて人間になる。

「入れ替わり悲劇」と呼ぶこともできそうなカフカの「変身」では、旅回りにセールスマンのグレーゴル・ザムザが、ある朝目覚めると虫になっている。これはキャラクター・チェンジがストーリーの冒頭で起こり、それ以降の物語は虫となったことについて語られるという稀な例だ（これは異化効果［ブレヒトが提唱した演劇理論のひとつ］の最上級であるという説もある）。

変身という極端なタイプのキャラクター・チェンジには、どうしてもシンボルを使用することが必要になってくる。キャラクターとシンボルを関連づける方法については、チャプター7「シンボル」で詳しく述べることにする。

キャラクター・チェンジの創作

ここまではストーリーテリングにおけるキャラクター・チェンジの機能について検証してきた。ここからは、あなたのストーリーにキャラクター・チェンジを組み立てる方法について検証してゆこう。プレミスについて学んだチャプター2では、まずはストーリーにおける基本行動の正反対に当たるものは何かと考えることで、主人公のキャラクター・チェンジの可能性を探る方法を紹介した。おさらいになるが、たとえば『ゴッドファーザー』では次のような形で機能する。

■プレミス　マフィア・ファミリーの末っ子の息子が、彼の父親を撃った男たちに復讐して新たなゴッドファーザーとなる。

W（出だしでの弱点）　無関心、恐れ、正統派、まっとうな生き方、家族との乖離。

A（基本行動）　復讐する。

C（変化した人物像）　ファミリーの圧政的で絶対的な支配者

また、チャプター3では、ストーリーに7段階の道程を設定することで、キャラクターがプロットを前進させると同時に深みのある変化を経験できるということを学んだ。

ここでは、ストーリーの基礎土台となるキャラクター・チェンジを創作することを念頭に置いて、この二つの手法についてより詳細に検証していくことにする。

先ほど、「ストーリーにキャラクター・チェンジを組み立てる方法」と述べたが、私は意図的に「組み立てる」という言葉を使用している。なぜならこれは、文字通りストーリーの枠組みを組み立てる段階だからだ。

☑いつでもまずは自己発見によって変化した後のことについて考えるところから始め、それに次いで、ストーリーの序盤までさかのぼって変化の開始地点（主人公の欠陥と欲求）を決め、その上で中間にあたる段階的発展・成長を見いだしてゆくという順に進めること。

これはありとあらゆるフィクション作品執筆方法の中で、最も価値ある方法論のひとつだ。とにかくやってみよう。ストーリーテリング力が劇的に向上することを身をもって理解できるはずだ。最終地点から始める理由は、物語というものはすべて、主人公が経験する学びの旅路だからである（それは物理的な旅の形で描かれる場合もあれば、そうでない場合もある）。どんな旅路もそうであるように、最初の一歩を踏み出す前に、自分が向かおうとしている最終地点を知っておく必要がある。そうしなければ堂々巡りや無目的な放浪となってしまう。

キャラクター・チェンジの最終段階に当たる自己発見から取り組み始めることで、主人公の踏み出す一歩一歩が確実にその最終地点に向かうものとなる。無駄や的外れが一切なくなるのだ。これはストーリーを自然にする（つまりは本質的に論理的な作品にする）唯一の方法であり、また旅路の中で踏み出されるどの一歩も、次の一歩と必然的につながるので、確実に旅路そのものが徐々に高まってゆくことにもなる。

ライターの中には、束縛されてしまう、または型にはまった書き方を強いられてしまうとして、この方法を懸念する者もいる。しかし、この方法は実は、セーフティーネットのある安心感を持ち続けて執筆できるため、ずっと自由に書くことができる方法なのだ。今ストーリーのどの部分を書いているにしても、最終的に行き着く場所だけは分かっている。だからこそ、よりチャレンジ精神旺盛に、一見すると軌道を逸れているように思えても、実はよりクリエイティブな形で最終地点に導いてくれそうな、さまざまなストーリー・イベントを試してみることができるのだ。

自己発見が適確に描けるかどうかは、ストーリーの出だしで決まると述べたのを覚えているだろうか。優れた自己発見は、「自己発見の瞬間」と「冒頭での設定」の両輪で成り立っているのだ。

自己発見の瞬間には、次のようなクオリティが備わっていなければならない。

- 突然であること。これによって主人公にも観客にも最大限のドラマ性をもたらすことができる。
- 観客が主人公の自己発見を体験できるようにするためにも、観客から感情が一気にあふれ出てくるように描くこと。
- 主人公にとって新しい情報であること。主人公は、これまでずっと自分に嘘をついて生きてきたことや、他者を傷つけてきたことを、この時点で初めて知るのだ。
- 主人公が新たな道徳的行動をとる引き金となるものであること。道徳的行動をとることによって、その自己発見が本物の自己発見だったということ、そして主人公が大きく変化したのだということが証明される。

自己発見の設定には、次のようなクオリティが備わっていなければならない。

- 主人公が、後に真実を目にしたときに正しい行動とは何かに気づけるだけの能力を持った思考できる人物であること。

■主人公が、自分自身に嘘をついている、または何かを隠していること。
■主人公の嘘または間違った信念が、とても現実的な形で主人公を苦しめるものであること。

右記のリストには一見すると矛盾にも思える内容がはらんでいることに気づいただろうか。「自分自身に嘘をついている思考できる人物」だ。これは矛盾しているように思えるかもしれないが、実はとても現実的なのだ。私たち誰もがそういう悩みを抱えているのだから。ストーリーテリングの持つパワーのひとつは、人間は、素晴らしく創造性豊かな思考能力を持っている一方で、間違った信念に簡単に心が囚われて憑りつかれてしまう、とても複雑な存在であるという事実を私たちに見せつけてくれるところにある。

キャラクター創作の方法――ダブル・リバース

これまで述べてきたように、キャラクター・チェンジを組み立てるスタンダードな方法は、主人公に欠陥と自己発見をあたえることだ。主人公は自身の根本的な信念に疑念を持ち、その信念を変えて、新たな道徳的行動をとる。観客は主人公に自分を重ね合わせているので、主人公が何かを学べば、観客もそれを学ぶことができる。

ただし、これを実際にやるにはいくつかの難しい問題がつきまとう。そのひとつは、何が正しい行いで何が間違った行ないかということについて、書き手であるあなたの道徳観と主人公の道徳観の区別のつけ方の問題。書き手と主人公の道徳観は、必ずしも同じとは限らないからだ。もうひとつの問題は、スタンダードな方法で描けるキャラクター・チェンジを超えた心理的インパクトと複雑性のあるキャラクター・チェンジを描きたい場合はどうすればいいのかということだ。

キャラクター・チェンジのより高度な見せ方のひとつに、私が「ダブル・リバース」と呼んでいる、普通ではないタイプの自己発見を利用する方法がある。これは、主人公だけでなくライバルにも自己発見をさせるというものだ。どちらもお互いから何かを学び合い、また観客は、この社会でどのように行動し生きてゆくべきかということについて、通常のように一つの洞察ではなく、二つの洞察を受け取ることになる。

スタンダードな単一の自己発見の代わりにダブル・リバースを使うことで得られる利点は主に二つある。第一の利点は、比較方式で描かれることにより、単一の自己発見よりもずっと明確にして絶妙に、正しい行動や正しい生き方を観客に提示できることだ。この違いは、ちょうどステレオサウンドとモノサウンドの違いに例えられるかもしれない。第二の利点は、観客が主人公だけにとらわれ過ぎてしまう危険を防げることだ。ダブル・リバースを使うことで、観客は容易に一歩下がって大観からストーリーの分枝構造を眺めることができるようになるのだ。

ダブル・リバースを創作するには、次のようなステップで進めよう。

1　主人公とメインのライバルの両方に弱点と欠陥をあたえる（主人公とライバルそれぞれ弱点と欠陥は、同じものである必要はなく、まったく類似していなくても構わない）。

2　ライバルに人格を持たせる。これは、この人物は学んで変化する能力を持っていなければならないという意味でもある。

3　最後の決戦の途中または終わりに、主人公だけでなくライバルにも自己発見をさせる。

4　この2人の自己発見に関連を持たせる。主人公はライバルから何かを学び、ライバルは主人公から何かを学ぶようでなければならない。

5　この2人のキャラクターが学んだ内容の最高峰に位置するものが、書き手であるあなたの道徳観だ。

ダブル・リバースは実にパワフルな手法だが、あまり頻繁に使用されていない。その理由は、自己発見できる能力を持ったライバルを創作しているライターがほとんどいないからだ。あなたの描くライバルが、生まれながらに邪悪で、紛れもない悪者だとしたら、その人物はストーリーの終わりで自分がいかに悪いことをしてきたのか発見することはできない。たとえば、平然と人の胸ぐらを引き裂いて心臓をむしり取り、それを夕食にしているようなキャラクターが、自分には変化する必要があると気づくことはまずあり得ないだろう。

そう考えると当然のことかもしれないが、ダブル・リバースを最大限に有効利用できるのは、主人公とその恋人（メインのライバル）がお互いから学ぶように設計されているラブ・ストーリーだ。ダブル・リバースの好例としては、『クレイマー、クレイマー』『アダム氏とマダム』『プライドと偏見』『カサブランカ』『プリティ・ウーマン』『セックスと嘘とビデオテープ』『セント・オブ・ウーマン／夢の香り』『ミュージック・マン』といった映画作品が挙げられる。

さて、主人公の自己発見が何か決まったら、次はストーリーの出だしにさかのぼり、主人公の欠陥を決める作業に取り組もう。自己発見を先に決めることの恩恵のひとつは、これによって主人公の欠陥が自動的に決まってくることにある。自己発見とは主人公がより良い人生を送るために学ぶことを指し、欠陥とは主人公が自分ではまだ気づいていないが、より良い人生を送るためにこれから学ばなければならないことを指す。この時点で主人公は大きく間違った信念を持って生きている。自分の人生に不具合を生じさせているこの大きな弱点を乗り越えなければならないのだ。

主人公の創作　ステップ3——欲求

力強い主人公を創作するための第三のステップは、欲求の道筋を作り上げることだ。チャプター三で、このステップはストーリーの背骨にあたるものだと述べたと思う。力強い欲求の道筋を作るためのルールが三つある。これらを常に頭に置いておくようにしよう。

1　欲求の道筋は、重要で強度と安定性のある単一の道筋であること。欲求の道筋が複数あると、ストーリーはバラバラになってしまう。同時進行で二つや三つもある別々の道筋を進んでしまうと、物語の推進力は一気に失われ、観客もただ混乱するだけだ。優れたストーリーテリングでは、何よりも優先する単一のゴールを持つ主人公が、この上ない情熱でそれを追い求めているものだ。そうするとストーリーは加速しながら前進し、物語の推進力は圧倒的なものとなる。

2　欲求は具体的であること（具体的であればあるほど良い）。これから創作する欲求の道筋が、十分に具体的なものになることを確保するためには、その主人公がゴールを達成できたか否かを観客が判然と知ることのできる具体的な場面が描けるかどうかを確認することだ。たとえば『トップガン』では、航空戦訓練学校（トップガン）の校長がトップガン賞を他の人物に手渡す場面で、主人公が彼のゴールを達成できたかどうかを知ることができる。『フラッシュダンス』では、主人公が手紙で合格の知らせを受けることで、バレエ学校に入学したいという彼女の欲求がかなったことが分かる。

「私の主人公の欲求は自立することだ」という文句を時々耳にすることがある。しかし、具体的な場面で描く場合、人が自立する場面とはどんな場面だろう？　初めて実家を出る場面だろうか？　結婚する場面だろうか？　離婚する場面だろうか？　人が自立するということを具体的に示す場面は存在しない。自立や依存は、むしろ欠陥に関わるもので、欲求として扱うには弱すぎるのだ。

3

欲求が満たされる場合は、ストーリーの終盤で満たされること。ストーリーの中盤で主人公の欲求が満たされてしまったら、書き手にとっての選択肢は、そこでストーリーを終わらせるか、そこから新たな欲求の道筋を設定するかのどちらかしかない。そして後者を選んだとしても、二つのストーリーの間で板挟みになって立ち往生するだけだ。主人公の欲求の道筋をストーリーの終盤まで引き延ばすことで、ストーリーをひとつに保ち、圧倒的な物語の推進力を持たせることができる。

次の映画の欲求の道筋はどれも三つのルールすべてに当てはまるものだ。

■『プライベート・ライアン』　プライベート・ライアンを見つけ出して生還させること。
■『フル・モンティ』　満員の女性たちの前で裸でパフォーマンスして大金を稼ぐこと。
■『評決』　この裁判に勝つこと。
■『チャイナタウン』　ホリス殺人事件の謎を解くこと。
■『ゴッドファーザー』　ヴィトー・コルレオーネを撃った男たちに復讐すること。

主人公の創作　ステップ4——ライバル

主人公を定義するためのコツ、ストーリーを理解するためのコツは、ライバルを理解することだ。この事実は強調してもし切れないほど重要だ。キャラクター・ウェブにあるすべてのつながりの中で最も重要なつながりは主人公とメインのライバルの関係性である。この関係によって全体のドラマ性の組み立て方が決まってくるのだ。

ライバルは書き手であるあなたにさまざまな形で貢献してくれる者なのだから、あなたはこのキャラクターを心から愛するべきだ。主人公はライバルを通して学ぶのだから、ストーリー構造上のカギを握っているのは常にライバルだということになる。その仕組みは単純で、ライバルが主人公の最大の弱点を攻撃し、それを契機に、主人公は自分の弱点に向き合って成長するのである。

☑主人公とライバルの凄さは同等である。

この原理がいかに大切かを検証する意味で、主人公とライバルをテニス選手に例えて考えてみよう。主人公が世界ランキング1位の選手で、試合相手の選手が趣味でテニスを嗜む程度の選手だったら、主人公が数ショット放っただけで相手選手はもうフラフラになってしまい、観客はすっかり退屈するだろう。しかし、相手選手が世界ランキング2位の選手だったらどうだろう。主人公は自分にとって最高のショットを打つことを強いられ、相手も素晴らしいリターンでそれに応じ、2人ともコート中を駆け回り、観戦者たちは熱狂する。

優れたストーリーテリングも、まさしくそのように機能する。主人公とライバルがお互いを最高な力を出すところまで突き動かしているのだ。

主人公とライバルの関係性が設定された時点で、ストーリーのドラマ性は明らかになってくる。この関係性を適確に設定できれば、ストーリーはほぼ間違いなく機能するものとなるだろう。逆にこの関係性が適確に設定できなければ、そのストーリーはほぼ間違いなく失敗する。それではここで、素晴らしいライバルの創作に必要な要素について考えてゆこう。

1　ライバルは必要な存在であること

優れたライバルの何よりも重要な要素は、その人物が主人公にとって必要な存在であることだ。ここで言う「必要」とは、ストーリー構造上の物理的な必要性である。メインのライバルは、主人公の一番の弱点を攻撃することに世界一長けている人物だ。しかも情け容赦なく攻撃し続ける。主人公が弱点を乗り越えることを強いるライバルが主人公には必要なのだ。弱点を乗り越えなければ完全に崩壊してしまう状況に主人公を追い込むライバル。それは別の視点から見れば、主人公が成長するために必要なライバルということになる。

2　ライバルは人間であること

これは単純に動物や物や現象ではだめで、人間でなければならないと言っているのではない。主人公と同等に複雑で価値ある存在でなければいけないという意味だ。

ストーリー構造上は、この「人間のライバル」は、常に何らかの形で主人公の分身であるということも意味する。ライターの中には、ライバルの性格を徹底的に主人公と似たものにする「分身のコンセプト（ドッペルゲンガーという用語で知られている）」を採用している人もいるようだ。ただし、ここで私が次に挙げているのは、それよりもずっと大まかなもので、あらゆるタイプの主人公とライバルの関係性に当てはまる基本的原理だ。次の「分身のコンセプト」は、数々の方法で主人公とライバルの比較やコントラストを提供することで、お互いを定義し合うことに貢献するものだ。

■主人公の分身であるライバルには特定の弱点があり、それが理由で他者に対して間違った行動をとったり、自分自身がより良い人生を送ることを妨げるような行動をとってしまう。

■主人公と同様に、主人公の分身であるライバルにもまた、その弱点に由来する欠陥がある。
■主人公の分身であるライバルにも必ず欲求がなければならず、その欲求は主人公と同じゴールであることが望ましい。
■主人公に究極的なプレッシャーをあたえ、最終決戦をセットアップし、主人公をより大きな成功（または失敗）へ導ける存在となるためにも、主人公の分身であるライバルは、権力やステータスや能力を持っていなければならない。

3　ライバルは主人公の基準に反する価値基準を持っていること

主人公の行動もライバルの行動も、一連の信念、または価値基準にもとづいてとられるものだ。それぞれの価値基準は、何が人生を良くするのかということに対するそれぞれの考え方から生まれている。

優れたストーリーでは、ライバルの価値基準が主人公の価値基準と対立しているものだ。その対立を通して、観客はどちらの生き方が優れているのかを見る。そういう意味でもストーリーの力強さのほとんどは、ライバルのクオリティにかかっていると言えるだろう。

4　ライバルは強いが弱点のある道徳論を持っていること

ライバルが生まれながらに邪悪だと単なる悪者となってしまい、機械的で面白味のないものになりがちだ。現実の世界では、善と悪とか、正解と不正解に明確に割り切れる対立はほとんどない。設定が巧みなストーリーでは、主人公もライバルも自分が正しい道を選んだと信じており、どちらにもそう信じるだけの理由がある。またそれぞれ違う形ではあるが、どちらも心得違いをしているものだ。

ライバルも主人公とまったく同じように、自身の行動を道徳的に正当化しようとするものだ。優れた書き手は、ライバルの道徳観を詳細に描き、パワフルで説得力がありながらも究極的には間違った道徳論議を提出するものだ。その方法については次のチャプター「道徳論議」で論じることにしよう。

5 ライバルには主人公との一定の類似性があること

主人公とライバルのコントラストがパワフルなものになるのは、この2人のキャラクターに強い類似性がある場合だけに限られる。また、この類似性があって初めて、重要で教訓的な相違点がひときわ目立つことになるのだ。

また、主人公とライバルに一定の類似性を持たせることで、主人公が完璧なまでに善良になりすぎたり、ライバルが徹底的に邪悪になりすぎたりすることも回避できる。主人公とライバルを究極の正反対として扱ってはならない。むしろこの2人は同域内に存在する2種類の可能性として捉えるべきだ。主人公とライバルが繰り広げる論議は、明確な善と悪の論議ではなく、弱点と欠陥を抱える2人のキャラクター間の論議なのだ。

6 ライバルはずっと主人公と同じところにいること

これは常識の逆を行く考え方だ。普通、2人の人物が嫌い合っている場合、それぞれ反対方向に進むものだろう。しかし、それと同じことがストーリーで起こってしまうと、対立関係を築き上げることが大いに難しくなる。そこで、主人公とライバルが進展するストーリーの中でずっと同じところにいても説得力のある理由を見つけることが大切になってくる。

ライバルが機能して主人公を突き動かしているのを見ることができる教科書的な例は、『羊たちの沈黙』のハンニバル・レクターだ。皮肉なことに、この映画では、レクターは真のライバルではない。

彼は一見するとクラリスのライバルに見えるが、実は最高の味方であり、いわゆる「ライバルのふりをした仲間」だ。私はレクターのことを地獄版ヨーダと捉えている。彼がクラリスにあたえたトレーニングは、確かに残酷なものではあるものの、彼女がＦＢＩアカデミーで学んだどんなトレーニングよりもずっと価値あるものだった。

それはともかく、彼らが最初に対面する場面で、レクターは、ライバルが主人公の弱点を徹底的に攻撃し続け、主人公はそれを乗り越えるか、さもなければ崩壊してしまうところまで追い込むという図式のミニチュア版を私たちに見せてくれている。クラリスは連続殺人鬼バッファロー・ビルについてのヒントを得るため獄中のレクターを訪ねる。クラリスは、これは何とかなりそうだと思い、手腕を発揮しようと試みるが、レクターにとってその彼女の行為は自分の知性を侮辱されたも同然だ。そこから彼の攻撃が始まる。

レクター「ああ、スターリング捜査官、きみはこんなくだらないなまくらな道具で私のことを解剖できるとでも思っているのかね？」

クラリス「いいえ、私はただあなたの知識を……」

レクター「きみは志が高いね。きみのように高価なバッグを持ち、安っぽい靴を履いた人間が私にはどう見えているか分かるかな。田舎者さ。磨き上げて精一杯頑張っている田舎者だよ。趣味は悪くないがね。栄養はしっかり骨の髄まで行き渡っているかもしれないが、低所得白人社会に生まれた2世代目というところかな。そうだろう、スターリング捜査官？　それからきみが必死に隠そうとしているその訛りは、純粋なウエストバージニアのものだね。父親の職業は、炭坑夫かな？　石油ランプの臭いがプンプンしていたかね？　きみはずいぶんと早くから男たちに言い寄られていたね。車のバックシートで、退屈でいやらしい手探りをされながら、きみはただだこの土地を去ること、どこか別の場所に行くことばかりを夢見ていた。そしてはるばるＦＢＩまでたどりついたというわけか」

それではここで、ストーリーテリングに登場するライバルの実例を挙げてみることにする。どのライバルも主人公の最大のライバルであるという意味では、ほとんど違いがないことが分かるだろう。

「オセロ」（戯曲…ウィリアム・シェイクスピア　１６０４年）

オセロは武人の将で、何事にも真っ直ぐに挑み、策略を企てるようなやり方は一切しない。「ドラマとは対立である」という型にはまった格言を信じているライターなら、オセロに対抗する人物として別の武人の将を置くところだろう。それをすると、確かに数多くの対立は描けるが、それらはどれもほとんどストーリー性のないものとなってしまう。

シェイクスピアはどのようなライバルが主人公に必要なのかを理解していた。シェイクスピアは、妻への不安というオセロの最大の弱点を起点にして、イアーゴーという登場人物を作り上げている。イアーゴーはけっして武人とは呼べない存在だ。真正面からの攻撃には向いていない。しかし彼は、欲するものを得るために、言葉やほのめかしやごまかしを巧みに使いながら、敵の背後から攻めることに長けている。イアーゴーはオセロに必要なライバルだ。彼はオセロの最大の弱点を見抜き、見事なまでに徹底的に攻撃し、ついにはこの偉大な武人の将を陥落させてしまう。

『チャイナタウン』（脚本…ロバート・タウン　１９７４年）

ジェイク・ギテスは、理想家で自信過剰で単純な探偵で、真実さえ発見できれば正義の審判を下せると信じている。彼にはまた金銭や高級品に弱いという弱点がある。彼のライバルであるノア・クロスは、ロサンゼルス屈指の金持ちの権力者だ。彼はジェイクの裏をかいたあげく、富と権力を使ってジェイクがつきとめた真実を隠蔽し、殺人の罪から見事に逃れてみせる。

「高慢と偏見」（小説…ジェーン・オースティン　1813年）

エリザベス・ベネットは聡明で魅力的な娘だが、自身の知性を鼻にかけているところがあり、また、偏見で他人を判断してしまう傾向にある。彼女のライバルであるダーシーは、プライドがあまりにも高く、下の階級の人々を見下す傾向がある。しかし、自身の高慢さと偏見をエリザベスに気づかせたのは、彼女に対する高慢さと偏見を克服しようと努力するダーシーの姿だった。

『スター・ウォーズ』（脚本…ジョージ・ルーカス　1977年）

衝動的で世間知らずな若者のルーク・スカイウォーカーは、正義のために素晴らしいことをしたいという欲求があるが、フォースの使い方を知らずにいる。ダース・ベイダーは達人と言えるほどのフォースの使い手だ。彼にはルークを出し抜くこともできれば、戦って勝つこともできる。そんな彼はルークが自分の息子であるという事実やフォースを利用してルークを「ダークサイド」に誘い込もうとする。

「罪と罰」（小説…フョードル・ドストエフスキー　1866年）

頭脳明晰なラスコーリニコフは、一般人や法治社会よりも自分の方が上であるという哲学を証明するためだけの目的で殺人を犯す。彼のライバルである平凡な刑事のポルフィーリは、さえない公務員だ。しかし法の番人であるこの平凡な男は、ラスコーリニコフよりも抜け目なく、さらには、ここが注目すべきところだが、ラスコーリニコフよりも頭が良い。ポルフィーリは、真の偉大さは自己発見と責任感と辛苦からくるものだということをラスコーリニコフに見せつけることで、ラスコーリニコフの哲学の盲点を指摘し、彼に罪を告白させる。

『氷の微笑』（脚本…ジョー・エスターハス　1992年）

タフで頭の回転が早い刑事のニックは、ドラッグを使用するし、また十分な証拠のないまま殺したりもする。ニックに引けをとらない明晰な頭脳を持つキャサリンは、ことあるごとに彼に難問をあたえ、セックスやドラッグという彼の弱点を利用して誘惑し、彼女の元に誘い込む。

「欲望という名の電車」（戯曲…テネシー・ウィリアムズ　1947年）

美貌が薄れゆき、現実と向き合うことのできないブランチは、嘘とセックスを使って落ちぶれてゆく状況から自らを守ってきた。粗野で攻撃的な「親分肌」のスタンリーは、作り話ばかりしようとするブランチを認めない。スタンリーは彼女のことを、自分をだまし、親友のミッチをもてあそぶ嘘つきのあばずれだと思っている。スタンリーが面と向かってあまりにも徹底的に「真実」をたたきつけるため、ブランチは精神を病んでしまう。

『めまい』（原作小説…ピエール・ボワロー&トマ・ナルスジャック、脚本…アレック・コペル、サミュエル・テイラー　1958年）

スコティは真面目な男だが、少し世間知らずなところがあり、また高所恐怖症に悩まされている。大学時代の友人エルスターは、スコティの弱点を利用して、エルスターの妻を殺害する陰謀を企てる。

対立関係を築く

主人公、そして主人公と同じゴールを争うライバルを設定したら、次は最終決戦まで絶えることのないしっかりした対立関係を築かなければならない。ここでするべきことは、主人公にコンスタントにプレッシャーをあたえ続けること。それによって主人公は変わることを強いられるからだ。対立関係の築き上げ方と主人公へのプレッシャーのあたえ方は、主人公へのさまざまな攻撃をどのように分配するかで決まってくる。

平凡なストーリーやシンプルなストーリーでは、主人公はたった1人のライバルだけと対立する。このスタンダードな対立関係には明瞭さという利点があるものの、対立を描いたシーンに深みや力強さをあたえることができない。しかも、より大きな社会の中で行動する主人公の姿を観客に見せることもできない。

> ☑2人だけのキャラクターによるシンプルな対立関係は、深みや複雑さや人生のリアリティを描く機会を殺してしまう。だからこそ、対立関係のウェブが必要となるだ。

四隅の対立関係

優れたストーリーの多くは、主人公とメインのライバルだけのシンプルな対立関係を超越して、「四隅の対立関係」と私が呼んでいる手法を使っている。この手法では、まず主人公とメインのライバルにプラスして、少なくともあと2人のライバルを創作する（そのライバルがストーリーで重要な役割を果たしてさえいれば、その数はもっと増やしてもかまわない）。各キャラクター（主人公と3人のライバル）は、それぞれ四隅の角にいるものとして考えよう。つまり、それぞれを他とはできる限り異なる存在として扱うということだ。

スタンダードな2人のキャラクターの対立関係

四隅の対立関係

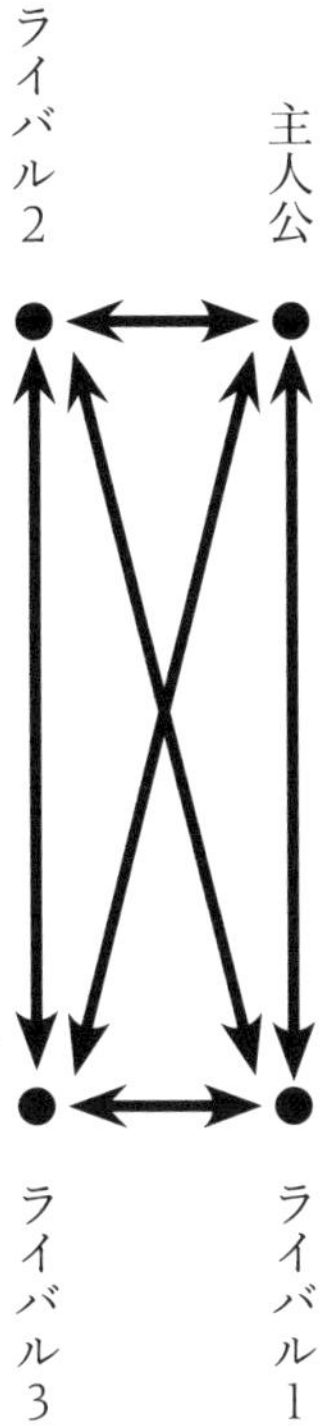

四隅の対立関係の主要要素を最大限に活用するために覚えておくべきルールは次の五つだ。

1　各ライバルはそれぞれ違うやり方で主人公の最大の弱点を攻撃しなければならない。

ライバルの目的の中心は主人公の弱点を攻撃することにある。だから、各ライバルを区別する第一の方法は、それぞれに独自の攻撃方法をあたえることだ。この手法を使うことで、すべての対立関係が人工的なものでなくなり、自然に主人公の最大の弱点につながるようになることも大きな利点だ。

四隅の対立関係にはまた、完全な社会の縮小版を提示できるという利点もある。４人のキャラクターがそれぞれ社会の根本的な支柱を象徴する存在となるわけだ。

次の実例では、さきほどの図と同じく、主人公を右上に、メインのライバルをその下に、その他のライバルを彼らの左に配している。括弧の中にはそれぞれが象徴する元型を記した（元型がないものもある）。これらの例を検証してみると、媒体やジャンルや書かれた時代に関係なく、ほぼすべての優れたストーリーには、もれなく四隅の対立関係が存在することが分かるだろう。

「ハムレット」（戯曲…ウィリアム・シェイクスピア　およそ１６０１年）

ハムレット （反逆者の王子）	ガートルード女王 （女王）
クローディアス王（＋ローゼンクランツ＋ギルデンスターン） （王）	ポローニアス（＋オフェーリア） （師）（乙女）

『ユージュアル・サスペクツ』（脚本…クリストファー・マッカリー　１９９５年）

キートン（＋チーム） （トリックスター）（戦士）	ヴァーバル （アーティスト―トリックスター）
クイヤン捜査官 （なし）	カイザー・ソゼ（＋彼の本当の姿） （戦士―王）

2 各キャラクター同士をそれぞれ対立させる（主人公とだけでなく、ライバル同士もお互いに対立させる）こと。

これは四隅の対立関係を置くだけで得られるアドバンテージだ。四隅の対立関係を置くと、対立関係の数が一気に急上昇する。書き手はその数だけ創作して築き上げることのできる対立関係を得られたということだ。主人公の立場を、1人ではなく3人のライバルを相手にする立場にできるだけでなく、四隅に対立関係の図において矢印で示したように、ライバル同士を対立させることもできるのだ。その結果として、より緊迫感のある対立で密度の濃いプロットが実現される。

『アメリカン・ビューティ』（脚本…アラン・ボール　1999年）

レスター（＋リッキー）　キャロライン（＋不動産王）
（退役した王—トリックスター）　（女王—母）

ジェーン（＋アンジェラ）　フィッツ大佐
（姫—反逆者）　（戦士）

「嵐が丘」（原作小説…エミリー・ブロンテ　1847年　脚本…チャールズ・マッカーサー、ベン・ヘクト　1939年）

キャシー　ヒースクリフ
（愛人）　（愛人—反逆者）

ヒンドリー
（なし）

リントン（＋イザベラ）
（王）

3　対立する4人のキャラクター全員に価値基準をあたえること。

キャラクター同士がただ対立するだけでは優れたストーリーテリングは生まれない。キャラクター間の対立とそれぞれの価値基準があって初めて優れたストーリーテリングが実現する。主人公はキャラクター・チェンジを経験しているとき、根本的な信念に疑念を持ち、それを変えようと試みることで、新たな道徳的行動につながってゆく。よくできたストーリーでは、ライバルもまた、自身の一連の信念が攻撃されるものだ。主人公の信念は、少なくとも1人の他者（できることならライバル）の信念と対立しなければならない。それがないと、そのストーリーは表現すべき意味もないものとなってしまう。

主人公と1人のライバルの二者間の価値基準を対立させるスタンダードな方法は、同じゴールを目指して争わせることだ。争っているうちに、2人の価値基準（そして人生の生き方）にも対立が生まれてくる。

対立関係にある四隅にそれぞれの価値基準を置くと、壮大な規模のストーリーを作れるポテンシャルを得ることができるだけでなく、ストーリーに不可欠な、自然な一貫性を保つことも可能になる。たとえば、各キャラクターがそれぞれ独自の価値基準を表明すれば、ひとつの生き方が、3種類の異なる主要な生き方と対立することになるわけだ。対立する四隅に価値基準を置くという方法は、ストーリーにものすごい質感とテーマの深みをもたらせることが理解できたと思う。

価値基準の四隅の対立関係は、次のような感覚で捉えるといい。

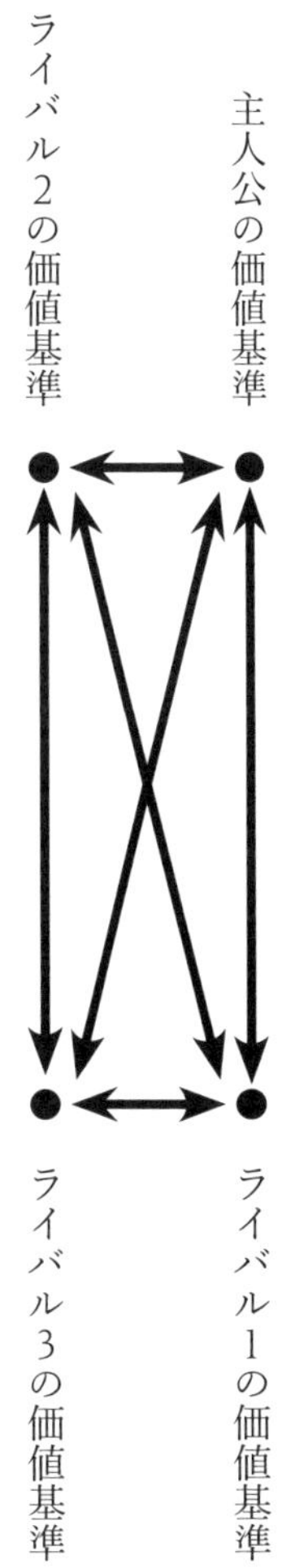

☑それぞれのキャラクターの価値基準をリストアップする際には、可能な限り詳細に行なおう。

1人のキャラクターに一元的な価値基準を持たせるだけでは全然足りない。それぞれが信じている価値基準を一群のものとして考えよう。また、一群の価値基準はそれぞれ独自のものでありながらも、お互いに関連のあるものであるようにするのだ。

☑それぞれの価値基準について、そのポジティブな側面とネガティブな側面の両方を見いだしておこう。

何かを信じるということは、その人の力にもなり得るが、弱点の源泉にもなり得るものだ。各価値基準のポジティブな面だけでなくネガティブな面についても特定しておくことで、各キャラクターが信念に基づいて争っている間に、どのような間違いを起こす可能性が高いかを見極めることができる。典型的な価値基準のポジティブ面とネガティブ面としては、たとえば、決心と攻撃性、正直さと他者への無神経さ、愛国心と権柄などが好例として挙げられる。

「桜の園」（戯曲…アントン・チェーホフ　1904年）

ラネーフスカヤ（＋兄のガーエフ）
（女王＋愛人）（王子）
真の愛、美、過去

ロパーヒン
（商人）
お金、ステータス、権力、未来

ワーリャ
（労働者）
ハードワーク、家族、結婚、実用性

トロフィーモフ
（学生＋教師）
真実、学び、思いやり、高貴な愛

アーニャ
（姫）
彼女の母親、親切心、高貴な愛

4　各キャラクターを各四隅へと追い込む。

四隅の対立関係を作る際には、各キャラクター（主人公と3人のライバル）の名を、あの図表の四隅に書き込もう。その上で、各キャラクターをそれぞれのコーナーへと追い込んでゆくのだ。別の言い方をするなら、それぞれのキャラクター同士を出来る限り異なる存在として描くということだ。

『明日に向かって撃て』（脚本…ウィリアム・ゴールドマン　1969年）

ブッチ
（トリックスター）

サンダンス（＋エッタ）
（戦士＋愛人）

ハーヴェイ　　　　　　　　　E・H・ハリマン＋追撃集団（ラフォース）
（戦士）　　　　　　　　　　（王＋戦士）

『フィラデルフィア物語』（原作戯曲…フィリップ・バリー、脚本…ドナルド・オグデン・スチュワート　1940年）
トレイシー　　　　　　　　　デクスター
（女神）　　　　　　　　　　（愛人）
婚約者のジョージ　　　　　　マイク（＋リズ）
（王）　　　　　　　　　　　（アーティスト）

5　四隅のパターンをストーリーのあらゆるレベルにまで浸透させる。

基本的な四隅の対立関係が決定したら、そのパターンをストーリーのその他のレベルにまで拡張することを考えよう。たとえば、社会、組織、家族、または、1人のキャラクターの中にさえも、四隅の対立関係のパターンを設定することもできる。特に壮大なストーリーには、四隅の対立関係が複数のレベルで存在している。

四隅の対立関係を二つのレベルで使っているストーリーの実例をここに3作挙げておこう。

「イーリアス」（作…ホメロス）

ギリシア勢内での四隅の対立関係

アキレス　　　　　　　　　　アガメムノン

（戦士―アーティスト―反逆者）　（王）

オデュッセウス　アイアース
（トリックスター―戦士）　（戦士）

世界全体での四隅の対立関係

アキレス　ヘクトル
（戦士―アーティスト―反逆者）　（戦士―王子）

アガメムノン　パリス（＋ヘレネ）
（王）　（愛人）

『七人の侍』（脚本…黒澤明、橋本忍、小国英雄　1954年）

侍チーム内での四隅の対立関係

島田勘兵衛＋その他　久蔵
（戦士―王）　（アーティスト―戦士）

岡本勝四郎　菊千代
（生徒）　（農民―戦士）

世界全体での四隅の対立関係

島田勘兵衛＋チーム　　盗賊の野武士たち
（戦士—王）　　（殺人者たち）

農民たち　　菊千代
（農民たち）　　（農民—殺人者）

『ゴッドファーザー』（原作小説…マリオ・プーゾ　脚本…マリオ・プーゾ、フランシス・フォード・コッポラ　1972年）

ファミリー内での四隅の対立関係

ゴッドファーザー（＋トム）　　ソニー
（王）　　（戦士）

フレド（後にケイ）　　マイケル
（愛人）　　（トリックスター—戦士—王）

世界全体での四隅の対立関係

コルレオーネ・ファミリー　　ソロッツォ
（王＋戦士たち）　　（戦士）

バルジーニ　　カルロ（＋テッシオ＋運転手＋ボディガード）
（王）　　（トリックスターたち）

キャラクターの創作――執筆エクササイズ　3

■ストーリー・ファンクションと元型を基礎にしたキャラクター・ウェブ　ストーリーのキャラクター・ウェブを創作する。まずはキャラクター全員をリストアップすることから始め、それぞれのキャラクターがストーリーで果たしている役割（ストーリー・ファンクション）を記述する（例…主人公、メインのライバル、仲間、仲間のふりをしたライバル、サブプロットのキャラクター）。また、各キャラクターの横にそのキャラクターにあてはまる元型（あれば）も記す。

■中核にある道徳的問題点　ストーリーの中核にある道徳的問題点をリストアップする。

■キャラクター同士を比較する　次の項目について比較しリストアップする。

1　弱点
2　欠陥（心理的な欠陥と道徳的な欠陥の両方）
3　欲求
4　価値基準
5　権力、地位、能力
6　ストーリーの中核にある道徳的問題点についての各人の対応の仕方

主人公とメインのライバルとの比較を始める。

■道徳的問題点のバリエーション　各キャラクターは必ずそれぞれ違ったアプローチで主人公の中核にある道徳的問題点に対応するようにする。

■主人公に必要とされること　ここで主人公を膨らませる作業に取りかかる。まずは、優れた主人公に必要とされる次の四つの事項を満たすことから始める。

1 常に人々の興味をそそり続ける主人公であること。

2 観客が共感できる主人公であること、ただしやり過ぎには注意。

3 観客が感情移入できる主人公であること。好感が持てる主人公という意味ではない。

4 道徳的な欠陥だけでなく心理的な欠陥を主人公に持たせること。

■主人公のキャラクター・チェンジ　主人公のキャラクター・チェンジを決める。まずは自己発見を書き記すところから始め、次いで、さかのぼって欠陥について考える。自己発見によってその欠陥が充たされるようにすること。言い換えるなら、ストーリーの冒頭で主人公が人生のよりどころとしていることを、自己発見に直面することで乗り越えられなければならない。

■信念の変化　主人公の信念の数々を書き記す——ストーリーを通して主人公はそれに疑念を抱き、ついには変えることになる。

■主人公の欲求　主人公の欲求の道筋が明確かどうかを確認する。ストーリー全体を貫く具体的な単一のゴールになっているだろうか？　主人公がそのゴールを達成できたかどうかを観客はどの時点で知るだろうか？

■ライバル　ライバルを詳細に作り上げる。まずは、メインのライバルやその他のライバルたちが、それぞれどのような異なる方法で主人公の最大の弱点を攻撃するかを記述する。

■ライバルたちの価値基準　各ライバルそれぞれの価値基準を複数リストアップする。各ライバルは、どのような形で、ある意味、主人公の分身のような存在となっているだろうか？　それぞれのライバルに一定レベルの権力、地位、能力をあたえ、またそれぞれの主人公との類似点も記述する。

■主人公の弱点や道徳的問題点のバリエーションを体現するマイナーなキャラクター　マイナーなキャラクターたちは、それぞれ、どのような形で主人公独自の弱点や道徳的問題点のバリエーションとなっているだろうか？

■四隅の対立関係　四隅の対立関係を配置する。主人公とメインのライバルを最初の行に置き、その左には少なくとも2人の別のライバルを置く。各キャラクターにその元型を書き添える（ただし当てはまる元型がある場合に限る）。元型に当てはまらないキャラクターはたくさんいるものなので、無理に元型をはめこむようなことはやめよう。

この4人の主要キャラクターを四隅に置く。つまりは、それぞれが他のキャラクターとできるだけ異なる存在となるようにするということ。それを確実に行なうベストな方法は、それぞれ相違する価値基準を持たせることに尽力することだ。

ではここで、「欲望という名の電車」を例に、前述のキャラクターの膨らませ方を検証してみよう。

「欲望という名の電車」（戯曲…テネシー・ウィリアムズ　1947年）

■ストーリー・ファンクションと元型を基礎にしたキャラクター・ウェブ

主人公　ブランチ・デュボア（アーティスト）

メインのライバル　スタンリー・コワルスキー（戦士―王）

仲間のふりをしたライバル　スタンリーの親友ミッチ、ブランチの妹ステラ・コワルスキー（母）

仲間　なし

ライバルのふりをした仲間　なし
サブプロット・キャラクター　なし

■**ストーリーの中核にある道徳的問題点**　愛を獲得するために嘘や幻想を利用するのは許されることなのか？

■**キャラクターの比較**
ブランチ
弱点　打ちのめされている、薄れゆく美貌だけを頼りにしている、真の自分を持っていない、あまりにも辛すぎると妄想の中に逃げ込んでしまう、愛を勝ち取るためにセックスを使う、他者を利用して自分に仕えさせる、自分は今でも美しいという幻想を持ち続けている。
心理的な欠陥　自身の外見ではなく、その内面に価値を見いだすことを学ばなければならない。また、自分に仕える男を探すことをやめなければならない。
道徳的な欠陥　他者からの愛を求めるとき、嘘ではなく真実を語ることを学ばなければならない。
欲求　最初のブランチは休息の場をもとめている。しかし彼女のメインの欲求は、安心感を得るためにミッチと結婚することである。

スタンリー
弱点　心が狭い、疑い深い、短気、粗野。
心理的な欠陥　すべての他者を打ち負かして自分がいかに偉大な男であるかを見せつけたい

と思うような、つまらない闘争心を乗り越えなければならない。

道徳的な欠陥　自分よりも弱い者たちに見せる利己的な残酷さを乗り越えなければならない。彼は他者の幸福を奪おうとする、狭量で利己的で子供じみた男だ。

欲求　スタンリーは、ブランチが彼の家から出て行って、元のような生活が自分に戻ってくることを願っている。次いで、彼はミッチがブランチと結婚することを阻みたいと思っている。

ステラ

弱点　世間知らず、スタンリーへの依存、お人よし。

心理的な欠陥　ステラは、自分自身を持ち、スタンリーの本当の姿をしっかりと見る必要がある。

道徳的な欠陥　ステラは、スタンリーの残酷な行為をサポートしていることについて責任を持たなければならない。

欲求　姉とミッチが結婚して幸せになってほしいと思っている。

ミッチ

弱点　シャイ、気弱、自分の意見を持ったり自分の行動をとったりすることができない。

心理的な欠陥　スタンリーや母の言いなりになることをやめ、自分の人生を自分で歩まなければならない。

道徳的な欠陥　ブランチを人間として扱い、彼女の良識や彼女がこれまでの人生で受けてきた苦しみを尊重しなければならない。

欲求　最初、ミッチはブランチと結婚したいと思っている。しかし彼女の過去を知った後は、単に性の対象として彼女を見ている。

■**道徳的問題点のバリエーション**

ブランチ　ブランチは愛を得ようと自分自身や他者に嘘をつく。

スタンリー　スタンリーは他人の嘘を暴露することに関して残酷なまでに正直なため、他人の心を引き裂いてしまう。彼は、世間というものは厳しく競争的で陰険なものだという信念を持っており、その信念が彼自身を必要以上にそういう存在にしている。真実についての攻撃的で独善的な彼の考え方は、ブランチの嘘よりもずっとずっと破壊的だ。

ステラ　ステラは怠慢という罪を犯している。姉にはちょっとした妄想を抱くままにさせておくが、夫が残酷に姉を攻撃した後で夫の嘘に気づくことができない。

ミッチ　ミッチはブランチの浅はかな嘘を信じ、そのために彼女のもっと深いところにある美しさに気づくことができない。

■**ブランチのキャラクター・チェンジ**

弱点　孤独、間違った望み、虚勢、嘘　→　**変化**　狂気、絶望、魂の崩壊

■**信念の変化**　ブランチは、男から愛されるためには、肉体と言葉による嘘で男をだまさなければならないという超越した信念に行き着く。しかし、その誠実さと見識は、間違った男に向けられることで、無駄なものとなってしまう。

■ブランチの欲求　ブランチはミッチと結婚したい。だから、ミッチが冷酷に彼女を拒絶した瞬間、私たち観客は、ブランチが欲求を達成できなかったことを知る。

■ライバルによる主人公の弱点への攻撃

スタンリー　スタンリーは、残酷なまでに攻撃的に、ブランチの「真実」を彼女自身に直面させる。

ステラ　ステラは姉の心を崩壊させることに自分が加担しているとは、ほとんど気づいていない。お人よしな性格やスタンリーへの愛が邪魔をして、脆い姉を夫の攻撃から守ることができない。スタンリーが姉をレイプしたことをステラは信じようとしない。

ミッチ　ミッチは根本的には善人だが、気が弱く臆病である。彼はブランチに好意を持つも、次いで心が離れ、虐待すらする。彼は彼女の最後の希望を打ち砕き、彼女の心を深く傷つける。

■各キャラクターの価値基準

ブランチ　美しさ、外見、上品、洗練、親切さ、ステラ

スタンリー　強さ、力、女、セックス、金銭、ステラ、男友達

ステラ　スタンリー、自分の結婚生活、ブランチ、セックス、自分の子供

ミッチ　自分の母、友人、上品さ、ブランチ

■ライバルたちの主人公との類似点

スタンリー　ブランチとスタンリーはさまざまな意味で大きく異なる存在だ。しかし、2人

ともステラには見えない世界を深く理解しているという共通項がある。２人とも計画的で戦略的な方法をとることに長けており、お互いのその能力に気づいてもいる。

ステラ　ステラはブランチと共通の過去を過ごしている。古き南部の上流階級の美しく優雅で上品な世界に暮らしていた日々だ。ステラはまた、愛と親切心を必要としているという部分も姉と共通している。

ミッチ　ミッチは、上品さや優雅な振る舞いを愛するブランチに呼応する。彼女が良家の出身であることや、美しかったころの面影が残っていることに好感を持つ。

■権力、地位、能力

ブランチ　ブランチはあらゆる地位を失っている。彼女は容姿と魅力で男を感心させる能力を保とうと必死になっている。

スタンリー　スタンリーは男友達の「親分肌」だ。彼はまた、とりわけステラから、欲するものを手に入れることに優れている。

ステラ　スタンリーの権力や地位を別にすれば、ステラ自身は権力も地位も持っていない。しかし彼女はスタンリーを喜ばせることに長けている。

ミッチ　ミッチは、グループの中でも、また外社会でも、地位や権力を持っていない。彼は生来的に人について行くタイプだ。

■道徳的問題点とその正当化

ブランチ　ブランチは、彼女の嘘について、それは誰を傷つけるものでもなく、彼女が幸せをつかむための唯一の方法だと思っている。

スタンリー　ブランチは彼をだまそうとする嘘つきのあばずれだとスタンリーは思っている。ミッチにブランチの過去を告げるときも、それは親友を守るためだと信じている。

ステラ　ステラには、自分が姉の心を崩壊させるプロセスに加担していることに気づけるだけの理解力がない。

ミッチ　ミッチは、娼婦のようなことをするような女は娼婦のように扱ってもかまわないと思う。

■主人公の弱点や道徳的問題点のバリエーションを体現するマイナーなキャラクター　ユーニスとスティーヴは上階に暮らす夫婦だ。２人は夫の不貞をめぐって口論する。ユーニスが家を出て行こうとすると、スティーヴは彼女を追って引き留める。

■四隅の対立関係

ブランチ （アーティスト）	スタンリー （戦士―王）
ステラ （母）	ミッチ （なし）

＊1 Peter Brook, *The Empty Space* (Atheneum, 1978) p. 76.
［ピーター・ブルック『なにもない空間』高橋康也、喜志哲雄訳、晶文社］

＊2 同書

第5章 モラルの論議

ハリウッドの伝承によると、サミュエル・ゴールドウィンは「メッセージを伝えたいのならウェスタンユニオン（電報会社）を使いなさい」という言葉を残したという。見え見えで説教的な方法でメッセージを伝えようとするべきではないという意味でなら、その格言にも一理ある。しかし、パワフルなテーマを適切に表現したストーリーが、より高く評価されるだけでなく、より多くの人気を得ることも確かな事実だ。

優れたストーリーはどれも、連続するさまざまな出来事や観客を楽しませるために設計されたサブライズだけで成り立っているわけではない。優れたストーリーはどれも、より大きなテーマを表現するために設計された、道徳的暗喩を含んだ、一連の行動で成り立っているものだ。

テーマはストーリーテリングのあらゆる側面で誤解されているようだ。ほとんどの人々が、テーマとは、たとえば、死、善対悪、魂の救済、階級制度、腐敗、責任、愛などといった、道徳的だったり、精神的だったり、社会的だったりする引用的例証に分類される主題のことだと考えている。

私はテーマのことを主題だとは考えていない。本書でいう「テーマ」とは、世界・社会においてどのように行動すべきかについての書き手の見地のことだ。つまりそれは書き手であるあなた自身の道徳観ということ。書き手が、ストーリーの最後まで行き着くための手段として主人公を提出するということは、つまり正しい行動とは何かということを探究し、ベストな生き方とは何かという論議を展開するという、道徳論議の1カテゴリーを提出することを意味する。あなたの道徳観は完全にあなた独自のものであり、それを観客に表明することが、ストーリーを語る大きな目的のひとつなのだ。

本書でストーリーを人体にたとえたのを覚えているだろうか。優れたストーリーは、人体と同じように、各部位が一緒に機能して全体が統合した「生きた」組織だ。また、各部位それぞれも組織であり、それぞれの部位(たとえばキャラクター、プロット、テーマなど)が、ストーリーという身体の下位組織として単位ごとに存在しているが、同時にさまざまな形で連携し合ってもいる。前述では、キャラクターを循環系にたとえ、ストーリー構造を骨格にたとえた。この比喩をさらに続けるなら、テーマはより高度な構想を表現することから、人体の脳にあたるものだ。テーマは脳として執筆プロセスの先頭に立って導く。ただし、脳による支配力があまりにも強すぎると、芸術作品であるはずのストーリーが哲学論文になってしまうので、注意しなければならない。

書き手の道徳観をストーリーに編み込む方法としては、書き手の人となりやストーリー形式によって、実に幅広い選択肢がある。その極端な例としては、たとえば、シリアス・ドラマ、寓意、風刺、いわゆる「真面目な」文学や宗教的物語などのようにテーマ性の高い形式がある。そういった作品はどれも、キャラクターが直面している道徳面のシチュエーションにおける複雑性や矛盾を強調する会話を駆使して、複雑な道徳観を前面に押し出して表現している。

それとは別の極端な例としては、アドベンチャー、神話、ファンタジー、アクション・ストーリーといった、ポピュラーなストーリー形式がある。これらの作品では、通常、道徳観の比重は軽く、キャラクターの道徳上の辛苦よりは、むしろ、サプライズ、サスペンス、イマジネーション、心理的な感情といったものに大きな重みが置かれている。

平凡なライターは、ストーリー形式の如何を問わず、自身の道徳観を会話のみを通して語ろうとするので、「道徳論議」がストーリーを凌駕してしまう。たとえば『招かざる客』や『ガンジー』といったストーリーは、「きっかり」し過ぎていて説教臭いという批判も浴びている。何よりも、過度に教訓じみたストーリーは退屈で重苦しくなり、観客は、書き手の押しつけがましい説教やぎこちない物語性やストーリーテリング技術の欠如に、すっかり意気消沈してしまう。

書き手の発想の代弁者のようにしか聞こえない主人公を創作するべきではない。優れたライターたちは、主にストーリー構造を通して、また特定のシチュエーションにおける主人公の対応の仕方を使って、自身の道徳観をゆっくりと繊細に表現している。主人公が、1人またはそれ以上のライバルと争いながら、どのようにしてゴールに向かっているかを通して、またその戦いから主人公が何を学んだのか、もしくは学べなかったのかを通して、書き手の道徳観を受け手に伝えるべきだ。

結局のところ、書き手であるあなたは、プロットにおいてキャラクターたちが何をするかを通して道徳論議を創作しなければならない。こういったタイプの道徳論議（行動についての議論）は、ストーリーテリングにおいて、どのように機能しているのだろうか。

設定原則の中からテーマを見つける

行動についての議論を創作する最初のステップは、テーマを一文に凝縮させることだ。このテーマラインには、良い行動と悪い行動について、そしてそれらの行動が人生に何をもたらせるかということについてのあなた自身の考えが記される。テーマラインは、あなたの道徳観をニュアンスで表現したものであってはならない。また、一行でまとめられていることから、少々荒っぽいように感じてしまうかもしれない。しかし、それでも大きな価値がある理由は、ストーリーの中にあるすべての道徳的側面を単一の道徳的発想として扱い、そこだけに集中して取り組むことができるからだ。

あなたが最終的にストーリーに編み込むことになる行動についての複雑な議論を特定する作業は、いつもと同じように、やはりその種子である設定原則から開始する。設定原則は、一文の文章で示されたプレミスのカギを握っていたが、それと同じように、テーマラインのカギも握っているのだ。

設定原則の存在のおかげで、ストーリーに描かれるすべての行動は自然なものになる。テーマラインを書くために設定原則を利用する際には、それぞれの行動の道徳的な影響に注目することがコツだ。言い換えるなら、「このキャラクターの行動がどのような形で他者を傷つけているのか？　そして、どのようにしてそれを正しているのか（正している場合のみ）？」ということだ。

先ほどプレミスに深みをあたえるために設定原則を使ったが、それと同じ手法を使って、テーマを見いだすことができる。ここではそのいくつかを紹介しよう。

旅路（ジャーニー）

ジャーニー、つまり旅の比喩は、道徳的な場面全体を一行の中に埋め込むことができるので、テーマラインの基礎土台としてピッタリだ。ミシシッピ川を下るハックの旅は、奴隷制度へと入ってゆく旅でもある。川を上って密林へと入ってゆくマーロウの旅は、道徳がカオス状態にある闇の奥へと深く入ってゆく旅でもある。『キングコング』のマンハッタン島からスカル島への旅は、道徳的文明から自然という最も道徳的でない状態への移動を示唆している。しかし真のテーマラインとなるのは、むしろスカル島からマンハッタン島への帰還の旅の方だろう。どちらの島もこれ以上ないほど残酷な戦いによって治められているが、その残酷さは人間の暮らす島の方がよりひどいものなのだ。

単一の包括的シンボル

ひとつの包括的なシンボルがストーリーの中核となる道徳的要素やテーマラインを示唆している場合もある。単一の包括的シンボルを持つ既存のストーリーの好例に「緋文字」がある。ストーリーの冒頭でヘスター・プリンが罰として服につけられた「A」の文字は、もちろん非道徳的行為の「姦通（Adulteress）」の頭文字だ。しかし、これはまたこのストーリーがたどる、もっと深い非道徳性を象徴するものでもある。自分たち自身の罪業を隠し、大衆服従の慣習で真の愛を攻撃する村の人々を象徴しているのだ。

「誰がために鐘は鳴る」では、弔いの鐘の音という単一のイメージが死を象徴している。しかし〈誰がために鐘は鳴る〉という言葉は別の作品の文章から抜粋された言葉であり、その一節がこのストーリーの設定原則の真のカギとなり、テーマが導き出されている。それはジョン・ダンの散文「危機に際しての祈り」に記された次の一節だ「人は孤島ではない。全体の一部である。（中略）誰の死であれ、それは私自身が一部を失ったも同じだ。故に誰がために鐘が鳴るかと問う必要もなかろう。鐘は汝のために鳴るのだ」。孤島ではなく、コミュニティを形成する一員である1人の人間というシンボルが、このストーリーをひとつのイメージの傘下にまとめている。そして、たとえば次のようなテーマラインとなり得るものを暗示しているのだ。「死に直面したとき、命に意味をあたえる唯一のことは、愛する人々のため犠牲になることである」。

二つの包括的シンボルを、1本のプロセスの中で連結させる

二つのシンボルを関連づけることにも、旅路（ジャーニー）と同じような恩恵がある。道徳的な場面で、その二つのシンボルが二極を象徴するものとなるのだ。この手法は道徳の低下を象徴したい場合

に使われることが多いが、道徳の向上を象徴するのに使うことも可能だ。「闇の奥」では、この手法が使われているが、そこにさらに旅の比喩も使ってテーマを表現している。二つのシンボルが示唆されているこのタイトルには、暗い密林の中という意味と、道徳的な暗闇の中という二つの意味があり、どちらも人間の腐敗の成り立ちの探究を示唆している。

それ以外の設定原則（時間単位、語り手の独創的な利用、独特な形でのストーリー展開）もまた、明確なテーマラインを作ることに役立つはずだ。それではここで、チャプター2で検証したストーリーの設定原則に立ち返り、例に挙げた作品それぞれのテーマラインを書くとしたら、どのようになるかを検証してみよう。

出エジプト記におけるモーゼ

■**設定原則**　自分が何者かを知らない男が自由のために人々を率い、彼らや自身を定義することとなる新たな道徳律を受けるために格闘する。

■**テーマライン**　民への責任を担う男は、神の言葉によって理想の生き方を理解するという褒章を得るものである。

「ユリシーズ」

■**設定原則**　ある街を舞台に、ある1日を追った現代のオデュッセウスで、あるひとりの男は「父」を見いだし、もう1人の男は「息子」を見いだす。

■**テーマライン**　真のヒーローとは、自らの日々の逆境を耐えながら、助けを必要とする他者に思いやりを見せる人のことである。

『フォー・ウェディング』

■設定原則　それぞれ自分に合った結婚相手を探している友だち同士のグループが、ユートピア（結婚式）を四度と地獄（葬式）を一度体験する。

■テーマライン　真に愛する人を見つけたら、心のすべてを込めてその人物に献身するべきである。

「ハリー・ポッター」小説シリーズ

■設定原則　魔法使いの王子が7年間の学校生活を魔法使いの寄宿学校で過ごし成長して王になるすべを学ぶ。

■テーマライン　偉大な才能と能力に恵まれた者は、リーダーとなって他者の善のために自身を犠牲にするべきである。

『スティング』

■設定原則　詐欺のストーリーを詐欺形式で語り、ライバルと観客の両方をペテンにかける。

■テーマライン　邪悪な者を失望させるためであれば、ちょっとした嘘や騙しはかまわないものだ。

「夜への長い航路」

■設定原則　ある家族の環境が昼から夜へと移り変わってゆくにつれて、家族の面々がそれぞれの罪の意識や過去の亡霊と直面する。

■テーマライン　人は自分や他人の真実を正面から受け止め、そして赦すべきである。

『若草の頃』

■**設定原則**　四季の季節ごとに展開されるそれぞれの出来事を通して、1年で成長する家族の姿を表現する。

■**テーマライン**　個人の栄誉を目指すことよりも、家族のため犠牲になることの方がずっと大切である。

「コペンハーゲン」

■**設定原則**　ハイゼンベルクの物理学の不確定性原理を使い、それを発見した人物の矛盾する道徳観を探究する。

■**テーマライン**　私たちが行動する理由やそれが正しいかどうかは、常に不確かなものである。

「クリスマス・キャロル」

■**設定原則**　クリスマス・イブを通して、自身の過去と現在と未来を垣間見ることを強いられ、生まれ変わる男の姿を追う。

■**テーマライン**　他者に与える人生の方がずっと幸せな人生である。

『素晴らしき哉、人生！』

■**設定原則**　彼が生まれていなければ、その街が、さらにはその国がどのようなものになっていたかを見せることで、その男の力を表現する。

■**テーマライン**　人の豊かさとは、その人物が稼いだ金銭で決まるのではなく、その人物が奉仕した友人や家族で決まるものである。

『市民ケーン』

■**設定原則**　数多くの語り手を通して、1人の男の人生が他人には決して理解できないものになり得ることを描く。

■**テーマライン**　あらゆる人々に愛を強要する男は孤独に人生を終えるものだ。

テーマを対立関係に分かつ

テーマラインとは、書き手の道徳論を一文の文章にまとめたものだ。それができたら、今度は、そのテーマラインを劇的に表現しなければならない。それをするためには、テーマも対立関係に分かつことが必要になってくる。このテーマにおける対立を、競い合う主人公とライバルにあたえるわけだ。テーマラインを劇的な対立関係に分かつための主な方法は三つある。主人公に道徳上の決断をさせること。主人公にもライバルにも同じテーマの異なるバリエーションをあたえること。対立関係に主人公とライバルそれぞれの価値基準を置くこと。

主人公の道徳上の決断

主人公の道徳上の成長過程の両端にある地点は、ストーリー冒頭の主人公の道徳的な欠陥と、ストーリー終盤の主人公の道徳上の自己発見（とそれに続く決断）だ。この道筋が、ストーリーにおける道徳の枠組みとなり、書き手が表明する道徳的教訓の根本的な軌跡となる。主人公の道徳の道筋を劇的なものにする方法として典型的ものは、出だしで主人公に道徳的な弱点をあたえ、ライバルを打ちのめしたいという欲求の激しさによって、その弱点の一番悪いところが表出するよう描くことだ。端的に言うなら、主人公は良くなる前に、まず悪くならなければならないということになる。ゆっくりだが確実に、主人公は自身の中核にある道徳的問題点に気づき、自分のとるべき行動の選択肢が二つに絞られてゆく。

ストーリー展開の中で、主人公の行動がいかに複雑なものであったとしても、最後の道徳上の決断は二者択一でなければならない。しかもそれは最終決断でなければならない。道徳上の決断は、漏斗の細い部分にあたるものだ。二つの選択肢は、どちらも主人公にとって行動可能で重要な道徳的行動だ。この二つの選択肢を提出することで、ストーリー全体における根本的なテーマの対立構造が見えてくることとなる。

この大いなる決断は、たいていの場合、道徳的な自己発見をした主人公がその直後に下すものだ。どちらの選択肢をとるべきかを主人公自身に教えてくれるのがその自己発見だ。または稀ではあるが、先に決断をしてから、その選択が正しかったか間違っていたかに気づくことで自己発見するというパターンもある。

☑主人公の道徳の道筋の最終地点は主人公にとって最後の選択となるものなので、書き手は道徳の対立関係について考え始めるとき、その選択を利用するべきだ。

■『カサブランカ』　リックの元にかつての恋人イルザが戻って来たので、2人分の通行証を彼女と一緒にアメリカへ逃げるために使うこともできる。しかしリックはイルザへの愛を犠牲にしてナチスと戦う道を選ぶ。

■『マルタの鷹』　私立探偵サム・スペードは、彼の相棒を殺したのがブリジッド・オショーネシーだと知る。警察が現れたとき、スペードは愛する女性ではなく、正義を選択する。

■「ソフィーの選択」　ソフィーはアウシュビッツ強制収容所に収容された過去の経験について若きアメリカ人作家に語る。収容所に着いた彼女はどちらもネガティブな究極の選択を迫られる。それは「どちらの子供をナチスに殺させることを容認するか？」というものだ。（これは本当の意味では選択と呼べないという異論もあるだろう）

■「イーリアス」　大詰めの対決で、アキレスはトロイの偉大な戦士ヘクトルを殺した後、ヘクトルの亡骸を自身の二輪戦車で引きずって運ぶ。アキレスはヘクトルの亡骸をきちんと埋葬することができるよう、ヘクトルの父プリアモスに亡骸を引き渡す。

■『めまい』　スコティは愛するマデリンがある男の妻殺しに加担していたことを知る。彼の最期の道徳的決断は、自己発見の前にやってくる。彼はマデリンを許すことをしなかった。そして、この誤った決断のせいで、愛する女性を死なせてしまったことを知ったとき、彼の心は崩壊する。

テーマのバリエーションとしてのキャラクター

主人公の最終的な道徳的決断を考察することで、より深い道徳の対立関係が導き出せたら、今度はキャラクター・ウェブの中にあるその対立関係をより細かく決めてゆくことになる。これを実現するには、テーマのバリエーションを主要キャラクターの一人ひとりにあたえるといい。これは次のような流れで進められることになる。

1　最後の道徳的決断と一文にまとめたプレミスをいま一度見直し、そのストーリーで主人公が取り組む中核の道徳的問題点についてしっかりと再確認する。

2　必ず、各キャラクターが、同じ道徳的問題点に違う方法で取り組んでいるようにする。

3　まずは主人公とメインのライバルの比較から始める。この2人のキャラクターがストーリーの根本にある道徳的対立関係を体現する存在だからだ。それが終わったら、主人公を他のライバルたちと比較してゆく。

4　ストーリー全体を通して、それぞれの主要キャラクターは会話の中で道徳論議を展開させ、自分がゴールを達成するためとっている行動を正当化しなければならない（もちろん、優れた道徳論議の展開は何よりもストーリー構造を通して行なわれるものだが、だからと言って他の方法を排除して良いわけではない。道徳論議を会話で表現する方法についてはチャプター10「シーン構築とシンフォニーのようなダイアローグ」で詳しく論じることにする）。

『トッツィー』（脚本…ラリー・ゲルバート、マレー・シスガル　ストーリー原案…ドン・マクガイア、ラリー・ゲルバート　1982年）

『トッツィー』は、テレビドラマの仕事を得るため女性に変装する男性俳優を描いた物語だ。しかし彼はドラマの共演者の女優に恋してしまい、またさまざまな男たちが女性のふりをした彼に魅力を感じて言い寄ってくる。

この主人公の中核にある道徳的問題点は、男性による愛する女性の扱い方にある。ライバルや仲間はそれぞれ、男性による女性の扱い方、または女性による男性からの扱われ方のバリエーションを体現している。

『L・A・コンフィデンシャル』（原作小説…ジェイムズ・エルロイ　脚本…ブライアン・ヘルゲランド&カーティス・ハンソン　1997年）

『L・A・コンフィデンシャル』では、皆殺し事件を捜査する3人の刑事が描かれている。この3人それぞれがメイン・キャラクターなので、それぞれが正義の執行方法という中核の道徳的問題点に取り組まなければならない。バドは自らの手で裁きを下し、裁判官と陪審員と死刑執行人の役割を1人で果たそうとするタイプの警官だ。ジャックは警察官を志していたころの初心を忘れ、今では金銭目的で人を逮捕するようになっている。エドは罪を犯した者には正義の裁きが下されるべきだと思ってはいるが、それ以上に、正義を昇進ゲームの駆け引きとして利用し、この職業のトップに上り詰めることの方に関心がある。その他の主要キャラクターもすべて、「腐敗した正義」の異なるバージョンを体現している。

『ダンス・ウィズ・ウルブズ』(原作小説と脚本…マイケル・ブレイク)

『ダンス・ウィズ・ウルブズ』は、1800年代後半のアメリカ西部を舞台に、あるアメリカ軍中尉の人生を追った作品だ。彼は徐々に、当初は敵だと思っていたスー族インディアンの生き方に惹かれてゆく。

この主人公の中核にある道徳的問題点は、自分と異なる人種や文化の扱い方、動物や土地と共に暮らす生き方だ。ライバルや仲間はそれぞれ、これと同じ問題点にそれぞれ違うアプローチをしている。

各キャラクターの価値基準を対立関係の図式に置く

キャラクター・ウェブを利用して、同じゴールを目指して争うことで対立関係にある主要キャラクターそれぞれの価値基準を配置する。

1　主人公とその他の主要キャラクターの一群の価値基準を特定する。前にも述べたように、価値基準とは良き人生を送るために必要なことは何かということについて、その人物が深く信じていることだ。

2　各キャラクターに一群となる複数の価値基準をあたえるようにする。

3　それぞれの価値基準は他のどのキャラクターともできるだけ異なるものにする。

4　主人公とライバルたちが同じゴールを目指して争いながら、彼らの価値基準が直接的に対立するようにする。

『素晴らしき哉、人生！』（原作短編小説「The Greatest Gift」…フィリップ・ヴァン・ドーレン・スターン　脚本…フランセス・グッドリッチ、アルバート・ハンケット、フランク・キャプラ　1946年）

1人の富豪が仕切る小さな田舎町での暮らしにフラストレーションを抱えて生きるジョージ・ベイリーは、自殺を図ろうとするが、天使が現れて、彼がまるで存在しなかった場合の世の中がどんなものかを見せる。

このストーリーの主人公とライバルは、2人が暮らすこの街について、まるで異なるそれぞれの価値基準で対立している。

■ジョージ・ベイリー（ベッドフォード・フォールズ）　民主的、礼儀正しさ、親切心、働き者、普通の労働者の価値。

■ポッター氏（ポッターズヴィル）　独裁的、金銭、権力、適者生存

「桜の園」（戯曲…アントン・チェーホフ　1904年）

「桜の園」では、貴族だが貧しい一家が、借金の嵩んだ所有地を守るため戻ってくる。

この作品のキャラクターたちは、誰がこの所有地を取り仕切るべきかについて争う。この争点は、所有地、桜の園の価値基準にある。この土地に対するマダム・ラネーフスカヤとその家族の価値基準は、そのただならぬ美しさと華やかな自らの過去の思い出にある。ロパーヒンのこの土地への価値基準は実務的・金銭的な価値でしかない――彼はこの土地を縮小して一部を貸し出したいと考えている。

■マダム・ラネーフスカヤ　真の愛、美しさ、過去
■ロパーヒン　金銭、地位、権力、合理性、未来
■ワーリャ　勤勉、家族、結婚、合理性
■トロフィーモフ　真実、学び、思いやり、高貴な愛
■アーニャ　母、親切心、高貴な愛

『フィールド・オブ・ドリームス』（原作小説「シューレス・ジョー」…W・P・キンセラ　脚本…フィル・アルデン・ロビンソン　1989年）

『フィールド・オブ・ドリームス』はアメリカ版「桜の園」とも言える作品だが、こちらの作品の場合は「園」側が勝利する。このストーリーにおける争いは、レイが野球場に変貌させた農地の価値基準をめぐるものだ。

■レイ　野球、家族、夢への情熱
■マーク　金銭、土地の合理的な利用

対立する価値基準を持ってテーマのバリエーションを体現しているこれらのキャラクターたちを、

チャプター4で取り上げた四隅の対立関係に当てはめてみよう。四隅の対立関係には、主人公とメインのライバル、さらに少なくともあと2人のライバルがいる。これをすることで、いかに複雑なストーリーにも自然な統一性が生まれる。4人のキャラクターはそれぞれ、同じ道徳的問題点に根本的に異なるアプローチで臨む者たちとなり、それぞれのアプローチを体現することで、ストーリーは複雑な混沌に陥ることなく、全体的な価値体系が描かれる。

☑「善と悪」のような二者対立を使うと、書き手の道徳論は必ず単純化されてしまう。現実の社会の道徳の複雑さを観客に伝えるためには、対立関係のウェブ（四隅の対立関係もそういったウェブのひとつ）を使用しなければならない。

ここで説明した三つの方法はどれも、テーマをキャラクターに押し付けてしまうのではなく、キャラクターを通して表現することができるものだ。そうなれば、ストーリーは説教臭くならずにすむ。また、キャラクター同士の対立関係が、単にプロットや同じゴールを目指して争う人々だけをベースにしたものではなくなるので、ストーリーに深みがあたえられる。生き方全体が論点となることで、観客にあたえる心理的インパクトはずっと大きなものになるのだ。

ストーリー構造を通して描かれるテーマ

道徳論議とは言っても、それは決して最初のシーンからいきなり主人公とライバルが道徳について口論するということではない。ストーリーテリングにおける道徳論議とは、ゴールに到達するためにそれぞれ特定の手段を使う主人公とライバルを見せることで表現する書き手の行動論のことだ。だからこそ、会話中のセリフで観客に説教するのではなく、ストーリー構造全体にテーマを編み込んでゆくことが大切になってくる。

「ストーリー構造とは内容を収容するものではなく、内容そのものである」。これは、ストーリーテリングの最重要原理のひとつだ。構造によって語られる内容は、単純にキャラクターに口頭で語らせるのとは比べ物にならないほどパワフルなものだ。このストーリーテリングの最重要原理を何よりも如実に証明できる分野こそが「テーマ」ではないだろうか。

優れたストーリーでは、終わり近くでストーリー構造が収束すると同時に、観客の頭の中でテーマが拡張してゆく。収束してゆくストーリー構造がどのように機能してテーマの拡張につながるのだろうか？　この優れた構造を図で示すと、このような感じになる。

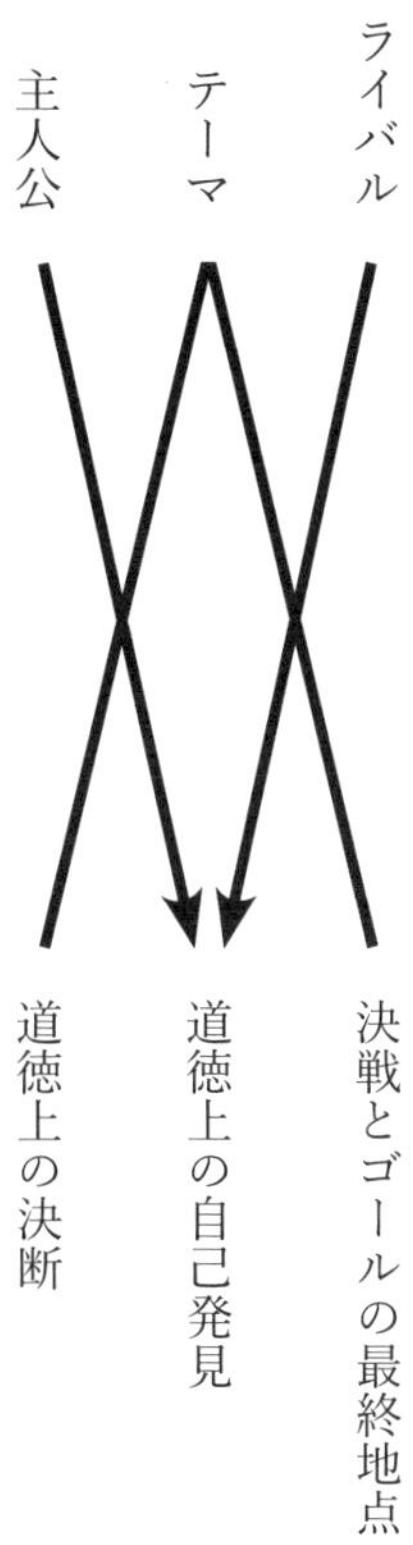

ストーリーの出だしで、主人公とライバルは対立関係に置かれている。しかし、その対立自体はまだあまり激しいものではないので、両者の価値基準がどのような形で対立することになるのか観客はまだ知らない。つまり、観客はそのストーリーのテーマをほとんどまだ分からずにいる段階にある。
ストーリーの中盤全体を通して、主人公とライバルの対立は徐々に高まってゆく。つまり、構造的には徐々に収束に向かって動き始める。また、この対立関係を通して価値基準の相違が明らかになっ

てゆき、それによってテーマは拡張し始める。しかしそれでも、たいていの優れたストーリーでは、この中盤時点ではまだテーマの大部分が隠れたままだ。それは観客の頭の中で静かに膨らみ始め、ストーリーの終わりで衝撃的に明確になる。

ストーリー構造が収束する地点は、決戦とそれに続く自己発見と道徳上の決断のところだ。決戦の様子を見ることで、観客はどちらが強いのかだけでなく、どちらの価値基準が上回っているのかも知ることになる。これで観客はテーマの理解が急速に拡張してゆく。次いで自己発見（特に道徳上の自己発見）を見ることで、テーマの拡張はいっそう広がる。さらに道徳上の決断を見ることで、その拡張はそれ以上に広がってゆく。テーマは主に構造を通して語られているので、退屈な説教を押し付けられるのとは違い、観客の魂の深いところで響くことになるわけだ。

それではここで、ストーリーの出だしから終わりまで、全体的な流れとしての構造を通して道徳論議がどのようにして表現されているのかを、より詳細に分析してみることにしよう。まずは道徳論議を表現するための基本的な方法について、次いでそのバリエーションについても見ていくことにする。

道徳論議──基本戦略

■価値基準　始まった時点で主人公は一連の信念と価値基準を持っている。

■道徳的な弱点　ストーリーの出だしで、主人公は何らかの形で他者を傷つけている。そうしてしまうのは、主人公が邪悪だからではなく、むしろ弱点が行動に出ている、もしくは、他者との適切な接し方を知らないからだ。

■道徳的な欠陥　自身の道徳的な弱点から生まれた欠陥を持つ主人公は、成長してより良い人生を送れるようになるため、他者に対して適切な行動をとれるようにならなければならない。

■最初の不道徳な行動　ほぼ冒頭からさっそく、主人公は何らかの形で他者を傷つけてしまうような行動をとる。これによって観客は主人公の基本的な道徳的弱点を知ることができる。

■**欲求**　主人公は、何を犠牲にしてでも到達したいと思えるような目標（ゴール）を定める。この目標がライバルとの直接的な対立関係につながる。そのライバルは主人公とは違う価値基準を持ちながら、主人公と同じ目標を追っている。

■**駆動**　主人公とライバルが目標到達を目指してそれぞれの一連の行動をとってゆく。

■**不道徳な行動**　ストーリーの前半から中盤にかけて、主人公は往々にしてライバルに負ける。それによって主人公は死にもの狂いになる。その結果として、勝利を目指して非道徳的な行動をとり始めるようになる。

批判…この主人公の行動を他のキャラクターたちが批判する。

正当化…主人公は自分の行動を正当化しようとする。ストーリーの終わりになった段階までくれば、主人公にもこの奥にある真実や正しさを知ることができるが、この段階ではまだそれが見えていない。

■**仲間による攻撃**　主人公に最も親しい友が、主人公の方法論が間違っていることを証明する重大な実例となる。

■**執拗な衝動**　新たに考えついた勝利するための方法に心を奮い立たせた主人公は、目標に到達することばかりに執着するようになり、そのためならばどんなことでもしようと思うようになる。

■**不道徳な行動**　主人公の非道徳的な行動が度を増す。

批判…ほかのキャラクターたちからの批判もまた増加する。

正当化…主人公は自身の行動を激しいまでに弁護する。

ストーリーの進行にともない、主人公とライバルそれぞれが体現している価値基準や社会における生き方についての相違点が、行動や会話を通してより明確になってゆく。そして、決戦、自己発見、道徳上の決断、テーマの発見（これもストーリー構造上の道程の1段階で、詳しくは次に後述する）という、ストーリー終盤の四つの地点で、テーマが観客の頭の中で一気に拡大してゆくことになる。

■**決戦**　どちらが目標を達成するかを決する最後の対立。どちらが勝つにしても、観客はどちらの価値基準や考え方がより優れているかを知ることができる。

■**ライバルに対する最後の行動**　この決戦の直前または最中に、主人公が最後の（道徳的または非道徳的な）行動をとる場合もある。

■**道徳上の自己発見**　決戦という厳しい試練を通して主人公の中で自己発見が起こる。主人公は自分自身や他者についてのこれまでの考えが間違っていたことを悟り、他者に対する適切な行動がどうあるべきかに気づく。観客は主人公であるこのキャラクターを自分と同一視しているので、この自己発見は観客に伝えるテーマの拠点として強大なパワーを持つこととなる。

■**道徳上の決断**　主人公は行動の二つの選択肢から一つを選び、それによって先ほど目覚めた道徳上の自己発見が本物であることを証明する。

■**テーマの発見**　優れたストーリーテリングでは、このテーマの発見の段階で、そのストーリーのテーマが観客に強烈なインパクトをあたえることになる。テーマの発見は、主人公だけに当てはまるものではない。むしろこれは、人が社会においてどのように行動し、どのように生きるべきかということについての、一般に当てはまる思想なのだ。この思想が、主人公とライバルの間に境界線を引き、また観客の生き方に影響をあたえる。テーマの発見によって、観客はそのストーリーの「トータル・デザイン」を知ることになる。つまり、単に少数の登場人物だけではなく、それの意味するところを見せてくれる分枝構造の全体像を、ずっと大きなスケールで見て取ることができるようになるのだ。

主人公とメインのライバルの力のバランスは、キャラクターやプロットといった次元だけでなく、道徳論議においても、とても重要だということを知っておこう。主人公があまりにも強すぎたり善良すぎたりすると、ライバルは主人公に効率よく道徳的な間違いを起こさせるような試練をあたえることができなくなる。反対に、ライバルが強すぎて、主人公が単純だったり不注意すぎたりすると、ライバルが作った蜘蛛の巣から主人公は脱出すらできなくなる。そうなると主人公は単なる犠牲者となり、ライバルはただ邪悪なだけの存在に見えてしまう。ヘンリー・ジェイムズの「ある婦人の肖像」は、さまざまな名人技が駆使された作品ではあるものの、この力のバランスについては問題があり、そのせいで道徳論議が上手く表現されていない。イザベル・アーチャーは一貫して自己欺瞞という罪を犯しており、その自己欺瞞は、かわいそうなパンジーの助けになろうと決意する最後の道徳上の決断をするときでさえも変わらない。善人だが実は何にも気づいていないこの主人公は、蜘蛛の巣を編む能力に長けているだけでなく、それをすることに快楽さえ覚えているようなライバルのオズモンドの巧妙な手口にまんまとはまってしまう。

道徳論議の手法——プロットと道徳論議のバランス

ストーリーが説教臭くなってしまう最大の理由は、道徳論議とプロットのバランスが不釣り合いなことだ。道徳論議は、ストーリー構造を通して、適切な順序で配列したり、デリケートなセリフや道徳的なセリフで強調したりすることで表現することができる。しかし、道徳論議を十分にサポートすることのできるプロットがなければ、ただ説教臭いだけの退屈な作品になり果ててしまう。

後にチャプター8でも取り上げているように、プロットとは主人公とライバルによる行動が複雑に絡み合った舞踏のようなものであり、その振付は観客を驚かせたり感心させたりするように作られる。道徳的な場面を軽やかにしたり、そこにパンチ力を持たせたりするのに必要なのは、サプライズやマジックといった要素なのだ。

それでは、ここで紹介した道徳論議を展開させる基本的手法を『評決』を例に当てはめてみよう。


『評決』（原作小説…バリー・C・リード　1980年　脚本…デヴィッド・マメット　1982年）

■**主人公の信念と価値基準**　最初のうちのフランクは、アルコールとお金と利己主義に価値を見いだしている。

■**道徳的な弱点**　自尊心や未来への希望の欠如からアルコールに依存しているフランクは、金になるならどんなことでもする。

■**道徳的な欠陥**　他者を金儲けの手段として扱うのではなく、他者のために正義の行動をすることを学ばなければならない。

■**最初の不道徳な行動**　フランクは仕事を得る目的で、亡くなった人物の友人のふりをして葬式に出席する。

■**欲求**　公判中の訴訟に勝ち、クライアントが新たな人生を始めるために必要な損害賠償を獲得すること。

■**駆動**　フランクは、専門医を味方につけようと数々の行動をとる。

■**不道徳な行動**　フランクは、被害者の妹サリーに20万～25万ドルの示談金を得ることが可能だと言って安心させる。フランクは示談を成立させようと思っている。そうすれば彼自身はほと

ん ど何もすることなく示談金の3分の1が手数料として手に入るからだ。

批判…なし。

正当化…フランクはこれまでの間に正義感も道徳心も自尊心もすべて失ってしまったアルコール依存者だ。そんな彼は、裁判で争うというギャンブルに出るよりも、いま確実に手に入る金銭を受け取った方がずっと賢いと思っている。

■仲間による攻撃　このストーリーでは、弁護士仲間のミッキーからではなく、クライアントたちからこの攻撃がなされている。フランクが依頼者である彼らに一切相談することなく示談を断ったと知った彼らは、フランクの無能さや非道徳さを非難する。
正当化…フランクは、提示された示談を受け取るよりも、戦った方がずっとたくさんのお金を獲得できると彼らに説明する。彼は金銭を理由に自己弁護しているが、彼が示談を断った本当の理由は、正義の裁きが下されるのを見たかったからなのだ。

■執拗な衝動　フランクは手術室にいた看護婦を見つけ出そうと心に決める。

■不道徳な行動　フランクはある女性をだまして、相手側の不利になる証言を拒否している看護婦の話を引き出す。
批判…なし。

正当化…フランクはこの裁判に勝つためにはその看護婦を見つけなければならないと感じている。

■不道徳な行動　恋人のローラがこの訴訟に関する情報を得るため相手側に雇われていたことを知ったフランクは彼女を殴る。
批判…ローラ自身もひどい罪悪感に苛まれていたため、彼女はこれについて批判しない。

正当化…彼女を愛していたフランクはこっぴどく裏切られたと感じていた。

■**決戦**　フランクはトゥーラー医師に被害者の患者が最後の食事を採ったのは何時だったかと尋ねる。看護婦のケイトリンは、被害者が食事をしたのは麻酔を受ける9時間前ではなく、1時間前だったと証言する。そしてまた、カルテの確認を怠ったトゥーラー医師から「1」を「9」に書き変えなければ解雇すると言われたことも証言する。相手側弁護士のコンキャノンは複写の無効性についての判例を読み上げる。判事はそれに同意し、この看護婦の証言は全て考慮に入れないようにと陪審員に告げる。

■**ライバルに対する最後の行動**　フランクはこの裁判中に何一つ非道徳的な行動をとらない。彼はシンプルに力強くも巧妙にこの事件に取り組んでいるだけだ。

■**道徳上の自己発見**　ストーリーにおけるかなり早い段階で、フランクはクライアントであり植物人間状態になっている被害者の姿を目の当たりにし、ここで正義の行動をとらなければ自分は永遠に負け犬になるだろうと思う。

■**道徳上の決断**　フランクは、自分に入ってくる大金を顧みることなく、司教に提示された示談金を断り、正義の裁断を下すため裁判に臨む。

■**テーマの発見**　正義ある行動をとらなければ人生を救うことはできない。

『評決』はストーリーにおける道徳論議の使い方の教科書のような作品だが、そこにはひとつだけ例外があり、その例外からも学べるところが多くある。この主人公は、クライアントがどのような仕打ちを受けたのか（2人の医師によって危篤状態にされてしまったこと）を目の当たりにし、また自分がお金のためにその事実に背を向けようとしていたことに気づいた時点で、道徳上の強い自己発見を経験している。そして彼が下した道徳上の決断は、提示された示談金を蹴って、一銭にもならない可能性があっても、裁判で正義のために戦うことだった。

この自己発見と決断はストーリーの開始からわずか20分の時点で起こっている。それによって、その時点からこの主人公の道徳上の危機はなくなるので、道徳論議としてのパワーはずっと弱まっている。それでも観客は、この主人公がこの裁判に勝てるかどうかというハラハラ感を楽しめるのは、結局のところ、フランクはアルコール依存症の危なっかしい弁護士だからだ。フランクが正義の行動をとるべきだと学び、それを実際にやっているということについては、観客にとってはもはや周知の事実なのだ。

一般的には、道徳論議が最もパワフルに開花するのは、最もドラマティックな時点だ。ということは、主人公の道徳上の自己発見と決断の瞬間は、可能な限りストーリーの終わり近くまで引き延ばしておくことが、何よりも効果的だろう。「この主人公は正しい行動に出るだろうか、手遅れになる前にそれができるだろうか？」という観客の思いをできるだけ引っ張ってストーリーを語ることが大切なのだ。

「イーリアス」（作…ホメロス）

「イーリアス」における道徳論議は、主人公がゆっくりと下降した後に自己発見により上昇するという基本的な方法で描かれている。ただしこの作品では、それを二度行なうという非常に興味深いバリエーションが用いられている。

最初の下降と上昇はストーリーの出だしから4分の3を使って描かれている。主人公のアキレスがメインのライバルであるアガメムノンへの怒りを正当化するところから始まる。彼が正当に「勝ち取った」はずの女性をアガメムノンが奪ったからだ。しかし彼は自身の過度なまでのプライド（彼の道徳的弱点）のせいで、戦場での任務を放棄するという、非道徳的な行動でこれに反応する。その結果として彼の戦友である兵士たちが数多く死んでしまう。

ストーリーの前半から中盤を通して、アキレスは、怒りのせいでさらに筋が通らなくなり、その行動はより利己的になってゆく。その上でようやく、友人パトロクロスの死は自分のせいだということに気づき、アガメムノンと和解して、戦いに戻る。これが彼にとって最初の自己発見と道徳上の決断だ。

この道徳論議は、ストーリーの最後の4分の1で、より凝縮された短い形で繰り返される。アキレスが彼の第二のライバルにあたるヘクトルへの憤怒を正当化するところから始まるが、ヘクトルの死骸を陣地周辺で引きずりまわすという冒瀆行為を行なうことで、彼は道徳的に破滅する。ついにヘクトルの父プリアモスが息子の亡骸の返還を懇願する。アキレスは自身にとって二度目となる、そして前回よりもずっと深い自己発見を経験し、復讐心よりも憐みの方がずっと大切であることを学び、プリアモスが適切な葬儀を行なえるように、その亡骸を引き渡す。

道徳論議のバリエーション

この道徳論議の基本的な方法は、ストーリー形式、ストーリーの特性、個々の書き手など、条件次第で、数多くのバリエーションが存在する。あなたが今書いているストーリーには1種類以上の道徳論議を展開させた方が良さそうだと思える場合もあるだろう。ただし、数種類の道徳論議の形式を組み合わせることはリスキーな選択でもある。その理由については、次のいくつかのバリエーション例を紹介した後で、説明することにしよう。

1 善対悪

バリエーションが最も効きにくいこの道徳論議では、最初から最後まで一貫して主人公が善でライバルが悪であり続ける。このアプローチは、神話、アクション、メロドラマといった、容易に認識できる登場人物が登場するシンプルで道徳的な物語に最も多く見ることができる。一連の流れは次のような感じだ。

- 主人公は心理的な弱点を持っているが、基本的に善人である。
- ライバルには道徳的な欠陥がある、時には邪悪な存在（生来的に非道）ですらある。
- 目標を目指す争いにおいて、主人公はミスを犯すものの、非道徳的な行動はとらない。
- しかしその一方で、ライバルはいくつもの非道徳的な行動をとる。
- 主人公が目標を達成する理由は、主人公が善だからというシンプルなもの。事実上、善悪という道徳の天秤は傾き、善サイドが必ず人生の「ゲーム」に勝つことになる。

善対悪の道徳論議が展開される作品例としては、『マトリックス』『シティ・スリッカーズ』『フィールド・オブ・ドリームス』『クロコダイル・ダンディ』『ダンス・ウィズ・ウルブズ』『ブルース・ブラザース』『スター・ウォーズ』『フォレスト・ガンプ／一期一会』『荒野の決闘』『プレイス・イン・ザ・ハート』『ターミネーター』『逃亡者』『ラスト・オブ・モヒカン』『シェーン』『オズの魔法使』などがある。

2 悲劇

悲劇の場合、道徳論議の基本的な方法を利用した上で、最終地点にひねりが加えられる。書き手は、冒頭で主人公に致命的な性格上の欠陥をあたえ、終わり間近になった段階で、あまりにも遅すぎた自己発見をさせる。一連の流れは次のような感じだ。

■社会が問題を抱えている。
■主人公には素晴らしい可能性があるが、同時に大きな欠陥もある。
■主人公は、パワフルな、または有能なライバルとの根深い対立関係に陥る。
■勝つことに執着する主人公は、勝利を得るために、問題点のある、または非道徳的な一連の行動をとる。
■この対立関係や争いによって、主人公の欠陥は強調され、徐々に悪化してゆく姿をさらけ出す。
■主人公は自己発見をするが、破滅を回避するには手遅れだった。

この手法のカギは、主人公のとる行動がすべて自分の責任であることを見せると同時に、もう少しで望ましい人物になれていたかもしれないのに、その可能性を失してしまったという感覚を強調することにある。観客の共感を呼ぶためには、致命的な性格上の欠陥自体は主人公の責任であるとしながらも、加害者のように描いてしまうことを回避して、もう少しで望ましい人物になれていたかもしれないという感覚を出すことが最も大切なのだ。観客は主人公が望ましい人物になれるチャンスを逃してしまったことを残念に思い、主人公がわずかな手遅れで自分自身を救えなかったことに悲しみを覚える。しかし、主人公が死んでしまったり、堕ちてしまったりしたとしても、観客の心の中には、この主人公が目覚めた道徳的および心理的な発見からの深いインスピレーションが残ることになるのだ。また、これはギリシア古典悲劇の手法とは大きく違っているということを知っておこう。ここでの主人公の破滅は、主に非人間的な力によってもたらされたものではなく、主人公自身の選択がもたらせたものだからだ。

この典型的な悲劇の手法を使っている作品例としては、「ハムレット」「リア王」「オセロ」『七人の侍』『戦場にかける橋』『ニクソン』『華麗なる賭け』『エイジ・オブ・イノセンス／汚れなき情事』『嵐が丘』『めまい』『アマデウス』『アーサー王の死』『アメリカン・ビューティ』『黒い罠』『市民ケーン』などがある。

『嵐が丘』（小説…エミリー・ブロンテ　1847年　映画脚本…チャールズ・マッカーサー、ベン・ヘクト　1939年）

『嵐が丘』は典型的な悲劇として書かれた恋愛物語だ。この作品の道徳論議は、登場人物がお互いに対して数々の破滅的な行動をとる道筋を追う形で展開されている。悲劇の手法を使うことで、この登場人物たちは自分が行なったさまざまな行為へのひどい罪悪感で押し潰されてしまう。

主人公のキャシーは単に男性の勝手な行動のために失恋した女性ではない。彼女は、ものすごい愛、つまり「天国でしか見いだせないような愛」を受けていたが、自分の意思でそれを手放し、富と快適な生活を保障してくれる男性を選んだ。もともとはヒースクリフと相思相愛だった彼女だが、貧しい下働きの彼と共に暮らしたくはなかった。彼女は「華麗な世界で歌って踊る」ことを望んだのだ。

エドガー・リントンの豪邸に滞在していた彼女が戻ってくると、ヒースクリフ（メインのライバル）は、なぜそんなに長く滞在していたのかと彼女を責め立てる。彼女は、人間に囲まれた素敵な時間を過ごしていたからだと返答して自己弁護する。さらに、客（エドガー）の前に出すのが恥ずかしいから風呂に入れとヒースクリフに告げ、彼に追い打ちをかける。

そんなキャシーだったが、エドガーから、「ヒースクリフのような人間と同じ屋根の下で暮らすことによく我慢できたものだ」と問われた瞬間、即座に彼女自身の道徳的落下から立ち直る。怒りを爆発させた彼女は、ヒースクリスはあなたなどよりもずっと古くからの友人だとエドガーに言い、ヒースクリフの悪口を言うのなら帰れと告げる。エドガーが去ると、キャシーは自分の綺麗な洋服を破り、ヒースクリフが待つ崖に走って行き、彼に許しを請う。

キャシーを通して語られるエミリー・ブロンテの道徳論議は、ヒースクリフが隣室で聞いていることを知らずに、キャシーが女中のネリーにエドガーと結婚することを語る場面で絶頂点を迎える。ここで彼女に批判する役を果たしているのはネリー（仲間）だ。ネリーはキャシーにどうしてエドガーのことが好きなのかと尋ねる。キャシーは、エドガーはハンサムで上品で将来は金持ちになる存在だからだと答える。ネリーからヒースクリフについて問われたキャシーは、彼と結婚したら落ちぶれてしまうと答える。

ブロンテはこの会話で展開されるパワフルな道徳論議を、見事で激しい情感のこもったプロットの鼓動にマッチさせている。打ちひしがれたヒースクリフは、その場を立ち去るが、その姿を見たのはネリーだけだ。それから息つく間もなく、キャシーは唐突に、本当はエドガーのことなど愛していないと告白する。彼女は天国からこの野原に放り出され、嬉しくて泣きじゃくる夢を見たのだと語る。彼女が心から想っているのはヒースクリフのことだけだが、彼はどうやら非情でいることに楽しさを見いだしているようにしか見えない。それでも彼は自分以上に自分のような存在であり、2人の魂は同じものなのだ、と。この美しい自己発見の場面で彼女は「私はヒースクリフ」なのだと言う。「ヒースクリフと結婚したら落ちぶれてしまう」と言ったところまでヒースクリフがこの会話を聴いていたと知ったキャシーは、嵐の中を飛び出し、ヒースクリフの名を叫ぶ。しかし、それはすでに遅すぎた。

この時点でブロンテは、悲劇の道徳論議にラジカルな変更を加えている。ブロンテは根本的な主人公の交代を行ない、ここからはヒースクリフを主人公にしている。帰ってきたヒースクリフは無慈悲なまでに攻撃する。天国でしか見いだせないような愛が、あのように陳腐なものとして嘲笑されたら、そうするのは当然だとばかりに。

ヒースクリフの元型は、アキレスと同じで、そもそも不正に対する正当な復讐を行なう反逆者だ。ブロンテは、「モンテ・クリスト伯」のように裕福で洗練された者として帰ってくる、いわゆる〈帰って来た男〉の手法を使ってヒースクリフの帰還を描いている。こういったシーンでは、観客や読者はものすごい勝利の喜びを味わうものなので、その人物がどのようにしてそれほど大きな変貌をとげたか知る必要すら感じない。もしも自分も似たような状況にあったとしたらこういう武器をぜひとも持ち合わせたいと誰もが夢見るような武器をすべて装備してその人物が帰還すると、物語の受け手は「うん、それもありえることだ……あってもおかしくないことだ」と感じ、次いで「よし、ここからは心地よい復讐の始まりだぞ」と思ってくれるものだ。

読者の心をしっかりとヒースクリフの味方につけたところで、ブロンテはヒースクリフに過剰な行動をさせ、これによって道徳論議を反転させている。とてもひどい仕打ちを受けてあれほどの愛を失ったとしても、復讐するためだけの目的で敵の妹と結婚することが許されるはずはない。エドガーの妹イザベラが純愛を顔に浮かべながらヒースクリフの罠にはまってゆく姿は、実に心が痛む場面だ。これこそ、優れたストーリーテリングにおける見事な道徳論議の展開と言えるだろう。

キャシーとヒースクリフの間で展開されるこういった場面は、元型的には、戦う王と女王の平民バージョンと捉えることもできる。これはまさに荒野で荒れ狂うリア王と同じだ。また、お互いへの非道徳的な行動の残忍さが、天国でしか見いだせないような愛という概念にここまでの真実味を持たせている。これはお互いへの究極的な愛がさせている純粋な残忍さなのだ。

映画版の最後では、ヒースクリフがキャシーに最後の攻撃をする。このとき彼女は床で死を迎えようとしているが、この攻撃は正当とも言える攻撃だ。彼によって彼女が慰められることはない。彼の涙は彼女を苦しめる。キャシーは私の心を引き裂かないでほしいと請う。しかしそれを引き裂いたのは彼女自身だとヒースクリフは言う。「きみはどんな権利があって彼のようなくだらない上品趣味のために愛を投げ捨てることができたんだ？」2人の間を引き裂けるものなど何もなかったはずだ。強欲な子供のようにさまよってしまったきみの罪だ、と彼は言う。キャシーは許しを請い、2人はキスをする。

一方、小説版では、ヒースクリフはその後もさらに過剰な行動に出る。リントン家そのものを滅ぼそうという、過剰にもほどがある行動だ。だからこそ、この部分はあの名作とも言える映画版では描かれていない。ストーリーテリングの観点から言えば、映画版の方がさまざまな意味で小説よりも優れているだろう。ブロンテの小説では、この攻撃がなされた時点で、キャシーとヒースクリフの間で展開されていた自然なストーリーは基本的に終了しており、ヒースクリフの行動は、確かに心的には効果的ではあるものの、やりすぎとしか捉えられないものとなってしまっている。

「リア王」（作…ウィリアム・シェイクスピア　1605年）

「リア王」で、シェイクスピアは多くの典型的な悲劇に見られる道徳論議よりもずっとデリケートに道徳論議を展開させている。ここで彼が使った手法のカギは2人の「主人公」を創作することにあった。メイン・キャラクターのリア王とサブプロット・キャラクターのグロスター伯だ。リア王もグロスター伯も、出だしで道徳的弱点を持っており、どちらもストーリーが進むにつれて破滅へと下降し、道徳上の自己発見をした上で、死ぬ。しかしその死は、たとえば「ハムレット」に見られるような高貴な死という印象を残すものではない。それは世界の秩序が回復したという感覚ではなく、同じようなことが今後も起こるだろうという感覚を残すタイプのものだ。

この作品でシェイクスピアは、人類の根本的な非道徳性や自然界における道徳観念の非存在に目を向けている。第一に、リア王とグロスター伯という2人の主人公に同じ道徳上の間違いを犯させた上で、無慈悲な最期をとげさせている。これによって、悲劇的に破滅する王の姿が観客の情感を刺激し、また人間という生き物に根強くはびこっている道徳の盲目性を見せている。

第二に、シェイクスピアはこの芝居で道徳的な善人コーディリアを殺している。しかもことさらに残忍な形で殺している。確かにこの物語では、善人ではあるが本質的に思慮の浅い男エドガーが、自身の邪悪な弟やリア王の卑劣な2人の娘を倒してはいる。しかし、この圧倒的な惨劇の中で私たち観客が受けるものは、ただ良き人生を生きるための価値基準についての金言だけだ。この戯曲の有名なセリフとしてエドガーは「若い我々は、もはやこれほどの目に遭うことも、これほど長く生きることもないであろう」と言っている。これは、「この非道徳的な人間の世界では、ものすごい苦痛を味わうことで深い人生を歩むことはできるが、その代償は計り知れない」と言い換えることができる。後期のシェイクスピアは、高貴さと同じくらい大きな人類の特色はこれだと考えていたようだ。

3　ペーソス

ペーソスの道徳論議は、悲劇の主人公を一般人に置き換え、忍耐、失敗、破滅の運命にある人物の美しさを見せることで、観客にアピールする道徳論議だ。主人公は手遅れの自己発見すらしない。主人公は有能なわけではない。しかし、最後まであきらめることなく戦い続ける。この道徳論議は次のような感じで展開する。

- 主人公は衰退した一連の信念と価値基準を持っている。その価値基準は時代遅れか、または厳格すぎるものだ。
- 主人公には道徳的な欠陥がある。つまり、単なる被害者ではない。
- 主人公の目的はけっして自分の力で及ぶものではないが、そのことに気づいてはいない。
- ライバルは主人公と比べ物にならないほどパワフルであり、時には主人公には到底理解できないほどの組織や勢力そのものである場合もある。この相手は邪悪なものではない。単に個人的感情を含まないもの、もしくは主人公のことなどには無頓着な、とてもパワフルなものである。

■主人公は達成するために非道徳的な手段を使い、仲間からの警告や批判を一向に気にかけない。

■主人公は目的の達成に失敗する。ライバルが圧倒的な勝利をおさめるが、観客はこれが公正な戦いではなかったという印象を持つ。

■主人公は絶望の最期をとげる。破滅をたどり、自己発見することなく傷心のまま死ぬ。もしくは、（主人公の道徳上の決断の変形として）自ら命を絶つ。

■観客は、世界の不公平さを深く感じ、何が悪かったのかすら理解することなく死ぬ非力な主人公に悲しみを感じる。しかし同時に、その美しい失敗や立派な戦いや敗北を認めない姿勢に深い尊敬の念も感じる。

ペーソスの道徳論議を見ることのできる作品例には、「ドン・キホーテ」「欲望という名の電車」『生きる』を初めとする多くの日本映画、「セールスマンの死」「ヘッダ・ガーブラー」『カンバセーション…盗聴…』『ギャンブラー』『フォーリング・ダウン』『M』『オプー』三部作、「蝶々夫人」『偉大なるアンバーソン家の人々』「桜の園」『狼たちの午後』『ニュー・シネマ・パラダイス』などがある。

4　風刺とアイロニー

風刺とアイロニーは同じものではないが、たいていの場合、1作品の中で両立している。風刺は、信念、それも特に社会全体が掲げている信念をコメディにしたものだ。アイロニーはストーリー手法の一形式で、登場人物が自ら欲しているものを得るために行動しているにもかかわらず、それとは正反対のものを得てしまうというものだ。このアイロニーの手法を、一時的な場面としてでなく、ストーリー全体に適用させてみると、そのストーリーで描かれるすべての行動がつながり合って、世界のあり方ついて、その哲学を説明する堂々たるパターンとなる。アイロニーにはまた、人々の心を奪うトーンがあり、登場人物のどちらかと言えば無能なところを笑いものにするよう、受け手をけしかける。

この風刺的アイロニーの形式では、登場人物が自分のことを道徳的だ（自分のいる社会の信念を支持している）と思っているが、実際には非道徳的なことをしている。その人物の行動や信念によってもたらされる影響を比較する場面をコンスタントに見せることで道徳論議が展開される。具体的には、風刺的アイロニーの道徳論議は次のような流れで描かれる。

- 主人公は明確に定義された社会体制の中で暮らしている。少なくとも1人のキャラクターが、この体制の基礎をなす価値基準（その一部または全部）をまず説明するのが典型的だ。
- 主人公はその社会体制を強く信じており、そこで頂点まで登りつめようと決心する。主人公は野望または恋愛を原動力にして、あるゴールを目指そうと心に決める。
- 同じくその社会体制や価値基準を強く信じているライバルも主人公と同じ目標を目指している。
- この2人は、同じ目標を目指して争っているうちに、信念に導かれる形で、馬鹿げた行動や破滅的な行動をとるようになる。
- ストーリー中盤の行動で示される道徳論議は、自分は道徳的な行動をしているのだと主張し、この社会における最高の理想を追求しながらも、惨憺たる結果となってしまう2人を並置することで展開される。
- 決戦の段階で、双方のうぬぼれや偽善が明るみに出る。
- 主人公は、たいていの場合、社会信念の価値基準を疑問視することを含む自己発見を経験する。

■主人公またはライバルは、たいていの場合、自己発見をしたにもかかわらず、実はそこからは何も学べていないような行動をとり、せっかくの自己発見を無価値なものにしてしまう。
■主人公は道徳的行動をとるが、その行動はたいていの場合、個人的には正しいものだが、社会体制の馬鹿げた部分や破滅的な部分については、それを変えるような効果はまるでない。
■2人の友情または愛情が報われることで、社会の縮図としての2人の関係は良いものとなるが、実際の社会全体には何の効果ももたらせていない。

風刺的アイロニーの道徳論議が展開されている作品例としては、「高慢と偏見」「エマ」（および同作の現代版『クルーレス』）『アメリカン・ビューティ』『ウェディング・クラッシャーズ』「ボヴァリー夫人」「桜の園」『卒業』『M★A★S★H マッシュ』「トム・ジョーンズ」『ウェイティング・フォー・ガフマン』『ザ・プレイヤー』『マルコヴィッチの穴』『ビバリーヒルズ・バム』「王子と乞食」（および同作の現代版『大逆転』）『Mr.レディMr.マダム』「真面目が肝心」『プライベート・ベンジャミン』『狼たちの午後』『ビクター／ビクトリア』『シャンプー』『ボブとキャロルとテッドとアリス』『ロスト・イン・アメリカ』などがある。

「エマ」（作…ジェーン・オースティン　1816年）

ジェーン・オースティンは風刺的アイロニーの道徳論議の名手であり、なかでも「エマ」は彼女の最高傑作ではないだろうか。この名作風刺小説の道徳論議は次のように展開される。

■エマは頑固で独りよがりで無神経で社会性に疎い若き娘で、コンスタントに男女の縁結び役になろうとしている。

■彼女の最初の目標は、身寄りのない女性ハリエットを結婚させることだ。

■エマはこの社会の階級制度を信奉しながらも、ハリエットは自分などよりもずっと素晴らしいバックグラウンドを持っているという自己欺瞞的考えから、ハリエットにロバート・マーティンからのプロポーズを受けるべきではないと説得する。

■彼女はまた、ハリエットは生まれの良い牧師のエルトン氏を夫にすべきだとも説得する。その過程でエマは、図らずも、エルトンに興味を持っているのはハリエットではなくエマであるという誤解を招き、エルトンはそう信じてしまう。

■良かれと思ってやったことではあるものの、この不道徳な彼女の行動の結果、ハリエットは好青年からの結婚の申し出を失い、一方のエルトンはエマへの恋愛感情を高めてゆく。その後、エルトンはエマが全く彼に恋愛感情を抱いていないことを知り、傷ついてしまう。

■他の誰かと結婚したエルトンは、舞踏会でハリエットと踊ることを断り、彼女に恥をかかせる。しかしナイトリー氏が登場してダンスの相手となり、彼女は救われる。

■この郡へのビジターであるフランクは、道端で不快な者たちからハリエットを救う。フランクはハリエットよりも社会的地位がずっと高いのだが、ハリエットの新たな恋の相手はフランクだとエマは勘違いする。

■屋外パーティで、エマはフランクに興味がないにもかかわらず彼とたわむれ合う。その事実にこの社交界に招かれていた美しい娘ジェーンは明らかに取り乱す。

■エマはまた、おしゃべりだが親切なミス・ベイツに皆の前で恥をかかせる。ナイトリー氏がエマを脇へ連れ出し、彼女の無神経さを批判する。

■ハリエットが興味を持っているのはフランクではなくナイトリーだということを知ったエマは、自分もナイトリーを愛していることに気づいてショックを受ける。それだけでなく、彼女は自分がおせっかい焼きで高圧的で何も分かっていない女だったことに気づき、そもそもハリエットがロバート・マーティンと結婚することを自分が妨害したことをすまないと思う。

■ナイトリーはエマに愛を告白し、彼女の父を世話し続けられるよう、エマの家に引っ越してくることにも同意する。小説版では（映画版は違う）、コメディの結末として典型的な結婚が行われる。エマの大きな自己発見は、彼女がナイトリーと結婚できた唯一の理由は彼女の父が鶏泥棒を危惧し、若者を家に置いておきたいからであるという事実によって傷つけられている。

このストーリーのメインの道徳論議である風刺的アイロニーは、ハリエットに相応しい結婚相手を探し出そうとするエマの努力を中心に展開されている。こうすることでオースティンは、厳格な階級の違いをベースにした社会体系や、または女性が男性に完全に依存している社会体系を見せつけている。主人公であるエマは、その社会体系を支持しているものの、自己欺瞞もあって、実は何も分かっていない。オースティンはまた、エマが、ハリエットよりも地位が低いと思っている農夫を立派な善人として描くことで、この社会体系をさらに深くえぐっている。

恋の仲介人になろうとするエマの認識や行動によって、一連のよろしくない出来事が発生する形でこの道徳論議は進行する。具体的には、オースティンは、社会的な侮辱と非道な行為を描いた二つの並行するシーンを使ってこの道徳論議を進めている。ひとつ目はハリエットがエルトンにダンスを断られて恥をかくシーンで、恥をかかされた彼女をナイトリーが救っている。ふたつ目はエマがピクニックでミス・ベイツをひどく傷つけるシーンで、ここでもまたナイトリーが道徳を正す役目を果たしており、エマの感受性のなさを非難している。

オースティンがこれらの重要なシーンを深い道徳性を語る場面として扱っていることに注目しよう。社会的地位とは関係なく、1人の人間として、親切で立派な態度で他者と接することを語っている。

オースティンはまた、これらのシーンを心理的にパワフルなものに仕立て上げることで、説教臭くなることを回避していることにも注目だ。ハリエットが侮辱されたり、ミス・ベイツが公衆の面前で恥をかかされる姿は、見ていて心が痛くなる。だからこそ、ナイトリーが正しい行動をとり、無力な娘を救ったり、主人公に彼女自身の残酷さを気づかせたりする場面を見ると気分が良くなるのだ。

エマとナイトリーの結婚は、どちらも比較的身分の高い同等な地位にあるため、彼らの暮らす社会体系を再確認するような行為だ。この社会体系そのものも、この社会の基準となっている価値観も、ストーリーの最後に変化することはない。ただし、この2人が結ばれた経緯は、この社会体系をデリケートな形でえぐっている。エマとナイトリーが一緒になった理由は、お互いに相応しい身分だったからではなく、エマが成長してより良い人間になったから、さらにはナイトリーが階級に関係なくそもそも高潔な人物だったからなのだ。

5　ブラック・コメディ

ブラック・コメディは社会体系の道理（より正確に言うなら道理のなさ）をコメディにしたものだ。高度にして難しいこのストーリーテリング形式で表現されるのは、人が破滅するのは、（悲劇のような）個人的選択によるのではなく、根本的に破滅的な社会体系から出られなくなってしまったせいだということだ。この道徳論議のカギは、主人公に自己発見をさせないことにある。そうすることで、観客にこのテーマをより強烈に伝えることができるからだ。ブラック・コメディの道徳論議は次のように展開する。

■ 組織の中に数多くの登場人物がいる。その組織におけるルールや道理について、ある人物がとても詳しく説明する。

■主人公を含めたこれら多くの登場人物は、他人を殺す、または何かを破壊することをはらんだネガティブな目標を追っている。
■それぞれのキャラクターはその目標を信奉し切っており、自分のやっていることは完全に道理にかなっていると思い込んでいる。しかし実際には、完全に道理から外れている。
■やはり同じ組織にいるライバルたちも、同じ目標を追って主人公らと争っており、またその行動についてディテールに富んだ非常識な正当化で自己弁護する。
■その行動はまったく道理にかなっておらず、破滅を導くものだということを、常識ある人物（たいていは仲間）が継続的に指摘する。その人物は物語の語り手としての機能を果たす者だ。しかし、彼（彼女）の言葉に耳を傾ける者はいない。
■名ばかりの主人公も含めたすべてのキャラクターが、目標を達成しようと、極端な（時には殺人という）方法をとる。
■彼らの行動が、ほぼすべての人々の死や破滅を招く。
■決戦は、強烈で破壊的なものであり、また誰もがいまだに自分のやっていることは正しいと信じている。その結果として死と狂気が訪れる。
■主人公を含めて、誰も自己発見をしない。主人公が経験すべきだった自己発見は、主人公ではなく、観客が経験する。
■残された登場人物たちは、先の決戦で多大な損害を受けていたが、それでも彼らはこれまでと同じ目標を目指して行動を再開する。
■少しだけポジティブなブラック・コメディの場合は、そのおぞましい状況を見ていた常識ある人物が、その社会体系をそのまま放置するか、もしくはそれを変えようと努力しようとするところで物語を終える。

ブラック・コメディのストーリーテリングはトリッキーなものであるだけに失敗しやすい。ブラック・コメディで道徳論議を機能させるためには、何よりもまず好感の持てる主人公をすえる必要がある。それができないと、コメディではなく、難解な知的論文のようになってしまうため、観客は登場人物との間に距離をつくり、道徳的な優越感を持つことになる。そうならないようにするためには、観客を夢中にさせることだ。これによって、ある意味、根本的には観客自身がキャラクターであり、キャラクターを優越した存在ではないということを突然思い知らせることができるのだ。

観客の心をとらえるブラック・コメディを創作する方法として、好感の持てる主人公を描くことに次いで大切なのは、主人公がその目標を目指している道理を主人公自身に熱烈に語らせることだ。ブラック・コメディの陰気さに少しでも希望の光を入れることを好むタイプのライターは、唯一の常識ある人物を据えて、その人物にここで行われている狂気以外の方法論で行動させ、それについて詳細に語らせている。

ブラック・コメディの道徳論議を駆使して作られたストーリーには、『グッドフェローズ』『ネットワーク』『ウワサの真相／ワグ・ザ・ドッグ』『アフター・アワーズ』『博士の異常な愛情　または私は如何にして心配するのを止めて水爆を愛するようになったか』「キャッチ＝22」『The Positively True Adventures of the Alleged Texas Cheerleader-Murdering Mom』『未来世紀ブラジル』『女と男の名誉』などがある。

道徳論議を組み合わせること

さまざまな道徳論議はそれぞれ独自性の強い形式ではあるものの、相容れないわけではない。実のところ、これらの形式をひとつのストーリーの中で組み合わせるという手法は、高度なストーリーテリングで実際に利用されている。ジェームズ・ジョイスの「ユリシーズ」は、神話のシンプルな善対悪の論議から入った後で、より複雑な風刺的アイロニーのアプローチで作品に深みを出している。「桜の園」はペーソスと風刺的アイロニーのコンビネーションだ。

『アメリカン・ビューティ』では、悲劇にブラック・コメディと風刺的アイロニーをミックスさせようと試みているが、この作品を観ると、これらの形式を組み合わせることがいかに大変なのかが分かるだろう。この作品はさまざまな意味で素晴らしい作品ではあるが、悲劇、ブラック・コメディ、風刺のどの要素もフルに活かし切ったものではない。この作品で展開される複数の道徳論議がどれも孤立したものである理由はそこにある。それらは別の形で機能し、他とはかなり違う感情を観客にもたらせている。この三つの形式を境界線が分からないようにまとめたいのであれば、もはや神秘的ともいえるほどの手法が必要になってくるだろう。

複数の道徳論議を組み合わせているその他の主な作品としては、「ボヴァリー夫人」「ハックルベリー・フィンの冒険」『狼たちの午後』などがある。

独自の道徳観

ストーリーテリングにおける道徳論議の中で最も難しいのは、書き手ならではの独自のやり方で自分独自の道徳論議を描くことだ。たとえば、ナサニエル・ホーソーンは「緋文字」で、3人の人物を対立させることで、真の愛をベースにしたホーソーンならではの道徳を事例として見せている。ジョイスは「ユリシーズ」で、ダブリンの街を舞台にしたある1日の旅に「父親」と「息子」を送り出すことで、ジョイスならではの宗教と日常的ヒロイズムを創作してみせた。これは総括的に見れば道徳論議だが、道徳論議だけが単一で存在しているわけではない。この2人の作家は、道徳論議と同じくらいに骨太でディテールに富んだキャラクターやプロットやストーリー・ワールドやシンボル・ウェブの中に道徳論議を編み込むという熟練の技を見せつけている。

また、書き手による独自の道徳観は、大ヒット映画作品にも見ることができる。そういった映画が大ヒットを飛ばした最大の要因が視覚効果や特殊効果だと思っているとしたら、それは間違いだ。ジョージ・ルーカスは、『スター・ウォーズ』で、西洋の主人公にフォースという禅的な騎士道精神と道徳観を組み合わせてみせた。これは「緋文字」や「ユリシーズ」における道徳論議と比べればずっと単純なものであることは確かだが、道徳論議を展開しようとする姿勢がしっかりとあること、またそれが簡潔であることが、『スター・ウォーズ』に普遍的な魅力をあたえているのだ。それが簡潔だからこそ、「フォースと共にあらんことを」という決まり文句は、実に多くの人々の人生の信条にまでなっている。

それと同じ意味で、『ゴッドファーザー』には、1940年代のアメリカのマフィアの世界が描かれているだけでなく、現代のビジネスや現代の戦争をベースにした道徳体系もしっかりと描かれている。「嫌とは言わせない」「私怨じゃない、これはビジネスだ」「友を近くに置け、敵はもっと近くに置け」といった名セリフは、マキャベリの「君主論」の教義問答の現代アメリカ版とも言えそうだ。『スター・ウォーズ』や『ゴッドファーザー』は、道徳を直接的に扱っている例だが、それはともかく、ストーリーに道徳体系を組み込もうという努力は（少なくとも何らかの形でその努力が報われれば）、ストーリーに魅力をあたえる大きな源泉となりえることを忘れないようにしよう。

ダイアローグで語る道徳論議

ストーリーの中で道徳論議を展開させるためにメインとして利用するのはストーリー構造だ。しかし、それだけしか使ってはいけないということではない。ダイアローグもまた利用するべきなのだ。道徳的事例を語るという大仕事はストーリー構造がまかなってくれるので、セリフは、セリフの最も得意とする仕事、つまりデリケートさと情感を道徳論議に提供することに専念させることができる。

道徳的なダイアローグの書き方については、チャプター10「シーン構築とシンフォニーのようなダイアローグ」で詳しく語ることにしよう。ここでは、ストーリーのどの時点でそれを使うのがベストかについて検証することにする。

道徳論議のダイアローグが出てくる段階として最も多いのは、目標に到達しようと非道徳的な行動をとる主人公を仲間が批判するところだ。これは、主人公の行動は間違っていると仲間が主張し、まだ自己発見していない主人公が自らの行動を正当化する場面だ。

ダイアローグで道徳論議を展開させる第二の方法は、主人公とライバルが対峙する場面を利用するものだ。これはストーリーのどの段階でもあり得るが、最も起こりやすいのは最終決戦の場面だろう。対決シーンで起こる道徳論議の典型的な例としては、『ハスラー』におけるファースト・エディと彼のかつてのマネージャーであるバートとの対決シーンがある。『素晴らしき哉、人生！』では、ジョージが父の建築貸付組合を潰そうとするポッターを止めるという、ストーリーの早い段階で展開される場面で、主人公とライバルによる素晴らしい道徳論議が起こっている。主人公とライバルの道徳論議を早い段階で展開させることによる大きなアドバンテージは、どういった価値観が危機的状況にあるのかについて観客にヒントをあたえて、ドラマ性を高められることだ。

道徳論議のダイアローグが使われる第三の段階にして、執筆技量が優れている証ともなる段階は、メインのライバルが道徳的に間違っている自身の行動を正当化するシーンだ。ライバルによる道徳についてのセリフがなぜストーリーの全体的な道徳論議にとって重要なのかについてこれから説明しよう。

紛れもなく邪悪なライバルは生来的な悪なので、個性がなく、つまらない。現実の世界に存在する敵対関係のほとんどには、明確な善悪もなければ、明らかな正しさも誤りもない。優れたストーリーでは、主人公とライバルの両者が自分は正しいと信じており、そう信じる理由もきちんと持っている。また、それぞれ形こそ違えど、両者とも何らかの間違いを犯している。

ライバルに力強い（しかし間違った）正当化の自己弁護をさせることで、書き手は単純な「善人の主人公と悪のライバル」という構図を回避し、またライバルに深みをあたえることもできる。主人公もまた、競争相手と同様に人間でしかないので、ライバルに深みをあたえることで、主人公にも深みが加わるだろう。

その好例としては、『評決』で、相手方の弁護士コンキャノンが、フランクを密偵するために雇った女に「我々は勝つために金をもらっている」と語るシーンがある。『ア・フュー・グッドメン』の対決シーンでは、ジェセップ大佐が「門を乗り越えて入ってこようとする野蛮人を止める最後の砦が自分なのだ」と言って、あの海兵隊員の殺害を命令したことを正当化する。トーンソン・ワイルダーが見事に脚本を書いた『疑惑の影』では、連続殺人犯である叔父チャーリーが、殺した未亡人たちを、「金を飲み、金を食らうだけの太った動物」にたとえ「太り過ぎて老い過ぎた動物がどう処分されるべきかは誰だって知っているだろう」という血の凍るような自己弁護をしている。

ライバルに道徳論議をしっかりと語らせるために重要なのは、価値のない人物、見た目だけ脅威だが中身が空っぽな人物をライバルとして設定しないことだ。ライバルがどう見ても貧弱な論議を展開するようではいけない。人を惹きつけられるような、最高の論議をこの人物に語らせる。この人物が何らかの事物について正しいことを述べているように聞こえるようにすること、ただしその上で、その論理には致命的な欠陥があるようにもすることが必要だ。

道徳論議の展開──執筆エクササイズ 4

■**設定原則**　まずはストーリーの設定原則をテーマラインに書き直すところから始める。テーマラインとは、そのストーリーで語られる、正しい行動と間違った行動についてのあなたの意見を一文にまとめたもののことである。この設定原則をここで見直しておけば、重要な行動や道徳的効果に集中して取り組むことができる。

■**テーマライン**　たとえばシンボルなど、あなたの道徳的意見を一文に凝縮する方法、またはあなたがストーリーにあたえる独創的な構造を要約できる方法を探る。

■**道徳上の決断**　ストーリーの終盤で主人公が下さなければならない大きな決断の候補を書き出す。

■**道徳的問題点**　あなたがプレミスで作業した内容を読み直し、主人公がストーリー全体を通して直面する中心的な道徳的問題点を一文で書き記す。

■**テーマのバリエーションとしてのキャラクター**　まずは主人公とメインのライバルから、中心的な道徳的問題点へのそれぞれ異なるアプローチを、主要キャラクター全員について書き記す。

■**対立する価値基準**　主要キャラクターそれぞれの主な価値基準をリストアップし、それぞれのキャラクターが目標を目指す上で、それらの価値基準がどのような形で対立するかについて説明する。

〈道徳論議〉

ストーリー構造を通して展開させる道徳論議を次の手順で詳細に決定する。

■**主人公の信念と価値基準**　主人公の根本的な信念と価値基準を再度書き記す。

■**道徳的な弱点**　他者に対する行動における主人公の主な弱点は何か？

■**道徳的な欠陥**　正しい行動やこの社会における正しい生き方についてストーリーの終盤で主人公は何を学ぶ必要があるのか？

■**最初の不道徳な行動**　主人公による他者を傷つける最初の行動について書き記す。それは主人公の大きな道徳的弱点からくる自然の成り行きである必要がある。

■**欲求**　主人公の具体的な目標を再度書き記す。

■**駆動**　目標を達成するために主人公がとる一連の行動をすべてリストアップする。

■**不道徳な行為**　右の行動（それがある場合）は、どのような形で道徳に反しているのか？

批判…不道徳な行動にたいして主人公が受ける批判を記述する（批判がない場合もある）。

正当化…それぞれの不道徳な行動について主人公はどのように正当化しているのか。

■**仲間による攻撃**　仲間が主人公にたいして行なう道徳に関する攻撃について詳しく記述する。ここでもまた、それにたいして主人公がどのように正当化するかも書き記す。

■**執拗な衝動**　主人公が、いつ、どのようにして、執拗に勝利を求めるようになるかについて説明する。これを別の角度から言うなら、主人公が勝利のためならどんなことでもしてのけようと心に決めた瞬間があるかどうかを考える。

■**不道徳な行動**　主人公は勝利に執着することで、どのような不道徳な行動を段階的に踏んでゆくのだろうか？

批判…主人公がそういう行動をとったことへの批判について説明する（批判がない場合もある）。

正当化…主人公が自分のとっている方法をどのように正当化しているかについて説明する。

■**決戦**　最終決戦の最中に、この戦いにおける主人公の価値基準とライバルの価値基準のどちらが優れたものであるかについて、書き手としてどのように表現するのかを考える。

■**ライバルにたいする最後の行動**　決戦に先駆けて、または決戦中に、主人公はライバルにたいして最後の（道徳的な、または不道徳な）行動をとるのか？

■**道徳上の自己発見**　ストーリーの最後に主人公は何を学ぶのか（または学ばないのか）、この考察は他者に対する正しい行動とは何か、についての考察であるようにする。

■**道徳上の決断**　ストーリーの終盤に主人公は二者択一の決断をくだすだろうか？

■**テーマの発見**　主人公の自己発見を通して表現することとは別に、人間の正しい行動についてのあなたの意見を表現するストーリー・イベントを考えることができるだろうか？

それでは道徳論議が作品の中でどのように行なわれているのか、これを『カサブランカ』に当てはめてみよう。

『カサブランカ』（原作戯曲「誰もがリックの店にやってくる」…マリー・バーネット&ジョーン・アリスン　映画脚本…ジュリアス・J・エプスタイン、フィリップ・G・エプスタイン、ハワード・コッチ　1942年）

■**設定原則**　かつては自由のために闘う活動家だった男が、失恋を契機に社会に背を向けて暮らしていたが、後に愛する女性が戻って来たことに触発され、自由への闘いに戻ってゆく。

■**テーマライン**　圧政に対抗して闘うためには、2人の男女の真の愛でさえも犠牲にしなければならないことがある。

■道徳上の決断　リックは、愛する女性と共に暮らすことと、世界を席巻する独裁政治を相手に闘うことのどちらかを選ばなければならない。

■道徳的問題点　私的な欲求をとるか、それとも、より大きな社会正義のために犠牲になるか、この二つのバランスをどうやってとれば良いのか。

■テーマのバリエーションとしてのキャラクター

リック…ストーリーのほぼ全編を通して、リックは自分の事だけを大切にし、世界が直面している問題には背を向けている。

イルザ…イルサは正しい行動をとろうと努力しているが、最終的には私的な愛の方が勝る。

ラズロ…ファシズムに抵抗するこの闘いを導くためであれば、ラズロは私的な愛も含めて、どんなものでも犠牲にすることができる。

ルノー…完全な日和見主義者のルノーは、自分自身の享楽とお金のことしか考えていない。

■対立する価値基準

リック…自分自身、正直さ、友人たち

イルザ…夫への忠誠、リックへの愛、ナチスによる占領への抵抗

ラズロ…ナチスによる占領への抵抗、イルザへの愛、人類愛

ルノー…女、金、権力

〈道徳論議〉

■リックの信念と価値基準　自分自身、正直さ、友人たち

■**道徳的な弱点**　シニカル、利己的、冷徹

■**道徳的な欠陥**　他人を犠牲にして自らを助けようとすることをやめる必要がある。社会に復帰しファシズムを相手に闘う活動のリーダーになる必要がある。

■**最初の不道徳な行動**　リックは、それが殺された売人からのものだと知りながらも、ウーガーテから通行証を受け取ろうとする。

■**第二の不道徳な行動**　リックは、警察から逃げようとするウーガーテの手助けを拒む。批判…ある男がリックに、もしもドイツ軍に自分が追われたときには、お前以外のやつに頼ることにしようと言う。

正当化…リックはその男に、誰の厄介事にも首を突っ込むつもりはないと言う。

■**欲求**　リックはイルザを取り戻したい。

■**駆動**　リックはイルザを取り戻そうと誘惑しながらも、幾度となく彼女のことを攻撃する。彼はまた、誰かに売りつけるか、自分で使うつもりでいる通行証を守るため、さまざまな方法を使う。

■**不道徳な行動**　クラブの閉店後にイルザが戻ってくると、リックは彼女の話を聞くことを拒み、彼女のことを身持ちの悪い女だと罵る。

批判…イルザは批判の言葉を発しないが、去り際に傷ついた表情を見せる。

正当化…リックは自身のとった悪い態度を正当化しようとはしない。

■**仲間による攻撃**　ストーリー全体を通してリックやリックの行動に対する主な攻撃は、メインのライバルであるイルザが行なっている。しかし、リックの友人であるバーテンダーのサムも、失った愛を引きずることはやめるべきだと彼に促す。リックからの返答は「彼女が耐えられたなら、俺にだってできるはずだ。（ふたりの思い出の曲を）弾いてくれ」だ。

■**不道徳な行動**　市場で、リックはイルザに、ラズロに嘘をついて自分と一緒に来ないかと提案する。

批判…イルザはリックに、あなたはパリにいたときのあなたではなくなってしまったと責め、またラズロとはリックと出会う以前に籍を入れていたのだと告げる。

正当化…リックは前夜の自分は酔っていたと言う以外は正当化しようとはしない。

■**執拗な衝動**　かつてイルザから受けた傷のせいで、当初のリックの執拗な衝動は彼女を傷つけようとすることだ。彼の衝動が彼女とラズロを逃がすことへと推移するのは、ずっと後になってからだ。

■**不道徳な行動**　リックは通行証を必要とするラズロの頼みを拒み、その理由はイルザに尋ねれば分かるだろうと告げる。

批判…なし。

正当化…リックはイルザを傷つけたい。

■**不道徳な行動**　リックは通行証を譲ってほしいというイルザからの願いも拒む。

批判…イルザはリックに、これは私情以上にずっと大切なことだということ、これはリックの闘いでもあるのだということを告げる。リックが通行証を譲ることを拒んだら、ヴィクトル・ラズロはカサブランカで死ぬことになるだろうと。

正当化…リックはイルザに、今の彼は自分のことしか考えない男なのだと告げる。

■**不道徳な行動**　リックはイルザに、ラズロ1人の逃避なら手伝おうと言う。このイルザへの最後の嘘は、実は、(リックとイルザを2人とも逃がそうとする) 気高い行動の始まりでもあった。

批判…ルノーはリックに、もしも彼がリックの立場でも同じことをするだろうと言う。ルノーの人間性を考えると、それは決して褒め言葉ではない。

正当化…リックは正当化するような言葉を発しない。ルノーには、彼がイルザと共に逃げようと計画していると思わせておく必要があるのだ。

■**決戦**　リックはルノーを空港に向かわせるが、ルノーはシュトラッサー少佐に連絡もいれる。空港で、リックはルノーに銃口を向け、イルザにラズロと共に行けと言う。またラズロには、イルザが夫であるラズロに誠実であったことを告げる。ラズロとイルザは飛行機に乗る。シュトラッサー少佐が空港に到着して飛行機の離陸を阻もうとするが、リックがシュトラッサーを撃つ。

■**ライバルに対する最後の行動**　リックは不道徳な最後の行動を一切とらない。確かにシュトラッサーを撃っているが、世界的な状況を考慮すると、その殺人は正当なものである。

■**道徳上の自己発見**　リックは、ナチスによる占領への抵抗運動で闘うラズロを助けることの方が、彼のイルザへの愛よりも大切だということを悟る。

■**道徳上の決断**　リックはラズロに通行証を渡し、イルザにはラズロと共に行くことを強いる。ラズロには、イルザはラズロを愛しているのだと伝える。そして彼はフランス解放活動に加わる。

■**テーマの発見**　ルノーがリックの抵抗活動に参加することを決心するというサプライズのエンディング（古典的な再逆転）が、テーマの発見を生んでいる。それは「ファシズムに抵抗することの戦いでは、誰もが自らの役割を果たさなければならない」というものだ。

第6章 ストーリー・ワールド

「ユリシーズ」と「ハリー・ポッター」シリーズは、優れたストーリーテリングに必要な重要なものを見せてくれる好例だ。表面的には、この二つはまるで異なる作品に見えるだろう。「ユリシーズ」は大人向けのとても複雑で難解な作品で、20世紀で最も偉大な小説とも言われている。「ハリー・ポッター」シリーズは、子供向けに書かれた楽しいファンタジー小説だ。しかしどちらの作者も、ストーリーが展開される独創的な世界を創り上げること（そしてその世界を自然にキャラクターたちと結びつけること）が、キャラクターやプロットやテーマやダイアログと同じくらい重要だということをしっかりと心得ているのだ。

よく言われる「映画は視覚（ビジュアル）媒体である」という文句は、とても誤解を招きやすい言葉だ。確かに映画は私たちにスクリーン上でストーリーを見せてくれるし、他の媒体では不可能な素晴らしいビジュアルを提供してくれるものだが、その「ビジュアル」が本当の意味で観客に魅せているのは、そのストーリーの世界だ。その世界では、あらゆる側面がストーリーとしての意味を持ち、また何らかの形でキャラクター・ウェブを（特に主人公を）物理的に表現する複雑で細かいウェブとなっている。このストーリー・ワールドの主要原理は、映画だけに限らず、あらゆるストーリー媒体に当てはまるものだ。

ストーリー・ワールドの分野に関しては、現実の世界とは正反対の方法で現実の世界を表現しているという事実を覚えておこう。現実の世界では、私たちはすでに存在している世界の中に生まれ、その世界に適応してゆく。しかし、優れたストーリーの書き手は、キャラクターを先に作った後で、それらのキャラクターを徹底的に詳細に明示するための世界を作り上げるわけだ。

T・S・エリオットはこれを「客観的相関物」と呼んでいる。どういう名称で呼ぶかはともかく、あなたのストーリーの世界は、あなたが書き手として豊潤な質感を付加させるべきものなのだ。それは多くの優れたストーリーテリングに見ることができる。優れたストーリーというものは、多くの糸で織りあげられたタペストリーのようなものであり、それらの糸が調和してパワフルな効果を生んでいる。ストーリー・ワールドとは、そういった数多くの糸を提供する場所にたとえることができるだろう。もちろん、ストーリー・ワールドに質感を付加させることなくストーリーを語ることも可能だ。しかしそれは大きな損失でもある。

物理的なストーリー・ワールドがストーリーテラーにとって「凝縮・拡張器」の役割を果たすことを知っておこう。キャラクター、プロット、シンボル、道徳論議、ダイアログなど、膨大な量の情報を描き切るためには時間がいくらあっても足りない。そんな限られた空間と時間の中に意味を凝縮させる方法がどうしても必要になってくる。ストーリーの中に多くの意味を入れれば入れるだけ、観客の頭の中でストーリーが広がり、それぞれの要素が無限とも言えるほどさまざまな形で呼応し合うことになる。

ガストン・バシュラールは名著「空間の詩学」で「人間の住居に付着するドラマ」（＊1）につい

て説明している。貝殻から、引き出し、家に至るまで、あらゆる種類の形状や空間に、それぞれ意味が埋め込まれているというものだ。彼の論点はストーリーテラーにとって実に大切なものだ。「内的空間と外的空間という2タイプの空間がお互いを刺激し合って（中略）成長し合っている」（＊2）。バシュラールはここで自然なストーリーテリングについて語っていることがお分かりだろうか。つまり、あなたがストーリーに相応しい世界を作り上げることができれば、観客の心と頭に特定の種子を植え付けることができ、その種子は観客の頭の中で成長し深く感動させることになるということだ。

執筆プロセスにおけるストーリー・ワールドの段階では、まずシンプルなストーリーライン（7段階の道程）と一連のキャラクターについて取り組むところから始める。次いで、それらの要素を表現するための外的な形状や空間を作り上げる。そしてその形状や空間は、観客の心や頭に、あなたが狙っているような影響をあたえるものでなければならない。

物理的な形状や空間から私たち人間が感じとる意味は、文化や学習から私たちが得る意味よりもずっと深く、どうやら人間心理の一部となっているらしい。だからこそ観客に深い影響をあたえるのだ。そんな意味からも、ストーリー・ワールドは、ストーリーを語るのに利用できるツールや方法として有用なものだと言うことができる。

ストーリーラインを物理的なストーリー・ワールドに変換する（それによって観客から特定の感情を引き出すことができる）プロセスは、かなり難しいものだ。その理由は、言葉としての言語と映像としての言語という二つの言語で作業を進めながら、その二つをストーリーの展開にきっちりとマッチさせなければならないからだ。

この二つの言語を一体どのようにしてストーリーに組み込めばいいのだろう？　ストーリー・ワールド創作の流れは、次のような感じになる（1〜3は空間に関するもので、4と5は時間に関するものだ）。

1　ここでもまた設定原則から始まる。設定原則にはあらゆるものがしっかりと含まれているからだ。設定原則を読めば、あなたのストーリーが展開する「アリーナ」（ストーリー・ワールドの空間）の全容を特定することができる。

2　次いで、そのアリーナを、キャラクターたちがお互いにどのような形で対立しているのかをベースに、視覚的な対立関係に分ける。

3　次いで、ストーリー・ワールドを成り立たせる四つの基礎構成要素のうちの三つ――自然環境、人工的空間、テクノロジー――を使って、この世界をより詳しくしてゆく。その際には、それらの空間や形状が生来的に持つ意味や普遍的な意味を強調するようにする。

4　次に、そのストーリー・ワールドを主人公の全体的な進展・成長と関連づける。つまり四つ目の基礎構成要素である「時間」をそこに加える。

5　最後に、7段階の道程をビジュアルに当てはめる。つまりストーリー構造を通した形でストーリー・ワールド自体の細かい進展を追ってゆく。

設定原則からストーリー・ワールドを見つける

そもそもストーリー・ワールドはストーリーの一部として自然な存在なのだから、まずはストーリーの核心である設定原則に立ち返るところから始めよう。プレミスやキャラクターやテーマが設定原則から自然に浮かび上がってきたのと同じように、ストーリー・ワールドに取り組む際もここから始めるのだ。

色々な理由から、ストーリー・ワールドを設定原則から見いだす作業は、プレミスやキャラクターやテーマを見いだす作業よりも大変だ。先ほども述べたように、ストーリーと「ビジュアル」は異なる二つの言語だからだ。しかしどんな言語でも学びさえすれば理解できるようになるはずのものだ。ただし、それよりもっと大変な理由がある。それは、設定原則とストーリー・ワールドは相反する方向に機能する性質のものだという事実だ。

たいていの場合、設定原則は、たとえば1人のメイン・キャラクターの成長などといった直線的なストーリーの流れを示している。一方のストーリー・ワールドは、キャラクターたちの周囲を同時に取り囲むすべてだ。別の言い方をするなら、ストーリー・ワールドは要素や行動の同時性を体現しているのだ。

これらを結びつけるためには、設定原則から見つけたストーリーラインの大まかな場面を立体的に拡張させる形でストーリー・ワールドを作り出さなければならない。そこで、やはり、まずはシンプルなところから開始する。そう、設定原則をもとに、そのストーリーを体現するビジュアルのアイデアを一文でまとめるのだ。

それではここで、具体例として、チャプター2の設定原則に立ち返り、既存作品のストーリー・ワールドを一文にまとめる練習をしてみよう。

出エジプト記におけるモーゼ

■**設定原則**　自分が何者かを知らない男が自由のために人々を率い、彼らや自身を定義することとなる新たな道徳律を受けるために格闘する。

■**テーマライン**　民への責任を担う男は、神の言葉によって理想の生き方を理解するという褒章を得るものである。

■**ストーリー・ワールド**　奴隷都市から荒れ野を通って山頂までの旅路。

「ユリシーズ」

■設定原則　とある街を舞台に、ある1日を追った現代のオデュッセウスであるひとりの男は「父」を見いだし、もう1人の男は「息子」を見いだす。

■テーマライン　真のヒーローとは、自らの日々の逆境に耐えながら、助けを必要とする他者に思いやりを見せる人のことである。

■ストーリー・ワールド　ある都市の24時間で、それぞれの挿話は神話で描かれた苦境の現代版である。

『フォー・ウェディング』

■設定原則　それぞれ自分に合った結婚相手を探している友だち同士のグループが、ユートピア（結婚式）を四度と地獄（葬式）を一度体験する。

■テーマライン　真に愛する人を見つけたら、心のすべてを込めてその人物に献身するべきである。

■ストーリー・ワールド　ユートピア的世界と結婚の儀式の数々。

「ハリー・ポッター」小説シリーズ

■設定原則　魔法使いの王子が7年間の学校生活を魔法使いの寄宿学校で過ごし成長して王になるすべを学ぶ。

■テーマライン　偉大な才能と能力に恵まれた者は、リーダーとなって他者の善のために自身を犠牲にするべきである。

■**ストーリー・ワールド**　巨大な中世の城の魔法使い学校。

『スティング』

■**設定原則**　詐欺のストーリーを詐欺形式で語り、ライバルと観客の両方をペテンにかける。

■**テーマライン**　邪悪な者を失望させるためであれば、ちょっとした嘘や騙しはかまわないものだ。

■**ストーリー・ワールド**　荒廃した世界大恐慌時代の都市にある偽のビジネス環境。

「夜への長い航路」

■**設定原則**　ある家族の環境が昼から夜へと移り変わってゆくにつれて、家族の面々がそれぞれの罪の意識や過去の亡霊と直面する。

■**テーマライン**　人は自分や他人の真実を正面から受け止め、そして赦すべきである。

■**ストーリー・ワールド**　家族の秘密が隠されているかもしれない裂け目がたくさんある暗い家

『若草の頃』

■**設定原則**　四季の季節ごとに展開されるそれぞれの出来事を通して、1年で成長する家族の姿を表現する。

■**テーマライン**　個人の栄誉を目指すことよりも、家族のため犠牲になることの方がずっと大切である。

■**ストーリー・ワールド**　そこに暮らす家族も変わり、季節ごとにその特徴が変わる大きな家。

「コペンハーゲン」

■**設定原則**　ハイゼンベルクの物理学の不確定性原理を使い、それを発見した人物の矛盾する道徳観を探究する。

■**テーマライン**　私たちが行動する理由やそれが正しいかどうかは、常に不確かなものである。

■**ストーリー・ワールド**　法廷の形をした家。

「クリスマス・キャロル」

■**設定原則**　クリスマス・イブを通して、自身の過去と現在と未来を垣間見ることを強いられ、生まれ変わる男の姿を追う。

■**テーマライン**　他者に与える人生の方がずっと幸せな人生である。

■**ストーリー・ワールド**　19世紀ロンドンの会計事務所、およびその過去と現在と未来を覗き見ることとなる3種類（裕福な家庭、中産階級の家庭、貧困な家庭）の家。

『素晴らしき哉、人生！』

■**設定原則**　彼が生まれていなければ、その街が、さらにはその国がどのようなものになっていたかを見せることで、その男の力を表現する。

■**テーマライン**　人の豊かさとは、その人物が稼いだ金銭で決まるのではなく、その人物が奉仕した友人や家族で決まるものである。

■**ストーリー・ワールド**　アメリカの小さな一つの町を異なる二つのバージョンで。

『市民ケーン』

■設定原則　数多くの語り手を通して、1人の男の人生が他人には決して理解できないものになり得ることを描く。

■テーマライン　あらゆる人々に愛を強要する男は孤独に人生を終えるものだ。

■ストーリー・ワールド　アメリカの大人物の大邸宅とそれとは別の「王国」。

ストーリーのアリーナ

設定原則とストーリー・ワールドを一文で表したものが揃ったら、次はその世界全体を物理的に囲う単一のアリーナを見いださなければならない。アリーナとはドラマが展開される基本空間だ。これは、ある種、壁のようなもので囲まれた統一感のある単一の場所である。このアリーナの中にあるものすべてがストーリーの一部となり、このアリーナの外にあるものはストーリーとは一切無関係だ。

多くのライター、小説家や映画脚本家は特に、「(このメディアには) せっかく場所の制約がないのだから、それを利用しない手はない」という誤った認識を持っているようだ。これが大きな間違いである。単一アリーナのルールを破ってしまうと、ドラマ性が文字通り消散してしまうからだ。アリーナの数が多過ぎると、断片的で不自然なストーリーが生まれてしまう。

演劇では、幕で仕切られた舞台という本質がアドバンテージとなって、単一アリーナのルールを容易に守ることができる。映画や小説では、アリーナそのものはより大きなものになり得るが、ドラマを築き上げるためには、そこを統一感のある場所に作り上げることが重要な課題となる。

アリーナを作り上げる

私は何も、すべての行動は同一の場所で起こらなければならないとする窮屈な「アリストテレスの場所の一貫性」を固持しろと主張しているのではない。優れたストーリーには場所の多様性と行動の多様性は不可欠であり、それらを損なうことなく単一アリーナを作り上げる必要があるのだ。主な方法は四つある。

1　大きな傘を設定した上で、その傘の下で行き来したり絞ったりする方法

このアプローチは、冒頭付近でそのストーリーの最も大きな範囲を描写するものだ。基本的には、大きな世界を見せ、それと関係のないものすべてを壁で仕切るところから開始する。その上でストーリーの展開に応じて、その世界の中にあるより小さな世界の数々にフォーカスするのだ。

大きな傘は、たとえば、西部の荒野、大都会、宇宙、大海といった広大なものにすることもできれば、小さな街、家、酒場といった小さな場所に設定することもできるだろう。

この手法を使っている作品としては『カサブランカ』『エイリアン』『スパイダーマン』『L・A・コンフィデンシャル』『マトリックス』「セールスマンの死」「欲望という名の電車」『メリー・ポピンズ』『恋はデジャ・ブ』『サンセット大通り』『ナッシュビル』『ブラッド・シンプル』『若草の頃』「華麗なるギャツビー」『シェーン』『スター・ウォーズ』『素晴らしき哉、人生！』などがある。

2　1本の直線のように発展してゆくが本質的には同じエリアに属する場所を抜ける旅路に主人公を送り出す方法

これは、一見すると単一アリーナのルールを破っているように見えるし、きちんとやり切れないと実際に破ってしまう可能性のあるアプローチだ。旅路を描いたストーリーの多くが断片的な物語に感じられる理由のひとつは、主人公がまったく異質で一貫性のないさまざまな場所を旅して回ることで、それぞれの場所がそれぞれ分離されたエピソードのように感じられてしまうからだ。

たとえば砂漠、海、川、ジャングルなど、主人公が旅して回るエリアの本質的な同一性を保てれば、単一アリーナの感覚を生み出すことができる。さらに、その旅路を1本の直線のように認識されるように描き、このアリーナが出だしから終わりまでシンプルに発展し続けている様子を見せるようにする。これによってアリーナに統一感のある様相が生まれることになるだろう。

このタイプの1本の直線は、『タイタニック』『ワイルドバンチ』『ブルース・ブラザース』、ジャック・タチ監督の『トラフィック』『アフリカの女王』などといった作品に見ることができる。

3 本質的に同じエリアを巡って帰ってくる旅路に主人公を送り出す方法

このアプローチはほぼ2と同じような形で機能するが、最後に主人公がホームに戻ってくるという違いがある。1本の直線のような統一感のある規則だった感覚を観客にあたえるという利点はないものの、ホームを出てホームに帰ってくること、エンディングで最初の場所に戻ることで、以前のまま変わらない世界に対する主人公の対応の違いを比較することで、そのキャラクターの変化を強調することができる。

巡って帰ってくる旅路を基盤にしている作品としては、『オズの魔法使』「ユリシーズ」『ファインディング・ニモ』『キングコング』「ドン・キホーテ」『ビッグ』「闇の奥」「ボー・ジェスト」『スウェプト・アウェイ』『脱出』「ハックルベリー・フィンの冒険」『フィールド・オブ・ドリームス』『不思議の国のアリス』などがある。

4　主人公を陸に上がった魚のような状況に置く方法

あるアリーナにいる主人公を描くことから始め、そこにいるからこそ発揮できるこの人物の才能を十分に見せる。次いでこのキャラクターを第二の世界に（旅を経ることなく）唐突に放り込み、その一見まったく場違いな場所にあっても、最初の世界で用いていた才能が、同じように有効に使える姿を見せる。

このアプローチは、『ビバリーヒルズ・コップ』『クロコダイル・ダンディ』『ブラック・レイン』に見ることができるほか、これらほど顕著ではないが『刑事ジョン・ブック／目撃者』や『ダンス・ウィズ・ウルブズ』でも重要な要素となっている。

厳密に言えば、陸に上がった魚のストーリーは単一ではなく二つの異なる場所で展開される。その結果、二部制のストーリーのように感じられてしまうことが多い。その二つを一つにまとめているのが、主人公がどちらの場所でも同じ才能を生かしているという事実だ。これによって観客は、二つのアリーナが表面的にはまったく別物に見えるにもかかわらず、奥深いところで同じもののように感じることができる。

陸に上がった魚の手法を使うときカギとなるのは、最初のアリーナに長くとどまり過ぎないようにすることだ。最初のアリーナの役割は、その世界における主人公の才能を見せつけた時点で終わっている。

アリーナの中の対立関係

ストーリー・ワールドを先に作り、それを満たすようにしてキャラクターを作ってはならない。たとえどんなに素晴らしいストーリー・ワールドが思い浮かんだとしてもだ。そうではなく、あなたのキャラクター、特に主人公を描き表現するためにストーリー・ワールドを作り上げよう。

キャラクター間の対立関係をドラマ化することでキャラクター・ウェブを定義したのと同じように、単一アリーナの中にあるストーリー・ワールドは、視覚的対立関係を使って定義することになる。それをするためにはまず、キャラクター同士の対立関係、そして彼ら個々の価値基準に立ち返る必要がある。

キャラクター・ウェブに立ち戻って、キャラクター同士がお互いにどのように争っているかに着目しよう。特に価値基準の対立に注目する。なぜならメイン・キャラクターたちが本当の意味で争っているのは価値基準だからだ。これらの対立関係を手がかりにして、物理的な世界における視覚的な対立関係について考え、それらを挙げてゆこう。

視覚的対立関係をいくつか引き出したら、その中から中心的なものになり得そうな三つから四つを選ぶ。それではここで、具体例として、既存のストーリーにおいてキャラクターの対立関係がどのような視覚的対立関係として描かれているかを検証してみよう。

『素晴らしき哉、人生！』（原作短編小説「The Greatest Gift」…フィリップ・ヴァン・ドーレン・スターン　脚本…フランセス・グッドリッチ、アルバート・ハンケット、フランク・キャプラ　1946年）

『素晴らしき哉、人生！』は、同じ街の二つの違うバージョンを見られるよう構成されている。街というこのストーリーの大きな要素が、ジョージ・ベイリーとポッター氏の根本的な対立関係を直接的に表現していることに気づいただろうか。それぞれのバージョンの街はこの2人の価値基準を物理的に示しているものだ。ポッターズヴィルは1人の男が支配する飽くことのない欲望の街であり、ベッドフォード・フォールズは民主的で礼儀正しく親切な街である。

『サンセット大通り』（脚本…チャールズ・ブラケット、ビリー・ワイルダー、D・M・マーシュマンJr　1950年）

『サンセット大通り』の中核にある対立関係は、金銭欲にくらみながらも心の底ではまだ良い作品を書くべきだと信じている売れない脚本家ジョー・ギリスと、年老いつつある裕福な銀幕スター女優ノーマ・デズモンドの対立だ。この作品に登場する視覚的対立関係としては、ジョーのみすぼらしいアパートメントVSノーマの荒れた豪邸、陽が照り、現代的で広々としたロサンゼルスVS暗いゴシック調の豪邸内、若さVS老け、売れることを目指している売れないよそ者たちVS安全だが残酷な大映画会社、娯楽業界で働く凡人の労働者たちVSハリウッド映画スターの特権階級、などがある。

「華麗なるギャツビー」（作者…F・スコット・フィッツジェラルド　1925年）

『華麗なるギャツビー』における第一の対立関係は、ギャツビーとトム、ギャツビーとデイジー、ギャツビーとニック、そしてニックとトムの間にある対立関係だ（四隅の対立関係）。この各キャラクターはどれも金を稼ぐため東部にやってきたごく普通の中西部人の1バージョンだ。そんなわけで、ここでのストーリー・ワールドにおける対立関係は、平原だらけの中西部と高層タワーや優雅な豪邸のある東部である。また、トムは「成金」だが、ギャツビーよりも成金歴が長いので、そこにはロングアイランドに暮らすリッチな者同士の対立関係がある。その対立関係を視覚的に示しているのは、トムやデイジーが暮らす洗練されたイースト・エッグと、ギャツビーが暮らす、裕福な地域ではあるものの新参者的な印象のあるウエスト・エッグだ。実際にトムとデイジーの豪邸は豪勢だが保守的に描かれている一方で、ギャツビーの豪邸やそこでの暮らしは装飾物や趣味の悪さの典型として描かれている。

また、ギャツビーは酒の密造という違法行為でものすごい富を築いている一方で、ニックは苦しい生活を送る誠実な金融マンだ。ニックはギャツビーの小さな来客用ゲストハウスを間借りしており、そこからギャツビーたちの虚飾だらけのコミュニティを覗き見ている。残酷で弱い者いじめ気質のトムは平気で浮気をする。そこでフィッツジェラルドは、視覚的対立関係として、トムの豪邸とトムの愛人のガソリンスタンドのコントラストを見せつけている。フィッツジェラルドはまた、ニューヨーク・シティとロングアイランドに代表される機械論的エンジン、つまり大いなる資本主義者の裏にある残骸として、灰の谷を描くことで、サブワールド（ストーリー・ワールド内にある複数の小さな世界）に別のコントラストも持たせている。最終的にテーマが爆発的な形で表出するシーンでは、フィッツジェラルドはアメリカ「文明」の高みであるニューヨークという都市を、そのように開発される以前の「新世界の偉大な緑の胸」という約束に満ちたニューヨークと比較している。

『キングコング』（脚本…ジェームス・クリールマン、ルース・ローズ　1931年）

『キングコング』に設定されている第一の対立関係は、興行プロデューサーのカール・デンハムと、巨大な先史時代の野獣コングの対立関係だ。そこでストーリー・ワールドにおけるメインの視覚的対立関係は、人工的で過度なまでに文明的だが徹底的に厳しい世界であるニューヨーク島（イメージメイカーのデンハムがそこの「王」）と、徹底的に厳しい自然環境にあるスカル島（肉体的な力で凌駕するコングがそこの「王」）だ。このメインとなる視覚的対立関係には、都会に暮らす人々、スカル島に暮らす村人、ジャングルに暮らす先史時代の野獣それぞれの三つのサブワールドがコントラストとして描かれており、3種類のどの住人もそれぞれ異なる形で生き残るために闘っている。

『ダンス・ウィズ・ウルブズ』（原作小説と脚本…マイケル・ブレイク　1990年）

『ダンス・ウィズ・ウルブズ』では、ストーリーが進むにつれてキャラクター同士の対立関係も価値基準の中心となる対立関係も推移しているので、メインの視覚的対立関係もそれに応じて変化している。主人公のジョン・ダンバーは、最初のうちは、失われる前のフロンティア開拓に参加したいと考えている。そこでストーリー・ワールドにおける第一の対立関係は、奴隷制度を通して人々がすっかり堕落している南北戦争時代の東部と、アメリカがいまだに新鮮な期待を抱いている西部の広大でなにもない荒野として描かれている。西部の荒野において、見た目で分かる価値基準の対立は、アメリカ国家の建国を信じている白人の軍人ダンバーと、一見すると破壊に熱中する野蛮人に見えるラコタ（スー族）の間にあるものだ。

実は、書き手のマイケル・ブレイクは、この価値基準の対立関係のように見えるものに切り込む形でサブワールドを対比させているのだ。ダンバーが暮らす騎兵隊の在外基地は空虚な泥穴で、精気がなく、まるで大地を切り裂いた醜い裂け目のようだ。一方のスー族の村は、川沿いにティピーが建ち並び、馬たちが草をはみ、子供たちが遊ぶ小さなユートピアだ。ブレイクは、ストーリーが進んでいったところで、より深い価値基準の対立関係を、動物や先住民を排除すべき対象として扱うアメリカ領土拡張論者たちの世界と、自然と共生し個人個人をその心のクオリティで判断する先住民たちの世界へと移行させている。

『L・A・コンフィデンシャル』（原作小説…ジェイムズ・エルロイ　脚本…ブライアン・ヘルゲランド、カーティス・ハンソン　1997年）

『L・A・コンフィデンシャル』におけるキャラクター同士の主な対立関係は、一見すると警察官と殺人者の対立関係であるように見える。しかし本当の対立関係は、正義とは何かということについてそれぞれ異なる信念を持つ3人の刑事vs残忍な警部と腐敗した地方検事という構図になっている。ナレーションを交えて伝えられる第一の視覚的対立関係は、一見ユートピアのようなロサンゼルスvs人種差別と汚職と抑圧の街ロサンゼルスだ。この物語の基盤となっているこの対立関係は、

3人の刑事が登場することでさらに分岐してゆく。信念を持って私的に正義の裁きを下す本物の警察官バド・ホワイト、現職警官としてテレビ番組のアドバイザーの副業で小銭を稼いだり、金銭のために人を逮捕する、世渡りのうまい警察官ジャック・ヴィンセンス、自身の大志を実現させるため、正義を政治ゲームとして使う方法をよく理解している頭の良い警察官エド・エクスリーだ。実際には自分が罪を犯しておきながら、すべて貧しい黒人社会のせいにしている腐敗した裕福なロサンゼルスの白人社会、その社会のさまざまな場所にコントラストを持たせ、さまざまなサブワールドを通して、キャラクター同士や彼らの価値基準の対立関係を描きながら事件捜査が進められる。

ストーリー・ワールドを詳細に作り上げる

三つの要素を組み合わせることで、視覚的対立関係やストーリー・ワールドそのものをディテールに富んだものとして作り上げることができる。その三要素とは、土地（自然環境）、人々（人工の空間）、テクノロジー（道具）だ。四つ目の要素にあたる「時間」は、ストーリーの進展と共に独自の世界を進展させてゆくためのものだが、これについては後で説明することにしよう。まずは、自然環境から説明してゆこう。

自然環境

ストーリーで描かれる自然環境を適当に決めてしまってはいけない。どの環境も観客に何らかの特定の意味合い（それは複数ある）を想起させるものだからだ。バシュラールも「イマジネーションを研究する心理学者は、（中略）人類が宇宙に沿って形成されていること、丘の人は島や川の人に変形し得ること、人が家に合わせて再形成され得ることを知るに至った」（＊3）と言っている。つまりライターたるもの、丘、島、川などといったさまざまな自然環境には、どれにも何らかの意味合いを想起させる可能性があるという事実を把握しておくべきなのだ。それを知っていれば、あなたのストーリーラインやキャラクターやテーマを、より良い形で表現できる環境を選ぶことができる。

海

人のイマジネーションにとって、海はその表面と深みという2種類の異なるものを想起させるものだ。海の表面は究極の二次元環境であり、目に見える彼方まで広がる平面だ。より抽象概念的には、平面としての海は、ちょうど巨大なチェス盤のように、最大スケールで繰り広げられる生死を賭けたゲームのような競争の感覚も想起させる。

海の深みは、無重力により、あらゆる生物がさまざまな高さで生息する究極の三次元環境だ。この無重力状態で静かに浮遊するという特質は、人がイメージするユートピアに共通する要素でもある。海の深みが頻繁にユートピア的な夢の世界として描かれている理由もそこにある。

しかし海の深みはまた、海面にある人や物を密かに捕まえて無限の暗闇の深淵に引きずりこむような、人格のない大きな力、そう、恐ろしい墓場でもある。海は、発見されるのをじっと待ち続けている古代の世界であり、先史時代の生物であり、過去の秘密であり、古い宝をのみ込んだ大洞窟でもある。

海を舞台にしたストーリーとしては、「白鯨」『タイタニック』『ファインディング・ニモ』『海底二万海里』『リトル・マーメイド／人魚姫』『アトランティス　失われた帝国』「海の狼」『マスター・アンド・コマンダー』『深く静かに潜航せよ』『戦艦バウンティ』『レッド・オクトーバーを追え！』『ジョーズ』『イエロー・サブマリン』などがある。

宇宙

宇宙は「彼方にある」海であり、外界に広がる無数のさまざまな事物を隠す暗黒の無限の虚空だ。海の深みと同じく、これもまた三次元的だ。また、海の表面と同じく、宇宙には自然を想起させる感覚と抽象概念を想起させる感覚のどちらもある。あらゆるものが暗黒の中で活動するので、それが何であれ、たとえ独創的なものであってさえ、その最も本質的なクオリティばかりが強調される。たとえば「宇宙船」や「人間」や「ロボット」や「異星人」などがそうだ。SFストーリーは頻繁に神話形式で語られるものだが、その理由は単に神話が旅路を語るストーリーだからというだけではなく、神話が人間の最も本質的な特徴を探究する物語形式だからでもあるのだ。

宇宙には異世界としての多様性が無数に約束されているので、終わりのない冒険の場ととらえることもできる。冒険ストーリーには常に発見と新しさと驚異の感覚があるものだが、この感覚は興奮と恐怖の両方をはらんでいる。地球上の人類の歴史における現時点においても、またストーリー創作においても、無限のアドベンチャー感覚を想起させることのできる自然環境は、もはや宇宙しか残っていない(確かに海も解明されていない部分が多々あるテリトリーだが、海中に現実的な社会が実在すると想像するのは難しいため、海が人間の世界として描かれるのはファンタジーに限定されるようだ)。

宇宙はSFストーリーの数々で使われており、主な作品には、『二〇〇一年宇宙の旅』「デューン／砂の惑星」『スター・ウォーズ』シリーズ、『ブレードランナー』『アポロ13』『禁断の惑星』「トワイライト・ゾーン」テレビ・シリーズの多く、『スター・トレック』の映画シリーズやテレビ・シリーズ、『エイリアン』映画シリーズなどがある。

森

ストーリーにおける森の主なクオリティは天然の大聖堂だ。高い木々の葉が頭上に広がって私たちを庇護しており、まるで最古の賢人が私たちに、今どんな状況にあろうとも時が経てば解決するだろうと諭して安心させてくれているようだ。森はまた、沈思しようとする者たちが向かう場所でもあれば、恋人たちがこっそりとやってくる場所でもある。

しかし、このように内面を凝視する特質が強烈な森だが、それ以外にも、不吉な虫の知らせを想起させる特質もある。幽霊や過去の命が隠れ潜む場所だ。また、ハンターが獲物を追う場所でもあり、その獲物は多くの場合人間である。森はジャングルと比べると確かに野性味が弱い。ジャングルは、そこにいる者をすぐにでも殺してしまう。一方、森に恐ろしいことをされた人間は、まずは精神が損なわれる。その過程はジャングルよりもゆっくりだが、それでも危険なことに変わりはない。

森は多くのおとぎ話に登場しているほか、「スリーピー・ホローの伝説」「ロード・オブ・ザ・リング」「ハリー・ポッター」小説シリーズ、『スター・ウォーズ／ジェダイの復讐』『シュレック』『エクスカリバー』「お気に召すまま」「真夏の夜の夢」「雅歌」『オズの魔法使』『ギャンブラー』『狼男』『ブレア・ウィッチ・プロジェクト』『ミラーズ・クロッシング』などに使われている。

ジャングル

ジャングルも自然環境の一形態だ。これがイマジネーションにあたえる第一の効果は息苦しさだ。あらゆるものにまとわりつかれている感覚。ジャングルは人間を凌駕する自然の大きな力を観客に感じさせる。この環境に入ったら人は単なる動物でしかない。

皮肉なことに、ジャングルは原始的な場所であるにもかかわらず、進化論や現代の変革論を表現できる自然環境のひとつでもある。それをできる自然環境はジャングルを含めて二つしかない。

ジャングルの世界が登場するストーリーとしては、『スター・ウォーズ』映画シリーズ、『グレイストーク―類人猿の王者―ターザンの伝説』を含む数々の「ターザン」もの、『キングコング』『アフリカの女王』『ジュラシック・パーク』や『ロスト・ワールド／ジュラシック・パーク』『エメラルド・フォレスト』『アギーレ／神の怒り』「モスキート・コースト」『フィツカラルド』「ポイズンウッド・バイブル」「闇の奥」と『地獄の黙示録』などがある。

砂漠と氷

砂漠と氷は死者や死にゆくことを常に想起させる場所だ。ストーリーの中であってさえ、こういう場所では困難が増大する。砂漠と氷の残酷さには人間味がまったくない。

こういった場所から何か価値あるものが生まれるとすれば、たとえば、そこへ赴いた意志の強い者が、孤独を通して、強さと成長をものにすることがそれにあたるだろう。また、氷の世界がユートピアとして扱われている稀な例として、マーク・ヘルプリンの小説「ウィンターズ・テイル」がある。ヘルプリンは、冬がこの村を外の世界から閉ざすこと、凍った湖の上で村人たちがあらゆるタイプの冬の楽しみを満喫することで、村のコミュニティ感覚をうまく強調して描いている。

砂漠や氷が重要な役割を担っている作品には、『スター・ウォーズ』シリーズ、『ファーゴ』『アラビアのロレンス』『ボー・ジェスト』『砂の惑星』『砂漠の流れ者／ケーブル・ホーグのバラード』『荒野の決闘』『黄色いリボン』『ウエスタン』『ワイルドバンチ』『シェルタリング・スカイ』『黄金狂時代』「野生の呼び声」などがある。

島

島は社会を背景にしたストーリーを創作するのに理想的な自然環境だ。海や宇宙と同じく、島もまた抽象概念的な意味合いと自然としての意味合いの両方を想起させる。島は大地の縮小版であり、水に囲まれた小さな土地だ。島は当然ながら、隔絶された場所だ。だからこそ、さまざまなストーリーにおいて、ある人物の実験室、1人だけの天国または地獄、特別な世界を築ける土地、新たな形状の生命が実験されたり作り出されたりする場所などとして登場している。

抽象概念的な隔絶感から、島はユートピア（理想郷）やディストピア（地獄郷）としても頻繁に使われている。また、進化の成り立ちを見せるための典型的な自然環境として、島はジャングル以上に広く利用されている。

自然環境として島を中心に描いているストーリーには、「ロビンソー・クルーソー」「テンペスト」「ガリバー旅行記」『Mr.インクレディブル』『キングコング』「宝島」「神秘の島」「モロー博士の島」「蝿の王」『スウェプト・アウェイ』『ジュラシック・パーク』と『ロスト・ワールド／ジュラシック・パーク』『キャスト・アウェイ』、また、テレビ・シリーズには「ＬＯＳＴ」があるほか、議論の余地はあるものの、ストーリー史上最も素晴らしい形で島を利用している作品は「ギリガン君ＳＯＳ」であるとも言われている。

さまざまな意味で、島にはあらゆる自然環境の中で最も複雑なストーリーを描ける潜在性がある。あなたが創作しようとしているストーリーで島を最大限に活用するための方法について、もう少し詳しく説明しておこう。島という自然環境の生来的な意味合いを最大限に活用する最良の方法はストーリー構造を利用することだ。

■冒頭でじっくりと時間をかけて普通の社会とその社会における各キャラクターの立場を設定する。（欠陥）
■その人物たちを島に送りこむ。（欲求）
■そこで彼らは今までとは違うルールや価値観を基盤にした新たな社会を作る。（欲求）

■キャラクター同士の関係性を、最初の社会にいた頃のそれとはまるで違う関係に変化させる。（プラン）
■葛藤・対決を通して、何が機能し何が機能しないのかを見せる。（対立関係）
■機能しない時、別の方法を新たに試してみるキャラクターたちの姿を見せる。（発見または自己発見）

山

人の暮らす世界の中で、どこよりも高い位置にある山は、偉大な土地として認識される。強者が自らを証明するため山に行き、たいていの場合は、隠遁したり、瞑想したり、快適さを捨てたり、過酷な自然に直接立ち向かったりする。山の頂上は、自然の力を理解しているからこそ自然と共生できる者の世界、時には、自然をコントロールすることさえできる偉大な思考者や自然の哲学者の世界でもある。

ストーリー構造的には、山は高い位置にあることから、ストーリー構造の22段階の道程（チャプター8「プロット」参照のこと）の中で最も心理的な段階である発見との関連性を最も強く想起させる場所だ。ストーリーにおける発見は、何かを見いだす瞬間であり、プロットを「より高み」へ、より激しいレベルへと転換させて押し上げるカギとなるものだ。また、山は「空間と人との一対一の相互連想」を誘う場所のひとつでもある。山と人を一対一で連想させる内容は、どれも「高さ」と「洞察」に関連するものばかりだ。

この山と人との一対一の連想にはネガティブな連想もある。たとえば、平民の上に君臨する貴族政治主義者によるヒエラルキー、特権、暴政の風景として山は頻繁に描かれている。

☑山は、たいていの場合、平地と対立する立場にある。

山と平地の組み合わせは、自然環境として唯一、お互いのコントラストを視覚的に表現できるものなので、ストーリーテラーの多くが、山と平地それぞれの根本的な対立するクオリティを強調しながら対比してみせている。

山の世界が重要な役割を担っているストーリーには、モーゼの物語、オリンポス山の神々のギリシア神話、多くのおとぎ話、「魔の山」『失われた地平線』『ブロークバック・マウンテン』『バットマン ビギンズ』「キリマンジャロの雪」「武器よさらば」『ディア・ハンター』『ラスト・オブ・モヒカン』『ダンス・ウィズ・ウルブズ』『シェーン』『シャイニング』、そして数多くのホラー・ストーリーがある。

平地

平坦な平地は広くオープンで誰にとっても近づきやすい。圧のあるジャングルとは違い、平地は完全に自由だ。そのため、数多くのストーリーにおいて、平等、自由、一般人の権利を想起させる場所として使われている。しかし自由というものは犠牲や闘いなしに勝ち取ることはできない。海の表面がそうであったように、平地の究極的な平坦さは、抽象概念として、このアリーナで展開される競争や生死を賭けた闘争を強調する役割を果たすこともできる。

ネガティブ面としては、平地は退屈な人々が暮らす場所として描かれることが多い。数少ない偉い人々が頂上に暮らし、多くの平凡な人々がその眼下に広がる群の中に暮らしている。彼らは自分の考えを持たず、容易に先導され、たいていの場合は、自己破壊の方向に導かれてしまう。

平地が描かれている作品としては、『シェーン』や『大いなる西部』を初めとするほとんどの西部劇、『天国の日々』『ダンス・ウィズ・ウルブズ』「冷血」『失われた地平線』「キリマンジャロの雪」「武器よさらば」『ブラッド・シンプル』『フィールド・オブ・ドリームス』などがある。

川

川は独特な力強さを持つ自然環境であり、ことストーリーテリングに関しては、おそらく最も優れた自然環境のひとつに数えることができるものだろう。川は道のりでもあるので、旅路に依存したストーリー構造を持つ神話にとっても完璧な自然環境だ。

しかも川はただの道のりではない。ある場所へ入るための道のりでもあれば、そこから出て行くための道でもある。川の存在によって、その道のりが挿話をただ並べただけのものではなく、自然に発展する道のりであるという感覚が強調される。たとえば「闇の奥」では、主人公が川を遡ってジャングルの奥深くまで入って行く。川から連想させる人類発展の道のりを遡ることは、文明から未開の地獄へ向かう道筋をたどるということでもあるのだ。

それとは逆に、『アフリカの女王』では、主人公が川の流れと共に進んでジャングルを出て行く。彼の発展は、死、孤独、狂気という地獄のような環境から、献身や愛という人間世界に向かって進むものだ。

物理的、道徳的、精神的な道のりを描くために川が用いられているストーリーには、「ハックルベリー・フィンの冒険」『脱出』「闇の奥」とこれを原作にした『地獄の黙示録』『リバー・ランズ・スルー・イット』『アフリカの女王』などがある。

注意 陳腐な視覚的表現には注意しよう。「私の主人公は大きな自己発見をしようとしているんだから、山の頂上に行かせよう」というように、紋切り型に自然環境を使ってしまう間違いを犯さないこと。どんな自然環境を使うにせよ、それがストーリーに生来的に備わったものでなければならず、何よりも、自然に使わなければならないのだ。

気候

自然環境と同じく、気候を使っても、キャラクターの心的経験を表現したり、観客に強い感情を湧き起こさせたりできるような、物理的でパワフルな描写が可能だ。気候と感情の典型的な相関関係は次の通りだ。

- ■雷と稲光…情熱、恐怖、死
- ■雨…悲しみ、孤独、退屈、安らぎ
- ■風…破壊、荒廃
- ■霧…困惑、謎
- ■太陽…幸せ、楽しさ、自由、しかしまた快適な外面に隠れた腐敗もある
- ■雪…眠り、静穏、密かで無情な死

先ほども述べたように、気候についてもまた、こういった典型的な相関関係を単純にそのまま使うのではなく、象徴的でありながらもサプライズ感のある使い方をするよう心がけよう。

人工の空間

人工の空間は、書き手にとって、自然環境以上に利用価値があると言えそうだ。なぜなら「その社会をどうやって描くべきか?」という書き手が直面する最も難しい問題のひとつを解決してくれ

るものだからだ。ストーリーに登場する人工の空間はどれも、圧縮機の役割を果たしている。すべての人工の空間は主人公や主人公が暮らす社会全体の縮図を物理的に体現しているのだ。

書き手にとっての問題は、主人公とそれ以外の人々とのより深い人間関係を観客が理解できるような形でその社会をページ上に表現するにはどうすればいいのかというものだ。次は、それに役立つであろう人工の空間とその説明だ。

家

人工の空間として第一に思い浮かぶのは家だろう。家は人にとって第一の囲いだ。家独特の物理的要素の数々から、その人物の心の成長や現在の満足度を知ることができる。家はまた、家族にとってのホームであるだけでなく、社会生活においても、ドラマにおいても、中心に据えられるものだ。それだけにフィクションを書こうとするライターは誰でも、自身のストーリーにおいて家がどのような位置づけにあるかをしっかりと知っておく必要があるだろう。

キャラクターにとっても、観客にとっても、家以上に親密な場所はない。しかしまた、家は次に挙げるように、さまざまな視覚的対立関係を描くのに便利な場所でもある。ドラマ性の最大限のポテンシャルを引き出すためにも、この事実を知っておくととても役立つだろう。

安全vs冒険

何よりもまず、家は最大の保護者だ。「あらゆる住居において、たとえ最も裕福な者であっても、最初にすべきことは（中略）本来の貝殻を見いだすことである」（＊4）。他にも、「我々のすべての白昼夢において、家は大きなゆりかごである（中略）。人生というものは、家という温かい胸に抱かれ、包まれ、守られて、幸先よく始まるものである」（＊5）という言葉もある。

家は人にとって貝殻やゆりかごや巣穴のようなものかもしれない。しかし繭のように温かく包み込んでくれる場所があるからこそ、その正反対の行動をすることが可能になることも確かで、家は外に出て世界と向き合うための強い基盤となる場所でもある。「家は生きている。家は、まずは甲冑の外套だが、そののちに、その外套の中で安全と冒険を交互に経験した量に比例して永久に広がり続ける。家は独房にもなれば世界にもなるのだ」（＊6）。ストーリーにおいては、頻繁に、冒険への渇望（冒険の第一歩）は窓際で起こる。家の目である窓を通して外を見るキャラクターが、たとえば自分を呼ぶ列車の汽笛の音を聞きながら、冒険に出ることを夢見るのだ。

天vs地

家の概念に潜在する第二の対立関係は天と地だ。家には深い根がある。それは地中に打ち込まれている。これによって一般的にも、またそこに暮らす者にとっても、家は頑丈で頼れるものだという感覚がある。

しかし家はまた天に向かって伸びるものでもある。サイズこそ小さいが、まるで誇り高き大聖堂のように、そこに暮らす者たちが「至高」であること、ベストであることを目指す。「強いテリトリー意識のあるものは、それが何であれ、天空や天上世界に惹かれるものだ。しっかりした根を持つ家は、風に敏感な枝葉のたてる音を聞くことのできる屋根裏を持ちたがるものだ」（＊7）。

温かい家

ストーリーテリングにおける「温かい家」とは、大きな家（ただし豪邸と呼べるほど大きくない場合が多い）で、そこには、居住者たちが自分なりに育んできた部屋や人目につかない場所やこぢんまりした気持ちの良い片隅が十分にある。この温かい家の中には、対立する二つの要素をはらんでいることに注目しよう。殻としての安心感や居心地の良さと、大きいからこそ起こり得る多忙さだ。

多くのライターは、「バジング・ハウスホールド（人々が忙しく立ち働く家）」と呼ばれる方法を使って、大きくて多忙な家の温かさを強調している。これはピーテル・ブリューゲルの（特に「二月のハンター」や「スケートや鳥トラップ冬の風景」といった絵画作品の）技法を家に応用したものだ。人々が忙しく立ち働く家では、普段はそれぞれの人物が個々に自分だけのちょっとした用事に励んでいる。そしてある特別なことが起こると、その個々が集合して小グループとなり、それが終われば、またそれぞれ好きなことをやるために散ってゆく。これは家庭レベルにおける完璧なコミュニティだ。各人が個人であると同時に、家族を成り立たせている一部でもあるので、たとえ全員が家のさまざまな場所に散っていたとしても、観客は彼らの一体感をじんわりと感じとることができる。

大きくて人々が忙しく立ち働く家が登場するストーリーとしては、『我が家の楽園』『若草の頃』『ライフ・ウィズ・ファーザー』「サイダーハウス・ルール」「高慢と偏見」「偉大なるアンバーソン家の人々」『ザ・ロイヤル・テネンバウムズ』『マグノリアの花たち』『素晴らしき哉、人生!』、テレビ作品の「わが家は11人」「デイヴィッド・コパフィールド」『わが谷は緑なりき』『メリー・ポピンズ』『イエロー・サブマリン』などがある。

温かい家のパワーのひとつは、観客自身の（リアルなまたは想像上の）子供時代の感覚に働きかけられることにある。幼かったころの家は大きくて居心地の良いものだった、またはあばら家に暮らしていたとしても、いつの日か大きくて温かい家に暮らそうという思いを抱いていたものだろう。温かく大きな家が、たとえばジーン・シェファードの『ア・クリスマス・ストーリー（原題）』のような記憶の物語に頻繁に使用されている理由も、アメリカ人ストーリーテラーの多くが、古き時代の小ぎれいな切妻屋根や人目につかない片隅のある、今にも崩れそうなビクトリア様式の家を登場させている理由もそこにある。

ストーリーテリングにおいては、酒場も家の1バージョンとして扱うことができるが、これは温かい場所にも恐ろしい場所にもなり得る。テレビ番組「チアーズ」では、酒場がユートピアとして扱われており、「誰もがお互いのことをよく知っている」公共の場だ。お馴染みさんたちは、いつも同じ場所につき、いつも同じ過ちを犯し、いつも同じ風変わりな関係性をお互いに保っている。この酒場が温かいもう一つの理由は、誰一人として変わることが求められていないからだ。

『カサブランカ』（原作戯曲「誰もがリックの店にやってくる」…マリー・バーネット、ジョーン・アリスン　映画脚本…ジュリアス・J・エプスタイン、フィリップ・G・エプスタイン、ハワード・コッチ　1942年）

ほとんどの高度なファンタジー、神話、SFなどがそうであるように、『カサブランカ』もまた、ストーリー・ワールドが大きな役割を果たしている。そしてそのすべてがリックの酒場、カフェ・アメリカンに集約されている。

『カサブランカ』におけるストーリー・ワールドとしてこの酒場が特別な存在である理由、そして観客の心にパワフルに働きかける理由は、ここがディストピア（地獄郷）であると同時にユートピア（理想郷）でもあるからだ。この酒場は、闇社会の王がホームとしている場所だ。

リックのカフェ・アメリカンがディストピアなのは、誰もがカサブランカから逃げたいと思っており、ここでただひたすら時間を潰しながら、ここを去れる日を待ち続けているからだ。ここには出口がないのだ。また、この酒場がディストピアであるもう一つの理由は、この主人公のシニカルで利己的で悲観的な態度を表現するのに最適な、金儲けと賄賂がはびこる場所だからでもある。

しかしまた、この酒場は素晴らしいユートピアでもある。リックはここの主人であり、この巣窟の王様であり、彼を取り巻く誰からも尊重される立場にある。カフェ・アメリカンは、そここに人目につかない快適な片隅がある、大きくて温かい家であり、そこにはあらゆるタイプの人々がいる。どの人々もここで自分のいるべき場所をわきまえているだけでなく、ここにいることを楽しんでもいる。ウエイターのカールにバーテンダーのサッシャ、用心棒のアブダル、カジノを取り仕切るエミール、リックの相棒で歌の名手のサムもいる。あちらのブースにはやぼったいノルウェー人の地下活動家ベルガーが、ラズロの指令をひたすら待っている。またサムのピアノの下は、秘密裏に手紙を交換する格好の場所でもある。

矛盾だらけのこの街にあって、この温かい家は、リックという王様が体現する、白いタキシードの上着を粋に着こなし、ナチスの殺し屋からの脅しにあってさえも常にダンディでウィットを欠かさない、クールでカッコいい男のホームなのだ。ただし、そこは夜の世界であり、この王様は暗く思い悩んでいる。彼は2人の殺された運び屋を「名誉の死」と呼んでいる。この王様は冥府の王なのだ。

ディストピアでもありユートピアでもある閉ざされた世界を創作することで、『カサブランカ』の書き手は、結果的に、いつまでも続くメビウスの帯のようなストーリー・ワールドを作り上げている。リックのカフェ・アメリカンは永遠に毎夜開店し続ける。難民たちはそこに集まり続け、将校はそこでギャンブルに興じたり女と遊んだりし続け、ドイツ兵たちが横柄な態度で顔を出し続ける。これは時間を超越した優れたストーリーの舞台であり、そこにいる誰もが自分の役割を楽しむ快適な巣窟であるだけに、永久に存在し続けることとなる。

誰もがそこを去るための通行証を欲っしている場所であること以上に、カサブランカという遠い地にあるリックの酒場は、観客が誰一人として去りたいという気持ちにはなれないような、完璧なコミュニティなのだ。

恐怖の館

温かい家の正反対に位置する「恐怖の館」は、温かく包み込んでくれる繭のような境界を越えて牢獄の領域に入ったものだ。よく出来たストーリーでこういった家が恐ろしく感じられる理由は、その家自体がキャラクターの弱点や欠陥の副産物として描かれているからだ。その家には主人公の最大の怖れや怯えが表現されている。もっと端的に言うなら、キャラクターの心は何らかの形で衰弱しており、この家もまた衰退しているというわけだ。それでも、この家が持つパワフルさは牢獄に勝るとも劣らない。

「大いなる遺産」のミス・ハヴィシャムが彼女の豪邸から一歩も出ないのは、殉教者となって報われぬ愛という名の祭壇に自らを据えることを選んだからだ。彼女は深い苦しみから、心の病みを育んでしまったが、彼女の家はそんな彼女の心を完璧に映し出している。「嵐が丘」の家が牢獄である理由は、キャシーがここで真の愛を投げ出してしまったからであり、またその辛苦を味わったヒースクリフが、キャシーの名のもとにこの家に暮らす者たちにひどい行ないをしたからでもある。

数々のホラー・ストーリーが幽霊屋敷を描いているが、これは物語形式として実に独特なプロット・ビートだ。ストーリー構造上、恐怖の館や幽霊屋敷は、現在に影響をあたえる過去のパワーを体現するものだ。家そのものが罪を犯した前世代の者たちに復讐するための武器と化している。このタイプのストーリーでは、必ずしも床がギシギシと音をたてたり、ドアが勝手にバタンと閉まったり、壁が動いたり、秘密の暗い通路があったり、老朽化した家だったりする必要はない。『ポルターガイスト』や『エルム街の悪夢』のようにシンプルな郊外の家であったり、『シャイニング』に登場するような山頂の大きなホテルであってもいい。後者の作品では、山頂が描かれているとはいえ、そこの隔離感やホテルの過去の罪によって主人公が偉大な悟りを開くには至らない。むしろそれらによって主人公は正気を失ってゆく。

ストーリーに登場する恐怖の館がゴシック様式の巨大な廃屋である場合、そこには上流階級の人々が暮らしていることが多い。その居住者たちは、生まれながらに、眼下の谷に暮らす世間の人々とは隔絶した生活を送っている。この家は、大きすぎてあまりにも空虚すぎる（これによってこの建物には生気がまるでないことを暗示している）か、もしくは高価だが時代遅れの家具や備品の多さに圧倒されるほどだ。これらのストーリーでは、その家の者たちが世間の人々を餌にして暮らしているように、この家はこの家に暮らす者たちを餌にしている。最終的にこの家族は没落し、極端なストーリーの場合には、この家が燃え堕ちて彼らを飲み込む、または崩れ落ちて彼らを下敷きにする。そういったストーリーの例としては、ポーの「アッシャー家の崩壊」を初めとするいくつかの作品や、「レベッカ」「ジェーン・エア」「ドラキュラ」『回転』「アミティヴィルの恐怖」『サンセット大通り』「フランケンシュタイン」「夜への長い航路」、さらにはチェーホフやストリンドベリの数作品がある。

より現代的なストーリーに登場する恐怖の館は牢獄だ。現代の家は大きくもなければ多様でもなく、小さくて、窮屈で、壁は薄いか、時には仕切り壁がまったくない場合もある。家族はそこに詰め込まれているだけで、コミュニティ感も疎外感もなく、各人が自分なりに人間形成するための空間となる快適な片隅もない。こういった家においては、ドラマの基礎単位である家族は、永遠に続く葛藤・対立の一団となる。これらの家が恐ろしい理由は、その家は、家族の誰にも逃げ場をあたえないまま、まるで圧力鍋のように最後には破裂することになるからだ。そういったストーリーの例としては、「セールスマンの死」『アメリカン・ビューティ』「欲望という名の電車」「ヴァージニア・ウルフなんかこわくない」「夜への長い航路」「ガラスの動物園」『キャリー』『サイコ』『シックス・センス』などがある。

地下室vs屋根裏

家の内部にある主な対立は地下室と屋根裏の関係だ。地下室は地面の下にある。ここは家の中の墓場であり、屍や暗い過去や一家の最悪な秘密が埋められている。しかも、それらがずっと埋められたままであることはない。それらは戻ってこられる時を待ち続けており、実際に居間や寝室へ戻ってこられた際には、たいていの場合、その一家を崩壊させる。地下室の髑髏は、『サイコ』のように恐ろしいものにもなれば、『毒薬と老嬢』のようにブラックコメディの笑いをはらんだものにもなり得る。

地下室はまた、陰謀がもくろまれる場所でもある。陰謀は家の中でも心の中でも最も暗い場所から生まれるものだ。地下室は、犯罪や実験を遂行する場所としてとても自然だ。この方法は「地下室の手記」『ラベンダー・ヒル・モブ』『羊たちの沈黙』『M』などに使われている。

屋根裏は窮屈で部屋と呼ぶには中途半端だが、建築物の頂上に位置し、家が空と交わる場所だ。屋根裏に人が暮らしている場合、まだ世間に知られぬ偉大な思想や芸術がそこから生まれることもある(『ムーラン・ルージュ』)。屋根裏にはまた、高さや展望という強みもある。屋根裏に暮らす者は、その小さな窓から外に目を向け、下に広がるブリューゲルの絵のようなコミュニティの景色を見ることができる。

屋根裏はまた、地下室と同じように、事物が隠される場所でもある。屋根裏は家の「頭部」であるため、隠されている事物が恐ろしいものである場合には、狂気にまつわるもののことが多い(「ジェーン・エア」『ガス燈』)。ただし、隠されている事物は、宝物や記憶のように、ポジティブなものである場合の方がもっと多いだろう。主人公が屋根裏に古い箱を見つけ、自分が何者なのか、または自分の祖先が何者だったのかを見いだすための窓が開かれることもある。

道

ストーリーテリングにおける人工の空間という意味では、道は家と正反対に位置する。家は、永遠に瞬間瞬間を生き続けること、心地よくあること、くつろぐことなど、快適な落ち着きを私たちに想起させる。道は、外へ出ること、探究すること、新しい人として生まれ変わることを想起させるものだ。家はさまざまな出来事が同時に起こる同時進行のストーリーだ。一方の道は、進展する線上でひとつの出来事が起こる、直線パターンのストーリーである。

ジョルジュ・サンドは「道ほど美しいものがほかにあるだろうか？　道は生き生きと変化に富んだ人生のシンボルでありイメージである」と書いている（＊8）。道は頼りないものだ。それは1本の細い線であり、荒々しい野生に囲まれたむき出しの人間の象徴だ。だからこそ、道に出るには勇気が必要とされる。それと同時に、その道を行く者がどのような人物になるのかという可能性は無限だ。どんなに細くなろうとも、道は、たどり着くに値する最終地点まで必ず届いているのだ。

この家と道の根本的な対立関係は多くの神話で中心に据えられている。旅路に出た主人公が、試練となる多くのライバルと対峙して、元から自分の奥深くにあった何かを学び、ようやく家に帰ってくることができる。このような神話の場合、物語の冒頭では、家は主人公に真の価値をあたえていない。家という安全な場所にあって、主人公は、自分の独創性を見いだせない、または自分が何かの奴隷となっていると感じているのだ。そんな彼の能力を試すことが強いられる場所が道だ。しかし、神話の主人公は道の途中で新しい人物に生まれ変わったりはしない。彼は家に戻ってこなければならないのだ。しかも今回は真の自分が何者であるのかということに、とても深いレベルで気づいた状態で戻ってこなければならないのだ。

旅路のストーリーが断片的に感じられてしまう大きな理由として、アリーナの数が多すぎるということ以外にも、1本の道中で主人公が次から次へと数多くのライバルと出会うことがあげられる。それを解決するために、主人公がその旅に使用する乗物を使って、旅路のストーリーを機能させる方法がある。この時に覚えておくべきシンプルな法則は、乗物が大きければ大きいほどアリーナに統一感がもたらされるというものだ。乗物が大きければ大きいほど、そこに乗り込んでくるライバルを登場させやすくなるからだ。そういったライバルたちは進行形のライバルとして、主人公と共に、その乗物の中にひとつのアリーナを形成してくれる。

大きな乗物を使っている旅のストーリーには、『タイタニック』や『愚か者の船』(船舶)、「オリエント急行の殺人」や「Twentieth Century」(列車)、『あの頃ペニー・レインと』(バス)などがある。

都市

人工の空間という世界の縮図の中で最大サイズのものが都市だ。都市はあまりにも大きいため、縮図の域を超えて圧倒的でさえある。都市には何万ものビルがあり何百万人もの人々が暮らしている。それでいて、人生における独特な経験ができる場所でもあるので、書き手としては、その部分をストーリー形式でどうにかして伝えていかなければならない。

多くのストーリーテラーは、都市の巨大なスケールをより体系化させて描くため、都市を圧縮させて、より小さな縮図を描くという方法をとっている。その中でも特に頻繁に利用される都市の縮図が組織だ。組織にはその組織独自の機能や境界線やルールや権力の派閥や運営システムがある。組織のメタファーを使うことで、ちょうど秩序だった軍事行動のように、膨大な数の人々が全体を動かすための各自の機能を元に、お互いを厳密に定義し合い、自分と関連づけ合っているような都市を表現することができる。

組織のメタファーを利用して都市を描く典型的な作品には、何百ものデスクが整然と並んだ巨大な一部屋を含み、それ以外にも数多くの部屋がある高層ビルが頻繁に登場する。組織として都市を描いているストーリーには、『ホスピタル』『アメリカン・ビューティ』『ネットワーク』『深夜の告白』『Mr.インクレディブル』『マトリックス』などがある。

ストーリー・ワールドの手法——自然環境と都市の組み合わせ

多くのファンタジー作品では、都市のメタファーとしての組織を使うのとは正反対のアプローチがとられている。規制された組織という型に閉じ込めるのではなく、ファンタジー作品の多くは、山とかジャングルといった自然環境をイメージして都市をとらえている。この手法のアドバンテージのひとつは、大きくて圧倒的な都市を、観客がすぐにそれと分かるような特徴を持った一単位の場所としてとらえることができることだ。しかしそれ以上に重要なのは、良い面も悪い面も含めて、都市の持つ驚異的な潜在性を暗示できることだろう。次は自然環境をメタファーにした都市の一例だ。

山としての都市

山は都市のメタファーとして、特にニューヨークのように徹底的に上方向に伸びている都市によく利用される。山の頂上にあたる超高層ビルの数々は最大の権力と富を持つ者たちのホームだ。中産階級は中ぐらいのビルに暮らし、貧困者たちはこの山の麓にある安アパートで低く這うように暮らしている。『バットマン』シリーズのように、徹底した様式化で描かれる犯罪もののファンタジー作品で頻繁にこの山のメタファーが利用されている。

海としての都市

典型的なだけに意外性のない山のメタファーよりもずっとパワフルな自然環境が海だ。海のメタファーを使っている多くのライターは、切妻屋根を波に見立てて、浮遊している印象を観客にあたえることから描き始めている。それに次いで、ストーリーが海面の下に「潜り」、さまざまな磯部や、海という三次元的世界の各層にそれぞれ暮らすキャラクターたち（同じ海の中に自分とは違う種類の人々が「泳いで」いることに気づいてもいないキャラクターたち）が登場する。『巴里の屋根の下』『ベルリン・天使の詩』『イエロー・サブマリン』といった異色映画が、この海のメタファーのアドバンテージを見事に利用している。

また、海のメタファーは、一個人が愛と自由と自分のスタイルを謳歌した生活を送れるような、最高にポジティブな光を当てて都市を描きたい場合にも役立つ。ファンタジー作品でこれをする際に主に利用されている方法は、都市生活者たちを文字通り浮遊させることだ。単に彼らに飛ぶ力をあたえるというだけでなく、キャラクターが浮遊すると、天井は床となり、彼らを閉じ込めるものは何一つなくなり、何もかもひっくるめてイメージすることから生まれる究極の自由を体験することができる。この「浮遊する」というのは、平凡な都市の中にある隠された可能性のメタファーだ。予測しやすい世界に新しい形でアプローチしてみると、突如として、何もかもが可能になるものだ。

ファンタジー以外の映画で都市を海のように扱っている作品では、カメラの目を通して浮遊効果を描いてる。たとえば、『巴里の屋根の下』の出だしでは、カメラが切妻屋根の傍を滑空した後、開かれた窓から中に入って、「海面」から「海中」に潜っている。そこでしばらくキャラクターたちを見た後、カメラはその窓から「泳ぎ」出て、別の窓へと入り、そこでまた別のキャラクターたちの姿を見せる。そのすべてが、都市という巨大な海の中にある広大なコミュニティの雰囲気を生み出す目的で、この作品のライターが作り上げたストーリー構造の一部となる。

『メリー・ポピンズ』（原作小説…パメラ・トラバース、脚本…ビル・ウォルシュ、ドン・ダグラディ　1964年）

『メリー・ポピンズ』も都市のメタファーとして海を使っている。空に浮遊していたメリーが降りてきて、バンクス家と共に生活し始める。その隣家では船長が一等航海士と共に屋根（彼の「船」のデッキ）に立っている。バンクス家の子供たちは、笑って過ごすことを楽しめば宙に浮けることをメリーから教わる。また、バートは煙突掃除屋たちと屋根の上で踊るが、彼はその屋根の上を「喜悦の海」と呼んでいる。彼ら煙突掃除屋たちは爆発的なエネルギーで、まるで重力に逆らうかのように、波の上（切妻屋根）を跳ね回り、そこに船長が大砲を撃ち込むと、彼らは「また次回まで」とばかりに海面から消え去ってゆく。

ジャングルとしての都市

ジャングルとしての都市は、海としての都市と正反対だ。三次元的であることは同じでも、ジャングルの持つ三次元的特質は、自由ではなく、死の起因を想起させるものだ。そこここに敵が潜み、いつどこから致命的な攻撃が加えられてもおかしくないのだ。たいていの場合、このタイプの都市は、密集していて、湿気が多く、そこに暮らす者たちは動物のようにたとえられる。その動物たちそれぞれの違いは敵の殺し方の違いだけだ。多くの探偵ものや警察ものでこのメタファーはかなり昔から使い古されており、すでにありきたりなものとして捉えられるようになっているようだ。もちろん独創的な方法でジャングルのような都市のメタファーを使っているストーリーも存在する。『望郷』（アルジェのカスバ）、『スパイダーマン』（ニューヨーク）、『バットマン ビギンズ』（ゴッサム）、「ジャングル」（シカゴ）、『ブレードランナー』（ロサンゼルス）、『M』（ベルリン）、『キングコング』（ニューヨーク）などがある。

森としての都市

森としての都市は、ジャングルとしての都市のポジティブ版といったところだ。これは建物のスケールを小さくして、より人間的なものにすることで、あたかも人々が木々の中に暮らしているように描く手法だ。一般的に、都市の様相や雰囲気には、人間味のない高層ビルが建ち並ぶ街や界隈の印象が強い。しかし、都市を森のように描くと、たいていの場合、快適な樹上の家に暮らす人々が豊かな都会生活をエンジョイしているユートピアのような雰囲気がもたらされる。『我が家の楽園』や『ゴーストバスターズ』といった映画でこの手法が使われていることが分かる。

『ゴーストバスターズ』（脚本…ダン・エイクロイド、ハロルド・ライミス　1984年）

『ゴーストバスターズ』は、ニューヨークを舞台にした少年の心を持つ男たちのアドベンチャー・ストーリーだ。彼ら「三銃士」は、ストーリーの冒頭では、温かみのある町のような雰囲気の大学で仕事をしている。専門分野の研究者である彼らには、可愛い女性たちと共にバカげた実験にいそしむことが許されている。そんな彼らが、大金を稼げそうなビジネスを立ち上げ、クールなユニフォームに身を包み、救急車をパワーアップさせた改造車で出動し、すごい機械をぶっ放し、旧消防署に暮らし始める。少年たちにとって消防署は究極の樹上の家だ。彼らは、セクシーな女性たちにモテることを夢見ながら、この宿舎に寝泊まりし、仕事となれば、「樹の幹」つまり「登り棒」を滑り降りて、過激に車を飛ばす。また、この映画に描かれている都市では、さまざまなタイプの浮遊が巻き起こっている。

ミニチュア

ここで言う「ミニチュア」とは社会の縮小版のことだ。ミニチュアはカオス理論をストーリーテリングに当てはめたもので、これを使うことによって観客に「秩序レベル」を見せることができる。大きな世界の秩序を理解するのは難しい。その全体像を見ることができないからだ。しかしそれをミニチュアに圧縮してみると突然はっきりと見えてくるわけだ。

ストーリーに登場するあらゆる人工の空間はどれもすべてミニチュアの一形態だ。唯一の違いは大きさの違いだけだ。とても優れた圧縮機であるミニチュアは、ストーリー・ワールドを描くためには不可欠な手法のひとつだろう。小さいという生来的な特質があるため、さまざまなものを一つひとつ順番に見せてゆく必要がない。多くの事物を一気にまとめて見せてくれることで、それぞれの複雑な関係も一目で分かるのだ。

ストーリーにミニチュアを用いることの主なアドバンテージは三つある。

1　そのストーリーで描かれる世界全体を観客に見せられること。
2　1人のキャラクターのさまざまな側面を表現できること。
3　特に独裁者が振るう権力を見せることに長けていること。

レイ・イームズとチャールズ・イームズによる名ドキュメンタリー映画『Powers of Ten』を観

ると、ストーリーにおいてミニチュアがどのように機能しているかよく理解できる。私たち観客は、まず、芝生に寝そべってピクニックしているカップルを1ヤードだけ離れた真上から見下ろす。その直後、この同じカップルを10ヤード離れたところから見下ろし、次いで100ヤード、1000ヤードという具合に遠ざかってゆく。そのようにこの視点は10のべき乗で遠ざかり続け、ついに宇宙空間までたどりつき、考えられないほどの高さからそこを見下ろすことになる。そこからこの視点は、ちょうど望遠鏡のように、急速に10のべき乗で接近を始め、元の芝生に寝転ぶカップルまで戻り、今度は顕微鏡のように、細胞、分子、原子へと深く潜りこんでゆく。この作品に登場するすべての視点が、簡潔に世界の様相を見せつける秩序、つまり完全なサブワールドとなっている。

ミニチュアはこれと同じ機能をストーリーにもたらせるものだ。ただしミニチュアによって見えるものは、そのストーリー・ワールドが単に物理的にどのように成り立っているのかという事実だけではない。むしろ、何が大切であるかを見せてくれるものなのだ。「ミニチュアでは、価値観が濃縮されて、よりリッチになる」（＊9）のである。

『市民ケーン』（脚本…ハーマン・J・マンキーウィッツ、オーソン・ウェルズ　1941年）

『市民ケーン』はミニチュアの上に構築されたストーリーだ。オープニングの場面で、死の床のケーンの手から、雪の中に建つ小屋が入ったガラス玉のスノーボールが落ちて床で割れる。これはケーンの失われた少年時代のミニチュアだ。次に描かれるのは、ケーンについて伝えるニュース映画だ。このニュース映画は彼の一生のミニチュアだが、あくまでも遠巻きに彼の歴史を追った視点で描かれたものである。このニュース映画にも登場するケーンの豪邸ザナドゥは、ケーンが私的な喜びや優越感を満たすために再現した全世界のミニチュアだ。どのミニチュアも、この大金持ちで孤独で時に独裁的な男の価値基準をどっさりと積み込んでいる。それと同時に、ミニチュアを多用することで、このストーリーのテーマのひとつが暗示されてもいる。それは、どれほど多くの視点や語り部を使ったところで、他人のことを理解しつくすことなど不可能であるということだ。

『シャイニング』（原作小説…スティーヴン・キング　脚本…スタンリー・キューブリック、ダイアン・ジョンソン　1980年）

『シャイニング』では、執筆に手間取っているジャック・トランスが、ホテルの裏庭にある巨大迷路を眺めるが、この迷路がミニチュアとして扱われている。上からこれを直接見下ろすという「神の視点」で、彼はそこを歩く息子と妻の小さな人影を見ている。このミニチュアは、このストーリーの終盤に本物の庭で自身の息子を殺そうとする自分自身を予示するものだ（ちなみに「予示」は「時間」のミニチュアと捉えることができる）。

大から小へ、小から大へ

キャラクターの物理的なサイズを変化させることは、キャラクターとストーリー・ワールドの関係性に注目させるための方法として優れている。観客の頭の中に革命をもたらせ、ラジカルな新しい形でそのキャラクターやその世界を見つめ直すことを強いるからだ。観客は突如として、それまでは当然だと考えていたものを根底から覆すような設定原則や抽象概念を目の当たりにし、その世界の根本を成していたはずの基礎土台がすっかり別の物に変化する。

ファンタジーというジャンルの存在理由のひとつは、事物について、あたかもそれが生まれて初めて見るかのようなアプローチで見られるところにある。それを行なう方法として、キャラクターを小さくすることに勝るものはないだろう。キャラクターは、サイズが小さくなればなるほど、幼かった子供の頃へと退化する。これのネガティブ面は、突如として力を失ってしまったように感じられること、巨大化した支配的な周囲の環境に恐ろしさを感じることだ。ポジティブ面は、キャラクターも観客も、この世界をまったく新しい視線から見直すことで、この世界に潜在する驚くほどの素晴らしさを感じられることだ。「虫眼鏡を手にした男は（中略）若さを取り戻す。子供のように大きな目で物を見ることができる（中略）。かくして、小さな文字が、狭き門が、全世界に開かれることとなるのだ」（＊10）

この変化が起こる瞬間に、ストーリー・ワールドの設定原則は観客に向かって飛び出すことになるわけだが、その世界は徹底的にリアルであり続ける。このとき、唐突に、平凡だったものが崇高なものへと変化する。『ミクロキッズ』では、庭の芝生が恐ろしいジャングルになる。『ミクロの決死圏』では、人間の身体が巨大で美しい深海になる。「不思議の国のアリス」では、アリスの涙が海となり彼女自身があやうく溺れそうになる。『キングコング』のコングにとっては、地下鉄の列車は巨大なヘビであり、エンパイア・ステート・ビルは彼の知る限り最も高い樹木だ。

キャラクターを小さくすることで、その人物がいきなり英雄的になり得るという利点もある。ジャックは豆の樹を登って巨人と戦うが、彼は腕力ではなく知力を使ってその戦いに勝たなければならない。これはオデュッセウスにも言えることで、彼はサイクロプスを倒すため、羊の下腹部に隠れ、サイクロプスには彼の目を潰した張本人の名はノーマンであると告げる。

小さなキャラクターや小さくなるキャラクターが登場するストーリーのその他の例としては、「ガリバー旅行記」『スチュアート・リトル』「おやゆび姫」「床下の小人たち」「親指トム」「フランクリン物語」「縮みゆく人間」などがある。

ストーリーにおいては、通常、キャラクターが大きくなることは、小さくなることと比べて面白味が薄い。それはデリケートさやプロットの可能性が減少してしまうからだ。モンスターのように大きなキャラクターは、ちょうどことわざの「陶器店に入った闘牛」のようになってしまう。すべてが直線的で支配的だ。アリスが不思議の国で巨人になって家からはみ出してしまう場面が短い理由もそこにある。もし身長15m以上のままのアリスがのしのしとこの国を歩き回っていたら、不思議の国の不思議さは一気に失せてしまうだろう。リリパット国を訪れるガリバーの旅の中で一番面白いパートは、彼が身長6インチの小人たちによって囚われの身となっている前半部分である理由もそこにある。巨人のガリバーは、戦争中の二国の上に高くそびえ立つことで、この二国の争いがいかに馬鹿げたものであるかを抽象的に指摘している。しかし、このストーリーは基本的にはこの時点でストップしているのだ。なぜなら、ガリバーがそうさせない限り、何一つ起こり得ないからだ。

大きくなることは小さくなることほど面白味がないと言ったが、その例外に当たる作品が、素晴らしいファンタジー映画『ビッグ』だろう。ただし『ビッグ』は、小さな人々の中で唯一大きな存在になることを描いた映画ではない。『ビッグ』は、少年がある朝起きると大人の男になっていたという形なので、いわゆる小さくなる男のストーリーにひねりを利かせたものだと言えそうだ。このストーリーの魅力は、肉体的には大人のトム・ハンクス演じるキャラクターが、少年の人格と心と熱意に裏打ちされた態度で行動するところにある。

世界と世界をつなぐ通路

ストーリーのアリーナに少なくとも二つのサブワールドが置かれると、「世界と世界をつなぐ通路」という素晴らしい手法を使うことができる。通常、この通路を使うことができるのは、二つのサブワールドがまったく異なるタイプのものである場合のみだ。この手法が最も多く使われているジャンルは、主人公が平凡な世界から幻想的な世界に行くタイプのファンタジーだ。典型的な通路としては、ウサギの穴や鍵穴や鏡（『不思議の国のアリス』『鏡の国のアリス』）、サイクロン（『オズの魔法使』）、衣装ダンス（『ナルニア国物語／ライオンと魔女』）、絵や煙突（『メリー・ポピンズ』）、コンピュータ・スクリーン（『トロン』）、テレビ（『カラー・オブ・ハート』『ポルターガイスト』）などがある。

この通路には主に2種類の役目がある。ひとつ目は文字通りキャラクターをある場所から別の場所に移す役目。ふたつ目はそれ以上に重要で、観客がリアルな世界からファンタジーの世界に移ることを受け入れやすくする、減圧室にも似た役目だ。通路の存在があることによって、観客はストーリー・ワールドがここから大きく変化するということを察知できる。「どうぞおくつろぎください。そしてこれから目にすることに普段の現実的な概念を当てはめようなどとは思わないでくださいね」と通路が宣言しているのだ。これは、人生を新しい別の視点で見つめ直すことの大切さや、この上なく普通な事物の中に可能性や潜在性を見いだすことの大切さをテーマとして探究することに重きを置いた、たとえばファンタジーなどの、象徴性や比喩性が極めて高いストーリー形式には不可欠な手法と言えるだろう。

理想を言えば、主人公にはゆっくりとこの通路を通過してほしいところだ。通路はそれ自体が特別な世界なのだから、自然でもあり奇妙でもある事物や人物に満ちあふれているべきだ。その場に主人公を長くいさせられるよう努力しよう。その方が観客も喜ぶだろう。別世界への通路は、ストーリーテリングのあらゆる手法の中でも屈指の人気の高い手法だ。独創的な通路を考え出すことができれば、ストーリーは半分できあがったようなものだと言っても過言ではないかもしれない。

テクノロジー（道具）

道具は人間の延長線上にあり、そのシンプルな能力を使ってパワーを強調するものだ。キャラクターが世界とつながるために不可欠なものでもある。キャラクターが使うすべての道具がその人物のアイデンティティとなり、その人物の持つ能力がいかに強力なものかを見せるだけでなく、その人物がいかにその世界の仕組みを巧みに利用しながら行動できるかを見せることまでできる。テクノロジーは、SF、ファンタジー、大きな社会構造に主人公を放り込んで描かれる野心作など、ストーリー・ワールドに重きを置くジャンルにおいて利用価値の高いものとなる。SF作品のストーリー・ワールドを作り上げたい書き手は、自分が創案した特定のテクノロジーが人間的側面を強調するものでなければならないため、これを描くのに相当苦労することになるはずだ。また、優れたSF作品はどれも万物の進化についての書き手の思想を表すものなので、それだけに、人間とテクノロジーの関係性は常にストーリーの中心に据えられることとなる。ファンタジー作品では、たとえば魔法の杖のような道具は、その能力を善に使うのか悪に使うのかを見せることで、そのキャラクターが自分を乗り越えられるかどうかのシンボルとなっていることもある。

社会体系でがんじがらめとなり、社会の囚われ人となってしまったキャラクターを描くストーリーでは、道具を利用してその社会体系がどのように力を発揮するかを見せることができる。これは社会全体が、近代化によって、現状よりもずっと複雑で高度なテクノロジー社会に移行しようとしている姿を描くストーリーに特に当てはまる。『偉大なるアンバーソン家の人々』は、自動車産業の隆盛による社会への影響を描いた作品だ。『ニュー・シネマ・パラダイス』では、街の映画館が駐車場建設の波に飲み込まれてしまう。修正主義西部劇の名作『ワイルドバンチ』は、アメリカ西部開拓の終焉を時代背景にした作品で、年老いたカウボーイたちが自動車やマシンガンを生まれて初めて目にする。もう一つの名作修正主義西部劇『明日に向かって撃て!』には、商魂たくましい自転車セールスマンが、捜索隊に加わることに二の足を踏んでいる人々を相手にセールストークを始める素晴らしいシーンが盛り込まれている。

大きな社会を探究する形式のストーリーではなくても、道具は役立つ存在になり得るだろう。たとえばアクション作品では、日用品を武器として駆使するキャラクターを見せることで、敵よりも優位に立てる能力を強調することができる。ドラマ作品では、日常で使われる道具はあまりにもありきたりすぎて、もはや目に入らないに等しい。しかしそんな作品でさえも、テクノロジーの存在(時にはテクノロジーの不在)が、キャラクターを定義することや、世界におけるその人物の立場を定義することに役立つ。「セールスマンの死」のウィリー・ローマンは、70ドルを稼いで帰るが電気冷蔵庫の負債が16ドルある。息子のハッピーからクリスマスに50ドルを贈られるが、湯沸かし器を修理するのに97ドルもかかる。調子の悪い車にも辟易する。ウィリーは常に「機械にしばられて身動きがとれなくなっている」のである。

世界を主人公の成長全体と関連づける

ストーリー・ワールドを構築する最初のステップは、主人公の価値基準の中にある主要な視覚的対立関係を特定することだ。その次のステップは主人公の成長の最終段階に注目することにある。これはキャラクター創作でたどったプロセスに似ている。キャラクター創作の時はキャラクター・ウェブの概略を作るところから始めた。なぜなら、それぞれのキャラクターがコントラストや類似点を通してお互い定義づけ合っているからだ。その上で、主人公に注目し、まずは主人公が全体を通してどのように変化するかを見定めた。その際には、まず変化の最終段階(自己発見)から始め、次いで冒頭(弱点と欠陥、欲求)に取り組み、その上でその中間にある構造を作り上げるという順序をたどった。そうする理由は、ストーリーはすべて、経験を通して何かを学ぶ主人公の旅路だからだ。つまり、書き手としては、最初の一歩を踏み出す以前にその旅路の終わりを知っておく必要がある。

ストーリー・ワールドの細かい部分を作り上げる時にも、これとまったく同じプロセスをたどることが求められる。私たちはこの時点ですでに、キャラクター・ウェブに注目した段階でその世界における主要な視覚的対立について考察している。今度は、ストーリーの冒頭と終わりにおける世界の様子に注目することで、主人公が全体を通してどのように変化したかを見定めてゆこう。

ほぼ大半のストーリーで、ストーリー全体を通しての主人公の変化は、囚われの状態から自由な状態への移行として描かれている。あなたのストーリーもそれに当てはまるとしたら、その視覚的世界もまた囚われの状態から自由へと移行しなければならない。ストーリー全体を通しての主人公の変化と世界の変化を比較すると次のようになる。

冒頭における主人公はその心理的および道徳的な弱点のせいで囚われの状態になっている。そのときの世界は、土地（自然環境）、人間（人工の空間）、テクノロジー（道具）という三大要素の関係性と、それらが主人公にあたえる影響を利用して、囚われの状態（または自由）を描くことになる。これらの要素をいかに独創的に組み合わせるかによって、そのストーリー・ワールドの特質が決まってくる。

■冒頭（囚われの状態）…土地と人間とテクノロジーの調和が失われており、誰もが自分自身を見失っていて、まるで動物のように振る舞い、不足している資源を自分だけのものにしようとしたり、機械的な大義のためその歯車の一部となって働いていたりする。これは囚われの状態にある世界であり、より極端な場合は、ディストピアまたは地上にある地獄となる。

■終わり（自由）…土地と人間とテクノロジーが（書き手の定義する）バランスを保ち、個人が他者のサポートを受けながら、それぞれ自分なりに成長することができるコミュニティとなっている。これは自由な状態にある世界であり、より極端な場合は、ユートピアまたは地上にある楽園となる。

囚われの状態にあるディストピアや自由なユートピアだけでなく、ストーリーの冒頭と終わりに描ける世界がもう1種類ある。それは外見上のユートピアだ。この世界は一見すると完璧に見えるが、その完璧さの深みは皮一枚程度の表面的なものでしかない。この世界はその外見とは裏腹に、汚職と腐敗と囚われの状態がはびこっている。誰もがその心理的または道徳的な大失態を隠そうと、必死になって外面だけ良い顔をしているのだ。この手法は『L・A・コンフィデンシャル』や『ブルーベルベット』のオープニングで使われている。

世界を作るためのポイントは、世界と主人公を関連づけることにある。ほとんどすべてのストーリーで、主人公と世界は一対一で結びつけられているものだ。たとえば、囚われの状態にある主人公は囚われの状態にある世界に暮らしていたり、自由な主人公が自由な世界や今まさに自由になろうとしている世界に暮らしていたり、または自由な世界を自分で作り上げようとしていたりする。

☑ほとんどすべてのストーリーにおいて、そこで描かれている世界は、主人公の人物像または主人公の成長を物理的に表現している。

この手法を使うと、ストーリー構造を通して主人公を定義する際にストーリー・ワールドを役立てることができる。世界が、主人公の欠陥や価値基準や欲求（良い欲求も悪い欲求も）や直面している障害を教えてくれるからだ。

ほとんどすべてのストーリーにおいて、冒頭の主人公は何らかの形で囚われの状態にあるものなので、まずは囚われの状態から解説してゆくことにしよう。

☑「囚われの状態にあるこの世界がどのような形で主人公の最大の弱点を表現しているだろうか?」と常に自分に問い続けよう。世界は主人公の弱点を体現または強調するものであるか、もしくはその最悪な弱点を引き出してくれるものでなければならない。

たとえば、探偵もの、刑事もの、犯罪もの、サスペンスなどのストーリーでは、主人公が活動する「治安の悪い地域」や囚われの状態にある世界と、主人公の弱点（弱点がある場合に限る）を強く結びつけた舞台設定が頻繁に行なわれている。

『めまい』（原作小説…ピエール・ボワロー&トマ・ナルスジャック、脚本…アレック・コペル、サミュエル・テイラー　1958年）

『めまい』の世界はそのオープニング・シーンで主人公の心理的な弱点を強調している。サンフランシスコの屋根の上で犯人を追うスコティは、滑って地上5階の高さから指先だけでぶら下がる状態になる。下を見た彼は高所恐怖症に陥る。彼を助けようとした仲間の警官が落ちて死んだことで、スコティはこのストーリーの終わりまでずっと罪悪感にさいなまれることになる。ストーリー・ワールドを使って主人公の弱点を強調するこの手法は、後にもまた、スコティが愛する女性を自殺から救おうとするときに高所恐怖症のせいで塔に上れないシーンで再び活用されている。この手法は、間違いなく、『めまい』のストーリーに力強さをあたえる源泉となっている。殺人犯は主人公の持つ弱点（高所恐怖症）を利用して罪から逃れようとするのだ。

囚われの状態にある世界を作ることで、主人公の弱点を説明または強調するという手法は、ドラマやメロドラマ作品でも利用価値が高い。

『サンセット大通り』（脚本…チャールズ・ブラケット&ビリー・ワイルダー&D・M・マーシュマンJr　1950年）

『サンセット大通り』における主人公の弱点は金銭や高級な生活への執着心だ。そんな彼は、捨てるほど金を持っている老けゆく映画スター女優の願望を満たすという条件で、彼女の荒廃した豪邸に彼女と共に隠れ住むようになる。この映画スター女優と彼女の豪邸は、まるで吸血鬼のように主人公の精気を喰いつくす。主人公が豪勢な囚われの状態に堕ちてゆく一方で、彼女と豪邸は元気を取り戻してゆくのだ。

「欲望という名の電車」（戯曲…テネシー・ウィリアムズ　1947年）

ストーリー冒頭で、囚われの状態にある世界が主人公の大きな弱点を説明している作品の好例がこの「欲望という名の電車」だ。自らを欺きながら生きる傷つきやすいブランチは、ロマンスと素敵な事物ばかりの夢の世界に隠れ住むように暮らしたいと思っている。ところが彼女は、妹と妹の夫スタンリーの暑苦しく窮屈なアパートで暮らすことを強いられる。まるで類人猿の王のようなスタンリーのいるこの不快な場所は、彼女にロマンスへの幻想を抱かせてくれないどころか、彼女の精神が崩壊するまで容赦なく抑圧し続ける。

『カサブランカ』（原作戯曲「誰もがリックの店にやってくる」…マリー・バーネット、ジョーン・アリスン　映画脚本…ジュリアス・J・エプスタイン、フィリップ・G・エプスタイン、ハワード・コッチ　1942年）

『カサブランカ』は、囚われの状態にある世界がコンスタントにリックの弱点にジャブを打ち込むオープニングで始まるラブ・ストーリーだ。彼の所有する素晴らしい酒場カフェ・アメリカンは、ことあるごとにロマンティックなパリで彼が失った愛を思い出させる。このクラブはまた、金儲けがすべての場所でもあるが、リックは不実なフランス人警察署長に賄賂を払っているからこそ、そうすることが許されている。この酒場のそこここにある片隅は、世界が彼のようなリーダーを求めているにも関わらずリックがいかに利己的な皮肉屋に成り下がってしまったかを表現している。

囚われの状態にある世界と主人公の弱点をマッチさせるこの手法が大いに役立つもうひとつのストーリー形式に、ファンタジーがある。優れたファンタジー作品は、ほぼ必ず、ある種の平凡な世界にいる主人公で始まり、その平凡な世界における主人公の心理的または道徳的な弱点をしっかりと見せている。この弱点のせいで、主人公は、自分の暮らす平凡な場所に潜在する可能性や、自分がどういう人物になり得るかという可能性を見極めることができずにいる。そしてまた、この弱点が原動力となって、主人公はファンタジーの世界を訪れることになる。

『フィールド・オブ・ドリームス』（原作小説「シューレス・ジョー」…W・P・キンセラ　脚本…フィル・アルデン・ロビンソン　1989年）

『フィールド・オブ・ドリームス』の主人公レイはアイオワ州の農場に暮らしており、その近郊にある町には、特定の書籍を閲読禁止にするべきだと主張する者たちがいる。彼は他の農家たちからクレイジーだと言われても、義兄から合理的な投資目的でこの農場を欲しいと言われても、一切耳を貸すことなく、この土地に野球場を作る。レイに足りない欠陥は、熱中できることをすることと、亡き父との関係を改めることだ。野球場を作ること（そしてその野球場に故人である野球スター選手シューレス・ジョー・ジャクソンがやってくること）によって、レイは自分自身がその中に生き、最後にもう一度だけ父との親密なひと時を持つことが可能なユートピアを作り上げる。

『メリー・ポピンズ』（原作小説…パメラ・トラバース、脚本…ビル・ウォルシュ、ドン・ダグラディ　1964年）

『メリー・ポピンズ』において、彼らの家は、規律に縛られ、時間厳守をまるで神のように崇めている父が支配する、規制された場所である。一見すると主人公のような存在であるメリー・ポピンズは、私が呼ぶところの〈旅する天使〉にあたり、「色々な意味で実質的に完璧な」存在なので、彼女に弱点は存在しない。実は彼女は主人公ではなく、他の者たちに彼らの真の可能性や彼らの暮らす囚われの状態にある世界のネガティブな潜在性を見せるための媒介なのだ。バンクス家の子供たちは、ただ非建設的な反抗をするだけで、外に広がるロンドンや自分たちの心の中にある驚きに満ちた魅惑的な世界に気づいていない。

メインのライバルである父親に至っては、子供たち以上に大変な弱点を持っている。彼は、世界とはビジネスの場であると考えているのだ。そんな彼はファンタジーの世界に入りこそしないが、そういう世界を訪れる子供たちやマジカルなメリーの恩恵を受けることになる。最終的には、ビジネスがすべてだった父親の世界は、子供たちと一緒に凧揚げを楽しめる世界に変化する。これと似たような主人公と囚われの状態にある世界の関連性を描いたその他の〈旅する天使〉のコメディ作品としては、『クロコダイル・ダンディ』「ザ・ミュージック・マン」『アメリ』『ショコラ』『グッドモーニング、ベトナム』『ミートボール』などがある。

ストーリー・ワールドと主人公がどのようにして共に発展するのか

主なストーリー要素（プレミス、設定原則、7段階の道程、キャラクター、道徳論議）はどれも、お互いにマッチし合い、つながり合って、より深みのある質感を作り出し、すべてが作用し合いながら自然発生的な自然体系を作り上げている。この組織化こそ、優れたストーリーテリングになくてはならないものだ。

ストーリーの冒頭では、これらすべての要素が織り合わさるようになりながら同じものを表現している。主人公は（おそらく）囚われの状態にある世界に暮らしている。その世界は主人公の最大の弱点を強調または増幅または激化させたような世界だ。その上で主人公はライバルと対決し、そうすることによって自身の弱点をベストな形で探究してゆく。ちなみに、後のチャプター8「プロット」では、冒頭で登場するもう一つの側面の「亡霊」がどのような形で主人公の弱点を表現するかについても解説することになる。

主人公と世界の関係性は、キャラクター・チェンジ全体に応じて、囚われの身にある主人公からスタートする。主人公と世界はお互いを描き合うものなので、大半のストーリーで、主人公と世界は一緒に発展してゆく。または、たとえばチェーホフの作品のように、主人公が変化しない場合には世界も変化しないわけだ。

それではここで、ストーリーの進展にともなう主人公と世界の変化や不変化や比較について、典型的な例を見てみよう。

主人公…囚われの状態から、よりひどい囚われの状態を経て、自由になる。
世界…囚われの状態から、よりひどい囚われの状態を経て、自由になる。

ストーリーはまず囚われの状態にある世界にいる主人公から始まる。この人物が目標を達成しようと対立して下降すると、世界も閉じられてゆく。しかしその上で、自己発見を通して、主人公は自身の欠陥を充たし、その世界において自由の身になり、その世界自体も主人公のおかげでより良いものとなる。

このパターンが見られる作品には、『スター・ウォーズ』のエピソード4〜6、『ロード・オブ・ザ・リング』『評決』『ライオン・キング』『ショーシャンクの空に』『素晴らしき哉、人生！』「デイヴィッド・コパフィールド」などがある。

主人公…囚われの状態から、よりひどい囚われの状態または死を迎える。

世界…囚われの状態から、よりひどい囚われの状態または死を迎える。

このタイプのストーリーでは、主人公が囚われの状態となっている理由は、主人公自身の弱点のせい、そして世界に圧迫されるせいだ。主人公の魂が腐敗の源であるため、彼に依存している世界もまた腐敗している。主人公は目標達成を模索して、自己発見するすべを見いだし、その自己発見によって彼自身も彼に依存しているその世界も破滅する。または、自分には理解できないような囚われの状態にある世界に主人公が押し潰される。

作品例としては、「エディプス王」「セールスマンの死」「欲望という名の電車」『カンバセーション…盗聴…』『暗殺の森』『サンセット大通り』「三人姉妹」「桜の園」「闇の奥」などがある。

主人公…囚われの状態から、よりひどい囚われの状態または死を迎える。

世界…囚われの状態から、よりひどい囚われの状態を経て、自由になる。

いくつかの悲劇で使われているこのアプローチは、主人公と世界のつながりをストーリーの最後に食い違いさせるものだ。主人公は自己発見をするが、その自己発見は自身が自由になるためには遅すぎるものだ。主人公は死ぬまたは破滅する前に自分が犠牲となり、それによって主人公がいなくなった後の世界は自由になる。

この形は「ハムレット」『七人の侍』「二都物語」などで見ることができる。

主人公…囚われの状態から、一時的な自由を経て、よりひどい囚われの状態または死を迎える。

世界…囚われの状態から、一時的な自由を経て、よりひどい囚われの状態または死を迎える。

これは、ストーリーの中盤のある段階で、主人公が自由なサブワールドに入るというものだ。その世界は、主人公が真の自分に気づきさえできれば暮らせるはずの世界である。それができないまま前進してしまったり、この世界の正しさに気づくのが遅すぎたりすることで、主人公は最終的に破滅してしまう。

このパターンを持つ作品としては、『ワイルドバンチ』『黄金』『明日に向かって撃て！』『ダンス・ウィズ・ウルブズ』などがある。

主人公…自由から、囚われの状態または死を迎える。
世界…自由から、囚われの状態または死を迎える。

これらのストーリーはまず、主人公が幸せに暮らすユートピアの世界から始まるが、このユートピアは外からの攻撃や変化に脆弱な世界でもある。新たなキャラクターが現れてここの社会勢力を変える、または主人公の弱点が原因となって自分自身やこの世界を下降させ、最終的には破滅を迎える。

この流れは「リア王」「わが谷は緑なりき」、それに「アーサー王の死」や『エクスカリバー』といったアーサー王伝説のさまざまなストーリーで見ることができる。

主人公…自由から、囚われの状態を経て、自由へ。
世界…自由から、囚われの状態を経て、自由へ。

こちらもまた主人公が自由な世界にいるところから始まる。そして外部から、もしくは一族内からの攻撃を受ける。主人公とその世界は下降するが、問題を乗り越えてより強いユートピアを作り上げる。

このアプローチは、『若草の頃』『フェリーニのアマルコルド』、またより小規模な形ではあるが『ニュー・シネマ・パラダイス』に見ることができる。

主人公…外見的な自由から、よりひどい囚われの状態を経て、本物の自由になる。
世界…外見的な自由から、よりひどい囚われの状態を経て、本物の自由になる。

ストーリーの冒頭に登場する世界は一見ユートピアのようだが、実際には極端なヒエラルキーと汚職が蔓延している世界だ。キャラクターたちは勝利を求めて容赦なく闘い、多くの場合、そのプロセスで多数の死者が出る。最終的に、主人公は腐敗を相手に闘い切り、より公正な社会を作り上げる。または単純に主人公だけが最後まで生き残る。

作品例としては、『L・A・コンフィデンシャル』『ジュラシック・パーク』『偉大なるアンバーソン家の人々』『ブルーベルベット』などがある。

この流れの素晴らしいバリエーションとして『グッドフェローズ』がある。この作品はギャングスター映画とブラック・コメディ形式を組み合わせたものだ。ストーリーは外見的には自由に見えるギャングのコミュニティから始まり、主人公はひどい囚われの状態となり、彼の友はすべて死んでしまう。

ストーリー・ワールドの時間

ストーリー・ワールドと主人公が関連づけられたら、今度はストーリー・ワールドそのものを進展させる必要がある。そのさまざまな方法について検証してゆこう。「時間」はストーリー・ワールドを築き上げるために書き手が利用する四つの主な要素の（自然環境、人工の空間、道具に次いで）四番目にあたるものだ。

世界を通して時間を描くための数ある方法（より厳密に言うなら、時間を通して世界を描くための数ある方法）を検証する前に、ストーリーテラーの多くが勘違いしている時間に対する二つの誤認識について知っておく必要がある。

過去と未来についての誤った認識

ここで私が呼ぶところの「過去についての誤認識」は、特に歴史を舞台にしたフィクション作品で多く見られるものだ。その間違った発想とは、「歴史を舞台にしたフィクションは、その時代独自の価値観や道徳的習慣を基準に、今とは全く違う世界を描いているのだから、そこに登場する人々を現代の我々の標準的価値観に当てはめるべきではない」という発想だ。

この誤認識は、「歴史を舞台にしたフィクションは歴史について書かれたもの」という勘違いから来ている。しかしフィクションの書き手は、歴史ではなく、フィクションを書いているのだ。このタイプのストーリーを書く場合、今日起こっている現象を観客がより明確に理解するための眼鏡として過去の歴史を扱わなければならない。したがって、過去の人々の行動を今の価値基準で判断するのは差し控えるべき、という考えは理に反している。むしろ過去の人々と今の自分を比較して判断できるよう描くべきなのだ。

この比較にはネガティブな比較とポジティブな比較の2種類がある。ネガティブな比較とは、今日でもまだ残っていて人々の害となりえる過去を支配していた価値観を見せることだ。たとえば、ナサニエル・ホーソーンの「緋文字」やアーサー・ミラーの「るつぼ」で描かれているピューリタン社会の価値観などがその好例だ。一方のポジティブな比較は、今日に当てはめても好ましい過去の価値観だ。これは、今こそそこに回帰すべきだと主張するタイプの比較となる。たとえば、『黄色いリボン』は、1870年代アメリカ軍の居留地にあった義務と名誉と忠誠の価値観を賛美した作品となっている。

また、「未来についての誤認識」と呼べるものもある。それはSFストーリーで頻繁に見られる間違いだ。多くの書き手が、SFとは未来で起こるであろう出来事を予言すること、未来の世界がどのようになっているかを予言するものだと勘違いしている。たとえば、1983年の終わりに、多くの人々がジョージ・オーウェルの小説「一九八四年」のどこが正解だったかを語り合っていたが、これもまたその勘違いの延長線上にある論争だ。

この勘違いが生ずる原因は、未来を舞台にしたストーリーは未来を語るためのストーリーであるという誤発想にある。書き手が未来を舞台に設定する理由は、現在をより良く理解するための眼鏡、現在の概念を要約する眼鏡を観客にあたえるためだ。歴史を舞台にしたフィクションと未来を舞台にしたフィクションの大きな違いは、未来を舞台にしたストーリーの場合は、今日の私たちが直面している権力や価値観の選択肢を描き、もしも賢い選択が出来なければ悪い結果が待っているということを強調していないところにある。

ストーリーにおける時間とは「ナチュラルな」時間のことを指す。それはストーリー・ワールドの進展の仕方と関係したものであり、つまりはストーリーの進展を前進させるためのものだ。ナチュラルな時間の最たるものとしては、季節、祝日、ある1日、そして終了点がある。それらを順に説明しよう。

季節

時間に関するストーリー・ワールドの手法として第一に挙げるべきものは、季節のサイクルとそれに伴う儀式を使った方法だ。これは、ストーリーまたはストーリー内の出来事を特定の季節の中で展開させる手法のことだ。自然環境がそうであったように、季節もまた、季節によって、観客に特定の意味合いを想起させる。

そこから更に一歩進んで、季節の変化を見せると、観客は、主人公や世界の成長や衰退を詳細にしてパワフルに感じ取ることができるだろう。

また、ひとつのストーリーで四季をすべて網羅すると、ある種の発展を描いていた直線パターンから、「事物とは最終的には同じ所へ回帰するものである」ということを表現する周期パターンへとストーリーが移行したことを観客は感じとれる。この周期パターンを利用して、ポジティブにもネガティブにも表現することができる。ポジティブな周期パターンのストーリーは、一般的に、人と土地のつながりを強調するものが多い。「人間も動物の一種であり、そうであることを享受するべきだ。生、死、再生のサイクルは自然の運行として祝福するに値するものであり、聖なる自然が優しく滔々と教えてくれることに目を向けることで多くを学べるものである」という発想だ。たとえば、ソローの「森の生活」は、四季をそのような形で利用している。

ネガティブな周期パターンのストーリーは、「人間も、他の動物と同じように、自然の力に縛られるものだ」ということを表現するものが多い。このアプローチが難しいのは、一瞬にして退屈なストーリーになってしまいやすいからだ。自然を題材にした多くのドキュメンタリー作品の最大の弱点もこのプロットにある。自然を描くドキュメンタリーは、そのほとんどが四季を網羅しているものだが、そういう作品には意外性が乏しい。そのため、とても退屈なものになりやすいわけだ。ある動物が、春に生を受け、夏に狩りをし（または狩りをされ）、秋に交尾をし、冬に空腹と戦う。それでもなお、春になると必ず戻ってきて子供を産む。これが典型的なサイクルだ。

ストーリーラインと四季を見事に結びつけた古典的な手法は、『若草の頃』と『フェリーニのアマルコルド』に見ることができる。これらの作品は、各季節と各ドラマを一対一で見事に結びつけながら、次のように展開させている。

■夏…登場人物たちは、問題を抱えて脆弱な状態にある。または、自由だが外からの影響を受けやすい世界に生きている。
■秋…登場人物たちの下降が始まる。
■冬…登場人物たちがどん底の状態に到達する。
■春…登場人物たちが問題を乗り越えて上昇する。

このように典型的な季節との結びつきを利用してもいいし、これを知った上で、陳腐さを回避する目的で、あえて逆を行くという選択肢もあるだろう。たとえば、主人公が春に下降し、冬に上昇するように描くことなどがそうだ。通常の連続性を破ることで、観客の予想を裏切ることができるだけでなく、人間は他の自然界とは違って、このパターンに囚われるものではない、という描き方も可能になる。

祝日と儀式

祝日やそれに伴う儀式を利用して、真意の説明、ストーリーのペース作り、ストーリー展開の表現をすることができる。儀式とは、一定の間隔を置いて繰り返されるものであり、またある哲学を一連の行動という形で翻訳したものでもある。だから、どんな儀式をストーリーに挿入するにせよ、その儀式はすでにドラマティックな出来事をはらんでいる。祝日とは、この儀式の概念のスケールを押し広げて国家的にしたものなので、政治的な意味合いだけでなく、個人的、社会的な意味合いも含ませることができる。
あなたのストーリーに儀式や祝日を利用したいのであれば、まずはその儀式に生来的に備わっている哲学を検証し、それについてあなたがどのような形で賛成もしくは反対なのかを決める必要がある。あなたはそのストーリーを通じて、その哲学の全体または部分を支持したいのか、それとも批判したいのか、それをしっかりと把握しておかなければならない。

『ア・クリスマス・ストーリー（原題）』（脚本…ジーン・シェファード、リー・ブラウン、ボブ・クラーク　1983年）
および
『The Great American Fourth of July and Other Disasters』（原作小説「In God We Trust, All Others Pay Cash」…ジーン・シェファード、脚本…ジーン・シェファード　1982年）

ユーモア作家のジーン・シェファードは、特定の祝日を舞台設定にしたストーリー構築の名手だ。この作品で、彼はまず、ある祝日と語り手の子供時代の家族の思い出を結びつけるところから始めている。これによって観客の心の中に子供時代のユートピアが設定され、それぞれの受け手が家族の中で幸せに暮らしていた時代を思い起こして気持ち良くなる。数ある祝日の中には、特に受け手が自分自身の子供時代に一気にさかのぼるロケットの発射台の役目を果たすものがある。シェファードは、毎年その祝日になると起こるおかしな出来事を語り部によるナレーションとして入れることで発射台を構築している。たとえば、小さな弟がいつもあまりにもブカブカすぎる防寒着を着せられていたことや、父から母に贈られるプレゼントに毎年母が激怒することや、彼自身がいつも近所のいじめっ子たちを相手にしなければならなかったことなどだ。また、フリックが金属製の旗竿をなめて舌が離れなくなってしまった出来事もこれにあたる。

この作品でシェファードはこの祝日の哲学を支持してはいるが、その支持は短絡的なものでもなければ妄信的なものでもなく、むしろそれをからかっているような、毎年この時期になると人々がやる馬鹿なことを笑いものにしているような方法で示されている。ただし、その馬鹿なことは彼を良い気持ちにさせてくれるものでもある。その理由は、それが毎年やってくるからであり、また彼の記憶の中にある人々が決して年老いることがないからでもある。そこに、毎年繰り返されるストーリーの力がある。

この手法を使う場合には、その儀式や祝日と季節との関係性をしっかりと把握しておく必要がある。その上で、これらの要素を組み合わせて、主人公または世界の変化を描くのだ。

『ハンナとその姉妹』（脚本…ウディ・アレン　1986年）

『ハンナとその姉妹』は、ストーリーと祝日を関連づけることでキャラクター・チェンジを見せている。この映画がそれに使っている祝日は感謝祭だ。このアメリカ特有の祝賀は、そもそも植民地時代にさかのぼるもので、豊富な収穫と国家の始まりに感謝するコミュニティの成立を体現したものだ。しかし、ウディ・アレンは、先ほど挙げたような普通の方法としてテーマを強調するために感謝祭を使っているわけではない。アレンはこの祝日の哲学に焦点を当てているのではなく、三人姉妹とそれぞれの夫（または恋人）が同時期に繰り広げるそれぞれの行動が交差する形でストーリーを描いている。ストーリーの冒頭には、キャラクター同士の間にも、またストーリー構造にも、コミュニティは一切存在しない。アレンは、三度の感謝祭を使って、三つのラブ・ストーリーを絡み合わせたストーリー構造を作り、その構造を通してコミュニティを作り上げている。

そのストーリー構造は次のような形で進んでいく。ストーリーは感謝祭の晩餐から始まり、そこには6人のキャラクター全員が出席しているが、どのキャラクターも自分とは合わないパートナーと共にいる。そこからそれぞれのストーリーに分かれ、6人それぞれが交差しながら展開してゆく。中盤で、全員が再び感謝祭で顔を揃える。この時はほぼ全員が以前とは違うパートナーと共にいるが、やはり自分に適したパートナーではない。次にまた各自のストーリーに分かれ、それぞれの筋道が同時に進行しながら、各自、葛藤したり離別したりする。そして、そんな彼らが三度目の感謝祭でまたもや顔を揃えてストーリーは終わる。三度目の彼らは、本物のコミュニティの一部となっている。それぞれが自分に適したパートナーと共にいるからだ。このストーリーは感謝祭という祝日そのものだ。つまり、これらのキャラクターは感謝祭について語るのではなく、感謝祭に生きているのである。

1日

1日もまた、ストーリーに利用することで、とても具体的な効果が期待できる時間のひとつだ。第一の効果は、同時に起こる複数のストーリーを展開させながらも、ひとつの物語としての推進力を保ち続けられることだ。1人のキャラクターの長期間にわたる成長を見せる(大半のストーリーがとる直線パターンのアプローチ)のではなく、今日、今この瞬間に同時に行動している複数のキャラクターを提出する。それでも、刻々と経過する時間がストーリーラインを前進させ続けるので、ストーリーの凝縮感が失われずにすむのだ。

12時間を用いて、ストーリー全体を一昼または一夜の出来事として語ると、漏斗効果が生まれる。つまり、そのストーリーで語られているどの筋道も12時間経った時点で終わるだろうという予感を観客にあたえながら、その時間が差し迫ってくることで緊迫感も増してゆくのだ。『アメリカン・グラフィティ』『フェリスはある朝突然に』『夏の夜は三たび微笑む』といった作品がこの方法をとっている。

24時間を用いると、その緊迫感は減るが、周期感覚が増すことになる。物語の途中で何が起ころうとも、最後にはすべてが出だしとまったく同じ状態に戻り、そこからまた新たに同じようなことが始まる。ライターの中にはこの周期感覚を逆利用して変化を強調してみせる強者もいる。ほとんど全ての事物は同じままだが、一、二の事物だけはこの24時間ですっかり変化した様子を見せることで、その重みを強調するわけだ。この手法は「ユリシーズ」と『恋はデジャ・ブ』という、まったく毛色の違う両作品で使われており、ストーリーの基礎土台となっている（また、テレビ作品「24 -TWENTY FOUR-」は、この手法を逆手に取ったもので、24時間を1シーズン全体に引き延ばすことで、サスペンス感を強調し、プロットをコンパクトに凝縮させている）。

周期感覚を引き出す24時間の手法は、四季を使った手法と同じテーマの効果をあたえることができる。驚くべきことではないが、この二つの手法が最も多用されているジャンルは、ある種の交際や結婚で終結する、周期的で、どちらかと言えば個人よりも社会を強調するタイプのコメディだ。また、周期的な時間を利用する手法は、空間の周期性が基礎となっている神話形式を連想させるものでもある。数多くの古典的神話ストーリーでは、主人公がまずは家にいるところから始まり、旅路に出て、すでに自分の中に備わっていたものを発見して家へ戻ってくる。

ユージン・オニールはこの1日の手法を「夜への長い航路」で使っている。しかし「ユリシーズ」がほぼ24時間をカバーすることでポジティブな発展を描いているのとは違い、「夜への長い航路」は朝から夜までのおよそ18時間をカバーしているだけだ。これによって、このストーリーは希望から絶望への下降線をたどり、この家族はどんどん険悪になり、母親は薬物に溺れた狂気に向かってゆく。

1日を用いる手法で得られる第二の効果は、ドラマの日常性が強調されることにある。無駄な時間をカットして劇的なドラマ性のある場面だけを見せるのではなく、平均的な人物の日常にあるちょっとした出来事や退屈なディテールを見せることができるからだ（たとえば「イワン・デニーソヴィチの1日」）。この「1日の生活」のアプローチは、ごく平凡な男から王様にいたるまで、実に幅広い主人公に有効だ。

完璧な1日

1日を用いる手法のバリエーションとして、「完璧な1日」がある。完璧な1日は、ユートピア的な世界の時間バージョンだ。これはストーリー全体に用いられるよりは、ストーリーを構成する一部分として使われることの方がずっと多い。完璧な1日を描くことで、すべてが調和している状態が暗示されるのだが、この状態を描ける長さには限界がある。なぜなら葛藤や対立のない完璧な状態を長く描きすぎると、ストーリーが死んでしまうからだ。

この「完璧な1日」を用いる手法は、日中か夜間の12時間で行なわれる社会的コミュニティでの活動と結びつけられることが多い。社会的コミュニティで行なわれる活動は、どんなユートピア的場面を描くにせよ必要不可欠だ。そこに付随させて、たとえば「夜明けから夕暮れまで」などといった自然現象の時間経過を合わせることで、あらゆるものがしっかりとかみ合った完璧な状態を強調することができる。自然のリズムに根差した調和状態を描けるからだ。『刑事ジョン・ブック／目撃者』の書き手たちは、この事実を深く理解しており、アーミッシュのコミュニティが納屋を建てるという社会的行動と2人の主人公が恋に落ちることを結びつけ、完璧な1日を見事に描いている。

終了点

終了点とは、刻々と迫りくる「タイムリミット」として知られるもののことであり、行動を完了させなければならない具体的な時間を前もって観客に伝えておく手法を指す。これは、アクション（『スピード』）、サスペンス（『アウトブレイク』）、犯罪計画（『オーシャンズ11』をはじめとする登場人物たちが何らかの盗みをやりとげる作品）、特攻任務（『ナヴァロンの要塞』『特攻大作戦』）といったストーリーで頻繁に使われている。タイムリミットがあることで、ストーリーには強力な推進力やスピード感が約束されるが、その一方でデリケートな質感が犠牲になっていることも知っておかなければならないだろう。また、この手法では、12時間の手法よりもさらにスピード感のある漏斗効果を得ることができる。アクション・ストーリーのライターが大きなスケール感を出す目的でこの手法を使う理由もそこにある。タイムリミットがあることで、たとえ文字通り何百人もの登場人物が緊迫した状態の中で同時に行動している姿を見せたとしても、ストーリーの勢いを失わずにすむからだ。こういったタイプのストーリー（たとえば『レッド・オクトーバーを追え！』）では、タイムリミットとなった段階で、すべての演者が1ヵ所に集まり、全員の力を集中させなければならないこととなるのが一般的だ。

これらほど頻繁に利用されているわけではないが、時間の終了点を効果的に使えるもうひとつのジャンルにコメディ系の旅路のストーリーがある。そもそも旅路のストーリーには断片的で散漫になりやすい性質がある。コメディの旅路の場合、笑いの要素を描くたびにストーリーの推進力が停滞してしまうため、断片的な性質がさらに強く出てしまう傾向がある。ジョークやギャグは必ずと言っていいほどストーリーを逸脱させるものだからだ。笑いを描くたびに、何らかの形で主人公が不在になっており、その間にストーリーが停滞状態に陥るのが普通だ。しかし、前もって観客に具体的なタイムリミットがあることを示しておけば、ストーリーが寄り道をしても、観客はついてきてくれる。ストーリーが停滞しても、次にどうなるかを気にして笑いに集中できなくなったりせず、リラックスして道を逸れた笑いの要素を楽しむことができるのだ。この手法を用いたコメディ系の旅路のストーリーには、『ブルース・ブラザース』やジャック・タチ監督の『トラフィック』などがある。

ストーリー構造を貫くストーリー・ワールド

ここまで、時間を使ってストーリー・ワールドを進展させる手法を探究してきた。次に、〈ストーリーの各段階における〉主人公の進展とストーリー・ワールドを結びつける必要がある。全体的な成長（たとえば囚われの状態から自由になるなど）を見たことで、そのストーリーで描かれる世界の大まかな変化については理解できているはずだ。しかし、今度は、ストーリー構造を通してその進展・変化をより細かく作り上げてゆかなければならない。何度も言っているように、ストーリー構造を用いることで、説教臭くなることなく書き手のテーマを表現することができる。それだけでなく、ストーリー構造は、ストーリーの推進力を失うことなくストーリー・ワールドの質感を観客に見せつけるためにも使えるのだ。

そのやり方について説明しよう。この方法を簡単に言うなら、「ビジュアルで（ストーリー構造の）7段階の道程を作り上げる」ことだ。ストーリー構造に不可欠な7段階の道程には、それぞれの段階ごとに別々のストーリー・ワールドが描かれている傾向が強い。その各々のストーリー・ワールドはどれも、アリーナ内にあるそれぞれの視覚的な世界だ。その事実を大きなアドバンテージとして利用しよう。ストーリー・ワールドに質感を宿らせるだけでなく、主人公の変化に応じてその世界も変化させるのだ。ストーリー構造の7段階の道程に、世界（たとえば自然環境とか、人工的空間とか、テクノロジーとか、時間）という別の物理的側面を付け加えることによって、ストーリーと世界の完全な調和を生み出すことができる。

次に示したのは、ストーリー構造上の段階の中でも、特にその段階独特のサブワールドを描きやすいもののリストだ（ちなみに「疑似的敗北、または一時的自由」と「死の国への訪問」は基本の7段階の道程には含まれていないが、どちらもストーリー構造の道程における段階のひとつだ）。

■弱点と欠陥
■欲求
■ライバル
■疑似的敗北、または一時的自由
■死の国への訪問
■決戦
■自由、または囚われの状態

各段階の世界について具体的に説明すると次のようになる。

■**弱点と欠陥**　ストーリーの冒頭で、主人公の弱点や恐怖心を物理的に体現するサブワールドを見せることができる。

■**欲求**　この段階が繰り広げられるサブワールドを使って、主人公が自身のゴールを表現することができる。

■**ライバル**　ライバル（またはライバルたち）が暮らす、または働く世界は、主人公の最大の弱点を攻撃できるライバルの権力や能力を表現できる独特な場所となる。このライバルの世界はまた、主人公にとっては囚われの状態にある世界の究極版でなければならない。

■**疑似的敗北、または一時的自由**　疑似的敗北とは、主人公がライバルに敗れたと誤解する段階のことだ（これについてはチャプター8「プロット」でより詳しく解説する）。典型的な疑似的敗北の世界は、出だしからここまでの段階で物理的に最も狭い空間となる。主人公を打ちのめして囚われの状態にしているあらゆる力が、文字通り、主人公を圧迫する様子を描くことができるわけだ。

主人公が最終的に囚われの状態になったり死んだりして結末を迎えるストーリーの場合は、この段階で擬似的敗北を経験するのではなく、反対に、一時的自由を手にすることが多い。この場合、手遅れになる前に実現することさえできていたなら、主人公本人にとって完璧な場所となるユートピア的な世界が描かれるのが典型的だ。

■**死の国への訪問**　死の国への訪問の段階（これもまたチャプター8で詳しく解説する）で、主人公は黄泉の国を訪れる。または、より現代的なストーリーでは、主人公が自分は死ぬのかもしれないという感覚に突然襲われる。主人公は、破滅、老化、死といった要素を体現する場所で致死的運命に立ち向かわなければならない。

■**決戦**　決戦はストーリー全体の中で最も制約のある場所で展開されなければならない。物理的な制限があることで、圧力釜のような効果が生まれ、最終決戦に沸騰や爆発をもたらすことができる。

■**自由、または囚われの状態**　世界は最終的に、自由の場所となるか、もしくはより囚われの状態が増した死の場所となるか、そのどちらかで完結する。ここでもまた、その具体的な場所が、主人公の最終的な円熟、または破滅を物理的に表現する場所とならなければならない。

次の実例で、ビジュアルの7段階の道程の具体的な機能について、またそれがどのような形でストーリー・ワールドの四つの主要素（自然環境、人工的空間、テクノロジー、時間）を結びつけているかについて検証してみよう。

『スター・ウォーズ』（脚本…ジョージ・ルーカス　1977年）

全体としての世界およびアリーナは宇宙。

■弱点と欠陥、および欲求（？）　砂漠の荒野。やっとのことで農地として成り立っているこの荒涼とした環境の中で、ルークは行き詰まりを感じている。「このままでは一生ここを出られない」と彼は苦情を言う。そんなルークの欲求の引き金となるのは、助けを求める小さなホログラムのレイア姫だ。

■ライバル　デス・スター。この作品は架空の物語なので、概念的な形状を本物の物体として使用することができる。ライバルのサブワールドであるこのデス・スターは巨大な球体だ。ここでダース・ベイダーがレイア姫を尋問する。他にも、皇帝が共和国軍の最後の残党をついに解隊させたことを、デス・スターの長官たちがここで知らされている。また、デス・スターの長官たちがダース・ベイダーの強力なフォースの威力を見せつけられるのもここだ。

■疑似的敗北、および死の国への訪問　水面下にはモンスターが潜み、両壁が迫ってくるゴミ捨て場。書き手であるジョージ・ルーカスは狂暴な生物が水面下にいる水の中に登場人物たちを放り込んだことで、「疑似的敗北」と「死の国への訪問」を組み合わせている。しかもこの空間は単純にストーリーのここまでの時点で最も狭い場所であるだけでなく、両壁が迫ってくる。つまり、時間も空間も徐々に狭まってくるのだ。

■決戦　トレンチ。常識的に考えれば、空中戦というものは、パイロットにとって動きやすい広い空間で繰り広げられるものだ。しかしルーカスは、決戦は可能な限りタイトな空間で展開するのがベストだということを心得ている。そこで彼は、主人公のルークを両側に壁がそびえる細長いトレンチの中で飛行させている。主人公の欲求の最終地点は、そのトレンチの終点にあるデス・スターの弱点だ。そこを攻撃すればデス・スターを破壊することが可能なのだ。それだけでは不十分だとばかりに、このトレンチの中で、主人公ルークのメインのライバルであるダース・ベイダーがルークを背後から追う。ルークは一か八かの勝負に出る。このトレンチの終点にある小さな一点に向けて、この映画全体が収束してゆく。宇宙全体にわたって展開される壮大なストーリーが、ビジュアル面でも、ストーリー構造面でも、漏斗効果となって一点へと集中してゆくのだ。

■**自由**　英雄の殿堂。大きなホールでメインの兵士たちがその功績を祝福され、他のすべての兵士たちから大衆の賛同を受ける。

『ワイルドバンチ』（ストーリー原案…ウォロン・グリーン&ロイ・N・シックナー　脚本…ウォロン・グリーン、サム・ペキンパー　1969年）

このストーリーは荒涼とした土地を抜ける直線パターンの旅路として描かれており、ストーリーの進行と共にその荒涼さは増してゆく。このストーリーはまた、村から都市へと大きく変化してゆく社会の人々を描いたものでもある。自動車やマシンガンといった新技術が到来したこの新しい世界に、彼らワイルドバンチの一団はどうやって適応すればいいのか分からない。

■**問題**　町。ストーリーは騎兵隊がアメリカ南西部の町にやってきたところから始まる。しかしこの町はディストピアだ。この兵士たちは実は無法者であり、またそんな彼らを捕らえようと待ち構えている体制側の雇われ者たちは、その無法者以上にたちが悪い。彼らは銃撃戦を繰り広げ、かなりの人数の市民が死んでしまう。そもそもこのワイルドバンチは銀貨強盗のためにこの町へきたのだが、仲間の1人の裏切りにより、その他の多くの仲間たちも死んでしまった。

■**弱点と欠陥**　荒野の酒場。銃撃戦の後、ワイルドバンチは荒野の酒場でバラバラになりかけるが、リーダーのパイクの「一緒に行動しなければ死を待つのと同じだ」という最後の一言でようやくまとまる。また、彼らが強盗して得た銀貨にはまるで価値がなかったことが判明し、彼らの問題はさらに悪化する。

■**欲求**　キャンプファイアー。暖かい炎の前で寝そべりながら、パイクはナンバーツーのダッチに自分の欲求を語る。それは、最後の大仕事をやって身を引くというものだ。ダッチは「身を引いて一体何をする？」と即座に訊き返し、パイクの欲求の空虚さを指摘する。このセリフは、このストーリーが囚われの状態からそれ以上の囚われの状態へ、そして死へと向かって進行していることの予兆となっている。

■**一時的自由**　木々の下。『ワイルドバンチ』の全体的なストーリー進行は囚われの状態から死へと進展してゆくものではあるが、ストーリーの中盤にユートピア的な場所を描く手法を用いている。仲間の1人エンジェルの故郷であるメキシコの村にワイルドバンチは立ち寄る。子供たちが遊ぶ木々に囲まれたこの村はこのストーリー全体を通して登場する唯一のコミュニティ的な場所だ。それは牧歌的な風景であり、悲壮なこの男たちが留まって暮らすべき場所である。しかし彼らはそこから先に進み、そして死んでゆくことになる。

■**死の国への訪問**　橋。この作品でもまた、この段階での出来事がこれまでのストーリーの中で一番狭い場所で起こっている。橋だ。ワイルドバンチの面々は、橋の向こう側に行き着くことができれば、少なくとも一時的には、自由の身になれる。向こう側にたどり着けなければ、彼らは死ぬことになる。この作品のライターはこれに時間が迫りくる手法も加えている。彼らがこの橋を渡ろうと試み始めた時には、すでに橋に仕掛けられたダイナマイトは点火されているのだ。

■決戦　マパッチ将軍のコロシアム。この種の大々的でバイオレンスな決戦は、ほとんどの作品で広い荒野のスペースで起こっている。しかしこの作品の書き手たちは、優れたストーリーに登場する決戦は、壁に囲まれた小さなスペースで展開させることで最大限の凝縮を引き出せることを心得ている。そこで、ワイルドバンチの生き残った4人は、何百人もの敵がいるコロシアムに入って行く。この圧力釜が爆発したとき、映画史に残る素晴らしい決戦が繰り広げられることとなる。

■囚われの状態　または、死、吹きさらしのゴーストタウン。このストーリーは単にメイン・キャラクターたちの死だけではなく、町全体の崩壊で終わりを迎える。その荒涼とした感覚を増強させるため、書き手たちは風を付加している。

『若草の頃』（原作小説…サリー・ベンソン　脚本…アーヴィング・ブレッチャー、フレッド・F・フィンクルホフ　1944年）

全体的なアリーナはアメリカの小さな町であり、一軒の大きな屋敷が中心になっている。このストーリーの時代背景を20世紀への転換期に設定することで、書き手たちは町から都市へと変化しつつある社会に登場人物たちを放り込んでいる。また、四季を基礎にストーリーを構築し、季節の変化と家族の浮き沈みを一対一で結びつけるという古典的手法を取り入れている。

■自由　夏の温かい家。オープニングのシーンで、土地と人々とテクノロジーのバランスがとれたユートピア的な世界が描かれている。並木道には馬車と車が共存している。自転車に乗った少年が大きな切妻造りの家に入ってゆき、その家の中が映し出されると、そこはこの家の中で最も温かく最も公共的な場であるキッチンだ。書き手たちは、階段を昇りながらタイトル・ソング（「Meet Me in St. Louis」）を歌うこの家族の一員である少女を使って、コミュニティ感覚、つまりこの家の中にあるユートピア感を作り上げている。これによってこのミュージカル映画が分かりやすく提示されており、観客はメインとなるストーリー・スペースのディテールやほとんどのマイナー・キャラクターを知ることができる。

次いでこの歌はちょうどリレーのバトンのように少女からこの家の別の空間を歩いていた祖父へと引き継がれる。この手法で、文字通りさらなるキャラクターを登場させただけでなく、このコミュニティの特質を見せることにも成功している。三世代が一つ屋根の下で幸せに暮らす大家族であるということを見せているのだ。マイナー・キャラクター、メインの歌、この温かい家の隅々を見せたところで、書き手たちは私たち観客に窓外を見せる。表玄関からやってくるのは、登場人物の中でも最高の歌声でタイトル・ソングを歌うメイン・キャラクターのエスターだ。

このユートピア的な世界にマッチするように、主人公のエスターもこのストーリー冒頭ではハッピーだ。彼女にはまだ弱点も問題もないが、外からの攻撃にはとても脆弱だ。

■弱点と欠陥、問題、ライバル　秋の恐怖の館。次の季節の秋になると、この温かい家は恐ろしい様相をしている。この家は間違いなくこの季節の死者の祭りハロウィンとマッチしている。この家族が下降を始めるのもこの季節だ。家族が離れ離れになる理由は、2人の娘たちが結婚して家を離れるかもしれないことと、またライバルである父が、小さなセントルイスから大都会ニューヨークへ引っ越すべきだと決意したことにある。

書き手たちはハロウィンを利用することで、彼らの批評対象をこの一家族だけに留めることなく社会全体にまで押し広げている。トリック・オア・トリートに出かけようとしている2人の少女は、近所の男が猫に毒を盛っているという噂話を広めている。後に末っ子のトゥーティはエスターのボーイフレンドに怪我をさせられたと誤った言動をする。嘘や噂が即座に1人の人物の人生を台無しにしてしまうということは、小さな町における生活につきもののダークな側面だ。

■疑似的敗北　冬の荒涼とした家。冬になると、この一家はどん底に到達している。荷造りもすみ、これから引っ越そうとしているところだ。エスターがトゥーティに聴かせる悲しい歌は、翌年のクリスマスがハッピーなものとなることを願う内容のものだ。「近いうちに私たちもまた元に戻る日がくるだろう、もしも運命がそれを許すなら。それまでは、どうにかして切り抜けなければ」。この家族のコミュニティは壊れて息絶えようとしている。

■新たな自由　春の温かい家。コメディ・ミュージカル映画であるこのストーリーは、キャラクターが危機を乗り越え（この家族はセントルイスに留まるべきだという父の決断で）、春が来て家族のコミュニティ感覚が再び芽生えることで終わりを迎える。一つにとどまらず二つの結婚があり、より大きな家族となって万国博を楽しもうと出発する。この万国博もまた別のサブワールドであり、一時的なユートピア、アメリカの未来像のミニチュア版として、コミュニティを破堤させることなく個々のチャンスをつかむことができる時代が「すぐそこまで来ている」という事実をこの家族に、そしてこの映画の観客に見せている。

『素晴らしき哉、人生!』（原作短編小説「The Greatest Gift」…フィリップ・ヴァン・ドーレン・スターン　脚本…フランセス・グッドリッチ、アルバート・ハンケット、フランク・キャプラ　1946年）

ストーリーと世界を結びつけている映画の中で最も偉大な映画のひとつに数えられるこの優れた社会的ファンタジー作品は、ある町全体のまったく異なる二つのバージョンを観客に見せて徹底的に比較させるように作られている。この小さな町はアメリカという国家のミニチュア版であり、二つのバージョンのこの町はどちらもアメリカ生活の中心にありながらも異なる二つの価値観が基準となっている。

アリーナであるベッドフォード・フォールズは、2階建ての家が立ち並ぶ活気ある小さな町で、2階の窓から道行く人々に手を振って挨拶を交わすような社会だ。このストーリーはまた、その基盤のひとつとしてクリスマスという祝日を利用しているが、本当の意味でこの作品がたどっているのは復活祭の精神だ。主人公の「死」と再生が基本構造となっている。

■ **弱点と欠陥**　夜の天空、空から見たベッドフォード・フォールズ。ストーリーは全知の第三者的立場にあるナレーター（天使）によって始められるが、このナレーターは天使クラレンスというキャラクターとして登場しつづけることとなる。このクラレンスには弱点がある。彼には翼がないのだ。ジョージを助けることで彼のこの欠陥は充たされる。ジョージの弱点は、悲嘆に暮れて自殺しようとしていることだ。この設定に続いて、観客はこれまでのジョージの長年の人生をサッと振り返り、次いで、この町の二つの異なるバージョンをそれぞれ見比べることとなる。

それぞれ弱点を持ったクラレンスとジョージのサブワールドは、神の視線から見たアリーナであるこの町と、このストーリーの宗教的側面を物理的に表している夜空だ。

■**欲求**　ジョージが育った温かい家とジョージとメアリーが誓いをたてる誰もいない荒れた家。高校を卒業したジョージは、父母と弟とメイドのアニーと共に活気ある家に暮らしている。彼の父は人々から敬愛されており、またジョージと父親の間にも大きな愛がある。しかしジョージはこの息苦しい小さな町を出たいと渇望している。そして父に自身の目標を語る。「前からいつも言っているように、僕はものを建てたいんだ……新しい建物を設計したり、現代的な都市を計画したりするんだ」。このシーンは、この視覚的なサブワールドとストーリー構造における葛藤・対立の段階で展開されている（たいていの場合サブワールドはこの段階にマッチするものだ）。温かい家はこの家族がいかに愛ある家族かを示している。一方で、ここを去りたいというジョージの強い欲求は、この小さな町という世界の抑圧感を提示している。特にこの町は1人の権力者によって牛耳られている。

ジョージはまた、ダンスパーティでプールに落ちた後でメアリーと家路に向かうが、そこでも再び自身の欲求について話している。そのとき2人は丘に建つ古い空き家を見つける（恐怖の館）が、ジョージにとってそれは小さな町の生活のネガティブな象徴だ。ジョージはこの家に石を投げ、メアリーに「僕はこの足についたみじめな町の埃を振り払って世界を見に行くんだ……そしてものを建てるんだ」と言う。もちろん彼は最終的にこの家に暮らすことになるが、その時点では、この家は妻が心地よく温かいものにしようと頑張っている。しかし彼の心の中では、この家は呪われた家であり、墓場のような場所なのだ。

■**ライバル**　ポッターの銀行とオフィス。ヘンリー・ポッターは「この郡で最もリッチで最も意地の悪い男」だ。「手の込んだ馬車」に乗る彼の姿を初めて目にしたクラレンスは「あれは……王様か？」と尋ねる。ポッターはジョージや彼の経営する建築貸付組合にとって敵である。彼らはポッターがこの町のすべてや町民を自分のものにしようとすることを阻止しようとしている。

■疑似的敗北　ベッドフォード・フォールズの橋。ジョージの疑似的敗北は、ビリー叔父が8000ドルを紛失してしまったことで建築貸付組合が倒産の危機に直面することで起こる。ジョージは激しい吹雪の中でこの橋を渡っている。この橋という狭い場所で、彼は自らの人生を終えようと決心する。

■死の国への訪問　ライバルによるディストピア的な町ポッターズヴィル。天使クラレンスはジョージに、もしもジョージがこの世にまったく存在せずポッターの力を抑えてこなかったとしたら、この町がどうなっていたかを見せる。ビジネスと金銭と権力を価値基準としているポッターは、この町で一般人を抑えつけている。そんなわけで、ポッターの価値基準を完璧に体現するポッターズヴィルという致命的なサブワールドにおけるジョージの長い旅路（ジャーニー）が始まる。

この脚本が描くこのサブワールドのディテールは実に見事で、すべての場面が、動き続けるジョージを通して描かれている。目抜き通りにはバーとナイトクラブと酒屋とビリヤード場が立ち並び、このシーンを通してずっと耳ざわりなジャズが聴こえる（中にはこの視覚を好きな者もいる）。このシーンを脚本で読むと「あの閑静で整然としていた小さな町が、まるで西部開拓期の村のようなところになっている」と書かれている。

ベッドフォード・フォールズとは違い、ポッター・バージョンとも言えるこの町にはコミュニティ感覚が皆無だ。ジョージに気づく者もいなければ、誰も他人のことをまるで気にかけてはいない。それ以上に重要なのは、ストーリーのこの時点までにしっかりと定義されてきたマイナー・キャラクターたち全員が、ここではその最悪の潜在性をさらしていることだ。これまでの彼らと比較すると驚くべき行動や言動だが、そこには間違いなく説得力もある。もしもタクシー運転手のアーニーがダークな人生を送ったとしたらこうなっていただろうし、薬剤師のガウワーさんが浮浪者になっていることにも真実味があるし、ジョージの母が寄宿舎を経営する不愉快な女性になっていたとしてもおかしくはない（唯一のミスと言えば、ドナ・リードが中年未婚女性を演じていることぐらいのものだ）。これによって、人間には誰にも幅広い可能性があるということ、それが最良の可能性となるのか最悪の可能性となるのかは、どういう世界に暮らしているのか、どういう価値基準のもとで暮らしているのかによって変わってくるという事実が示されている。

ジョージがポッターズヴィルでの旅路（死の国への長い訪問）を終える場所は、雪の降る暗い夜の墓場だ。ここで彼は弟の墓を発見し、次いで警官からの発砲をギリギリで避ける。これによって彼は元の世界に戻り、一周回ってあの橋の上に帰ってくる。この橋は彼が自殺しようとしていた転換点である。

■**自由**　主人公のユートピア的な町ベッドフォード・フォールズ。自分がまだ生きていることを知ったジョージは、自身の存在価値に気づいただけでなく、これまで人として自分が成し遂げることができたさまざまなことを知って強烈に心が解き放たれる。この自己発見は、誰が経験したとしても実に深遠なものとなるだろう。これは強烈だが刺激的なアイロニーを含む場面だ。わずか数時間前には自分を自殺に追い込みかけたあの目抜き通りを、今の彼は喜びに満ちた心で走っている。ここは確かに同じ町だが、シンプルな家族営業の店が立ち並ぶこの並木道は、彼にとって、素晴らしい冬のワンダーランドとなっている。今のジョージは、かつては退屈だと思っていたこの町を、人々がお互いを思いやるコミュニティのユートピアととらえている。かつては呪われた息詰まる家だと思っていたあの大きくて古くて隙間風の吹く屋敷も、今では愛する家族のいる温かい場所として彼はとらえている。そしてこの家には、間もなく、彼のお陰で向上した生活を送っているマイナー・キャラクターたちが、そのお返しとばかりに力を貸そうと押しかけ、この家中を満たすことになるのだ。

『素晴らしき哉、人生！』では、ストーリーと視覚的な世界がとても密接にマッチしている。『ロード・オブ・ザ・リング』や『ハリー・ポッター』シリーズのような大々的でセンセーショナルな世界とは違い、この映画では20世紀半ばのアメリカ郊外の中産階級の日常の世界を視覚的手法で描いている（より現代的な作品では『ビッグ』がこれにあたる）。『素晴らしき哉、人生！』は、トウェインやディケンズのレベルにまで達する優れた社会ファンタジー作品のひとつだ。しかもこの映画はトウェインとディケンズの作品をしっかりと利用してさえいる。

この作品がトゥエインやディケンズを使っているように、他のストーリーテラーによる作品を登場させる場合には、必ず遊び心が必要だ。何よりも登場させていることを説明しすぎないようにしよう。分かる人だけが楽しめればいいというスタンスが大切だ。分からない人も、ストーリーに質感を付加するものとして、それは確実に機能している。『素晴らしき哉、人生！』では、ジョージを助ける天使にクラレンスという名前がつけられているが、これはトウェインの「アーサー王宮廷のコネチカット・ヤンキー」に登場する仲間の名前だ。また、この天使クラレンスは、神から使命をあたえられたとき、ちょうど「トム・ソーヤーの冒険」を読んでいる。そしてもちろん、この映画ストーリーは、「クリスマス・キャロル」をアメリカ版にした上で「デイヴィッド・コパフィールド」をふんだんに放り込んだ作品だと言うことができる。

このように他者が創作したストーリーは、そのストーリーの設定原則をはじめ、あらゆるものを利用することができる。しかし、それをする場合には、あなた自身の作品としての独創性が生まれる程度まで変化させることが必要だ。そういった変化をつけることのできるあなたの技術を、観客は、たとえサブリミナルなレベルではあるにせよ、評価することになるだろう。たとえば『素晴らしき哉、人生！』は、単純に舞台をニューヨークに変え、主人公を気難しいアメリカ人の老人に変えて、彼がクリスマスの過去と現在と未来の亡霊の訪問を受ける物語ではない。この映画は、中産階級のアメリカ人の人生を詳細に描いた上で、この町の別バージョンを見せ、もしもこの人物が存在していなかったら彼の故郷がどうなっていたかを見せる物語だ。これは「クリスマス・キャロル」の設定原則を使いながらも、それを見事に変化させている。驚くべきことに、この映画は公開された当初あまり人気が出なかったという。『素晴らしき哉、人生！』は、とてもセンチメンタルな作品ではあるが、当時の大衆はこの映画の社会風刺をあまりにダークすぎると感じたのかもしれない。しかし時が経つと、この映画の素晴らしさ、特にキャラクターとストーリー・ワールドのつなげ方の素晴らしさのおかげで、徐々に多くの人々を魅了し始めていったのだ。

『サンセット大通り』（脚本…チャールズ・ブラケット&ビリー・ワイルダー&D・M・マーシュマンJr　1950年）

『サンセット大通り』は、映画スターを王とする現代の王朝ハリウッドを鋭利に風刺している。この王たちや女王たちは美を売ることで生き、そして死ぬ。ストーリーとはどうあるべきかを知る者たちが『サンセット大通り』に大いに魅力を感じている理由は、メイン・キャラクターが現代の語り部である脚本家であるからだけでなく、ビジュアルとしての世界にあらゆるタイプのストーリー形式やストーリーのひな型が盛り込まれているからでもある。この素晴らしい脚本で使われているストーリー・ワールドにまつわる手法は実は2〜3しかない。

全体の世界はハリウッドだ。この映画のライターたちは、ハリウッドを王朝として描いており、この世界には王室のとりまきや、汗水流して労働する一般大衆がいる。1人の脚本家をナレーターとして使ったことで、この脚本家をどのような形でもこの世界に関わらせることができる。

■**問題**　ハリウッドのアパート。脚本家のジョー・ギリスは、仕事も金もなく、荒れたアパートに暮らしている。彼はまた「週に2本のストーリーをひねり出す」ハリウッドの大量生産工場ライターだ。彼の車を差し押さえるため2人の男がやって来たことで、彼の問題はさらに悪化する。

■**弱点と欠陥、ライバル**　荒れた豪邸とプール。ノーマ・デズモンドの荒れた豪邸（恐怖の館）を初めて目にしたジョーは、この秘密のサブワールドのおかげで救われたと考える。車をここに隠すことができるだけでなく、ノーマが書いた酷い脚本を書き直すという仕事を得て、相当な収入を得ることもできたからだ。しかし実は、彼はライバルのサブワールドに足を踏み入れていたのだ。そして彼にはこの世界から抜け出すことができない。彼がここに留まるのは、金銭への飢えという彼の最大の弱点を満たしてくれる場所だからだ。

ジョーはこの世界についてこう述べている。

「そこは白い象のように大きな宮殿だった。そう、あのクレイジーな20年代に、クレイジーな人たちが建てた屋敷のひとつ。忘れ去られた屋敷というものには不幸せそうな風情がある。この屋敷も紛れもなくそうだった。それはまるで「大いなる遺産」のあの年老いた女性、ミス・ハヴィシャムと彼女の腐ったウェディングドレスと裂けたベールが、世間に無視され続けたことに腹を立てて当たり散らしているかのようだった」。

この屋敷に逃げ込んだジョーは、ちょうど「眠れる森の美女」の王子様のように、生い茂った蔦と棘の脇をすり抜けてゆく。この部屋の窓から見える水のないプールにはネズミが這っている。この世界の至る所に死と眠りのイメージを見ることができる。

■**ライバル、疑似的敗北**　復活した屋敷、プールのジョー。幽霊屋敷であり、棘の生えた家であり、「眠れる森の美女」の屋敷であるここは、吸血鬼の棲家でもある。ジョーが安易な生活という罠に深く陥ってゆけばゆくほど、ノーマとこの家は精気を取り戻す。今ではあのプールも清掃されて水が張られている。泳いでいたジョーが上がってくると、この新しい血のおかげで精気を取り戻したノーマが、まるでわが身を拭くかのように、この金で買った若者の身体を拭いてやる。

■**決戦、死**　プールでの銃撃。この決戦は、彼女の元を去ろうとするジョーをノーマが撃つという、短く、一方的な決戦だ。撃たれたジョーはプールに落ちる。今回は吸血鬼も彼を救おうとはしない。

■**囚われの身となったライバル**　階段を降りるノーマ、狂気へと堕ちてゆく。このように素晴らしいライバルが描かれているので、『サンセット大通り』は主人公の死で終結しない。このライバルは文字通り狂気へと下降してゆく。彼女はもはや空想と現実の見境がつかなくなってしまった。彼女はハリウッド映画のキャラクターであり（「下には姫を待っている」）、またこの映画で演じる女優でもある。撮影しているニュースのカメラに向かって、ノーマはこの「宮殿」の大階段を下りてゆく。深い眠りにつく彼女を起こしてくれる王子さまはいない。

「ユリシーズ」（小説…ジェームズ・ジョイス　1922年）

ジョイスの「ユリシーズ」は20世紀で最も偉大な小説だと多くの人々から支持されているだけに、かえってストーリーテリングの手法を学ぶ題材としてこの作品を用いるには、かなりの用心深さが必要だと構えてしまう人が多い。その驚異的なまでの複雑さと華麗さを見ると、「一物書きでしかない自分のような存在には、その理解を遥かに超えたものだ」と感じてしまったり、その意図的な曖昧さや手法は、映画や小説や戯曲やテレビの人気作品を作りたいと思っている人々には、「自分のやりたい作品にはまるで当てはまらないものだ」と思えてしまうだろう。

しかしそれはまるで見当違いな考えだ。確かにジョイスの生まれ持った作家としての資質は卓越したものだったかもしれないが、彼はまた小説家としての訓練を史上最も受けた作家のひとりでもある。その訓練で得たものを、通常の作家なら回避したいと思うような複雑性を描くために利用する道を彼が選んだとはいえ、彼が使った手法の数々は、あらゆる媒体のストーリーテリングに適用可能な普遍的なものとして優れていることは、どのように理論的に考察しても間違いのない事実だ。

「ユリシーズ」は小説家の小説だ。第二の主人公であるスティーヴンは優れた作家になることを目指してもがいている。この小説には他のどんな小説よりも幅広く高度なストーリーテリングの手法が使われている（ジョイスの「フィネガンズ・ウェイク」が唯一の例外と言えるかもしれないが、あの小説を最初から最後まで本当の意味で読み通した人はおそらくひとりもいないはずなので、ここでは数に入れないことにしよう）。ジョイスは無数の方法で他のライターたちに「私のやっていることが君に理解できるかな？」「君にもこういうことができるかな？」と挑戦しているのだ。あなたも一度その挑戦を受けてみたらどうだろう。

「オデュッセイア」の現代版である「ユリシーズ」のストーリー形式は、神話とコメディとドラマのコンビネーションだ。全体のアリーナは都市ダブリンだが、このストーリーは主に家ではなく路上で展開される。多くの神話がそうであるように、主人公のレオポルド・ブルームは旅に出てから家へと戻ってくる。しかしこの作品はコメディ的もしくは「ヒロイズムのパロディ」の神話なので、帰還した主人公が明確に学んだことはほとんど何もない。

実に多くの高度なストーリーがそうであるように、「ユリシーズ」は20世紀へと変わりゆく時代変換期を舞台背景にしている。この場所は町から都市へと移り変わろうとしているただ中にある。ダブリンには町としての要素がたくさんある一方で、都市としての要素もいっぱいあり、高度で陰鬱な都市の雰囲気さえ持っている。私たち読者は、物語の冒頭から、町を舞台にしたストーリーに共通する罪の意識の深みに導かれる。スティーヴンには同居人がいるが、その同居人は、死を迎えた母に祈りを捧げなかったことについてスティーヴンに罪の意識を感じさせる。

第一の主人公であるブルームは、この都市のどこにでもいそうな人物であると同時に、高度で陰鬱な都市に暮らす間抜けな人物でもある。オデュッセウスはフラストレーションを抱える軍人だが、ブルームはフラストレーションを抱える凡人だ。これは、チャーリー・チャップリンが演じた浮浪者、チャールズ・シュルツが描いたチャーリー・ブラウン、「となりのサインフェルド」に登場するジョージ・コスタンザにも共通するものだ。彼はまた、自分の妻が愛人と何をしているか知っているにもかかわらず、それについて何もできずにいる気弱な寝取られ男でもある。このジョイスのストーリー・ワールドは、色々な意味で、さまざまな要素の組み合わせが通常の組み合わせとは違う。たとえば、ダブリンが陰鬱的な都市である理由は、進化し続けるテクノロジーのせいでもなければ、将来のために囚われているからでもない。かつてのイングランド支配やカトリック教会によって台無しにされた過去の力のせいなのだ。

「オデュッセイア」の神話を利用していることと社会が変換期にあるということ以外に、ジョイスは24時間の手法を使ってストーリー構造を築いている。この一周する時間のサイクルは、神話やコメディ形式に見られる一周する空間とマッチしており、主人公の日常的性質をさらに強調しているほか、この都市の膨大なキャラクター・ウェブによる行動の数々を強調しながら比較してみせるものだ。

ジョイスはまた、この24時間の手法を使って、第一の主人公と第二の主人公の間に対の関係をもたらせている。第二の主人公スティーヴンの旅路を追うオープニングの三つのセクションでは、午前8時からほぼ正午までが描かれている。ジョイスはその上で午前8時に戻り、第一の主人公であるブルームを追い始める。この時点で読者の頭の中には常に比較がなされ、この2人の男がそれぞれほぼ同時にやっていることについてイメージし始める。ジョイスはそこで数多くの2人の類似点を提供し、読者が比較しやすいようにしている。

このストーリー・ワールドに登場するマイナー・キャラクターを描くにあたって、ジョイスは数多くの独創的なテクニックを考案している。彼のテーマの大部分は囚われの状態にあるこの世界についての考察であることから、彼は多くのマイナー・キャラクターに個々の弱点と欠陥をあたえている。その弱点と欠陥のほとんどは、カトリック教会とあまりにも強く結ばれ過ぎていること、または、イングランドによる支配を受け入れること、またはアイルランドの過去の英雄たちへの信奉が強すぎて、快適ではあるが、最終的には弱体化して単なるステレオタイプとなってしまうことを基本にしたものだ。

「ユリシーズ」のキャラクター・ウェブはストーリー史上最もディテールに富んだウェブのひとつに数えられるだろう。主要な架空キャラクターの多くが、このストーリーの時代設定である1904年にダブリンに実在していた人物であることに加え、これらの実在の人物が、ジョイスが自身の別のストーリー（特に顕著なのは短編集「ダブリン市民」）に登場させた架空キャラクターたちと触れ合っている。そういったことすべてがストーリー・ワールドにリッチな現実味をあたえ、現実に深く根差したものにしている。なぜなら、これらの実在する人物も架空の人物も、それぞれが読者にとってなじみがあるかないかに関わりなく、すでにしっかりと定義された過去を持つディテールに富んだキャラクターだからだ。

ジョイスは構造上の主要段階を使って視覚的なサブワールドを作ることに長けている。オデュッセウスの旅路を現代の都市を舞台にした旅路（ジャーニー）に置き換えたことで得られる利益のひとつは、無定形の都市の中に人々が分かりやすいサブワールドを築けることにある。そうすることでまた、この驚異的なまでに複雑なストーリーの中で、各サブワールドに構造上の主要段階を一つか二つ吹き込むことも可能になる。この手法を使うことで、嵐のような壮大な叙事詩の中に読者は錨を下ろすことができ、事物がいかに複雑になろうともそれに左右されることなく、2人の主人公の心理的および道徳的な成長というメインの筋を追い続けることができる。次は、この作品のストーリー構造の主要段階を簡潔に表したものだ。カッコ内はこの小説のベースとなっている「オデュッセイア」になぞらえた挿話タイトル、それに続いてストーリーが展開されるダブリンのサブワールドを示した。

■スティーヴンの弱点と欠陥、問題、ライバル、亡霊（テレマコス）マーテロー塔。午前8時、ダブリン湾を一望するマーテロー塔のアパートメント。そこに暮らすスティーヴン・ディーダラスは問題を抱えた若者だ。彼はパリで執筆活動をしていたが、母の死に際して戻ってきた。彼には目的もなく、自身に疑念を持っている。彼はまた、「私のために祈ってほしい」という母の最期の願いを拒んだことについて、この上ない罪悪感を抱いている。オデュッセウスの息子テレマコスと同じく、彼は自分の本当の父親が誰でどこにいるのだろうと思いを巡らせている。同居人のバック・マリガンは一見すると友人のようだが、実は敵であり、スティーヴンが死の床にあった母のために祈りを捧げなかったことについてなじっている。

ジョイスがハムレットの城と結びつけているこの塔のアパートメントは、繊細なスティーヴンを囚われの状態にしている牢獄であり、彼と同居するバック・マリガンと横柄なイギリス人のヘインズは彼にとって暴君のような存在だ。このアパートメントの家賃を払っているのはスティーヴンだが、彼はここの鍵をマリガンに貸し与えている。

■スティーヴンの弱点と欠陥、問題、亡霊（ネストル）ディージー校長の学校。スティーヴンは作家を目指してはいるが、低賃金の男子校で教師をして働かなければならない。いかさまをする生徒たちのいる喧騒に満ちた教室で彼は落ち込み、自身の若い頃の亡霊を回顧する。スティーヴンのように芸術家を志している者にとって、この学校は苦境でしかない。

■スティーヴンの弱点と欠陥、問題、亡霊（プロテウス）

サンディマウント海岸。スティーヴンが海岸沿いを歩きながら、生と死のイメージを見たり、キリストの受難を思い起こさせるような3本マストの舟を目にしたりする。何が本物で何が見せかけなのか、また、彼が何になるべきかということと、周囲が彼に何をさせたいかということのギャップについて、すっかり混乱している。そしてまたもや、彼は自分の本当の父親は誰なのだろうかと思いを巡らせる。

■ブルームの弱点と欠陥、問題、（カリュプソ）

ブルーム宅のキッチンと彼の通う肉屋。午前8時、キッチンにいるレオポルド・ブルームは、まだ眠っている妻モリーのために朝食を作っている。オデュッセウスはカリュプソという女によって7年間囚われの身となった。ブルームは妻によって囚われの身になっている。しかし彼の囚われの状態は自ら進んでそうなったものだ。変わり者で孤高のブルームは、性的にも心理的にも妻のモリーと疎遠になっている。彼は受け入れられることと愛されることを深く必要としている。

自宅のキッチンや肉屋で、ブルームは、食物、女性、セックスを含んだ肉体的な喜びに彼が惹かれる様子を見せている。スティーヴンと同じく、ブルームもまた、鍵を持たずに自宅を出ている。

■ブルームの弱点と欠陥、問題、欲求（食蓮人たち）

郵便局と薬局へ向かう道のり。ブルームは自身の問題を避けること、または食蓮人たちと同じように、問題の存在自体をすっかり忘れ去ることを好んでいる。スティーヴンと同じく、ブルームも受身的で無目的だ。このストーリー全体を通して、彼にはとりとめのない些細な欲求ばかりが心に浮かぶ。郵便局ではマーシャという名の女性と文通していることについて罪悪感を抱くが、文通を越えた仲になるつもりはない。数々の薬に埋もれた薬局でブルームが抱く欲求は、逃避することと、孤独を乗り越えることだ。

■**ライバル、亡霊**（ハデス）　墓地に向かう馬車での道のり。ブルームは、ある男の葬儀に向かう馬車に乗り、自身が一方的に友人だと思っている数人の男たちの中に加わる。しかしこの男たちは彼のことをまるでよそ者のように扱う。馬車はブレイゼズ・ボイランとすれ違う。ボイランが後でブルームの妻とセックスするだろうことをブルームは知っている。ちょうど黄泉の国にいるオデュッセウスのように、ブルームは彼の父の自殺や赤ん坊だった彼の息子ルーディの数十年前の死を回顧する。

■**欲求、ライバル**（アイオロス）　新聞社オフィス。オデュッセウスはその冒険の中で、風の神アイオロスがきつく閉ざしていた風の袋を船員が誤って開けたことで、風に吹かれて帰路に向かう道を逸れてしまう。

現代の旅人であるブルームは新聞の広告取りだ。このオフィスで彼は広告の取引を成立させようと頑張るが、上司のせいで成立させることができない。彼はまた、大ぼら吹きたちから話を聞かされる。彼らはブルームのことを軽視しており、また歴史的事実に反するアイルランドの栄光について見当違いなコメントをする。

■**ストーリー・ワールド、ライバル、亡霊**（ライストリュゴネス族）　ダブリンの街、バートン・ホテルのレストラン、ディヴィ・バーンのパブ、国立博物館。このミニチュア版の放浪冒険旅行（『ユリシーズ』には多くのミニチュアが存在する）では、ブルームがダブリンの中心街を歩く姿が描かれており、この世界の人々や平凡な出来事の数々を細かく描写している。

バートン・ホテルで、ブルームは無作法に食事する客に辟易して店を出る。ブルームは旅路にあり、また対峙を避けようとするタイプの男でもあることから、彼のメインのライバルであるボイランが登場して彼に直接的に対立することはないが、それでもブルームの頭の中にはコンスタントにボイランが浮かんでくる。ディヴィ・バーンのパブで、時間を確かめたブルームは、あと2時間もすれば彼のライバルとモリーとのランデブーが始まることを思う。

この挿話の最後で、ブルームは街角でボイランを見かける。彼と会話することを避けるため、ブルームは素早く博物館に入り、彼に見つからないように、あたかもギリシア神話の女神像の臀部に興味がありそうな体を装う。

■**スティーヴンのライバル、自己発見、ブルームのライバル**（スキュレとカリュブディス）国立図書館。頭脳と論理と芸術を象徴する場所である図書館で、スティーヴンはダブリンの文学エリートたちを相手に彼のシェイクスピア論を披露する。しかし、ブルームと同様に、スティーヴンもまた、この夕べの集いに招待されていないよそ者である。バック・マリガンがそこにやってきて、またしても彼のことを嘲笑する。スティーヴンは、自分とマリガンとの間にある溝があまりにも大きいことを知り、今後は一切、友人としてマリガンに接しないことにする。

この同じ図書館で、ブルームもブルームでスティーヴンの天敵マリガンとかち合っている。ブルームがそそくさと博物館に入ってきた姿を見ていたマリガンは、ブルームが女神の臀部に深く興味を示していたことを馬鹿にする。

■**ストーリー・ワールド**（さまよう岩々）ダブリンの街。さまよう岩々の挿話は、「ユリシーズ」のストーリー・ワールド全体のミニチュアとして、この作品のど真ん中に配置されている。ジョイスはこの都市の多くのマイナーなキャラクターたちそれぞれに、典型的な小さな場面を提供しており、各人がこの1日の冒険旅行をコミカルにまたは悲しく遂行している姿を描写している。

■ブルームの弱点と欠陥、ライバル、疑似的敗北　（セイレン）オーモンド・ホテルのバー。オーモンド・ホテルのバーで、ちょうどセイレンたちが歌で船乗りを魅惑して死に誘うのと同じように、2人の女給がブルームを冷やかす。ここで聴こえる感傷的なアイルランドの歌が彼には苦痛だ。亡くした息子やモリーとの間に抱えた問題を思い起こさせるものだからだ。ブルームはブレイゼズ・ボイランが今まさにブルームの自宅に入ろうとしていることを知っている。この挿話はブルームが一番のどん底に到達するポイントであり、彼の抱く孤独感や深い疎外感が強調されている。

■ライバル　（キュクロプス）バーニー・キアナンの酒場。バーニー・キアナンの酒場で、ブルームは現代版のキュクロプスであるアイルランドのナショナリスト「市民」たちと対峙する。皮肉なことに、ブルームはまた、今この瞬間に彼の直接のライバルであるボイランが自分の妻とセックスしていることを知っている。ブルームにしては最も英雄的な状態にあるここでさえも、彼には自身の弱点を隠すことができない。ここでの彼は、ひどく説教臭い大ぼら吹きの「物知り紳士」のように見えてしまう。

ブルームが彼にとって最大のライバルである「市民」と対峙するこの酒場は、まるで洞窟のようだ。また、この挿話中、この場所は徐々に暗くなってゆき、徐々に乱暴になってゆき、徐々に憎しみに満たされてゆく。

■ライバル、衝動　（ナウシカア）サンディマウント海岸。ほんの数時間前にスティーヴンが歩いたのと同じ海岸で、ブルームは魅力的な女性を見かけ、彼女の肉体的な魅力に刺激を受けて自慰をする。しかし彼女もまた偽の仲間である。この場面はもう一つの偽の衝動の場面であり、ブルームと妻の疎遠な状態を保つ脇道でしかない。

■ブルームの衝動と自己発見、スティーヴンのライバル　（太陽神の牛）国立産婦人科病院、バークの酒場、ダブリンの街。ブルームは、ピュアフォイ夫人を見舞うため産婦人科病院へ行く。彼女はもう3日間、分娩を試みている。

スティーヴンはそれまで友人たちと酒を飲んでいたが、バークの酒場でさらに酒を注文し持っている以上の金を費やす。彼はマリガンと喧嘩になって手を負傷し、次いで売春宿に向かう。

ブルームはスティーヴンを心配し、彼が大丈夫なように一緒にいてやることにする。この時点に至るまで、受身的で無目的な男であるブルームは、数多くの小さな欲求を抱えてきた。そのほとんどは失望に終わっており、それら一連の小さな欲求でここまでの彼の1日は成り立っていた。しかし今ここで、彼は「息子」を見つけることに集中しようというシリアスな衝動を持つ。彼の友人の息子であるスティーヴンこそが、その人物だ。

■ **スティーヴンのライバル、自己発見、道徳的決断、ブルームの衝動と道徳的決断**（キルケ）売春宿。このキルケの挿話（「オデュッセイア」ではここで男たちが豚に変わる）で、酔ったスティーヴンが売春宿に行く。幻覚となって現れる亡母が彼を教会へ引き戻すため彼により強い罪悪感を持たせようとする。スティーヴンはそういう生き方を拒み、自身の杖（彼の剣）でシャンデリアを壊す。こうしてようやく、彼を長い間ずっと囚われの状態にしてきた過去から逃れることができる。

ブルームはその決心をさらに強めながら、スティーヴンを探して売春宿にやってくる。シャンデリアの修理費としてスティーヴンに高額を請求する売春宿の女主人ベラ・コーエンを相手に、ブルームがスティーヴンを守ろうとする。皮肉なことにブルームは、この日で最も道徳的なこの行動をとるために、脅迫という手段をとる。ベラの息子のオックスフォード大学の学費は彼女が娼婦を使って稼いだものであることを公表すると脅すのだ。

■ **スティーヴンとブルーム両者の限界のある自己発見と道徳的決断**（エウマイオス）フィッツハ

リスの喫茶店。2人は小さな喫茶店に向かう。売春宿で自己発見しているスティーヴンには、今後自分が何をすべきか分かっている。彼はある男にいくらかの金を貸し、近々あの学校で教師の職にありつけるだろうと語る。

この喫茶店でスティーヴンとブルームはさまざまな話題で長い会話を楽しむ。2人はひと時のコミュニティを体験したものの、この2人は結局のところ、この夜を過ぎても友情を保ち続けるには、あまりにも異なっていすぎる。徹底的に理論派で芸術家肌のスティーヴンにとって、ブルームは実践的で俗物すぎる存在なのだ。

ここでブルームの衝動はふたたび移行する。今度のそれは、結婚生活という意味でも、また帰宅するという意味でも、自分がモリーのもとに戻れるかどうかというものだ。モリーが憤怒するだろうことは分かっているが、ブルームはスティーヴンを連れて帰ることに決め、「私にもたれろ」と言う。「ユリシーズ」が他のさまざまなストーリーと比べて、心理的および道徳的な欠陥がずっと複雑なものである証拠のひとつは、ブルームの下す道徳的決断が厳密には利他的なものではないところにも表れている。彼はスティーヴンのことを、広告の原稿書きに役立つかもしれないと考えている。この若者が書くべきストーリーの素材を提供してくれるだろう、その感受性から得られるものがあるだろうと思っている。

■**テーマ的自己発見**　（イタケ）ブルーム宅のキッチンと寝室。この新たな「父」と「息子」は、ブルーム宅のキッチンでココアを飲み、いま一度、コミュニティの時間を過ごす。このキッチンは、言うまでもなく、この朝に「囚われの身」だったブルームがモリーのために朝食を作っていた場所だ。スティーヴンは自宅に帰り、ブルームは床につく。教義問答形式の手法でこの挿話を語ることで、ジョイスはちょうど短編「死者たち」の終盤でやったのと同じように、「ユリシーズ」をこのキャラクターたちよりも高いところ、宇宙的な視点やテーマ的自己発見へと引き上げてゆくプロセスを開始している。この2人の男が、小さいながらも本物のコミュニティを経験したことは確かだが、スティーヴンが立ち去ったとき、ブルームは「星と星の間にある空間の冷たさ」を感じるのだ。

■**モリーの弱点と欠陥、問題、部分的自己発見、道徳的決断**　（ペネロペイア）ブルームとモリーのベッド。ベッドの中でモリーは彼女視点の「ユリシーズ」のストーリーを語る。ただし彼女の旅路はすべて彼女の頭の中で展開されたものだ。彼女は彼女が抱える深い孤独感や夫から愛されていないと感じていることについて語る。彼女はまた、夫の持つ多くの弱点と欠陥について、とてもよく把握している。ブルームはもう彼女の隣で（足と頭が逆ではあるが）眠りについているが、夫婦で共にするベッドの中で、彼女はこの日ブレイゼズ・ボイランと交わした性行為について回顧する。

しかし結果的にモリーは「ＹＥＳ」の女だ。明日の朝は夫のために卵料理の朝食を作ってあげようと思う彼女の思考の中に、そしてまた、彼の妻になることに同意して「シードケーキ」を口移しで食べさせた頃の深く愛していた彼を思い出す彼女の思考の中に、ブルームとモリーの愛が再生する感覚を見ることができる。この大きく一回りする旅路は、家に戻って終わりを迎えるが、そこには、ブルームとモリーの間で「改めての結婚」が今ちょうど起ころうとしているのかもしれないという暗示が込められている。

ストーリー・ワールドの創作――執筆エクササイズ　5

■**一文にまとめたストーリー・ワールド**　あなたのストーリーの設定原則を使ってストーリー・ワールドを一文の説明文にまとめる。

■**全体のアリーナ**　全体のアリーナを決め、またストーリー全体を通して単一アリーナを保ちつづける方法を考える。これには4種類の方法がある。

1　大きな傘を作り上げて、その傘下で横切ったり凝縮させたりする方法

2　概ね同じエリアだが1本の直線のように発展してゆく場所を抜ける旅路に主人公を送り出す方法

3　概ね同じエリアの中を巡って帰ってくる旅路に主人公を送り出す方法

4　主人公を陸に上がった魚のような状況に置く方法

■**価値基準の対立関係と視覚的な対立関係**　ストーリーのキャラクター・ウェブに立ち返り、キャラクター間にある価値基準の対立関係を見定める。それらの価値基準の対立関係に合うように、またはそれらの価値基準の対立関係を表現できるように、視覚的対立関係を割り当てていく。

■**土地、人間、テクノロジー**　あなたのストーリーの世界を形作ることになる、土地と人間とテクノロジーの独創的なコンビネーションを明らかにする。たとえば、原始的な道具を使う少数の放牧民しか暮らしていない豊潤な荒れ地であるとか、または自然がことごとく姿を消し、テクノロジーがとても進化している現代都市で展開するストーリーであるとかいったものだ。

■**組織**　あなたの主人公が、ある組織（または複数の組織）の中で暮らし働いているのであれば、その組織の規則や権力のヒエラルキーを明らかにすると同時に、主人公がそのヒエラルキーでどこに位置するのかも明らかにする。巨大組織が主人公を囚われの状態にしている場合には、自身が囚われの状態にあることを主人公が気づけない理由についても明らかにする。

■**自然環境**　主要な自然環境（海、宇宙、森、ジャングル、砂漠、氷、島、山、平野、川）があなたのストーリー・ワールドの全容に相応しいかどうかを見極める。そのどれを使うにせよ、意外性の

ない形であっても、真実味のない形であってもいけない。

■気候　どのようにして気候を扱えばストーリー・ワールドを詳細に描くのに役立つだろうか？　特別な天気を使う場合は、ストーリーにおける劇的な場面（たとえば自己発見や対峙・葛藤）に焦点をあてよう。ここでもまた平凡な使い方を避けたい。

■人工的空間　キャラクターたちが暮らし働いているさまざまな人工的空間を、ストーリー構造に組み込むためには、どのような形で使うべきか？

■ミニチュア　ミニチュア版を登場させるべきかどうか決める。登場させるのであれば、それは何であり、また具体的に何の縮図なのかを明らかにする。

■大から小へ、小から大へ　ストーリー経過とともにキャラクターが大きくなってゆく、または小さくなってゆくことがあなたのストーリーに適しているかどうかを見定める。そうすることによってキャラクターやストーリーのテーマがどのような形で浮き出てくるだろうか？

■世界と世界をつなぐ通路　キャラクターがひとつのサブワールドから、まったく異なる別のサブワールドへと移動する場合には、それをつなぐ独創的な通路を考案しよう。

■テクノロジー　あなたのストーリーにとって重要な意味を持つテクノロジーを明らかにする。たとえそれが徹底的にありきたりで日常的な道具であっても一向にかまわない。

■主人公の変化と世界の変化　いま再び、主人公の全体を通しての変化に着目する。その変化に応じて世界も変化するかどうかを明らかにする。世界も変化する場合は、どのように変化するかも明らかにする。

■季節　ある特定の季節がそのストーリーにとって重要かどうかを見定める。重要だと判断した場合には、物語の筋と季節を関連づけるための独創的な方法を考える。

■祝日や儀式　祝日や儀式によって代弁される人生観がストーリーの中心にある場合は、まずはあなた自身がその人生観に賛成なのか反対なのかを決定する。その上で、適確なストーリー・ポイントにその祝日や儀式を結びつける。

■視覚的な7段階　ストーリー構造の主要段階と結びつけたい視覚的なサブワールドについて詳細に決めてゆく。特に次の7段階に注目しよう。

1　弱点と欠陥
2　欲求
3　ライバル
4　疑似的敗北または一時的自由
5　死の国への訪問
6　決戦
7　自由、または囚われの状態

主要な自然環境や人工的空間をどのようにしてサブワールドと結びつけるべきだろうか。その際は、次の三つのサブワールドに着目しよう。

1　**弱点のサブワールド**　ストーリーの開始時点で主人公が囚われの状態になっているのであれば、開始時点でのサブワールドがどのような形で主人公の最大の弱点を示していたり強調していたりするのかを明らかにする。

2　**ライバルのサブワールド**　ライバルの世界がどのような形で主人公の最大の弱点を攻撃するライバルの力や能力を示しているかを明らかにする。

3　**決戦のサブワールド**　ストーリー全体の中で最も制限された場所で決戦を展開させる方法を導き出そう。

それではここで、史上屈指の大ヒットとなったストーリーを実例に、そのストーリー・ワールドを分析してみよう。

『ハリー・ポッターと賢者の石』（小説…J・K・ローリング、脚本…スティーヴン・クローヴス　2001年）

■**一文にまとめたストーリー・ワールド**　巨大な中世の魔法の城を校舎とする魔法学校。

■**全体のアリーナ**　「ハリー・ポッター」シリーズのストーリーはどれも、神話とおとぎ話と（『チップス先生さようなら』『Tom Brown's Schooldays』『いまを生きる』のような）学生の成長物語を組み合わせたものだ。『ハリー・ポッターと賢者の石』でも、日常的な世界から始まり、ファンタジー世界のメイン・アリーナに移行するという、いわゆるファンタジーのストーリー構造が用いられている。その世界、アリーナとなっているのは、豊潤な自然に囲まれた城に位置するホグワーツ魔法魔術学校だ。このストーリーは、おおむね学校の1年を通して展開するが、この場所にはサブワールドが無限に存在するようだ。

■**価値基準の対立関係と視覚的な対立関係**　このストーリーでは、数多くの価値基準の対立関係が、視覚的な対立関係をベースにして描かれている。

1　**ハリーをはじめとするホグワーツの魔法使いたちVSマグルたち**　最初の対立関係は魔法族とマグルの対立関係だ。魔法使いではない普通の人々マグルは、資産、金銭、快適さ、快楽、そして何よりも自己に価値基準を置いている。ホグワーツ魔法魔術学校の魔法使いは、誠実さ、勇気、自己犠牲、学ぶことに価値基準を置いている。

視覚的には、マグルたちは平均的な郊外住宅地に建つ平均的な家に暮らしている。そこはすべてが均質化されていて、どれも同じような見た目で、魔法もなければコミュニティも存在せず、自然はすっかり管理されていて、ほぼないに等しい。

ホグワーツの世界はまさしく魔法の王国であり、野生の自然に囲まれた大きな城の学校は、魔法を教えるためだけでなく、価値観も教えるためにつくられたものだ。

2

ハリー vs ヴォルデモート卿　メインの対立関係は、正義の魔法使いのハリーと邪悪な魔法使いのヴォルデモートの対立関係だ。ハリーの価値基準は、友情、勇気、成就、公正さにある。一方のヴォルデモートは権力だけを信じており、それを手に入れるためなら（殺人も含めて）どんなことでもする。ハリーの視覚的な世界は、ホグワーツの学徒たちのコミュニティである「丘の上の輝く街」である。ヴォルデモートの世界はこの魔法学校の周囲にある禁じられた森や学校の下の闇の世界で、彼のパワーはここで最大限に発揮される。

3

ハリー vs ドラコ・マルフォイ　第三の主要な対立関係は生徒同士の対立関係だ。ドラコ・マルフォイは上流階級に属しており、貧困な人々を軽蔑的に扱っている。彼はステータスや、どんな犠牲を払ってでも勝利することに価値を見いだしている。ドラコをライバル寮であるスリザリンに入れることで、ハリー、ロン、ハーマイオニーとの対立関係が示されている。それぞれの寮にはそれを想起させる旗と色がある。

■**土地、人間、テクノロジー**　このストーリーの時代設定は現代だが、実際には、観客が予想しているものとは大きく異なる土地と人間とテクノロジーのコンビネーションを持つ一昔前の社会の成り立ちに立ち返っている。ここは、城や湖や森のある中世の世界にある現代のエリート私立学校なのだ。テクノロジーもまた組み合わせで成り立っている。最新型の魔法のほうきニンバス２０００のようなハイテクでピカピカの道具もあれば、魔法の授業は現代の大学のような深遠さと荘厳さをもって進められている。

■**組織**　「ハリー・ポッター」シリーズで描かれる組織は、エリート私立学校と魔法の世界というふたつの組織が融合されたものだ。この融合はストーリー・アイデアとして傑出したもの

（そして何十億円を稼ぎ出すに相応しいもの）だと言える。作者のJ・K・ローリングは、この融合させた組織の規則や運営方法を細かく練り上げることに精魂込めた努力を払っている。校長であり最も偉大な魔法使いでもあるダンブルドア。マクゴナガル先生やスネイプ先生などの教師たちが分担して、闇の魔術に対する防衛術や薬草学などといった教科を教えている。生徒たちは、グリフィンドール、スリザリン、ハッフルパフ、レイブンクローの四つの寮に分けられている。この魔法界には、ここ独特のスポーツ、クィディッチまであり、「本物の」世界に実在するさまざまなスポーツと同様に一連のルールまでしっかりと定められている。

11歳の1年生であるハリーは、この世界のヒエラルキーの最下部にいる。今後の7年間にわたる七つのストーリーの間に、彼がトップに上がってゆくだろうことは、彼の素晴らしい潜在能力がすでに暗示している。しかしこの時点での彼は、観客と同じ視線で、この魔法学校の組織がどのように機能しているのかを学ぶことになる。

■自然環境　ホグワーツ城は、山中の湖のほとりに建ち、また禁じられた森に囲まれている。

■気候　気候はいくつかのドラマティックな効果として使用されているが、その使い方はかなりありきたりだ。ハリーの育ての家族たちが隠れている小屋にハグリッドがやってくる時には、豪雨が降っている。トロールが学校で暴れるハロウィンには稲光が使われている。クリスマスには雪が降っている。

■人工的空間　ローリングは、人工的空間の手法を最大限に駆使してストーリーテリングを行なっている。彼女はまず初めに日常的なものを見せることでこの魔法の世界の設定を固めている。ハリーは生まれてからの11年間ずっと、個性のない郊外住宅地にある個性のない家に囚われの状態で暮らしている。自分が魔法使いだと知らされてからのハリーは、ある意味時間を遡り、19世紀のディケンズ的な街並みのダイアゴン横丁でハグリッドと買い物をする。この横丁にはまだ英国的な感覚が残っているが、ここにある奇異な店の数々やコミュニティ的な坩堝状態は、この場所がホグワーツ学校という中世の魔法の王国に向かう旅路の中間地点であるという興奮を刺激している。オリハンダーの杖の店もあれば、小鬼の銀行員たちがいるグリンゴッツ銀行の洞窟的な金庫室には、ディケンズ的な山の魔王の宮殿を想起せるものがある。次いでハリーは19世紀の機関車、ホグワーツ特急に乗り、ホグワーツのおとぎ話的世界の奥深くへと入ってゆく。

学校であるホグワーツ城は究極的な温かい家に当たるもので、そこには人目につかない場所やこぢんまりした片隅が無限にあり、生徒と教師によるコミュニティ感覚で満たされている。この温かい家の中心にある大広間は、大聖堂のようなスペースで、天井からは旗が吊るされている。それらはアーサー王伝説や騎士道精神を想起させるものだ。ここでは、このコミュニティが一堂に会し、優秀な働きをした者に賞があたえられる。

この温かい家の中には、多様な迷路がある。エッシャーの絵画のように階段が変形して、思ってもいなかったところに導かれることも少なくない。生徒たちが自分の部屋に行くためには秘密のパスワードを使わなければならない。

この温かい家はまた、恐ろしい場所でもある。4階は立ち入り禁止だ。そこは埃にまみれた空っぽの場所で、頭が三つある大きな番犬と落とし戸がある。この落とし戸は、実のところ、この学校の地下室のような闇の世界へと続く通路である。そこには巨大なチェスの駒がある。そこで生死を賭けた頭脳の決戦が展開される。

■ミニチュア　クィディッチというスポーツは、この魔法の世界やそこにおけるハリーの立場のミニチュア版である。ホグワーツが全寮制学校と魔法の世界の掛け合わせであるのと同じように、クィディッチはラグビーとクリケットとサッカーのコンビネーションに、空飛ぶほうきと魔法と昔のイングランドの騎士たちが行なっていた馬上槍試合を掛け合わせたものだ。クィディッチを通じて、この学校内のライバル寮にあたるグリフィンドールとスリザリンの仮想バトルが描かれるだけでなく、彼らの魔法のスペクタクルに満ちたアクション的一面を見せることもできる。

素晴らしい潜在能力を持った魔法使いであるという評判もあって、ハリーは誰もが熱望するこのチームのシーカー役を射止め、この1世紀でこのポジションをつとめた最年少の人物となる。もちろん、このシーカーというコンセプトには、神話や哲学に由来するより大きな意味も含んでおり、この「賢者の石」だけでなく「ハリー・ポッター」シリーズ全体を通してハリーが体験する冒険の全容を暗示している。

■大から小へ、小から大へ　この手法は「賢者の石」ではあまり使われていないが、トイレで主要役の3人が巨大なトロールを相手に戦わなければならない場面では、結果的に、3人とも小さな存在となっている。また、三頭犬も大きく、ハグリッドも優しい巨人である。

■世界と世界をつなぐ通路　ローリングはこのストーリーで三つの通路を登場させている。最初のそれはレンガの壁で、ハグリッドがまるでルービックキューブのようにレンガを回転させて壁を「開いて」いる。この通路を通って、ハリーはマグルとして育てられた日常的な世界から魔法使いたちの街角であるダイアゴナル横丁に入ってゆく。二番目に登場する通路は、鉄道駅でハリーがウィーズリー兄弟に続いてレンガのアーチ塀を通り抜けてゆく、ホグワーツ特急に乗るための9と4分の3番線だ。そして三番目の通路は、ホグワーツ城の闇の世界へとつながっており、あの三頭犬が番をしている落とし戸である。

■テクノロジー　テクノロジーは「賢者の石」に登場するあらゆる要素の中でも特に創意に富んでおり、「ハリー・ポッター」シリーズがあれほどの大人気を博した基礎土台にもなっている。

それは魔法にまつわるテクノロジーで、そこには動物たちの可愛らしさをともなった現代的なハイテクの力という側面と、魔法の側面という、二つの魅力がある。たとえば、フクロウが手紙を配達し受け取り主の手の中に落としてゆく。魔法使いが魔法を使うための究極的な道具である杖は、魔法の杖の専門店で売られており、それぞれの杖が持主を選ぶ。個人で移動するために最も頻繁に使用される乗り物はほうきであり、最新モデルのニンバス２０００のスペックは、まるでコンピュータのようになっている。組み分け帽子はそれを被った者の頭の中や心の中を読み、その人物がどの寮に一番相応しいかを決定する。

ローリングはまた、誤りの変化や誤りの価値基準を示すための道具まで生み出している。願望を映しだす鏡というものは、ストーリーテリングのツールとして昔から使われているもの（まさにストーリーテリングの象徴とさえ言えるもの）で、その人物が最も切実にそうなりたいと夢見ているものを映しだす。この鏡の中に見えるのは、もう1人の自分だが、実は人生を棒に振ってしまうことにもなりかねない誤りの願望である。また、古《いにしえ》の哲学から生まれた道具である透明マントは、これを着用した者が何の障害もなく最大の願望をかなえるために使うことができる。これによってより大きなリスクのある行動に出られるが、それに失敗したときの危険度も甚大だ。賢者の石は金属を金に変え、不老長寿の霊薬を作ることができ、その霊薬を飲んだ者は死なない。しかしそれは誤りの成長だ。ハードワークによって勝ちとられた変化ではないのだから。

■**主人公の変化と世界の変化**　ストーリーの最後でハリーは両親の死という亡霊を乗り越え、愛の力を学ぶ。しかし、豊潤な自然環境に囲まれ、時間を超越したホグワーツ魔法魔術学校が変化することはない。

■**季節**　ローリングは、学校での1年周期（四季を含めて）をホグワーツ魔法魔術学校の自然環境と深く結びつけている。これをすることで、生徒たち、特にハリーの成長と、自然が持つ知恵やリズムをほのかに関連づけている。

■祝日や儀式　「賢者の石」には、学校での1年のリズムにおける区切り点として、ハロウィンやクリスマスが登場しているが、作者は特にそれらの祝日にこめられた哲学を強調してはいない。

それではここで、この作品を使って、視覚的な7段階とそれに関連するストーリー要素について検証してみよう。具体例は（　）内で記した。

■ハリーの問題、亡霊（**郊外住宅地の家、階段下の部屋**）　多くの神話（モーゼ、エディプス、多くのディケンズ作品など）がそうであるように、ハリーはまず孤児として他者に育てられる赤ん坊として登場する。もしも魔法使いたちがこぞって彼の亡霊（今後ハリーを苦しめることになる過去の出来事）についてほのめかしてしまったら、名声ばかりが先行してしまうので、たとえ過酷な生活になるとは分かっていても、マグルの家族の手に預けられていたのだ。そして実際に彼は生まれてからの11年間、階段下の牢獄のような部屋をあたえられて生活する。強欲で自己中心的な伯母と伯父と従兄弟は、ハリーに威張り散らし、彼に真の彼がどういう存在なのか教えずにいる。

■弱点と欠陥（**動物園のヘビ展示、ホグワーツの大広間**）　ハリーは自身の出生についても、また自分が魔法使いとして素晴らしい潜在能力を持っていることも知らない。彼が動物園の爬虫類館のヘビ展示場へやってき時、彼自身も観客も、彼がまだ知らない何かについておぼろげに知ることができる。この場所は、野生の自然が完全に抑制されて囚われの状態となっている。ハリーはヘビと会話ができるという自分の能力に驚き、このヘビを自由にしてやり、また、意地悪な従兄弟をヘビの檻の中に閉じ込める。

より後の段階では、ホグワーツの大広間で組み分け帽子が彼について、勇気があり、頭が良く、才能もあり、自分の力を証明することを渇望していると述べており、ハリーの潜在能力と欠陥の両方をそこにいる全員の目前で強調している。入学したてとはいえ、ハリーが魔法使いとしての克己心と訓練に欠けているという事実は痛々しいほど明確だ。

■**欲求、亡霊**（小屋、大広間、落とし戸）「賢者の石」は7巻からなるシリーズの第一弾なので、いくつかの欲求の筋を設定しなければならない。

1　**シリーズ全体を通して描かれる欲求**　ホグワーツ魔法魔術学校に入学して偉大な魔法使いになるために学ぶこと。

伯母家族がハリーを隠した小屋にハグリッドが現れたとき、ハリーのこの欲求の前半は満たされている。ハグリッドは、ハリーが魔法使いだということ、殺された魔法使いの両親の間に生まれたのだということ、そしてホグワーツ魔法魔術学校への入学が許可されたことを彼に告げる。偉大な魔法使いになるため学ぶという欲求を満たすためには7巻すべてが必要となる。

2　**「賢者の石」を通して描かれる欲求**　寮対抗杯を勝ちとること。

ハリーを初めとする1年生が大広間に集められ、この学校の規則が教えられ、組み分け帽子によって四つある寮のひとつに組み分けされた時点でこのゴールは設定される。こうすることよって、学校での1年間を通してバラバラに展開される神話の全挿話をまとめて、1本の定まった道筋に配置することができる。この欲求の筋は全員が集められた大広間で始まり、そしてハリーたちが彼らの寮の勝利に沸き立つ大広間で終わる。

3

「賢者の石」の後半で展開される欲求の筋　落とし戸の下で賢者の石の謎を解くこと。

寮対抗杯を勝ちとりたいという欲求が学校での1年間に形をあたえている。しかし、特にこのストーリーはシリーズの第一弾ということもあり、それ以外のさまざまな要素もしっかりと扱い切らなければならない。たとえば、ローリングはこの作品では数多くのキャラクターたちを紹介し、魔法のルールを説明し、クィディッチの試合を含むこの世界の数多くのディテールを提供しなければならない。そこで必要になってくるのが第二の欲求を提出してそこに焦点を当てることである。

ハリーとロンとハーマイオニーは、意図せずして4階の立ち入り禁止エリアに入り、三頭犬に守られている落とし戸を見つけるが、そのときにこの欲求を持つことになる。これで漏斗効果が生まれ、世界を描くことに比重の置かれたストーリーが小さな一点に集約される。これによって「賢者の石」は謎解き物語となるわけだ。謎解き物語形式はストーリーテリングの中でも屈指の明確で力強い背骨を持っているのだ。

■ライバル（郊外住宅地の家、授業、競技場、トイレ）　ハリーが直面する最初のライバルは、自宅にいる伯父のバーノン、伯母のペチュニア、従兄弟のダドリーだ。彼はシンデレラのようにあらゆる家事を押し付けられ、階段下の小さな部屋で暮らすことを強いられている。ハリーの継続的なライバルはドラコ・マルフォイで、ハリーはさまざまな授業で彼と戦わなければならない。競技場では、グリフィンドールの一員としてハリーはドラコの所属するスリザリンとクィディッチの試合をする。女子トイレでは、ハリーと友だちが巨大なトロールと戦っている。

■ライバル、疑似的敗北（禁じられた森）　ヴォルデモート卿は、ハリーにとって長期的な隠れたライバルであり、彼のライバルの中でも最もパワフルな存在だ。7話シリーズの1話目にあたるこの作品で、ローリングは実に難しい創作上の問題に直面している。この対立関係を7冊の本に一貫して維持しなければならないこと、そしてまた、この1冊目ではハリーがまだ11歳でしかないので、ローリングはヴォルデモートをかなり弱体化した状態で登場させなければならなかったのだ。この「賢者の石」では、ヴォルデモートは生き続けることさえギリギリな状態にあり、クィレル先生の心と身体を使って行動しなければならない。

それでもなお、ヴォルデモートや彼の闇の世界は危険だ。禁じられた森には致命的な植物や動物がたくさんおり、ハリーも他の生徒たちも容易に迷ってしまえる。ハリーが夜にこの恐ろしい森に入ると、吸血鬼のようなヴォルデモート卿がユニコーンの血を飲んでいる。弱体化された状態にあってさえも、ヴォルデモートは他者を殺せるほどパワフルなのだ。ハリーの命はギリギリのところでケンタウロスの介入により救われる。

■ライバル、決戦（**ホグワーツの闇の世界**［**落とし戸、悪魔の罠、閉じられた部屋**］）　ハリーとロンとハーマイオニーは賢者の石を見つけるため立ち入り禁止の4階へ行く。しかしそこで、（ちょうどハデスを守るケルベロスのような）三頭犬を通過した彼らは、落とし戸から悪魔の罠へと落ち、ツタに絡まれて窒息しそうになる。彼らはホグワーツの闇の世界、ヴォルデモートのもう一つのサブワールドに入ったのだ。そこで彼らは空想的だが致命的な魔法のチェス試合というすさまじい決戦に勝たなければならない。

ハリーとヴォルデモートとの決戦は閉ざされた部屋、つまり狭い空間で展開される。この部屋自体は長い階段を降りた最下部にあるが、この設定により渦のど真ん中にいるという印象をあたえる効果が生まれている。

ハリーは1人でヴォルデモートとクィレル先生に対峙する、そこからハリーが逃れようとすると、クィレルはこの部屋を火の輪で囲う。ヴォルデモートはハリーの最大の弱点（記憶にない両親に会いたいと切望する気持ち）を攻撃する。賢者の石を渡せば両親を戻してやろうとハリーに約束するのだ。

■自己発見（火の部屋、医務室）　ヴォルデモートとクィレル先生から徹底的に攻撃を受けるハリーは、善良な魔法使いとして行動する。医務室で目覚めた彼は、彼の身体には文字通り愛が注ぎ込まれており、愛によって守られているのだということをダンブルドア校長から知らされる。ハリーの母がハリーを生かすため自身の命を犠牲にしたときに見せた愛のおかげで、邪悪なクィレルを焼き殺したのだ。

■新たなバランス状態（駅）　学校での1年間が終わり、生徒たちはあの通路を通って日常的な世界に帰ってゆく。しかし今のハリーには、ハグリッドからもらった写真のアルバムがある。そこには両親の愛情豊かな腕の中にいる自分の写真がある。

＊1　Gaston Bachelard, *The Poetics of Space*（Beacon Press, 1969）p.43.
［ガストン・バシュラール『空間の詩学』岩村行雄訳、筑摩書房］
＊2　同書、p.201.
＊3　同書、p.47.
＊4　同書、p.4.
＊5　同書、p.7.
＊6　同書、p.51.
＊7　同書、p.52.
＊8　George Sand, *Consuelo*, vol. 2, p.116.
［ジョルジュ・サンド『歌姫コンシュエロ下愛と冒険の旅』持田明子、大野一道訳、藤原書店］
＊9　Bachelard, Poetics of Space, p. 150.
＊10　同書、P.155.

第7章 シンボル・ウェブ（複雑に絡み合うシンボルの網）

シンボルについて、文学の授業でしか重要視されないような、厄介で、どうでもいいものだと考えているライターは多い。それは大きな間違いだ。その考えを捨てて、シンボルをストーリーという織物に編み込まれる宝石ととらえてみると、シンボルにまつわる一連の手法の持つパワーがたくさん見えてくるはずだ。

シンボルの手法はどれも小規模だ。物語全体を通して何度も繰り返し出てくる、何か（人、場所、行動、物）の代わりに使われる言葉や物体がシンボルだ。キャラクターやテーマやプロットが観客をだましたり喜ばせたりする大きなパズルとするなら、シンボルは表面よりもずっと奥深いところで魔力を発揮する小さなパズルだ。ストーリーの書き手として成功したいのであれば、シンボルの手法は必要不可欠だろう。なぜなら、シンボルは、観客の心を揺さぶる隠れた言語となってくれるものだからだ。

シンボルの働き

シンボルは、観客が価値を見いだせる特別なパワーを持ったイメージとなる。物質がエネルギーを極めて濃く凝縮させたものであるのと同じように、シンボルも意味を極めて濃く凝縮させたものなのだ。実際、シンボルはあらゆるストーリーテリングの手法の中で最も「凝縮・拡張器」的な要素が強いものだと言っていいだろう。シンボルの使用法をとても簡単に表現するなら「たとえと繰り返し」ということになる。その働きは次のような感じだ。ある感情を描きたいとしたら、観客にその感情を引き起こさせるきっかけとなるシンボルを設定する。次に、そのシンボルを少しずつ変化させながら繰り返して使う。

感情→シンボル→観客の中で引き起こされる感情
変化させたシンボル→観客の中でより大きく引き起こされる感情

シンボルは観客の心の中で、こっそりと、そしてパワフルに機能する。シンボルが登場すると、ちょうど池の波紋のように共鳴が生まれる。そのシンボルを繰り返し出していくうちに、その波紋は観客の心の中で大きく広がって反響する。たいていの場合、観客はそのことに気づいていないものだ。

シンボル・ウェブ

主人公を作る際に、その人物を個性的で大切な唯一の人物として扱うことが大きな誤りだということを前に述べた。なぜなら、それをしてしまうと、たちどころに、その作品に登場する他のどのキャラクターにもまったく個性が宿らなくなってしまうからだ。それと同じように、シンボルを作る際の注意すべき大きな誤りは、そのシンボルだけを唯一の物体として扱ってしまうことだ。

☑常に各シンボルがお互いを助け合うようなシンボルのウェブを作るよう心がけること。

ここで少しだけ立ち止まり、いま一度、ストーリーという身体構造のさまざまな下位組織がどのような形で連携し合っているかについて振り返ってみよう。キャラクター・ウェブは、パワフルな理論をもとにした一連の行動を通じて、世界の働き方についてより深い真実を見せるものだ。シンボル・ウェブは、ある物や人物や行動を別の物や人物や行動にたとえることで、世界の働き方についてより深い真実を見せるものだ。観客は、部分的であれ、ほんのわずかであれ、そのたとえに気づくと、その比較された二つの事物のより深い本来の姿を知ることができる。

たとえば、『フィラデルフィア物語』では、トレイシー・ロードを女神にたとえることで、彼女の美しさや気品だけでなく、冷たさや他者に対する優越感も強調している。『ロード・オブ・ザ・リング』では、ロスロリアンの静かな森の世界を、モルドールの恐ろしい山の世界と比較することで、生気をあたえてくれる穏やかで平等なコミュニティと、火に満ちた致死的な暴君の世界のコントラストを強調している。「誰がために鐘は鳴る」では、飛行機と馬を比較することで、人間的な騎士道精神や忠誠や名誉に価値を求める馬文化が、非人間的な力に価値を求める機械文化に取って代わられようとしていることを要約している。

シンボル・ウェブは、ストーリー全体、ストーリー構造、キャラクター、テーマ、ストーリー・ワールド、行動、物体、ダイアログといった要素のどれか、またはすべてにシンボルをあたえるようにして作り上げられてゆく。

ストーリー・シンボル

ストーリー・アイデアやプレミスにおけるシンボルは、基本となるストーリーのひねり、中心テーマ、または、ストーリー全体の構造を表現し、それらをひとつのイメージにまとめてくれる。そのようなストーリー・シンボルを実例で検証してみよう。

「オデュッセイア」

「オデュッセイア」の中心的ストーリー・シンボルは、その題名どおりオデッセイ、つまり忍耐強く続けられる長き旅路である。

「ハックルベリー・フィンの冒険」

この作品の中心的シンボルは、実はミシシッピ川を下るハックの旅路ではなく、むしろいかだである。いかだという脆い浮島の上に、白人少年と黒人奴隷が友人として平等な立場で生きている。

「闇の奥」

シンボルでもある「闇の奥」というタイトルは、このジャングルの最奥地のことであり、また川を上ってゆくマーロウの肉体的、精神的、道徳的な終着点を象徴してもいる。

「スパイダーマン」「バットマン」「スーパーマン」

どのタイトルも特別な能力を持ったハイブリッドな人間を示している。しかし、これらのタイトルはまた、この主人公の人格の分断や人間コミュニティからの隔絶も暗示している。

「桜の園」

桜の園は時間を超越した美しい場所を暗示しているが、同時に非実用的な場所という暗示もある。非実用的であるがために、現実的な世界において、そこは開発の犠牲になっても仕方がない場所ということになる。

「緋文字」

緋文字は、最初はある女性が不倫理的な愛の行動をとったことを世間に知らせる文字通りのシンボルとして使われている。しかしそれは、後には、真の愛を基礎にした一般とは異なる道徳観念のシンボルとなっている。

「若き芸術家の肖像」

この芸術家のストーリーは、彼のシンボル的な苗字ディーダラスで始まる。ギリシャ神話のダイダロス（英語読みでディーダラス）は、あの迷宮を建てた建築家であり発明家である。ダイダロスという名前を聞くと翼が連想される。ダイダロスは自分と息子イカロスがこの迷宮から逃げ出すために翼を作っているからだ。「若き芸術家の肖像」の芸術家肌の主人公が、自身の過去や母国から逃れるために行なった一連の試飛行からなる「肖像」というストーリー構造をジョイスはつくり上げた、という意見で多くの評論家が一致している。

「わが谷は緑なりき」

ある男がウェールズの炭鉱町で過ごした子供時代を振り返る形で語られるこのストーリーには、メインとなるシンボルが二つある。緑の谷と黒い炭鉱だ。緑の谷は真の彼の故郷だ。緑の谷はまた、主人公が緑に象徴される自然や青春時代や純情や家族や故郷から、黒く機械化された工場の世界、疲れ果てた家族、追放者へと移行することによる心理的な旅路や全体のストーリー経過の開始地点でもある。

「カッコーの巣の上で」

このタイトル（原題を直訳すると「カッコーの巣の上を飛ぶ者」）にある二つのシンボル、狂気の場所と空を飛ぶような自由精神は、楽しいことを好む囚人が精神病院の患者たちをかき乱す全体のストーリー経過を暗示している。

「ネットワーク」

文字通りテレビの放送局を示す言葉でもあるネットワークは、その世界に巻き込まれている者たち全員を身動きできなくする蜘蛛の巣のような網の目（ウェブ）を象徴している。

「エイリアン」

エイリアンとは異端者のシンボルだ。ストーリー構造としてのそれは、こちらの中に入ってくる恐ろしい他者である。

「失われた時を求めて」

この作品の主要シンボルはマドレーヌだ。これを食べたことがきっかけで、この語り手はこの物語を思い出している。

「武器よさらば」

主人公にとって「武器よさらば」という言葉は軍務放棄を意味する。これはこのストーリーで語られる中心的行動である。

「ライ麦畑でつかまえて」

題名であるライ麦畑のキャッチャーとは、主人公がそういう存在になりたいという夢想のシンボルであり、また、彼の思いやり、そして変化を止めたいという非現実的な欲求の象徴でもある。

シンボル・ライン

ストーリーに編み込むためのシンボル・ウェブを考える際には、まずそのウェブにある主要シンボルすべてを関連づけることのできる一文を作るところから始めよう。このシンボル・ラインは、この時点ですでにできている設定原則、ストーリー・ライン、ストーリー・ワールドを基礎に置いたものでなければならない。

その練習として、チャプター2「プレミス」で論じたストーリーの設定原則にいま一度立ち返り、その中からシンボル・ラインを見つけ出してみよう。

出エジプト記におけるモーゼ

■**設定原則**　自分が何者かを知らない男が自由のために人々を率い、彼らや自身を定義することとなる新たな道徳律を受けるために格闘する。

■**ストーリー・ライン**　民への責任を担う男は、神の言葉によって理想の生き方を理解するという褒章を得るものである。

■**ストーリー・ワールド**　奴隷都市から荒れ野を通って山頂までの旅路。

■**シンボル・ライン**　燃える柴、疫病、十戒が記された石板といったシンボルを通して神の言葉が具現化される。

「ユリシーズ」

■**設定原則**　ある街を舞台に、ある1日を追った現代のオデュッセウスである1人の男は「父」を見いだし、もう1人の男は「息子」を見いだす。

■**ストーリー・ライン**　真のヒーローとは、自らの日々の逆境に耐えながら、助けを必要とする他者に思いやりを見せる人のことである。

■**ストーリー・ワールド**　ある都市の24時間で、それぞれの挿話は神話で描かれた苦境の現代版である。

■**シンボル・ライン**　現代のウリッセース（オデュッセウスのラテン名）、テレマコス、およびペネロペ。

『フォー・ウェディング』

■**設定原則**　それぞれ自分に合った結婚相手を探している友だち同士のグループが、ユートピア（結婚式）を四度と地獄（葬式）を一度体験する。

■**ストーリー・ライン**　真に愛する人を見つけたら、心のすべてを込めてその人物に献身するべきである。

■**ストーリー・ワールド**　ユートピア的世界と結婚の儀式の数々。

■**シンボル・ライン**　結婚式と葬式の対比。

「ハリー・ポッター」小説シリーズ

■**設定原則**　魔法使いの王子が7年間の学校生活を魔法使いの寄宿学校で過ごし成長して王になる術を学ぶ。

■**ストーリー・ライン**　偉大な才能と能力に恵まれた者は、リーダーとなって他者の善のために自身を犠牲にするべきである。

■**ストーリー・ワールド**　巨大な中世の城の魔法使い学校。

■**シンボル・ライン**　学校という形式をとった魔法の王国。

■**設定原則**　詐欺のストーリーを詐欺形式で語り、ライバルと観客の両方をペテンにかける。

『スティング』

■**ストーリー・ライン**　邪悪な者を失望させるためであれば、ちょっとした嘘や騙しはかまわないものだ。

■**ストーリー・ワールド**　荒廃した世界大恐慌時代の都市にある偽のビジネス環境。

■**シンボル・ライン**　ある人物をこらしめるための詐欺。

■**設定原則**　ある家族の環境が昼から夜へと移り変わってゆくにつれて、家族の面々がそれぞれ

「夜への長い航路」

の罪の意識や過去の亡霊と直面する。
■**ストーリー・ライン**　人は自分や他人の真実を正面から受け止め、そして赦すべきである。
■**ストーリー・ワールド**　家族の秘密が隠されているかもしれない裂け目がたくさんある暗い家。
■**シンボル・ライン**　だんだんと暮れて暗くなってくるところから明けて明るくなるまでの夜。

『若草の頃』
■**設定原則**　四季の季節ごとに展開されるそれぞれの出来事を通して、1年で成長する家族の姿を表現する。
■**ストーリー・ライン**　個人の栄誉を目指すことよりも、家族のため犠牲になることの方がずっと大切である。
■**ストーリー・ワールド**　そこに暮らす家族も変わり、季節ごとにその特徴が変わる大きな家。
■**シンボル・ライン**　季節とともに変化する家。

「コペンハーゲン」
■**設定原則**　ハイゼンベルクの物理学の不確定性原理を使い、それを発見した人物の矛盾する道徳観を探究する。
■**ストーリー・ライン**　私たちが行動する理由やそれが正しいかどうかは、常に不確かなものである。
■**ストーリー・ワールド**　法廷の形をした家。
■**シンボル・ライン**　不確定性原理。

「クリスマス・キャロル」

■**設定原則**　クリスマス・イブを通して、自身の過去と現在と未来を垣間見ることを強いられ、生まれ変わる男の姿を追う。

■**ストーリー・ライン**　他者に与える人生の方がずっと幸せな人生である。

■**ストーリー・ワールド**　19世紀ロンドンの会計事務所、およびその過去と現在と未来を覗き見ることとなる3種類（裕福な家庭、中産階級の家庭、貧困な家庭）の家。

■**シンボル・ライン**　過去の幽霊、現在の幽霊、未来の幽霊が、結果的に、クリスマスにこの男を生まれ変わらせる。

『素晴らしき哉、人生！』

■**設定原則**　彼が生まれていなければ、その街が、さらにはその国がどのようなものになっていたかを見せることで、その男の力を表現する。

■**ストーリー・ライン**　人の豊かさとは、その人物が稼いだ金銭で決まるのではなく、その人物が奉仕した友人や家族で決まるものである。

■**ストーリー・ワールド**　アメリカの小さな一つの町を異なる二つのバージョンで。

■**シンボル・ライン**　アメリカの歴史ある小さな町。

『市民ケーン』

■**設定原則**　数多くの語り手を通して、1人の男の人生が他人には決して理解できないものになり得ることを描く。

■**ストーリー・ライン**　あらゆる人々に愛を強要する男は孤独に人生を終えるものだ。

■ストーリー・ワールド　アメリカの大物の大邸宅とそれとは別の「王国」。

■シンボル・ライン　スノーボール、ザナドゥ、ニュース・ドキュメンタリー、橇といったシンボルを通してある男の人生が具現化される。

キャラクターのシンボル

シンボル・ラインが決まったら、シンボル・ウェブをより詳細に作る次のステップとして、キャラクターに焦点を当てよう。キャラクターもシンボルも、それぞれストーリーという身体の下部組織の一部である。ただし、この二つが直接結びついていないわけはない。シンボルはキャラクターを定義したり、ストーリー全体の目的を更に押し広げたりするために使える優れたツールなのだ。

キャラクターにシンボルを結びつける際には、そのキャラクターの設定原則を表現するようなシンボル、またはその正反対（たとえば「デイヴィッド・コパフィールド」に登場するジェームズ・スティアフォース［この苗字は「前方に進む」という意味にもとれる］は決して正直で立派な男ではない）のシンボルを選ぼう。具体的で個別的なシンボルをキャラクターの基本的本質と結びつけることで、観客は一瞥するだけでそのキャラクターの一面を即座に理解できる。

観客はまたそこを境に、そのキャラクターから連想される感情を抱いてその人物を見るようになる。ほんの少しだけバリエーションをつけてこのシンボルを繰り返せば、そのキャラクターがよりデリケートな形で定義されながらも、このキャラクターにまつわる基本的な側面や感情は観客の心の中でどんどん固まってゆく。ただし、より多くのシンボルをキャラクターと結びつければ結びつけるほど、各シンボル自体の強烈さが弱まってしまうので、この手法は使い過ぎないよう注意するべきだ。

ここで「キャラクターに適したシンボルをどうやって選べばいいのだろう？」という疑問を持った

人もいるかもしれない。そんなときは、キャラクター・ウェブの考え方に立ち返ろう。孤立したキャラクターは1人も存在しない。ひとりのキャラクターは他のキャラクターたちとの関係性によって定義される。あるキャラクターのシンボルを考える際には、主人公とメインのライバルから初めて、複数のキャラクターのシンボルを考えるようにするといい。これらのシンボルは、キャラクターたちと同じように、お互いと対立関係にあるからだ。

また、同じキャラクターに二つのシンボルをあたえることも考慮してみよう。別の言い方をするなら、1人のキャラクターの中にシンボル同士の対立関係を築くのだ。これをすることで、シンボルの恩恵を受けるだけでなく、より複雑なキャラクターを作り上げることにも役立つだろう。

ここまで述べてきたキャラクターにシンボルを当てはめるプロセスを簡単にまとめると、次のようになる。

1　1人のキャラクターのシンボルを作る前に、キャラクター・ウェブ全体に着目する。
2　主人公とメインのライバルの対立関係から取り組み始める。
3　観客にそのキャラクターから連想して欲しいひとつの側面や感情について考える。
4　1人のキャラクターの中にシンボルの対立関係を築くことを考慮する。
5　ストーリー全体の中でキャラクターを連想させるシンボルを何度も繰り返し登場させる。
6　シンボルを繰り返すたびに、細かいバリエーションを持たせるようにする。

シンボルとキャラクターを結びつけるための素晴らしくも簡潔な手法は、そのキャラクターに特定のカテゴリーを適用するものだ。特に、神、動物、機械などといったカテゴリーに利用価値がある。これらのカテゴリーには、それぞれ基本的な存在のあり方と存在のレベルが備わっている。つまり、

1人のキャラクターとこのカテゴリーのひとつを結びつけることで、そのキャラクターには、観客が即座に理解できる基本的な特徴とレベルをあたえることができる。この手法はどんな作品でも使えるものだが、メタファー的要素が極めて高い。たとえば、神話、ファンタジー、SFといったジャンルや形式で特に頻繁に使用されているようだ。

それではここで、シンボルをキャラクターにあたえる手法を用いている既存のストーリーをいくつか検証してみよう。

神のシンボル

「若き芸術家の肖像」（小説…ジェームズ・ジョイス　1914年）

ジョイスはこの小説の主人公スティーヴン・ディーダラスを、迷宮での囚われの状態から逃げるために翼を作った発明家ダイダロスと結びつけている。これによってスティーヴンには霊妙な特徴がつき、また自由を目指す芸術家としての基本的特徴を暗示している。さらにジョイスは、このキャラクターの中にシンボルの対立関係を築く手法も用いており、これによって彼の特徴に更なる質感をあたえている。ジョイスはスティーヴンに、太陽に近づきすぎて死んでしまったダイダロスの息子イカロスのシンボル（スティーヴンは志が高すぎる）と、これもやはりダイダロスが作った迷宮（スティーヴンは自分について迷子になっている）という二つのシンボルをあたえている。

「ゴッドファーザー」（原作小説…マリオ・プーゾ　脚本…マリオ・プーゾ、フランシス・フォード・コッポラ　1972年）

マリオ・プーゾもまた、彼の描くキャラクターを神と結び付けているが、ジョイスとは全く違う神の側面を強調させている。プーゾの場合は、自身の世界をコントロールし正義を司る父性という神の側面だ。ただしこの神は報復的な神である。人間が持つべきでない独裁的な力を持った神なのだ。プーゾは、この神と悪魔を関連づけることで、このキャラクターの中にシンボルの対立関係を築いている。神聖と冒瀆という標準的な対立関係を基礎に置くことが、このキャラクターやこのストーリー全体にとっては不可欠なのだ。

『フィラデルフィア物語』(原作戯曲…フィリップ・バリー、脚本…ドナルド・オグデン・スチュワート 1940年)

書き手のフィリップ・バリーは、主人公のトレイシー・ロードを単に上流階級と結びつけただけでなく、女神とも結びつけている。彼女の苗字は「ロード(君主)」然としたものだが、彼女の父親も前夫も彼女のことを「女神の銅像」と呼んでいる。このシンボルをあたえられたことで、彼女は崇められていると同時に蔑まれてもいる。このストーリーは、彼女が「女神であること」の最悪の側面(冷たさ、傲慢さ、不人情さ、不寛容さ)に屈することになるのか、それとも最善の側面(魂の偉大さ)を見いだして、とても人間的で寛大な存在になれるのかを中心に描かれる。

他にも神的な主人公は、『マトリックス』(ネオ=キリスト)、『暴力脱獄』(ルーク=キリスト)、「二都物語」(シドニー・カートン=キリスト)などに見ることができる。

動物のシンボル

「欲望という名の電車」(戯曲…テネシー・ウィリアムズ 1947年)

テネシー・ウィリアムズは「欲望という名の電車」に登場するキャラクターたちをそれぞれ動物にたとえているが、それは彼らをおとしめるような形で使われているだけでなく、生物学的な生態の特徴によって彼らに現実味をあたえてもいる。スタンリーはブタ、牡牛、類人猿、猟犬、オオカミにたとえられており、これによって彼の欲深さ、乱暴さ、男性的な特質が強調されている。ブランチは蛾や小鳥にたとえることで、脆さや恐れる心を強調している。ウィリアムズはこの戯曲全体を通じてこれらのシンボルをさまざまなバリエーションで繰り返している。結局はオオカミが小鳥を食べて終結する。

『バットマン』『スパイダーマン』『ターザン』『クロコダイル・ダンディ』

コミックブックのストーリーは現代版の神話形式をとっている。それだけに、これらに登場するキャラクターが冒頭からいきなり動物にたとえられるのも頷ける話だ。動物のシンボルは、書き手にとってこれ以上ないほど最も比喩的なシンボルなのだ。「バットマン」「スパイダーマン」、そして「類人猿ターザン」も、その名前や体形や着こなしからキャラクターと動物との関連性に注目がいく。これらのキャラクターは、たとえばスタンリー・コワルスキーのように単に特定の動物の特徴を持っているというだけではなく、ほんの少しではあるが、とてもパワフルな形でその動物の感情も持っている。つまり彼らは動物人間なのだ。彼らは根本的に、半分人間で半分獣という、心が分離された存在だ。人間生活の醜い部分が彼らを刺激し、彼らに動物になることを強い、その動物独特の能力の恩恵を受けて正義のために戦う。しかしその代償として、彼らは、心の中ではコントロールの効かない分離に苦しめられ、また外的には克服することのできない社会との孤立に苦しめられているのだ。

キャラクターと動物を関連づけた描き方が観客から支持されやすい理由は、人間がより素晴らしい存在になる形式だからだ（しかも素晴らしさが完璧すぎてストーリーが退屈になるほどではない）。木々の間をスウィングして飛び回ったり（ターザン）、大都市をスウィングして飛び回ったり（スパイダーマン）、動物界にたいして大きな力を発揮したりするというのは（クロコダイル・ダンディ）、人間心理の深いところに眠っている願望のひとつだろう。

他にも、動物的シンボルを持つ主人公は、『ダンス・ウィズ・ウルブズ』「ドラキュラ」「狼男」「羊たちの沈黙」などにも見ることができる。

機械のシンボル

キャラクターを機械と結びつける手法もまた、キャラクターにシンボルをあたえる方法のひとつとして広く用いられている。機械のようなキャラクター、またはロボット的な人間は、機械的な存在であることから、超人的な能力があるが、それと同時に感情や同情心のない人間でもある。この手法は、ホラーとSFで最も頻繁に使われている。これらのジャンルでは、過度なシンボルもストーリー形式の一部なので、観客から受け入れられやすい。これは機械的なシンボルを持つどのキャラクターにも当てはまることだが、ストーリー全体を通してシンボルを上手に繰り返すことさえできれば、もうそれ以上のディテールは描く必要すらなくなってくる。キャラクターたちはその反対方向へと変化してゆくものだからだ。ストーリーが終わるころには、機械のような男は、他のどのキャラクターよりもずっと人間らしい人物であることを証明しているだろう。その一方で人間的だったはずのキャラクターは、まるで動物や機械のような行動をとっているのだ。

「フランケンシュタイン」（小説…メアリー・シェリー　1818年、戯曲…ペギー・ウェブリング　映画脚本…ジョン・L・ボルダーストン、フランシス・エドワード・ファラゴー、ギャレット・フォート　1913年）

キャラクターと機械を関連づけるアプローチが最初に開発されたのは、メアリー・シェリーの「フランケンシュタイン」だ。このストーリーの冒頭では、フランケンシュタイン博士は人間的なキャラクターだ。しかし彼は間もなく生命を創り出すことで神の立場になる。そんな彼が創り出したモンスターが機械人間と捉えられる理由は、部品で作られていること、人間のようなしなやかな動きに欠けているとことにある。第三のキャラクターであるせむし男は、その中間的なシンボルを持つキャラクターだ。彼は人間社会からは化け物として避けられているが、フランケンシュタイン博士のために働いている、いわば人間に近い存在である。シンボルをあたえられたこのキャラクターたちが、シンプルだが明確な分類によって定義されていることに注目しよう。ストーリーにおいて、このモンスターは最もひどい部類に分類される存在として扱われており、機械として鎖で縛りつけられ、焼かれ、最後には捨てられる。だからこそ、このモンスターは冷酷で非人間的で神のような生みの親への復讐を目指すのだ。

機械のシンボルをキャラクターにあたえる手法を用いているその他のストーリーには、『ブレードランナー』（レプリカント）、『ターミネーター』（ターミネーター）、『2001年宇宙の旅』（HAL）、『オズの魔法使』（ブリキの木こり）などがある。

その他のシンボル

「日はまた昇る」（小説…アーネスト・ヘミングウェイ　1926年）

神や動物や機械といった比喩的なカテゴリーを用いることなくシンボル的キャラクターを創作している教科書のような作品が「日はまた昇る」だ。ヘミングウェイは、ジェイク・バーンズを描く際に、高潔で強く自信を持った男でありながらも、戦争で負傷し性的不能であるという両側面を見せることで、ジェイク・バーンズの中にシンボルの対立関係を築いている。強さと性的不能のコンビネーションが、この根本的な本質に欠けた男のキャラクターを生み出している。そのため、彼は性的な場面で性的行為に移ろうとしても、本質のレベルでは機能しないという、とても皮肉な男となっている。男ではない男である彼は、単純に漂流しているだけのこの世代全体を体現する、まったく現実的なキャラクターでもある。

シンボルの手法――シンボル的な名前

キャラクターとシンボルを関連づける別の方法として、そのキャラクターの基本原則を名前に置き換えるというものがある。この手法に長けていたチャールズ・ディケンズは、キャラクターの根本的な性質を瞬間的に理解できるようなイメージや響きを持った数々の名前を生み出している。たとえば、エベネーザ・スクルージという名前の響きからは、金銭を愛しそれを得るためならどんなことでもする男であるということが明確に伝わる。ユーライア・ヒープは「ユリア（訳注　聖書に登場する将校）」の公的な外見の影に隠れようとしてはいるが、その根本的にいやらしい本質は「ヒープ」という名前からにじみ出ている。タイニー・ティムが究極的に良い子であることは、彼が「みんなに神の恵みがありますように」というセリフを発するよりもずっと以前から、私たち読者にはその名前の響きからすでに分かっている。

この手法は19世紀以降のフィクションではずっと頻度が少なくなっているとウラジミール・ナボコフは指摘している。その理由はおそらく、この手法は人目を引きやすく、テーマ的過ぎるきらいがあるからだろう。

しかし、適確に使いさえすれば、シンボル的な名前の手法は素晴らしいツールになり得るはずだ。とはいえ、コメディを書く場合に最も威力を発揮するだろうことは確かかもしれない。コメディ作品にはキャラクターをタイプ別に分類する傾向が強いからだ。

たとえば、「華麗なるギャツビー」で、あるギャツビーのパーティにやってくる客たちの名前がそうだ。O・R・P・シュレイダー夫妻、ジョージアのストーンウォール・ジャクソン・エイブラムズ夫妻、ユリシーズ・スウェット夫人などといった、アメリカ上流階級の一員に見せかけようとして失敗している人々を暗示する名前を、フィッツジェラルドが頻繁に羅列していることが見て取れる。彼はそういった人々の本性について、その厳しい現実を次のようにつづっている。

「……そして、イースト・エッグからはチェスター・ベッカー夫妻、リーチ夫妻、それから私のイェール大学時代の知り合いのバンセンという名の男、それに昨夏メイン州で溺れたウェブスター・シビット博士。また、ホーンビーム夫妻とウィリー・ヴォルディア夫妻……（中略）……同じアイランドでも、もっと遠くから訪れたのはチードル夫妻にO・R・P・シュレイダー夫妻にジョージアのストーンウォール・ジャクソン・エイブラム夫妻、それからフィッシュガード夫妻にリプリー・スネル夫妻。スネルは州刑務所へ行く前の3日間をここで過ごし、砂利の敷かれた玄関前の車道であまりにも酔っていたせいで、ユリシーズ・スウェット夫人の車に右手を轢かれた。……」

シンボル的キャラクターの名前を使うもうひとつの手法は、たとえば『ラグタイム』『風とライオン』『アンダーワールド』「奇術師カーターの華麗なるフィナーレ」「プロット・アゲンスト・アメリカ　もしもアメリカが……」で行なわれているように、「本物」とフィクションのキャラクターを組み合わせるというものだ。これらに登場する歴史的人物はまったくの「本物」ではない。彼らが残した有名な功績のおかげで、類型的な特質、そして時には神的な特質が読者の頭の中で生まれているのだ。その結果として、彼らは神話の神々や国家的英雄のような存在となっている。彼らの名前には、ちょうど旗印のように、既成のパワーが宿っているので、書き手はそれをそのまま使ったり、逆手にとったりして利用することができるわけだ。

シンボルの手法――キャラクター・チェンジと関連づけたシンボル

シンボルを使って、キャラクター・チェンジの道筋をよりたどりやいものにする手法は、キャラクターの分野における手法の中でも、より高度なもののひとつだ。そのキャラクターがまだ変化の途中にあるときに、最終的になってほしい人物像のシンボルを選ぶようにしよう。

まずは、ストーリー構造の枠組みにおける冒頭と終わりのシーンに注目する。そのキャラクターの弱点と欠陥を決める作業をする際に、この人物にあるひとつのシンボルをあたえておく。そしてキャラクター・チェンジのときにも、このシンボルを再度登場させるのだが、その際には、最初とは少しずつ違う何らかのバリエーションを持たせるようにするのだ。

『ゴッドファーザー』（原作小説…マリオ・プーゾ　脚本…マリオ・プーゾ、フランシス・フォード・コッポラ　1972年）

映画版『ゴッドファーザー』では、この手法が完璧な使われ方をしている。オープニング・シーンでは、ゴッドファーザーという立場にいる者の模範的な典型が描かれている。ある男がゴッドファーザーのヴィトー・コルレオーネのもとに正義の裁きを求めにやってきている。このシーンは、基本的に、交渉の場であり、この男とゴッドファーザーは最終的に合意に達する。このシーンの最後にゴッドファーザーは「その日はこないかもしれないが、いつの日か、このお返しに何かしてもらうときがくるかもしれない」と言う。この交渉の最後の一言で、たった今、ファウストさながらの魂を売るような交渉が成立したこと、そして買い手である悪魔がゴッドファーザーであることをほのかに匂わせている。

この書き手はまた、ストーリーの終盤でこの悪魔のシンボルを再び使っている。新たなゴッドファーザーとなったマイケルが甥の洗礼式に出席している一方で、これと時を同じくして彼の子分たちがニューヨーク暗黒街の五大巨頭の首をとっているシーンが挿入されるのだ。赤ん坊の洗礼式の決まり文句として、司祭から「汝は悪魔を退けるか」と問われたマイケルは「私は悪魔を退ける」と答えているが、実はまったく同じ瞬間に裏で行なわれいる行動によって、彼は今まさに悪魔と化したところなのだ。しかもこれに次いでマイケルは、この子供の文字通りのゴッドファーザー（名付け親）としてこの子を守り続けると約束する一方で、この洗礼式が終わるや、彼はゴッドファーザー（マフィアの大ボス）として、この子の父親を殺害することになっているのだ。

通常なら、この決戦の段階に続くはずの段階は彼の自己発見だろう。しかし、マイケルは悪魔となっているので、書き手たちは意図的に彼には自己発見をさせていない。彼の代わりに彼の妻ケイに自己発見をさせているのだ。マイケルの手下たちが彼の周りに集まり彼が「高貴な」地位に君臨したことを祝福している様子を、ケイは別の部屋から見ている。しかし、次の瞬間、この暗黒街の新たな王のいる部屋のドアは、彼女の目の前で文字通り閉ざされるのだ。

先の冒頭シーンでシンボルがほのかな形で使われていることに注目しよう。あのシーンでは「悪魔」という言葉は一切使われていない。書き手たちは、このシーンの最後に、悪魔に魂を売ったファウストを何となく想起させる最後のセリフの直前に「ゴッドファーザー」という言葉をもってくるという、実に巧妙なシーン構成を使ってこのキャラクターに悪魔のシンボルを関連づけている。この手法が観客の心にあれほど劇的なインパクトをあたえるのは、シンボルを誇張しているからではなく、その正反対で、ほのかにシンボルを扱っているからなのだ。

テーマのシンボル

シンボル・ウェブを作り上げるステップとして、ストーリーのシンボルとキャラクターのシンボルに次ぐステップは、ストーリー全体の道徳論議をシンボルで要約するという作業だ。これをすると書き手の意図を最も濃厚に凝縮したシンボルが生み出されることになる。それだけに、テーマのシンボルはとてもリスクの高い手法でもある。これを不器用にあからさまに行なってしまうと、ストーリー全体が説教臭いものになってしまうからだ。

テーマにシンボルをあたえる際には、まず他者を何らかの形で傷つける一連の行動を示すイメージや、物体は何だろうと考えることから始めよう。または、対立する2種類の一連の行動（二つの道徳の道筋）を示せるイメージや物体があれば、なおパワフルなシンボルとなるだろう。

「緋文字」（小説…ナサニエル・ホーソーン　1850年）

ホーソーンはシンボルでテーマを伝える名手だ。「A」の緋文字は、姦通を非難するという単純な道徳論議を示すものだと一目で分かるだろう。しかし、このとても明確なシンボルが、実は二つの相対する道徳論議を示すものだという事実は、ストーリー経過を通してのみ理解できるものだ。その相対する二つの道徳とは、ヘスターを公的に非難する絶対的で融通のきかない偽善的な道徳と、ヘクターと彼女が愛する人と私的に生きてきた、より柔軟性のある真の道徳である。

「ボー・ジェスト」（小説…クリストファー・レン　映画脚本…ロバート・カーソン　1939年）

フランス外人部隊に入隊した3人の兄弟を描くこのストーリーのテーマのシンボルの使い方を検証

すると、プロット全体を通して使うことで最大限の効果を発揮するという、この手法の大切な要素を学ぶことができる。ストーリーの出だしで、この3人兄弟はアーサー王のゲームをして遊んでいる。甲冑の中に隠れていた長男は、ブルーウォーターという名の家宝のサファイアについて情報を偶然耳にする。それから何年も経ち、大人になった彼は、この宝石を盗んで外人部隊に入るのだが、それはすべて叔母や一家の名誉を守るための行為だ。あの騎士の甲冑は、騎士道精神と自己犠牲、つまりこのストーリーの中心テーマである「ボー・ジェスト（うるわしい行い）」のシンボルとなっている。プロットにこのシンボルを仕込むことで、書き手はストーリー経過にともなった進化と成長にこのシンボルを関連づけることに成功している。

「華麗なるギャツビー」（作者…F・スコット・フィッツジェラルド　1925年）

「華麗なるギャツビー」でフィッツジェラルドは、テーマにシンボルをあたえる素晴らしい能力を見せつけている。彼はテーマが描かれる場面を明示させるために、三つの主要シンボルで成り立つシンボル・ウェブを使っている。その三つのシンボルとは、緑の光、廃棄場の前にある眼鏡の看板、そして「新世界の新鮮な緑の胸」だ。テーマが描かれている場面は、それぞれ次のように機能している。

1　「緑の光」は現代のアメリカを象徴するもの。しかし、そもそものアメリカンドリームは、物質的な豊かさや美しい物に身を包むことしか望まないゴールデン・ガール的発想へとすっかり逸脱している。

2　「廃棄場の前にある眼鏡の看板」は、物質的な外見の影ですっかり消耗したアメリカ、物質主義的なアメリカによって作られた機械の廃物を象徴するもの。機械がエデンの園をすっかり喰い荒らしてしまったのだ。

3　「新世界の新鮮な緑の胸」は、アメリカの自然環境を象徴するもの。それは、この大陸が新発見されたときの、新しい生き方の可能性に満ちたアメリカ、エデンの園を目指す第二のチャンスとなったアメリカだ。

これらのシンボルが描かれる場面は、歴史上の時間経過順ではなく、構造的に適した順番で描かれている。フィッツジェラルドは「新世界の新鮮な緑の胸」を最後のページに登場させている。これは実に素晴らしい選択だ。なぜなら、豊潤な自然と新世界の大きな可能性は、その後この新世界がどのようになったのかという事実との強いコントラストによって、衝撃的なまでにリアルなものとして捉えることができるからだ。このコントラストは、ニックの自己発見の後で、ストーリーの最後の最後に登場する。これによって、ストーリー構造的には、このシンボルおよびこのシンボルが象徴するものは、観客の頭の中で驚くべきテーマの発見として爆発することになる。これはまさに、名人技とも言える手法であり、芸術作品の創作技術のひとつとして非常に優れたものと言えるだろう。

ストーリー・ワールドのシンボル

先のチャプター6では、ストーリー・ワールドを創作するために使える数多くの方法について論じたが、それらの手法のいくつか、たとえば「ミニチュア」などは、実はシンボルの手法であると言うこともできるだろう。実は、シンボルの機能の中でも特に重要なもののひとつは、世界全体、もしくは、力の形態を、ひとつの理解可能なイメージでまとめることにあるのだ。

島、山、森、海などといった自然環境には生来的なシンボルとしてのパワーがある。しかし、それらに更なるシンボルを追加することで、観客が普通に連想する意味合いを強調したり、またはそれを変えたりすることができる。その方法のひとつは、それらの場所に魔力を注入することだ。この手法はプロスペローの島（『テンペスト』）、キルケの島（『オデュッセイア』）、『真夏の夜の夢』の森、『お気に召すまま』のアーデンの森、『ハリー・ポッター』のロスロリアンの森などに見ることができる。厳密に言えば、魔法はシンボルではなく、その世界を機能させているもう一つの力の形態に属するものだ。しかし、ある場所を魔法の場所とすることで、シンボルによって得られるのと同じ効果を得ることができる。その場所の意味合いが凝縮されて、観客の想像力をかきたてる力場のある世界へと変化するからだ。

このようにして、超自然現象の力の形態をたずさえたシンボルを作り上げることができる。その好例が次に説明する『月の輝く夜に』だ。

『月の輝く夜に』（脚本…ジョン・パトリック・シャンリィ　1987年）

ジョン・パトリック・シャンリィは、月を使って運命という発想を具体的に表している。この手法は特に、「本当の危機に瀕しているのは、愛し合う2人の人物ではなく、この2人の愛である」というタイプのラブ・ストーリーで役立つものだ。この愛はとても素晴らしい愛であり、もしもこの愛が育まれないとしたらこんな悲劇はないだろう、と観客に思わせなければならない。そういった感情を観客に抱かせる方法のひとつは、この愛が本当に必要なものであること、そして単なるこの2人の人間の力だけではなく、それ以上にずっと偉大な力によって運命づけられたものであることを伝えることだ。作者シャンリィは、恋愛運の悪いロレッタをストーリーの冒頭で提出し、ロレッタとロニーという2人のキャラクターを月と関連づけている。これによって偉大な力が働いているという感覚が作品に宿る。ロレッタの祖父が友人の老人グループに、月が男に女を連れてくるのだと語る。また、夕食の席では、ロレッタの伯父のレイモンドが、ロレッタの父コスモが彼女の母ローズをどのようにして射止めたかを語る。その逸話とは、ある夜レイモンドが窓から空を見上げると、とても大きな月が出ており、道端に目を移すとそこにはコスモがいて、ローズの部屋の窓を見上げていたというものだ。

次いでシャンリィは、クロスカットの手法を駆使して、この家族全員を月の力のもとに置き、月と愛を関連づけている。そのクロスカットの素早い連続シーンは次のように展開する。ローズが1人で大きな満月を見上げている。初めて愛の行為を交わしたばかりのロレッタとロニーが一緒に窓際から月を見ている。目覚めたレイモンドが外を見て「コスモの月」が戻ってきたと妻に告げる。もう長年連れ添っている老夫婦のレイモンド夫妻は、これに刺激されて愛を交わす。そしてこのクロスカット・シーンの最後は、祖父と彼が連れている数匹の犬が、この都会にかかる大きな月に向かって遠吠えをする。この月は愛の偉大なる発生装置となって、この都会全体に月明かりと妖精の粉を降り注いでいるのだ。

ある社会的段階から次の社会的段階へと進化する世界（たとえば村が都会へと変わってゆくなど）を舞台に展開するストーリーを書く場合にも、そこにシンボルを関連づけることが有効になり得るだろう。社会的な力の形態はどれも非常に複雑なものであるだけに、それらの力をリアルで凝縮性があって理解しやすいものとして伝えるためにも、単一のシンボルを利用することに大きな価値が生まれてくる。

『黄色いリボン』（原作短編小説…ジェームス・ワーナー・ベラー　映画脚本…フランク・ニュージェント、ローレンス・ストーリングズ　1949年）

このストーリーは、1876年ごろの人里離れた西部の辺境の地を舞台に、ある騎兵隊大尉が退役するまでの数日間を追ったものだ。彼の軍人としての人生の終わりは、開拓（村の世界）やその体現者である戦士の価値の終焉と並行している。この変化に焦点をあてて、観客に分かりやすいよう強調するために、脚本家のフランク・ニュージェントとローレンス・ストーリングズは、シンボルとしてバッファローを使っている。この大尉より1日だけ早く退役する大柄で大声の軍曹が酒場で祝杯を挙げている。彼はバーテンダーに向かって「古き良き時代はもう終わりだ（中略）バッファローが戻ってくるって話を聞いたか？　群れをなして」と言う。しかしバッファローがもうしばらくは戻ってこないだろうことも、また主人公の大尉やこの軍曹のような男たちがすっかり消え失せてしまったことも、観客にはよく分かっているのだ。

『ウエスタン』（ストーリー原案…ダリオ・アルジェント、ベルナルド・ベルトルッチ、セルジオ・レオーネ　脚本…セルジオ・レオーネ、セルジオ・ドナティ　1968年）

壮大なオペラ的作品である『ウエスタン』は、荒野に暮らす男とその子供たちが殺されるところから始まる。手紙のやり取りだけで決まった花嫁は、この家に到着するや、自らがすでに未亡人となってしまったこと、そしてアメリカの荒野のど真ん中にある何の値打ちもないとされる土地家屋の持ち主となったことを知る。死んだ夫の持ち物をさらっていた彼女は、その中におもちゃの街を見つける。このおもちゃの街は、ミニチュアであり、また未来のシンボルでもある。これは死んだ男が、鉄道がこの家の目の前まで敷かれたらどうなるかを構想して作った町の模型なのだ。

『ニュー・シネマ・パラダイス』（ストーリー原案…ジュゼッペ・トルナトーレ　脚本…ジュゼッペ・トルナトーレ、ヴァンナ・パオリ　1989年）

小さな映画館シネマ・パラディソは、これ自体がストーリー全体のシンボルであると同時に、このストーリー・ワールドのシンボルでもある。ここは映画というマジックを楽しもうとやってくる人々が集まる心地よい場所であり、ここで彼らのコミュニティができあがっていった。しかし、町が都市へと進化する過程で、この映画館はすっかりすたれ、取り壊されて駐車場になることに決まった。このユートピアは死に絶え、またコミュニティの名残も死んでゆく。シンボルというものには、意味を凝縮して、観客を涙するまで感動させる力があることをこの映画館は証明している。

『マトリックス』(脚本…アンディ・ウォシャウスキー、ラリー・ウォシャウスキー　1999年)

『ネットワーク』(脚本…パディ・チャイエフスキー　1976年)

社会や団体や機関といった大きくて複雑なものを舞台に展開されるストーリーを書くのであれば、それを観客の心に届かせるためには、シンボルの存在がまず必要だと言っていいだろう。『マトリックス』にしても『ネットワーク』にしても、ヒットした大きな理由の一つは、そのタイトルがストーリーそのものや舞台となる社会を伝えるシンボルであることにあるだろう。「マトリックス」や「ネットワーク」という言葉は、人を囚われの身にする糸が張りめぐらされたウェブ(蜘蛛の巣)の一単位を連想させる。このシンボルは、この映画が始まる以前から、目に見えないものも含めて、多様で大きな力をたずさえた複雑な世界にこれから足を踏み入れようとしていることを観客に暗示している。これによって、この映画では見たままの事物を即座に判断するべきではないと観客にあらかじめ警告すると同時に、爽快な真実の開示が行なわれることも約束している。

行動のシンボル

通常、ひとつの行動は、プロットを成り立たせている一連の行動の一部である。ひとつひとつの行動は、ちょうどゴールに向かって競い合う主人公とライバルが乗った長い列車の一車両のようなものだ。ひとつの行動にシンボルをあたえたい場合には、その行動を別の行動もしくは事物と連結させることで、そこに張り詰めた刺激的な意味を持たせる必要がある。シンボルを使って書かれた行動は、プロットの中で目立つ存在になることを忘れないようにしよう。その行動そのものに注目が集まるので、結果的に、書き手が「この行動は特別重要な行動です。この行動はこのストーリーのテーマ（またはキャラクター）のミニチュアです」と宣言しているのと同じことになる。それだけにこの手法は注意して使うようにしよう。

「嵐が丘」（原作小説…エミリー・ブロンテ　1847年　脚本…チャールズ・マッカーサー、ベン・ヘクト　1939年）

荒れ野に建つ彼らの「城」でキャシーのために黒騎士と戦う振りをするヒースクリフは、豊かで高貴な世界で暮らそうと思うキャシーの決心と愛情を象徴する架空の世界を表現している。このヒースクリフと黒騎士との戦いはまた、キャシーをめぐって生まれの良いリントンと戦うという全体のストーリーのミニチュアでもある。

『刑事ジョン・ブック／目撃者』（脚本…アール・W・ウォレス、ウィリアム・ケリー、ストーリー原案…ウィリアム・ケリー　1985年）

ジョンはレイチェルと目線を交わしながら、男たちが納屋を建てる作業を手伝うことで、刑事の暴力的な世界を離れ平和なコミュニティで愛情あふれる絆を築くことを喜んでしようという彼の思いを暗示している。

「二都物語」（小説…チャールズ・ディケンズ　1859年）

十字架にかけられたキリストと同じように、シドニー・カートンもまた他者の命を救うため喜んで自身の生命を犠牲にしてギロチンにかかる。「これは私がこれまでやってきたどんな行いよりも、ずっとずっと善い行いだ。私の想像にも及ばない、ずっとずっと安らかな眠りが待っている」

『ガンガ・ディン』（詩…ラドヤード・キップリング　原作ストーリー　ベン・ヘクト、チャールズ・マッカーサー　映画脚本…ジョエル・セイアー、フレッド・ギオル　1939年）

インド人の「従者」ガンガ・ディンは、彼が崇拝する3人の英国人兵士のような連隊の兵士になりたいと切望している。最後の決戦で、兵士仲間たちが重傷を負って捉えられると、ディンは軍隊ラッパを吹いて、死ぬのを覚悟で自らの身をさらし、罠に向かう連隊の仲間たちを救う。

物体のシンボル

単一の独立した物体のみにシンボルをあたえて書かれるストーリーはまずあり得ないだろう。なぜなら、単一の物体そのものには別の物を連想させる能力がないからだ。ただし、何らかの原則で関連づけられた複数の物体のウェブであれば、深く複雑なパターンの意味を形成することができ、たいていの場合、テーマを伝えることに貢献するものとなる。

シンボル的な複数の物体で成り立つウェブを作り上げる際には、ストーリーの設定原則に立ち返るところから始めよう。設定原則が、個々の物体をひとかたまりにまとめるための接着剤の役目を果たすからだ。こうすることで、それぞれの物体は別の普通の物体とは結びつくことなく、シンボル的な他の物体とだけ結びつくことになる。

シンボル的な複数の物体で成り立つウェブは、どんなストーリーにも組み込むことができるが、特に神話、ホラー、西部劇の形式でより頻繁に使われているようだ。これらのジャンルの作品は、これまで数えきれないほど書かれてきた間に、ほぼ完璧なまでに研ぎ澄まされているからだ。物体の中には、あまりにも頻繁にシンボルとして利用されてきたことから、それ自体が比喩として認識されるまでになっている。つまり、観客がある意識レベルで即座にその意味を理解できる既成のシンボルとなっているのだ。

それでは実際のストーリーの中で使われているシンボル的な複数の物体で成り立つウェブの中でも、特に比喩性の高いジャンルについて探究してみよう。

神話のシンボル・ウェブ

神話は最古にして今日まで最も人気の高いストーリー形式だ。西洋的な思考の基本的支柱となっている古代ギリシア神話は、寓意的で比喩的なものであるだけに、これをあなたのストーリーの基礎として使いたいのであれば、その機能をしっかりと理解しておかなければならない。

これらのストーリーには常に少なくとも、神々と人間という、二つの異なるレベルが存在する。これを世界の在り方についての古代ギリシア時代の考え方を書くために使うのは、よくある間違いだ。この二つのレベルで語られるストーリーは、神々が人間たちを支配しているという当時の信仰心を表現するためのものではない。そうではなく、ここで語られる神々は、人間の一側面としてものにすることが可能な卓越性や悟りを象徴する存在なのだ。「神々」は人間心理の見本として極めて有効なシンボルであり、その人間心理の見本は、キャラクターたちの性格や行動を表現するキャラクター・ウェブによってできあがっている。

また、神話には、シンボル性の高い一連のキャラクターたちがいるだけでなく、次のリストに挙げたような一連のシンボル性を有する物体も登場する。そもそもこれらの物語が語られていた当時、聴き手たちはすでに、こういったシンボルが何か別の物を示していることを知っており、そのシンボルが意味するところもしっかりと把握していた。当時の神話の語り部たちは、これらの主要なシンボルを物語のそこここに並置させることで、語る上での効果を高めていたのだ。

これらの比喩的なシンボルについて、何はなくとも知っておくべきことは、どのシンボルもすべて主人公の内にある何かを表現していなければならないということだ。もちろん、これほど比喩性の非常に高いシンボルであっても、完全に意味が定まり切っているわけではない。シンボルというものは例外なくある程度の曖昧さを孕んでいなければならないからだ。

■旅路／ジャーニー…人生の道
■迷宮…悟りを開く道のりでの混乱
■園／庭園…自然の法則によってまとまること、自分の内にあるものと外にあるものとの調和
■樹木…生命の木
■動物（馬、鳥、蛇）…悟り（または地獄）への道にある見本となるもの
■はしご…悟りに向かうための各段階
■地下…自身の内にあるがまだ探究されていない領域、黄泉の国
■護符（剣、弓、盾、マント）…正しい行動

「オデュッセイア」（作…ホメロス）

「オデュッセイア」はストーリーテリングの全歴史において最も芸術的である上に、最も多くの影響をもたらせているギリシア神話ではないだろうか。その理由のひとつに、この作品におけるシンボル性のある物体の使い方もある。シンボルの手法を見極めるためには、まずキャラクターに注目するところから始めよう。

この作品のキャラクターに注目してまず目に留まるのは、死を覚悟で戦うパワフルな戦士（「イーリ

アス」）から、生き延びて帰還することを求める狡猾な戦士（「オデュッセイア」）に推移しているという事実だ。オデュッセウスは確かに戦士としても素晴らしい。しかし彼はそれ以上に、探究者であり、思考者（陰謀を巡らす者）であり、愛人である。

この推移によって、テーマのシンボルもまた母権から父権へと変化することが強いられている。王が死んで母が残るというストーリーではなく、オデュッセウスは王座に再びつくために帰還するのだ。優れたストーリーのほとんどがそうであるように、オデュッセウスもまたキャラクター・チェンジを経験している。彼は同じ人間として帰還するが、より偉大な人間になっている。読み手はその事実をとても大きな道徳的決断によって知ることができる。オデュッセウスは故郷に帰還するために、不老不死を手に入れることを選ばず、死が必然な人間でありつづける道を選んでいるのだ。

ストーリーテリングにおいて、シンボル性の高いキャラクターが直面する主な対立関係のひとつが男女関係だ。旅路を経験したことで学んだオデュッセウスとは違い、ペネロペは一つの場所に留まり夢を通して事物を学んでいる。そして自身の夢を元にした決断を下している。

ホメロスは、このキャラクターとテーマをベースにして「オデュッセイア」におけるシンボル性のある複数の物体のウェブを築いている。このウェブが、斧、マスト、杖、オール、弓などといった男性的な物体が基礎となっている理由もそこにある。また、キャラクターに関しては、これらの物体はどれも、指向性や正しい行動についての何らかのバージョンを表現している。たとえば、木は、オデュッセウスとペネロペの夫婦の契りの床のシンボルだ。これは生命の木であり、この結婚が自然なものであるということを表現している。木は成長もすれば朽ちることもある。男が栄光（戦士の究極の価値）を求めて、あまりにも長く、あまりにも遠くへ彷徨ってしまえば、その結婚も、そして生命そのものも死に絶えてしまうことになるわけだ。

ホラーのシンボル・ウェブ

ホラーというジャンルは、人間のコミュニティに人間ではない存在が入ってくることへの恐怖を描いている。それは、必ず破滅を導かれることを知りつつも、文明的な人生の境界線（生と死、論理と非論理、道徳と不道徳の境界線）を越えることを描くということでもある。ホラーは最も根本的な疑問（「人間とは何で、非人間とは何なのか？」）を投げかけるジャンルなので、そのストーリー形式は、宗教的な思考様式をとったものとなる。アメリカやヨーロッパのホラー・ストーリーにおける宗教的な思考様式はキリスト教だ。その結果、この類のストーリーのキャラクター・ウェブとシンボル・ウェブは、ほぼ全面的にキリスト教の宇宙論で決定されたものとなっている。

大多数のホラー・ストーリーで、主人公は受動的な存在として描かれ、主人公に行動を急き立てるメインのライバルは、悪魔または何らかのバージョンの悪魔の手下である。悪魔は、邪悪で悪辣な父性の権化であり、これを止めることができなければ、人類は永遠の破滅に導かれることとなる。これらのストーリーが提示する道徳論議は、善と悪の戦いという、とても単純な二元論的発想を基礎にしているのが常だ。

シンボル・ウェブもまた、二元論的な対立関係から始まっており、善VS悪のシンボル的な視覚表現として光VS闇が使われている。光の側のシンボルとして第一に挙げられるものは、もちろん、十字架だ。十字架には悪魔そのものをも退けるパワーがある。闇の側のシンボルには、さまざまな動物が使われることが多い。キリスト教以前の神話ストーリーでは、馬や牡鹿や牡牛や雄羊や蛇といった動物は、人間を正しい行動やより高い次元へと導く理想のシンボルとして扱われていた。その一方で、キリスト教的シンボルでは、これらの動物は邪悪な行動を象徴するものとして扱われている。悪魔にツノがある理由もそのひとつだ。狼、猿、蝙蝠、蛇といった動物は、制裁の放免、情熱や肉体的な成就、そして地獄への道を象徴している。また、これらのシンボルは闇の中でその力を最も強く発揮する。

「ドラキュラ」（小説…ブラム・ストーカー　戯曲…ハミルトン・ディーン、ジョン・L・ボルダーストン　映画脚本…ギャレット・フォート　1931年）

「アンデッド（死者でも生者でもない者）」の一種である吸血鬼ドラキュラは、究極的な夜の生物だ。彼は人間の血を糧に生き、血を吸われた者は死ぬか、もしくは伝染して彼の下僕となる。彼は棺桶で眠り、また太陽の光を浴びると焼け死んでしまう。吸血鬼はこの上なく肉欲的だ。犠牲者の首筋を物欲しそうに見つめ、その首筋に噛みついて血を吸いたいという欲情が抑えられなくなる。「吸血鬼ドラキュラ」のような吸血鬼もののストーリーでは、性行為はすなわち死であり、生と死の曖昧な境界線によって、夜の暗闇の世界を彷徨い続ける終わりのない煉獄という、死よりも惨い刑罰へと導かれている。

ドラキュラには、蝙蝠や狼に変身する能力があり、普段は鼠が這いまわる廃墟に暮らしている。また、伯爵として貴族に属するところはいかにもヨーロッパ独特だ。ドラキュラ伯爵は、平民を寄生虫のように巣食う腐敗した時代遅れの貴族階級に属している。

ドラキュラは夜になるととてもパワフルになる。しかし彼の秘密を知る者であれば彼を止めることができる。彼は十字架を前にすると縮こまり、また聖水を噴射すると火傷をする。

このような一連のシンボルが使われているその他の名作ホラー作品としては、『エクソシスト』や『オーメン』がある。『キャリー』もこれと同じ一連のシンボルを使ってはいるが、意味合いを逆転させている。『キャリー』では、キリスト教のシンボルは頑迷で偏狭な考え方と結びつけられており、キャリーは福音主義的な母親の心臓に念力で十字架を突き刺して殺している。

西部劇のシンボル・ウェブ

アメリカの西部は地球上最後の居住可能な開拓地だったことから、西部劇は最後の壮大なる創世神話形式であると言うことができる。この西部劇というストーリー形式は、アメリカ国家神話であり、これまでに何千回と書いたり書き直されたりしてきた。それだけにこのジャンルのシンボル・ウェブも比喩性が極めて高い。西部劇は、荒野を開拓して里を建てながら西へと旅を進める何百万人もの人々のストーリーだ。彼らを率いるのは、開拓者たちが安心して村落を建設できるよう野蛮な未開人たちを倒してくれる孤高の戦士の主人公だ。モーゼのように、この戦士は人々を「約束の地」へと導くが、自分自身がその地に入ることはない。彼は、結婚することもなく、孤独のまま荒野を旅し続ける。彼自身や荒野そのものが姿を消すまで永遠に。

西部劇の最盛期は1880年〜1960年だ。つまり、このストーリー形式は、これが人気の頂点だった当時でさえも、すでに過去の時代や場所を舞台にしたものだったということになる。確かに過去に舞台設定が置かれているので、実質的には新たに作り出すことはできないとしても、創世神話の一形式である西部劇は、常に未来のビジョンを描いたものであるという事実に変わりはない。その未来のビジョンとはアメリカが集団的決断により目指している国家的な発展の1段階だ。

西部劇のビジョンは、土地を征すること、「低俗」で「野蛮」な人種を殺したり変えさせたりすること、文明とキリスト教を広めること、自然を富に変えること、そしてアメリカ国家を建設することにある。西部劇のストーリーの設定原則は、「アメリカの汚れのない荒野というまっさらなキャンバスで、世界の歴史の全過程がいま再び繰り返される、つまりアメリカは楽園に立ち返るための世界最後のチャンスである」というものだ。

西部劇に限らず、国家的ストーリーはどれも、儀式や価値観や熱意の違いこそあれ、宗教的ストーリーとなるものだ。国家的で宗教的なストーリーの典型ともいえる西部劇が、比喩性の高いシンボル・ウェブを持っていることには、いまさら驚くまでもないだろう。

西部劇のシンボル・ウェブにおける一番のシンボルがホースマン（馬乗り）だ。ハンターであり戦士でもある彼は、戦士文化の究極的存在だ。彼はまた、イギリスの国家神話とも言えるアーサー王伝説の一側面をたずさえている。騎士道の道徳的な掟と正しい行動（いわゆる「西部の掟」）を基礎に生きる純粋さと高貴さを持つ生まれながらの騎士なのだ。

西部劇の主人公は甲冑こそ身につけていないが、西部劇のシンボル・ウェブで二番目に重要なシンボルの六連銃を持っている。六連銃は機械化された力を象徴しており、また、非常に強いパワーを持った正義の「剣」であると言うことができる。掟や戦士文化の価値観があるため、このカウボーイが自ら先に銃を抜くことは絶対にない。また、誰からも見える街中での決闘で正義を守って見せなければならない。

ホラー・ストーリーと同じように、西部劇もまた常に善と悪の二元論的価値観を表現しているが、その象徴となっているものが第三のシンボルである帽子だ。西部劇の主人公は白い帽子をかぶっており、悪人は黒い帽子をかぶっている。

このストーリー形式における第四のシンボルはバッジであり、そのバッジの形状である星もまたシンボルだ。西部劇の主人公は常に正義を守り、たいていの場合はそれによって自分自身は損失を受ける。暴力を責められて追放されるのだ。主人公が保安官となる場合は、一時的ではあるものの、彼も公的にコミュニティの一員となることがある。そして、荒野にたいしてだけでなく、個々の人々の中にある荒々しさや情熱にも法をふるう存在となるわけだ。

西部劇のシンボル・ウェブにおける第五の主要シンボルはフェンスだ。これらのフェンスは必ずと言っていいほど木製で、頼りなく壊れやすい。これが象徴しているのは、この新たな文明が荒れた自然や荒れた人間の本性を表面的にしか制圧できていないという事実だ。
西部劇のシンボル・ウェブは、『落日の決闘』『駅馬車』『荒野の決闘』、そしてあらゆる西部劇の中でも最も型通りで、最も比喩的な作品『シェーン』などで実に効果的に使われている。

『シェーン』（小説…ジャック・シェーファー　脚本…A・B・ガスリー・Jr、ジャック・シェール　1953年）

『シェーン』は、その型に則ったクオリティのおかげで西部劇のシンボルがとても分かりやすいだけでなく、これらのシンボルが大きな注目を集めるため、観客は常に「私は今、とても典型的な西部劇を観ているんだ」という感覚を持つ。これは比喩性の高いシンボルを使う上で生じる大きなリスクだ。

その事実から見ても、『シェーン』は、神話的な西部劇形式を究極的なまでに論理的に突き詰めた作品であると言うことができるだろう。このストーリーは、その登場からすでに旅の途中にあるミステリアスなよそ者を追っている。馬に乗って山から降りてきた彼は、いったんこの街に留まり、そしてまた山に帰ってゆく。この映画のサブジャンルは、私が呼ぶところの〈旅する天使〉であり、これは西部劇に限らず、探偵もののストーリー（名探偵ポワロ）、コメディ（『クロコダイル・ダンディ』『アメリ』『ショコラ』『グッドモーニング、ベトナム』）、ミュージカル（『メリー・ポピンズ』『ミュージック・マン』）などにも見ることができる。〈旅する天使〉のストーリーは、問題を抱えたコミュニティに主人公がやってきて、そこに暮らす者たちがその問題を解決するのを手伝い、解決したら次のコミュニティへと旅立ってゆくというものだ。その西部劇バージョンであるこの作品では、旅する戦士（天使）のシェーンが、農民たちや村人たちが安心して家や村を建てられるようにするため、他の戦士（牧畜業者）たちを相手に戦う。
『シェーン』のキャラクター・ウェブもまたシンボル性の高いものだ。天使のような主人公と悪魔のような銃使いの対立、家族的な農夫（その名もジョセフ［聖母マリアの夫ヨセフと同名］）と独身で冷酷な白髪交じりの牧畜業者との対立、理想的な妻であり母（その名もマリアン［聖母マリアの信仰者の意もある］）、そして銃の腕に優れた彼を崇拝する少年。これら観念的なキャラクターは、個々のディテールがほとんど描かれないまま登場している。たとえば、シェーンには銃を使うことにまつわる過去の亡霊にとらわれているが、それについて説明されることは一切ない。そうすることによって、これらのキャラクターは、それぞれ、とにかく魅力のある比喩的存在となり得るのだ。

この作品には西部劇のシンボルのすべてがこれ以上ないほど純粋な形で使われている。銃はどんな西部劇においても必要不可欠なものだ。『シェーン』では、これがテーマの中心に置かれている。この映画はこのストーリーに登場する者全員に「お前には銃を使う勇気があるか？」と問うている。牧畜業者はフェンスと建てた農民たちを嫌っている。農民たちは法と教会のある本物の街を建設するため牧畜業者を相手に戦う。シェーンは色の明るいシカ皮を身につけている。邪悪な銃使いは黒を身につけている。農民たちは雑貨店で町を建てるための物資を買う。しかしその雑貨店のドアは牧畜業者らが酒を飲んだり喧嘩や殺しをしたりする酒場と一続きになっている。この雑貨店にやってきたシェーンは、我が家や家族のある新しい生活を作ろうと決心していたが、この酒場に吸い込まれ、銃の腕の立つ孤高の戦士というこれまでの人生に戻ることを余儀なくされる。

私はここで『シェーン』はストーリーテリングの悪例だと言いたいわけではない。この作品には特定のパワーが宿っている。特にこのシンボル・ウェブは実に明確でよく出来ており、そこに余計なものは一切ない。しかし、そうであるだけに、ほとんどすべての宗教物語と同じように、こちら側の道徳律だけを賛美した型通りのストーリーの印象が避けられないのは事実だ。

シンボルの手法——シンボル・ウェブを逆転させる

既成の比喩的意味が強いシンボル・ウェブを組み立てることの大きな弱点は、あまりにも意図的で予測できるものであるために、観客の立場から見たとき、ストーリーがまるで設計図を眺めているようで、ライブ感をまったく体験することができないことにある。ただし、この弱点の中にはものすごいチャンスも眠っている。典型的なストーリー形式やシンボル・ウェブに対する観客の知識を利用して、それを逆手に取ることができるのだ。そのやり方は、ウェブの中にあるすべてのシンボルを一捻りすることで、それらが持つ意味合いを、観客が想定しているものとはまるで違うものに変貌させてしまうというものだ。これをすることで、観客はそれまで予測していたことをすべて考え直さなければならなくなる。この手法は、よく知られたシンボルが登場するものであれば、どんなストーリーにも適用させることができるだろう。神話、ホラー、西部劇といった特定ジャンルを専門に取り組んでいるライターには、ジャンルを逆手に取る手法としてよく知られているやり方だ。

『ギャンブラー』（小説…エドマンド・ノートン　脚本…ロバート・アルトマン、ブライアン・マッケイ　1971年）

『ギャンブラー』は優れた脚本で作らた素晴らしい映画だ。その素晴らしさの大きな理由のひとつこそが、典型的な西部劇のシンボルを逆転させる作戦をとったところにある。シンボルを逆転させる手法は伝統的な西部劇から生まれた副産物なのだ。荒野に文明をもたらそうとする人々の姿を描くのではなく、『ギャンブラー』では、荒野に町を作り上げた実業家が大企業によって潰される姿を描いている。

逆転させたシンボルは、まずメイン・キャラクターたちに見ることができる。マッケイブは売春宿を開業して富を築くダンディなギャンブラーだ。彼は性的な資本主義ビジネスを利用して西部の荒野にコミュニティを作り上げる。第二のメイン・キャラクターであるマッケイブが心から愛する女は、阿片好きな売春宿の女将だ。

また、視覚的なサブワールドにもシンボルの逆転を利用している。その町は、西部劇によくあるような、平野の広がる南西部の乾燥した平地に羽目板の建物が合理的に立ち並んでいる町ではない。北西部の青々と茂った雨の森を切り開いて作られた、間に合わせの木材とテントの町なのだ。前者のような保安官が愛情をもって見守る活気あるコミュニティとは違い、この町は、バラバラで、未完成で、物憂げな個々の人間がよそ者を疑い深く見つめる町だ。

西部劇の主なシンボル的行動と言えば「最後の決闘」だが、これもまたこの作品では逆手に取られている。典型的な最後の決闘は、町の全員から見える目抜き通りのど真ん中で行われるものだ。カウボーイの主人公は悪者が先に銃を抜くのを待ち、それでもなおお相手をやっつけて、正しい行動や統治されたコミュニティにおける法と秩序を再確認するのが普通だ。しかし『ギャンブラー』では、法を守る立場の主人公が、視界の悪い吹雪の中、3人の殺し屋に町中を追い回される。町の人々は誰一人としてマッケイブの正しい行動についても、この町のリーダーである彼の生死についても、目にすることもなければ、さほど興味すらない。彼らは誰も通わない教会の消火活動で出払っているのだ。

『ギャンブラー』では、いかにも西部劇的なシンボル性のある事物もひっくり返されている。ここに法は存在しない。教会はいつも空っぽだ。最後の決闘の場面では、殺し屋の1人が建物の影に隠れてショットガンでマッケイブを狙い撃ちする。それで死んだふりをしたマッケイブは、隠し持っていたデリンジャー（普通の西部劇ではこの銃は女が使う武器とされている！）で、その殺し屋の眉間を撃ち抜く。カウボーイ用の革ズボンにつば広の白い帽子という姿ではなく、マッケイブは東部のスーツを着て山高帽をかぶっている。

ジャンルを逆手にとる作戦を使って語られる『ギャンブラー』は、古くさい比喩を新しい比喩として使う手法の見事な例を私たちに示している。優れたストーリーテリングの教科書であると同時に、アメリカ映画の金字塔的作品なのだ。

シンボル・ウェブの実例

シンボル・ウェブを学ぶ最良の方法として、やはり実際の使われ方を見ることに勝るものはないだろう。種々さまざまなストーリーにおけるシンボル・ウェブを検証することで、この手法が幅広いストーリー形式で機能するものなのかを確認できるはずだ。

『エクスカリバー』（小説「アーサー王の死」…トマス・マロリー　脚本…ロスポ・パレンバーグ、ジョン・ブアマン　1981年）

西部劇がアメリカの国家神話なら、アーサー王伝説はイギリスの国家神話だと言うことができる。この伝説のパワーと魅力はあまりにも莫大で、このたった一つの物語が、西洋のストーリーテリング全体を貫く何千もの物語の数々に影響をあたえている。だからこそ、私たち現代のストーリーテラーは、この作品に登場する重要なシンボルがどのように機能しているのか知っておく必要がある。いつも通り、まずはキャラクターのシンボルから始めよう。

アーサー王は、単なる人間でもなければ、単なる王でもない。彼は、現代のケンタウロスであり、鋼鉄の騎士であり、世界最初のスーパーマンであり、鉄の男であり、いわば究極の男性である。戦士文化の究極形が彼なのだ。彼は、自ら先頭に立って戦うことを通して、勇気、強さ、正しい行動、正義の確立を象徴している。皮肉なのは、男らしさを究極まで突き詰めたがために、彼は騎士道精神の掟に則って生きているので、女性を完全に純粋な存在として高い台座に据えるように崇めている。これによって全般的な女性像が、聖母と売女というキリスト教の二元論的対立関係に分けられている。

アーサー王はまた、葛藤する現代のリーダーの象徴でもある。彼は彼の純粋さを基礎に据えた完璧なコミュニティをキャメロットに作り上げるが、彼の妻が、彼に仕える最高にして最も純粋な騎士と恋に落ちることによって、その完璧なコミュニティは失われる。義務と愛の葛藤は、ストーリーテリングにおける道徳的対立構造の中でも屈指の素晴らしいものだが、このアーサー王もまた、さまざまなストーリーの多くの主人公たちと同様に、その対立構造を体現している。

アーサー王の仲間は、彼と同等に秀でた存在の魔術師で彼の師でもあるマーリンだ。マーリンはキリスト教以前の魔法の世界観を体現するキャラクターとして、奥深い自然の力と知恵を象徴している。マーリンによる魔法や助言はどちらも、その人特有の欠陥や渇望を深く理解するところから始まっている。

アーサー王のライバルたちもまたシンボル性の高い特質をたずさえており、だからこそ、これまで数えきれないほどのライターたちが長年にわたってそれらを借り受けて自らの作品を作っている。アーサー王の息子モードレッドは邪悪な子供で、その名前自体が「死」を象徴している。モードレッドの母、モーガナ（モーガン・ル・フェイの名でも知られる）は、邪悪な魔女だ。

円卓の騎士たちはアーサー王同様にスーパーマンだ。彼らは騎士道精神の掟に則って生きねばならず、また、天の王国に入るための聖杯を探し求めている。騎士たちはその旅路で「良きサマリア人」として行動し、あらゆる困窮者たちに手を差し伸べており、その正しい行いによって彼らの純粋な心を証明している。

『エクスカリバー』を初めとする多くのアーサー王伝説を元にしたストーリーは、シンボル性の高い世界や物体に満ち満ちている。シンボル的な場所の最たるものはキャメロットだ。このユートピア的コミュニティのメンバーは、全体の平和と幸福を得るため、各個人の人間的強欲を抑えている。この場所はまた円卓の存在によってそのシンボル性がさらに強められている。この円卓についたすべての騎士たちは、王も含めて、同等な立場となる。これは偉大な共和制を象徴している。

『エクスカリバー』というタイトルは、アーサー王伝説に登場するメジャーなシンボル的物体である剣の名称だ。エクスカリバーは、正しい行動をとる男性のシンボルであり、純粋な心を持つ真の王にしか、この石に刺さった剣を抜き、理想のコミュニティを作り上げるために振るうことはできない。

アーサー王伝説のシンボルは我々の文化に深く刷り込まれているほか、何千ものアメリカ西部劇、『スター・ウォーズ』『ロード・オブ・ザ・リング』『戦場の小さな天使たち』「アーサー王宮廷のコネチカット・ヤンキー」『フィッシャー・キング』を初めとする数多くのストーリーにアーサー王伝説のシンボルの数々を見ることができる。アーサー王伝説のシンボルをあなたのストーリーに利用する際には、それの持つ意味にひねりを加えて独自のものとして使うようにしよう。

『ユージュアル・サスペクツ』(脚本…クリストファー・マッカリー　1995年)

『ユージュアル・サスペクツ』では、ここまで本書で論じてきたような数々のシンボルの手法を、ストーリーの中でメイン・キャラクター自身が駆使しながら、自分自身を象徴的な架空のキャラクターに作り上げているという、実に独創的なストーリーだ。その名も相応しいヴァーバル(「言葉だけの」の意)は、表面的には仲間で三流の悪党だが、実のところは主人公であり、一流犯罪者(メインのライバル)であり、語り部でもある。彼は関税局捜査官に事件のあらましを語りながら、カイザー・ソゼという名の、恐ろしくも残忍なキャラクターをでっち上げてゆく。彼はこのカイザー・ソゼに悪魔のシンボルを関連づけることで、その名を口に出すだけで恐怖で心臓が止まってしまうほどの神話的パワーをあたえる。そしてストーリーの最後で、実は一流の語り部だったヴァーバル自身が、カイザー・ソゼだったこと、一流犯罪者であったことを観客は知らされる。『ユージュアル・サスペクツ』の優れたストーリーテリングには、シンボルの手法が至高レベルで用いられているのだ。

『スター・ウォーズ』（脚本…ジョージ・ルーカス　1977年）

『スター・ウォーズ』があれほどの人気を博した数ある理由のひとつには、シンボル性の高いテーマをその基礎に置いているという事実も数えられる。この一見するとシンプルなファンタジー・アドベンチャー・ストーリーに流れている力強いテーマは、ライトセーバーという形に凝縮されて象徴化されている。人々が光速で移動できるほど進化したテクノロジーのあるこの世界にあって、主人公やそのライバルたちはライトセーバーを使って戦っている。これが普通に考えれば現実的でないことは確かだろう。しかし、テーマ性を宿しているこの物体は、こちらの世界では十分に現実的なものなのだ。このライトセーバーは、サムライの修行の掟を象徴しており、また善のためにも悪のためにも使うことができる。『スター・ウォーズ』を世界的に大ヒットに導いたライトセーバーという物体に宿ったシンボルやテーマの重要性は、いくら評価してもし切れないほどだ。

『フォレスト・ガンプ／一期一会』（原作小説…ウィンストン・グルーム　脚本…エリック・ロス　1994年）

『フォレスト・ガンプ／一期一会』には、テーマを象徴するシンボルが二つ登場する。鳥の羽とチョコレートの箱だ。この作品はシンボルがあまりにも直接的にテーマに結びつけられているという批判の声もある。この作品では、日常的な世界で、鳥の羽が空から降って来てフォレストの足元に落ちる。この羽がフォレストの自由精神とオープンな心と楽天的な生き方を象徴していることはあまりにも明白だ。また、チョコレートの箱はそれにも増して明白で、フォレストは「ママはいつも言っていた『人生はチョコレートの箱のようなもの。開けてみるまで中身は分からない』って」と語っている。これは正しい生き方というテーマと比喩の結びつきを直接的なセリフで言及しているものだ。

しかし、テーマと結びつけられたこれら二つのシンボルは、実は、表面上の印象よりもずっと上手く機能しているのだ。その理由を探るととても勉強になる。第一に『フォレスト・ガンプ／一期一会』は、神話形式をとったドラマ作品であり、およそ40年間の出来事をカバーしたストーリーだ。つまり、あの羽と同じく、このストーリーもまた時空をあちこちとさまようように舞っており、その方向性は歴史全般の流れ以外は、ほぼ無軌道と言っていい。第二にこの物語の主人公が、覚えやすいありきたりな格言で思考する、とても単純な者であるということ。もしも普通のキャラクターが「人生とはチョコレートの箱のようなものだ」と明言したら、それは説教臭くなってしまうだろう。しかし単純なフォレストにとって、この素敵な洞察は彼のお気に入りであり、大好きな母親から習った大切な言葉なのだ。だからこそ大半の観客もこれを気に入って受け入れることができる。

「ユリシーズ」（小説…ジェームズ・ジョイス　1922年）

ジョイスは、どの作家よりも増して、ストーリーテラーはマジシャンでありシンボル・メイカーでありパズル・メイカーであるという発想の持ち主だ。これによって彼は恩恵を受けているが、同時にそれなりの犠牲も払っている。その犠牲の最たるものは、読み手の反応が感情的なものではなく、徹底的に知性的なものになってしまうという事実だ。数えきれないほどのトリッキーで、デリケートで、時には曖昧ですらあるようなシンボルを文字通り何千も登場させると、その読者はストーリー科学の学者とか文学の探偵のようになり、この精巧に組み上げられたパズルがどのように成り立っているのか確かめてみようと、深すぎるところまで探究したい気持ちになってしまうのだ。『市民ケーン』（その理由は違うが）と同じように、「ユリシーズ」はさまざまな手法の素晴らしさを崇拝できるストーリーではあるが、お気に入り作品として愛でることが難しい作品でもあるのだ。それではここで、「ユリシーズ」におけるシンボルの手法を検証してみよう。

ストーリーのシンボルとシンボル的なキャラクター

ジョイスは、まず何よりも、このストーリーに「オデュッセイア」とキリストのストーリーと「ハムレット」のキャラクターを重ねることで、シンボル性の高いキャラクター・ウェブを築いている。また、実在の人物やアイルランドの歴史上のアイコン的なキャラクターたちも併用して、このキャラクター・ウェブを補っている。この作戦には、数多くのアドバンテージがある。その第一はキャラクターがテーマと結びつくこと。ジョイスはキャラクターたちの行動を通して、自然な、または、調和した宗教を作り出そうとしている。日常的なキャラクターであるブルームやスティーヴンやモリーは、それぞれの行動によってだけでなく、オデュッセウスやキリストやハムレットといった他のキャラクターをコンスタントに関連づけることで、英雄的な、そして時には神的でさえあるクオリティを帯びているのだ。

また、この手法によって、「ユリシーズ」のキャラクターたちは、偉大な文化的伝統の中に位置づけられる。彼らはその伝統に逆らって、それぞれ独特な存在になろうとしている。これはまさに、ストーリー全体を通して葛藤するスティーヴンの成長の道筋そのものだ。カトリック教徒として育てられたことへの反抗心や、イングランドによるアイルランド支配への反抗心を持ちながらも、霊性を完全に壊したくはないと思っているスティーヴンは、自分自身になるための方法、本物の芸術家になるための方法を探っている。

自身の描くキャラクターに別のストーリーのキャラクターをマッチさせる手法のもう一つのアドバンテージは、これによってキャラクター・ウェブの指標が作品全体に行き渡ることにある。特にこの作品のように長くて複雑なストーリーには大いに役立つものだ。設定原則だけでなく、キャラクターの指標もあるおかげで、ジョイスは、オデュッセウスとキリストとハムレットというシンボル的なキャラクターたちを、それぞれ異なる形で関連づけながら、この主人公たちが物語全体を通してどのように変わってゆくのかを正確に見せるころができるのである。

シンボル的な行動と物体

ジョイスは、シンボル的なキャラクターの手法と同じものを、このストーリーで描かれる行動や物体にも適用させている。彼はコンスタントにブルームとスティーヴンとモリーの行動を、オデュッセウス、テレマコス、ペネロペの行動と比較することで、読者に英雄的な印象と皮肉的な印象の両方をもたらせている。ブルームは彼にとってキュクロプスに当たるものを倒し、酒場という暗い洞窟から逃げ出す。スティーヴンは、ちょうどオデュッセウスが黄泉の国で母親と会うことや、ハムレットが殺された父親の亡霊と出会うのと同じように、死んだ母という亡霊に囚われている。モリーは、ちょうどペネロペと同じように家に留まっているが、貞淑なペネロペとは違い、彼女はそこで不倫をしている。

「ユリシーズ」におけるシンボル的な物体のウェブは、自然主義的で日常的なジョイスの宗教における「聖なる」物によって形成されている。スティーヴンもブルームも鍵を持たずに自宅を出る。スティーヴンはその前日に眼鏡を割られている。しかし、それによって彼の物理的な視力が落ちた一方で、彼は先見の明を得る機会を得ている。彼はこの1日の旅路を通して芸術的な視点を広げている。また、プラム社の瓶詰肉の広告「これがなければ家庭とは呼べない」は、ブルームと妻の間に聖なる性行為が欠落していることや、それによって彼らの家庭に及んだ損失を象徴している。スティーヴンは杖を剣のように使って売春宿のシャンデリアを壊し、彼を囚われの状態にしていた過去から自由になる。ブルームは、カトリック教徒のコミュニティは信者にとってキャンディのようなものだと信じているが、彼とスティーヴンはコーヒーを共にしたとき、そして後にはブルームの自宅でココアを共にしたときに本物の共同意識を持っている。

シンボルの創作――執筆エクササイズ　6

■**ストーリーのシンボル**　プレミス、主要なストーリーのひねり、中心テーマ、またはストーリー全体の構造を表現する単一のシンボルはあるだろうか？　それについて、プレミス、テーマ、一文で表現したストーリー・ワールドに再び立ち返って考えてみる。次に、ストーリーの主要なシンボルをすべて一文で表現する。

■**キャラクターのシンボル**　主人公や他のキャラクターのシンボルを決める。次のステップを踏んで取り組もう。

1　1人のキャラクターのシンボルを作る前に、キャラクター・ウェブ全体に着目する。

2　主人公とメインのライバルの対立関係から先に取り組み始める。

3　観客にそのキャラクターから連想してほしい一側面、またはひとつの感情は何かを考える。

4　1人のキャラクターの中にシンボルの対立関係を築くことを考慮する。

5　ストーリー全体の中でキャラクターを連想させるシンボルを何度も繰り返し登場させる。

6　シンボルを繰り返すたびに、細かいバリエーションを持たせるようにする。

■**キャラクターの類型的な特徴**　特に神々や動物や機械などといった、類型的な特徴を、1人またはそれ以上のキャラクターに関連づけることを考慮する。

■**キャラクター・チェンジのシンボル**　主人公のキャラクター・チェンジと結びつけられるシンボルはないだろうか？　それがある場合は、主人公の弱点と欠陥を表現する冒頭のシーンと、主人公が自己発見する終盤のシーンに着目しよう。

■**テーマのシンボル**　ストーリーのメインテーマを要約できるシンボルを探す。テーマを表現するシンボルは、道徳的影響のある一連の行動を象徴するものでなければならない。より高度なシンボルであれば、対立する2種類の一連の行動の両方を象徴することもできる。

■**世界のシンボル**　自然環境、人工的空間、テクノロジー、時間を初めとするストーリー・ワールドのさまざまな側面に関連づけたいシンボルを決める。

■**行動のシンボル**　シンボルをあたえることでメリットのある特定の行動はあるだろうか？　そのような行動を目立たせるために、どのようなシンボルを結びつけたらよいかを考える。

■**物体のシンボル**　シンボル的な物体を作るためには、まずはストーリーの設定原則に立ち返ろう。仕立て上げたシンボル的な物体の一つひとつが、設定原則にフィットするものでなければならないからだ。次に、その中から追加的な意味をあたえたい物体を選ぶ。

■**シンボルの進展**　使っているそれぞれのシンボルを、ストーリー経過とともにどのように変化させるかを計画する。

それでは、これらのシンボルの手法が実際にどのように使われているか、『ロード・オブ・ザ・リング』で検証してみよう。

「ロード・オブ・ザ・リング」（小説…J・R・R・トールキン　1954～55年）

「ロード・オブ・ザ・リング」は、現代の宇宙論、またはイギリス神話であると言っても差し支えないだろう。この作品のストーリー形式は、神話、伝説、高尚な恋愛をひとつにまとめた形式であり、また、ギリシア神話、北欧神話、キリスト教、おとぎ話、アーサー王伝説、その他数々の騎士の冒険物語のストーリーやシンボルが象徴的に使われている。「ロード・オブ・ザ・リング」は、ある意味、寓意的な作品であり、作者トールキン自身も、この物語は我々の社会や時代にもしっかり当てはまるものだと語っている。寓意的とは、何よりも増して、この物語のキャラクターや世界や行動や物体が必然的に比喩性の高いものであるということだ。もちろんそれは、そこに独創性や創造性がないという意味ではない。どのシンボルも、それ以前にシンボルとして提出されたものに反響する形で、受け手の心により深く入り込んでゆくということを意味している。

■ストーリーのシンボル　このストーリーのシンボルは、もちろん、このタイトルの中にもあるリングである。この指輪は誰もが心から欲しがる究極のパワーを持つ物体である。これを手にした者は神のようなパワーを持つロード（統治者）となる。そしてそのロードは必ず破壊的な者となる。このリングには、人を道徳的で幸せな生活からかい離させるほど膨大な魅力が備わっており、その魅了は決して尽きることがない。

■キャラクターのシンボル　驚異的なほど素晴らしく編み込まれたこのストーリーの強みは、シンボル性の高いキャラクターたちからなるキャラクター・ウェブにある。これは単なる人vs人、人vs動物、人vs機械といった構図ではない。この作品のキャラクターたちは、善vs悪、力のレベル（神、魔法使い、人間、ホビット）、種族（人間、エルフ、ドワーフ、オーク、魔物、エント、亡霊）によって定義され区分されている。神話というものは類型的なキャラクターによって語られるものであり、だからこそスケールが壮大な一方で、人間性の描き方という分野では、繊細さに欠けるものとなりがちだ。しかし、これほどまで複雑で質感のある類型的キャラクターで成り立つウェブを設定したことで、作者トールキンもその読者も、壮大なスケールと機微に富んだキャラクターの両方を楽しむことが可能になった。これはキャラクターにシンボル性をあたえたいと思っているライターにとって、特に神話をベースにしたストーリーを書こうとしている者にとって、実に大切なレッスンになるだろう。

トールキンが示したキャラクターの対立関係で善のシンボルとなっている者は、自らを犠牲にするサムとガンダルフ、他者を治すことも殺すこともできる戦士の王アラゴルン、自然と共に生き、他者ではなく自己を統治することを極めたガラドリエルとトム・ボンバディルだ。トールキンが主人公に配したのは優れた戦士ではなく、小さな「人間」ホビットのフロド・バギンズで、彼はその心の素晴らしさによって誰よりも英雄的な存在となっている。「ユリシーズ」のレオポルド・ブルームと同じく、フロドもまた、腕力の強さではなく人間性の深さによって定義される新しいタイプの神話の主人公である。

ライバルたちもまた、強力なシンボル的パワーを持っている。モルゴスは、このストーリーの始まり以前にいた根っからの邪悪なキャラクターで、トールキンが「ロード・オブ・ザ・リング」のために創作した歴史の一部をなす存在だ。「アーサー王伝説」のモルドレッド、「ナルニア国物語」のモーグリム、「ハリー・ポッター」シリーズのヴォルデモート（ちなみに英国の作家が悪役の名前に「mor」の文字を入れることを好む理由は、おそらくその発音がフランス語で「死」を意味する音に似ているためではないだろうか）と同様に、モルゴスもまた、反神の最たる存在である悪魔を観客に想起させるものであり、その名前も行動も死を連想させるものとなっている。「ロード・オブ・ザ・リング」のメインのライバルはサウロンだ。彼が邪悪な存在である理由は、彼が絶対的な力を求めていること、そして手に入れた力で中つ国を完全に壊滅させようとしていることにある。次に、サルマンは初めは魔法使いとしてサウロンを相手に戦うが、絶対的な力の魅力に毒されて悪に転向するキャラクターだ。その他のライバル（ゴラム、ナスグル、オーク、大蜘蛛のシェロブ、バルログ）もまた、嫉妬、憎悪、獣性、破壊を象徴するさまざまなタイプのシンボルとなっている。

■**テーマのシンボル**　ほぼすべての優れたストーリー（特に寓意的物語）では、描かれているあらゆる要素の基礎がストーリー・ラインと対立関係に置かれている。この作品の場合は、善VS悪を強調したキリスト教的テーマ構造だ。この作品における悪は、権力を振るうことへの偏愛であると定義されている。また、善は生きとし生ける者を慈しむことをベースにしたもので、至高の善は他者のために自らの命を犠牲にすることと定義されている。

■**世界のシンボル**　「ロード・オブ・ザ・リング」の視覚的サブワールドの数々もまた、キャラクター・ウェブと同じくらい豊富な質感とシンボル性をたずさえている。これらの世界はまた、自然と超自然の両方を兼ね備えている。人工的な空間でさえ、自然環境が注入されていたり、自然環境の延長線上にあるものだったりする。キャラクターと同様に、シンボル的なサブワールドもまた、対立関係を軸に設定されている。たとえば森の世界には、ロスロリアンの森や樹木のような生物のエントたちがいる森など、調和のとれた美しい森がある一方で、邪悪な者たちが棲む闇の森もある。サウロンは巨大なモランノン（またも「mor」）という名の黒門の向こう側にあるモルドールの山を支配している。霧ふり山脈の地下には、主人公たちが訪れる「闇の世界」とも言える大洞窟モリアがある。フロドはまた、戦いで死んだ者たちの墓場である死者の沼地を通り抜ける。

「人間」のコミュニティもこれと同じような自然のシンボルを表現している。木々に囲まれたユートピアであるロスロリアンと同じように、リヴェンデールは水と植物に囲まれたユートピアだ。ホビット庄のシャイアは、耕作の行き届いた農業の世界にある村だ。これらのコミュニティとは対照的に、モルドール、アイゼンガルド、ヘルム峡谷といった山の砦は、粗野なむき出しの力で作られたものである。

■**物体のシンボル**　「ロード・オブ・ザ・リング」のストーリーの基礎は、シンボル的な物体を探し求めて手に入れることに置かれている。それらの物体のほとんどは土から掘り起こされたり、火から作られたりしたものばかりだ。そしてその中でも特に重要な物体が、滅びの山の火山の火で鍛えられた「一つの指輪」である。この指輪は、誤った価値基準、絶対的な力への欲求を象徴するシンボルであり、これを所持した者は間違いなく完全に邪悪な腐敗した存在になってしまう。悪を象徴するもう一つの丸いシンボルは、暗黒の塔の上からすべてを見て、指輪を求めるサウロンの目だ。

アーサー王伝説のエクスカリバーと同じように、アンドゥリル（これは「西方の焔」を意味する）もまた、正しい行動を象徴する剣であり、正当な王座継承者でなければこれを振るうことはできない。エクスカリバーは石に突き刺さっていたが、アンドゥリルは壊れた状態にあったため、アラゴルンが悪の軍勢を倒して王座を取り戻すためには、この剣を鍛え直す必要がある。アラゴルンの戦士の王としての独創性は、治癒力のある薬草アセラスを使えるところにある。彼はアキレスのような優れた戦闘技術を持っているが、それと同時に、自然と共鳴できる生命の行為者でもあるのだ。

もちろんこれらは「ロード・オブ・ザ・リング」でトールキンが使ったシンボルのごく一例に過ぎない。シンボルを作り出す数多くの手法をマスターするためにも、この作品をより深く研究されることをお勧めしたい。

第8章 プロット

プロットは主要なストーリーテリング技術の中で最も過小評価されている。ほとんどのライターは、上手くこなせるかどうかは別として、キャラクターやダイアログの重要さについて理解しているものだ。しかしプロットに関しては、それが必要となった時点でようやく取り組む程度だろう。もちろんそれで上手くいくわけはない。

なぜなら、プロットにはストーリー全体を通して入り組むように編み込まれたキャラクターや行動をはらんでおり、生来的にとても複雑だからだ。徹底的に細かいディテールが必要であると同時に、ストーリー全体を成り立たせるものでなければならない。プロットひとつの出来事のせいでストーリー全体が台無しになってしまうことも少なくはないのだ。

もはや驚くべきことではないが、「三幕構成」のようなプロットの手法は、ストーリー全体にもディテールに富んだプロットの筋道にもまるで関係がないので、大きな失敗を招きやすい。古い三幕構成の手法を採用するほとんどのライターは、第二幕の問題に苦しんでいる。その理由は彼らがプロットを作品に用いている手法に根本的な欠陥があるからに過ぎない。機械的で単純な三幕構成の手法には、難しいとされているストーリー中盤全体にプロットの編み目がどのように織り込まれているのかを正確に示してくれる地図がないのだ。

ライターたちがプロットを過小評価している理由のひとつは、プロットとは何かということについて間違った理解をしているところにもある。プロットとストーリーは同じだと考えてしまっているのだ。または、プロットとは、主人公が目標を目指して行なう行動を単純に追ったものだと誤解している者もいる。他にも、プロットとはストーリーの語られ方のことだと誤解している人もいるようだ。

ストーリーはプロットよりもずっと大きなものである。ストーリーはストーリーという人体構造の下位組織のすべて、つまり、プレミス、キャラクター、道徳論議、ストーリー・ワールド、シンボル、プロット、シーン、ダイアログのすべてを含んだものを指す。つまり、ストーリーとは「形式と意味が複雑に絡み合う多面体であり、物語の筋（プロット）は、その数ある側面のひとつにすぎない」（＊1）のだ。

プロットとは、表面下で編み込まれたさまざまな行動の連なり、または一連の出来事のことであり、このプロットの存在によって、ストーリーは出だしから中盤を抜けて最後まで、しっかりと安定した状態で組み立てられることができる。より具体的に言うならば、プロットとは、「主人公がすべてのライバルたちと同じ目標を目指して戦うことによって繰り広げられる、入り組んだダンスを追ったもの」のことである。また、プロットは、起こった出来事そのものと、それらの出来事を観客に提出するときの見せ方という二要素のコンビネーションでもある。

☑プロットは、作者が情報をどれほど抑えるか、どれほど見せるかによって左右する。プロットの手法には「サスペンスとミステリーを上手に扱うこと、そして常に読むべきサインに満ち溢れているスペ

ースを精密に作り上げることを通して、巧みに読者を導くこと（*2）」が含まれている。

自然なプロット

一連の出来事についての説明（まずはこれが起こり、次いでこれが起こり、それに次いでこれが起こり）は、すべてプロットである。しかし、シンプルな一連の出来事は良いプロットとは言えない。そこには目的もなければ、どの出来事がどの順序で語られるべきかを示す設定原則もない。良いプロットは、必ず自然なものである。この「自然なプロット」とはどういう意味かというと、次のようになる。

■自然なプロットは、主人公のキャラクター・チェインジの理由（もしくは、キャラクター・チェインジが不可能である理由）を説明する一連の行動を見せてくれるものである。
■自然なプロットでは、各出来事は因果関係で結ばれている。
■自然なプロットでは、各出来事がどれも必要不可欠である。
■自然なプロットは、プロットの組み立てが、作者から押し付けられたものではなく、メイン・キャラクターから自然発生的に生み出されたように見えるものである。押し付けられたプロットは機械的に感じられ、ストーリーという機械の歯車やギアが表面に現れている。そうなってしまうとキャラクターの真実味や調和性が弱まり、まるで操り人形や人質のように感じられる。主人公から自然に生まれたプロットとは、単に主人公が何かを仕込んでいるプロットという意味ではなく、計画をたてたり行動したりする主人公の欲求や能力に適合したプロットという意味だ。
■自然なプロットでは、一連の出来事に統一性と完全性がある。エドガー・アラン・ポーは、良

いプロットとは「どのパートを置き換えても全体が台無しになってしまうものだ」と言っている。（＊3）

プロットの種類

自然なプロットは、しっかりと理解することも難しいが、これを作るのはさらに難しい。その理由のひとつは、プロット作りは矛盾をはらんでいるからだ。プロットは、何もないところから行動や出来事をひねり出した上で、それらを何らかの規則に基づいてつなぎ合わせるように設計しているものだ。それでいて、プロットの中にある出来事はどれも、それらが勝手に自発的にできあがったものであるかのように見えなければならないのである。

一般論として言えば、プロットのこれまでの歴史は、行動をとることに重きを置いたものから情報を学ぶことに重きを置いたものへと推移している。この二つはストーリーを前進させる2本の「脚」だ。初期のプロットは、神話形式を用いて、一連の英雄的な行動をとる主人公を見せることで、観客にもそれを真似ようと感化させるものだ。後のプロットは、とても広い意味での探偵形式を用いたもので、目の前で起こっている出来事に対する主人公と観客の無知や混乱を見せつけることで、それらの出来事やキャラクターの真の姿を見極めさせることを目指すものとなっている。

それではここで、主要なプロットの種類に目を向けて、一連の出来事を設計し自然なプロットを作るためのさまざまな方法を見てゆこう。

旅路のプロット

自然なプロット作りの主要戦略として最初に紹介すべき方法は、神話のストーリーテラーたちが生み出したもの、その中でも最高峰にあたる、旅路を使った手法だ。このプロット形式では、主人公が旅路の中で数多くのライバルに次から次へと出会う。主人公はそれぞれのライバルを倒して進み、最後に帰還する。この旅路が自然なものだとされる第一の理由は、1人の人物による1本の直線的な道筋であること、第二の理由は、この旅路が主人公のキャラクター・チェインジを物理的に表すものであることだ。確かに主人公は、物語の早い段階でライバルを倒した時点で、自身の中で小さな変化を経験しているかもしれない。しかし大きな変化（自己発見）を経験するのは、帰還して自分自身の奥深くにすでにあったものを発見するときのことだ。主人公は自らの奥深くにずっとあった力をようやく見いだすのだ。

旅路のプロットの問題点は、そこにある自然な潜在性を有効に使い切ることが難しいことだ。主人公は、それぞれのライバルを倒すたびに、ほんの少しでさえもキャラクター・チェインジを経験しない場合が多い。単純に相手を倒して次に進むだけなのだ。つまり、それぞれのライバルを相手にするそれぞれの戦いは、どれも同じプロットの繰り返しということになり、受け手は自然でない挿話的なものとして感じてしまう。

旅路のプロットが自然になりにくい第二の理由は、主人公があまりにも長い時間と多くの空間を旅に費やすことにある。このように延々と続くとりとめのないストーリーの場合、主人公がストーリーの早い段階で出会ったキャラクターを後に再度登場させたり、それを自然で説得力ある方法で見せたりすることがとても困難だ。

書き手たちは、長年にわたって、旅路のプロットにつきまとうこの問題に苦しみ続けており、それを解決するためにさまざまな方法を試している。たとえば、笑いを散りばめた旅路の形式をとる「トム・ジョーンズ」の著者ヘンリー・フィールディングは、二つの構造的解決方法に頼っている。ひとつ目は、ストーリーの出だしの段階で主人公やその他のキャラクターの本当のアイデンティティを隠すことだ。これによって、以前登場したキャラクターが後に再度登場するとき、前回より深い形で彼らを見ることができる。つまりフィールディングは旅路のプロットに「真実の開示」とも「真実の発見」とも呼ばれる手法を組み合わせているわけだ。

二つ目は、早い段階に登場する複数のキャラクターを、トムと同じ終点を目指すそれぞれの旅路に送り出すことによって、トムの旅路の途中に自然な形で再登場させていることだ。これによって漏斗効果が生まれ、ストーリー全体を通してトムがあるキャラクターと出会っては別のキャラクターとまた出会うということを繰り返すことに説得力が生まれている。

マーク・トウェインの「ハックルベリー・フィンの冒険」には、旅路を使った自然なプロットの難しさを明確に見ることができる。トゥエインは、いかだを浮島のミニチュアとして描き、そこにハックと第二のキャラクターであるジムを置くという、実に素晴らしいアイデアを持った。しかし、この乗り物はあまりにも小さすぎるので、ハックとジムには、継続的なライバルができず、その「道のり」で出会うのは一連のよそ者たちだ。また、ミシシッピ川を下るメイン・キャラクターを描く上で、トゥエインにはこのプロットを自然な形で終わらせるすべが思い浮かばなかった。そこで彼はデウス・エクス・マキナの手法を用いて恣意的にストーリーを終わらせている。最後にトム・ソーヤーが再登場することには、プロットを笑いの根本に引き戻すこと、仕上げの磨きをかけること、そして「おしまい」と宣言すること以外には、まったく意味がない。あのマーク・トウェインであってさえも、この難関を乗り越えることはできなかったのだ。

三一致のプロット

自然なプロットを作る第二の主要戦略は、アイスキュロスやソフォクレスやエウリピデスといった古代ギリシアの劇作家たちが提唱したものだ。彼らの手法の中心をなしているのは、アリストテレスが「時の単一、場の単一、筋の単一」と称したものである。それは、ストーリーは24時間以内に一つの場所で展開される一つの行為または筋を追ったものでなければならないというものだ。そのプロットが自然になる理由は、全ての行動が主人公によってなされ、とても短い時間の中で展開するからだ。この手法では、主人公の知るライバルがストーリー全体を通して存在し続けるので、旅路のプロットにつきまとうあの大きな問題とは無縁だ。

三一致のプロットの問題点は、プロットが自然だとしても、それだけでは物足りないところにある。描かれる時間経過が短すぎるため、発見の回数もパワーも制限されてしまうのだ。プロットにおいて、真実の発見とは（行動をとるパートではなく）、学びのパートであり、プロットがいかに複雑なものになるかどうかはこれにかかっている。これらのストーリーは短い時間経過を追ったものなので、主人公はライバルのことを初めからあまりにも知り過ぎていることになる。主人公とライバルの間にはストーリーの開始以前にプロットの卵が孵化しているかもしれないが、ストーリーが始まってから彼らがお互いに隠せる量には限界がある。

その結果、三一致のプロットでは、単一の大きな真実の発見をするための時間とライバルと行動が描かれることになる。たとえば、（世界最古の探偵物語である）「エディプス王」でエディプスは自身が実の父親を殺して実の母親と寝ていたことを知る。これは間違いなく大きな真実の発見だ。しかし、より多くを描くプロットを書きたいのであれば、数多くの真実の発見をストーリー全体のそこここに散りばめる必要がある。

真実の発見のプロット

自然なプロットを作る第三の主要戦略は、言うなれば「真実の発見のプロット」と呼べるものだ。

この手法では、主人公は概して一ヵ所に留まっているものだが、その場所は先の「場の単一」のように狭いものである必要はない。たとえば、町や都会を舞台に展開されるストーリーなどがそうだ。また、真実の発見のプロットは、たいていの場合、「時の単一」よりもずっと長い時間をカバーしているもので、中には数日間に及ぶものまである（ストーリーが何十年もの時間をカバーしている場合はサーガになるので、旅路のプロットにより近いものとなる傾向が強いだろう）。

真実の発見のプロットの手法のカギは、主人公がライバルたちのことをよく知っていながらも、そのライバルたちには、実は主人公や観客の知らない隠された側面がたくさんあるところだ。さらに、これらのライバルたちは、自分の欲するものを手に入れるための計画づくりにとても長けている。このコンビネーションによって、主人公と観客にとって、真実の発見やサプライズに満ちたプロットができあがる。

旅路のプロットと真実の発見のプロットの根本的な違いにお気づきだろうか。旅路のプロットでは、主人公が数多くのライバルたちを手早く処理してゆくため、サプライズに限界がある。一方の真実の発見のプロットでは、ライバルの数がそれよりも少ないので、彼らの真実についてより多くを隠すことが可能なのだ。また、見えないところで起こっているプロットによって真実の発見はより強調される。

真実の発見のプロットを上手く作り上げることができれば、それはとても自然なプロットとなる。なぜなら、ライバルというものは、主人公の弱点を攻撃することに最も長けたキャラクターであり、サプライズの瞬間というのは、そういう攻撃が見えないところでどのように行なわれていたのかを主人公や観客が知る瞬間だからだ。主人公はそれを経て、自身の弱点を乗り越えて成長するか、もしくは、破滅することになる。

真実の発見のプロットは観客の人気が高いが、その理由は、これがサプライズを最大化するプロットだからだ。どんなストーリーにおいてもサプライズは歓びの源泉なのだ。このプロットはビッグ・

プロットという別名でも呼ばれている。多くのサプライズを秘めているプロットであるだけでなく、衝撃的なプロットである傾向が強いからだ。現在でもこのプロットは（特に探偵ものやサスペンスといったストーリーで）人気が高いが、真実の発見のプロットの最盛期はデュマ（「モンテ・クリスト伯」「三銃士」）やディケンズといった作家が活躍した19世紀だろう。ものすごくパワフルな悪役が、勝つためにネガティブな計略を用いる「ある夫人の肖像」のようなストーリーにも、この手法が効果的であることは驚きに値しない。

また、ディケンズは真実の発見のプロットの名手であり、これまでのストーリーテリングの歴史において、この分野で彼に比肩する者はおそらくいないだろう。しかし、彼が史上随一の偉大な作家のひとりとされている理由のひとつは、実は旅路のプロットを組み合わせることで真実の発見のプロットを拡張させていることにある。この2種類のプロットはさまざまな側面が正反対であるだけに、これらを組み合わせるには並々ならぬ技術と能力が必要とされることは言うまでもない。旅路のプロットでは、主人公が多くの相手と出会いながらそれぞれのキャラクターを後に残してさっさと先に進んでいる。一方の真実の発見のプロットでは、主人公が出会う人々は一握りだが、彼らのことをとても深く知るようになるのだ。

反プロット

19世紀のストーリーテリングがプロット礼賛の時代だとしたら、20世紀のストーリーテリングは、少なくともシリアスなフィクション作品においては、反プロットの時代だと言うことができるだろう。「ユリシーズ」『去年マリエンバートで』『情事』「ゴドーを待ちながら」「桜の園」「ライ麦畑でつかまえて」など、幅広く異なった作品の数々で、プロットへの軽蔑とさえ思える態度を見ることができる。あたかもプロットは、より重要な要素であるキャラクターを描く目的で、観客に向かってパフォーマンスしなければならない手品のようなものだと捉えられているようでさえある。文芸評論家のノースロップ・フライは次のように語っている。「『この先どうなるのだろう』という気持ちから小説の続きを読んだり演劇を観続けたりすることもあるだろう。しかしその『どうなるのか』がいったん分かってしまうと、私たちを釘付けにしていた魔法は消えうせ、私たちを小説や演劇に没頭させるそもそもの要因である一貫性はすっかり忘れられてしまいがちだ」（＊4）。

いま挙げたストーリーのいくつかについて、そのプロットを要約すると、次のような感じになる。「ライ麦畑でつかまえて」は、数日間ニューヨーク・シティを歩き回るティーンエイジの少年にまつわるもの。「桜の園」は、由緒ある屋敷に到着した家族が、その家産が競売で売られてそこを去る時を待つというもの。『情事』は犯罪もおこらず何一つ解決されることのない探偵物語、といったところだ。

おそらく、20世紀のライターの多くは、プロットそのものに反抗していたわけではなく、むしろ彼らが反感を抱いていたのは、読者にあまりにも大きな衝撃をあたえて、それ以外のことをすっかり薄れさせてしまうような、センセーショナルな真実の発見をともなったビッグ・プロットだったのではないだろうか。そんなわけで、私がここで「反プロット」と呼んでいるものも、プロットそのものに反するものではなく、むしろキャラクターの繊細な部分を表現してプロットを自然にするために書き手が用いた幅広い手法の数々のことを指す。複数の視点、語り部の変更、枝分かれするストーリー構造、時の流れとは違う順序、これらの手法はどれも、人間のキャラクターをより複雑に見つめるという深い目的の元で、ストーリーの語り方を変化させてプロットをいじるための手法である。

これらの手法を使うと、ストーリーが断片的に感じられてしまう可能性もあるが、だからといって必ずしも自然でなくなるということではない。複数の視点を使うことで、コラージュやモンタージュやキャラクターの転位を表現できるだけでなく、バイタリティや感情にあふれさせることもできる。

それによってキャラクターの成長を描くことや、キャラクターの人物像を観客が感じることに役立つとしたら、そのストーリーは自然であり、最終的には満足できるものとなるだろう。

プロットの脱線（これもよくある反プロットの一種）は、同時に一斉に起こる行動、そして時には、逆行する行動といった形式をとっている。これはキャラクターの人物像から発生した行動である場合にのみ機能する手法だ。たとえば究極の反プロット作品とも言える「トリストラム・シャンディ」は、その脱線に次ぐ脱線がよく批判の的となっている。しかし、そう感じてしまうのは、「トリストラム・シャンディ」がメインのプロットラインが数々の脱線によって邪魔される形式で書かれたストーリーではないことに気づいていないからだ。実はこの作品は、一連の脱線が一見するとメインのプロットラインのように思えるものによって邪魔される形式で描かれているのだ。メイン・キャラクターのトリストラムは、根本的に脇道へ逸れるタイプのキャラクターなので、つまりはこのストーリーの語られ方は、この主人公の人物像を完璧に自然に表現しているのである。

反プロットの一バージョンには、逆行するストーリーテリングもある。たとえば、ハロルド・ピンターの「背信／Betrayal」は、時間の流れを逆行する順序でシーンが並べられている。実は逆行するストーリーテリングは、シーンとシーンをつなぐ因果関係の糸を強調することで、ストーリーの自然な展開を強調できる手法だ。この因果関係の糸は通常は表面の下に埋まっているもので、あるシーンから次のシーンへと自然につなげる役目を果たしている。しかし、時間を逆行させて描くことで、観客は意識的にシーンとシーンをつなぐ糸を意識せざるを得なくなる。いま見ている出来事が、その前に見た出来事、さらにその前に見た出来事へと発展してゆくものであることが観客には分かっているからだ。

ジャンル・プロット

シリアスな作品のストーリーテラーがプロットをより小さく扱う一方で、そうではないタイプのストーリーテラー（特に映画や小説という媒体で）は、ジャンルを通してプロットをより大きく扱っている。ジャンルとはストーリーのタイプのことであり、それらのキャラクターやテーマやストーリー・ワールドやシンボルやプロットはすでに予め決められている。ジャンル・プロットでは、通常、大々的に強調された真実の発見の数々が描かれる。それらの真実の発見は、あまりにも驚きに満ちているため、時にはストーリーを逆さまにひっくり返してしまうことさえある。もちろん、これらのビッグ・プロットは、予め決められたものであるだけに、ある程度のパワーが失われてしまうことも事実だ。一般的に、ジャンルもののストーリーはどれも、最終的にどんなことが起こるのか観客には分かっているため、サプライズを起こしているのは個々の構成要素だけにすぎない。

そういったさまざまなタイプのジャンル・プロットがメイン・キャラクターと自然につながっているように見える理由は、単純に、それらがこれまで何度も繰り返し書かれ続けてきたからにほかならない。余計なものがすべて削ぎ落とされているのだ。しかし、実はジャンル・プロットには自然なプロットに必要とされるあるものが大きく欠けている。そう、ジャンル・プロットは個々のメイン・キャラクター独自のものではないのだ。ジャンルであるだけに典型的であり、それはつまり機械的であるということを意味する。ファルス（笑劇）や窃盗（組織強盗）ものなどといったジャンルに至っては、機械的クオリティが徹底されているため、その複雑性もタイミングもまるでスイス製の時計さながらに正確で……そこに個性はまったく感じられない。

複数の糸をより合わせたプロット

最新のプロット戦略であるマルチストランド（複数の糸をより合わせた）プロットは、小説家や映画脚本家たちが自然発生的に生み出した技法だが、これが開花したのはテレビドラマであり、その先駆け的な番組は「ヒルストリート・ブルース」だった。その戦略とは、各ストーリーつまり毎週のエピソードを3〜5本の主要なプロットの糸で成り立たせるというものだ。それぞれの糸は単一グループ（警察署、病院、弁護士事務所などといった組織である場合が多い）に属する別々のキャラクターを追ったものだ。ストーリーテラーは複数の糸をクロスカットさせながら話を進める。この戦略の失敗例は、どの糸も他の糸とまったく関係がなく、クロスカットが単に観客に刺激をあたえて注目させるためと、スピード感を出すためだけに使われている作品だ。成功例は、それぞれの糸がひとつのテーマのバリエーションとなっており、ひとつの糸から別の糸へとクロスカットすると、二つのシーンが並置された瞬間に認識される衝撃が生み出される。

複数の糸をより合わせたプロットは、グループまたは小社会を強調してキャラクター同士を比較する、同時進行色の極めて強いストーリーテリングである。しかし、だからと言って、このプロット戦略が自然になり得ないということにはならない。複数の糸をより合わせるアプローチは、成長する対象を、主人公という個人からグループに移しただけのことでしかない。複数の糸がどれもひとつのテーマのバリエーションでありさえすれば、観客には人間全体としてこれをとらえる心の準備ができる。そうなれば、1人の人物の成長を観るのと同じくらい洞察に富んだ感動的なものとなり得るだろう。

自然なプロットを創作する

これでみなさんは主要なプロット戦略について十分な知識を得たわけだが、「自分の描くキャラクターにとって自然なプロットを作るにはどうすればいいのか?」という疑問は残ったままだと思う。

自然なプロットを作るために、次の順序を踏んでみよう。

1　再びあなたの設定原則に立ち返る。設定原則はあなたのストーリーの天然（自然）の根源だ。結局のところ、プロットはこの設定原則をディテールにわたって満足させるものでなければならない。

2　ストーリー・ラインをいま一度読み返す。これはあなたが示したい道徳論議を一文に要約したものだ。プロットもまた、ストーリー・ラインがディテールにわたって表れたものでなければならない。

3　ストーリー全体のストーリー・シンボルを書いていた場合は、プロットもまた全般的にその一文に応じたものでなければならない。ここでは、主人公とライバルの行動のシンボルをどのような順で並べるか（つまりプロット）を探ることになる。

4　語り部を使うべきかどうか決める。これは、起こった出来事を観客にどのように伝えるかに大きく影響してくるものであり、つまりはプロットをどう設定するかに大きく影響してくるものだ。

5　あらゆる優れたストーリーが有している「ストーリー構造の22段階の道程」（これについてはこの後すぐに説明する）を利用して、詳細なストーリー構造について考える。これによってプロット・ビート（主要な行動や出来事）の大半が決まってくる。また、これによってプロットは自然なものとなる。

6　ひとつまたはそれ以上のジャンルに当てはめるべきかどうか決める。そうするのであれば、そのジャンル独特のプロット・ビートを適切なところに加えた上で、そこに何らかの形でひねりを加える。これによってありきたりなプロットになることを回避できる。

実際にプロットに取り組む際には、ストーリー構造の22段階の道程を利用する以前に語り部を使うかどうか決めなければならないが、ここでは先にこのパワフルで高度な22段階の道程の構造というツールについて説明しておくことにする。そうした方がずっと理解しやすくなるからだ。

ストーリー構造の22段階の道程

あらゆる優れたストーリーが基本構成要素として有している22段階の道程は、自然なプロットを展開させるため必要不可欠な構造上の出来事または段階である。このうち主要な7段階の道程についてはチャプター3ですでに説明した。しかしあの7段階の道程はストーリーの序盤と終盤のものばかりだ。それ以外の15段階は、ほぼすべてがストーリーの中盤に見られるものだ。多くのストーリーの上手く行っていない箇所こそが、この中盤である。

22段階の道程は、広範囲をカバーしディテールに富んでいるため、ストーリーテリングのためのすべての手法にとって便利なものとなる。これはストーリーの長さやジャンルに関係なく、書き手に自然なプロットの作り方を教えてくれる。また、書き直し作業の際にも重要なツールとなる。22段階の道程がとてもパワフルな理由のひとつは、これが「何を」書くべきかを教えてくれる公式や類型のようなものなのではないところにある。これが教えてくれるのは、ストーリーを「最もドラマティックな方法で」観客に見せるための方法だ。これは、あなたのプロット全体に徹底的に正確な地図を提供し、あなたが最初から最後までしっかりと安定したストーリーを築き上げて、実に多くのライターが苦しんでいる分断されて機能しない中盤を回避することを可能にしてくれるものだ。22段階の道程は次の通りだ。

1 自己発見、欠陥、欲求
2 亡霊とストーリー・ワールド
3 弱点と欠陥
4 誘因の出来事
5 欲求
6 仲間または仲間たち
7 ライバルおよび（または）謎
8 仲間のふりをしたライバル
9 最初の真実の発見と決断――欲求と動機の変化
10 プラン
11 ライバルのプランとメインの反撃
12 駆動
13 仲間による攻撃
14 疑似的敗北
15 第二の真実の発見と決断――執拗な衝動、欲求と動機の変化
16 観客による真実の発見
17 第三の真実の発見と決断
18 門、ガントレット、死の国への訪問
19 決戦
20 自己発見

21　道徳的決断

22　新たなバランス状態

一見すると、22段階の道程を使うと、自然なストーリーではなく機械的なストーリーができそうに見え、創造性が阻害されそうな印象を受けるだろう。多くのライターがあまり周到すぎる執筆計画を立てることを恐れている理由のひとつもそこにある。しかし、だからといって書きながらストーリーを作って行こうとすると、最終的に行き詰ってしまうものだ。22段階の道程を使って、計画の立てすぎと無計画という両極端を回避すれば、創造性は確実に向上するはずだ。22段階の道程はストーリー執筆の公式ではない。22段階の道程に足場を提供してもらう代わりに、書き手であるあなた自身は創造性を研ぎ澄まして、確実に自然にストーリーを展開させなければならないのだ。

同じ理由から、22という数字を神経質にとらわれないよう注意しよう。ストーリーの種類や長さによっては、段階の数が22よりも多かったり少なかったりするかもしれないからだ。ストーリーはアコーディオンのようなものだと考えよう。どこまで縮められるかには限界があり、7段階の道程よりも少なくなることはあり得ない。それが自然なストーリーにおける最低限の数なのだ。30秒のコマーシャルでさえ、それが優れたものであるなら、この7段階の道程を追っているはずだ。

しかし、ストーリーが長くなればなるほど、より多くの構造的段階が必要になる。たとえば、ショートショートやシチュエーション・コメディであれば、そのストーリーが展開する限られた時間の中で7段階の道程だけを経るだけでも語ることができる。映画や短編小説や1時間ものテレビドラマであれば、少なくとも22段階の道程を経るのが普通だろう（ただしそのテレビドラマが複数の糸をより合わせたプロットの場合は、それぞれの糸が7段階の道程を経るものとなるだろう）。ひねりやサプライズがより多く描かれているもっと長い小説は22段階の道程よりもずっと多くの構造的段階を経ているものだ。たとえば、「デイヴィッド・コパフィールド」には60以上の真実の発見が描かれている。
22段階の道程をより深く学んでいけば、これが実はストーリーという人体の下位組織の数々がひとつのプロットラインとして編み込まれた組み合わせであることに気づくはずだ。つまり、キャラクター・ウェブ、道徳論議、ストーリー・ワールド、そしてプロットを成り立たせている一連の出来事の組み合わせなのだ。22段階の道程は、主人公が目的を達成して人生におけるとても深い問題を解決しようとする中で、主人公とライバルが交わすダンスの詳細なふり付けにたとえることができるだろう。そして、結果的に、22段階の道程を経ることであなたのメイン・キャラクターがプロットの推進力となるのだ。

次ページの表は、22段階の道程をどのようにしてプロット作りに利用できるかを分かりやすく見せる目的で、22段階の道程を四つの主要単位、言い換えるならストーリーという人体の下位組織に分解して示したものである。道程の各段階が一個以上の下位組織に属する場合もあることを留意しておこう。たとえば、主人公がゴールに到達するために起こす一連の行動である駆動は、本来はプロットに属する1段階だ。しかしこれはまた、主人公が勝つために不道徳な行動を起こす段階にもなり得るものであり、その場合は道徳論議に属する1段階となる。

表に次いで、道程の各段階についての説明を記述した。これによって、プロット作りにどのように役立てることができるか分かるようになっている。それぞれの説明の直後には、『カサブランカ』と『トッツィー』からその段階の実例を挙げることにする。この2本の映画はそれぞれラブ・ストーリーとコメディという全く異なる分野を代表するものであり、それらが書かれた時代にも20年のギャップがある。それでもなお、どちらの作品も最初から最後まで22段階の道程をしっかりと経て、安定した自然なプロットを作り上げている。
22段階の道程は、どの段階も、執筆のツールとして実にパワフルなものではあるが、けっして絶対的で変更不可なものではないということを留意しておこう。これらを使う際にはフレキシブルに臨むべきだ。優れたストーリーはどれも、これらの段階を少し違う順序で経ているものだ。あなたも独自のプロットとキャラクターを描くのにベストな順序を見いだす必要がある。

1　自己発見、欠陥、欲求

自己発見と欠陥と欲求はストーリーの主人公の全領域を表すものだ。20と3と5の各段階の組み合わせであるこの段階は、主人公がこれから出立する「旅路」の構造を教えてくれるものだ。チャプター4で論じたように、キャラクター作りでは、まずは主人公の成長の最終段階である自己発見から取り組み、次いで、ストーリーの出だしにおける主人公の弱点と欠陥と欲求に戻る形で進めたことを覚えているだろうか。プロット作りに際しても、これと同じプロセスをとる必要がある。自己発見から始めて、弱点、欠陥、欲求へと進む枠組み作りから始めることで、プロットの最終地点をまず設定することができる。これによって、どの段階に進むときも行きたい方向へ直接向かうことができるわけだ。

このプロットの枠組み作りの段階に取り組む際には、次のことを自問し、とても具体的な答えを導き出していくようにしよう。

- この主人公は最後に何を学ぶのか？
- この主人公は冒頭でどこまで知っているのか？　ストーリーの開始時点でまったくのまっさらで何一つ考えていない主人公など存在しない。何らかの信念を持っているはずだ。
- この主人公は冒頭で何を間違っているのか？　ストーリーの開始時点で何らかの間違った認識を持っていなければ、最後に何かを学ぶことはできない。

段階	キャラクター	プロット	ストーリー・ワールド	道徳論議
1	自己発見、欠陥、欲求			
2	亡霊		ストーリー・ワールド	
3	弱点、欠陥			
4		誘因の出来事		
5	欲求			
6	仲間または仲間たち			
7	対抗者	謎		
8	仲間のふりをした対抗者			
9	欲求と動機の変化	最初の真実の発見と決断		
10		プラン		
11		対抗者のプランとメインの反撃		
12		駆動		
13				仲間による攻撃
14		疑似的敗北		
15	執拗な衝動、欲求と動機の変化	第二の真実の発見と決断		
16		観客による真実の発見		
17		第三の真実の発見と決断		
18		門、ガントレット、死の国への訪問		
19		決戦		
20	自己発見			
21				道徳的決断
22	当たなバランス状態			

『カサブランカ』

■**自己発見**　リックは恋に傷ついたという理由で自由のための闘いをやめるわけにはいかないことに気がつく。

■**心理的な欠陥**　イルザへの苦々しい思いを乗り越え、生きる意味を見いだし、自身の理想への信念を取り戻すこと。

■**道徳的な欠陥**　他人を犠牲にして自らを助けようとすることをやめること。

■**欲求**　リックはイルザを取り戻したい。

■**最初の間違い**　リックは自分のことはただ無駄に時間を消費しているだけの死んだ男だと考えている。世界情勢など知ったことではない。

『トッツィー』

■**自己発見**　マイケルは、自身が女性のことを性の対象としか見ていなかったこと、そのために彼が男として劣っていたことに気がつく。

■**心理的な欠陥**　マイケルは女性たちに対する傲慢さを克服し、誠実に愛をあたえたり受けたりすることを学ばなければならない。

■**道徳的な欠陥**　マイケルは自分が欲しいものを得るために女性たちに嘘をついたり利用したりすることをやめなければならない。

■**欲求**　彼は同じ番組に共演する女優ジュリーをものにしたい。

■**最初の間違い**　マイケルは、自分は女性の扱いが上手いと思っており、また女性に嘘をついても構わないと思っている。

2　亡霊とストーリー・ワールド

一の段階でストーリーの枠組みが設定された。この段階からは、その典型的な順序に従ってひとつひとつ構造的段階を検証していくことにしよう。ただし、これらの段階の順序や数は、作者であるあなたがどれほど独創的なストーリーにしたいと思っているかによって推移するものであるということを忘れないようにしてほしい。

亡霊

「バックストーリー」という言葉には聞き覚えがあると思う。バックストーリーとは、ストーリーが始まる以前に主人公の身に起こったあらゆることを指す。私が「バックストーリー」という用語をあまり使わないのは、あまりにも幅が広すぎて使いにくいからだ。主人公の身に起こった出来事すべてに興味を持っている観客などいないだろう。観客が興味を持つのはその本質的な部分だけなのだ。それを私は「亡霊」と呼んでいる。

ストーリーには2種類の亡霊がある。ひとつ目の最もよくある亡霊は、現在の主人公に今でも憑りついている過去にあった出来事のことだ。この種の亡霊は、主人公の心理的弱点や道徳的弱点の源泉となることの多い、いまだ癒えていない傷である。これはまた、ストーリーを作り始める以前に主人公の自然な成長の過去を遡るためのツールにもなる。だからこそ、亡霊はストーリーの基礎土台としてとても大きな位置を占めていると言えるだろう。

また、この種の亡霊を主人公の内にいるライバルと捉えることもできる。主人公に行動することを躊躇させる大きな恐怖心がそれだ。構造的には、亡霊は反欲求として機能する。欲求が主人公を前進させるものであるのに対し、亡霊は主人公を後退させるものだからだ。亡霊を強調した戯曲で有名なヘンリック・イプセンは、この構造的段階を「死体を船荷に積んで航海することだ」と表現している（＊5）。

「ハムレット」（戯曲…ウィリアム・シェイクスピア　およそ1601年）

シェイクスピアは亡霊の価値をよく知っていた。ストーリーが始まる以前に、ハムレットの叔父がハムレットの父である王を殺して、ハムレットの母と結婚している。シェイクスピアは、それだけでは亡霊として物足りないとばかりに、ストーリーの出だしの数ページで実際に亡霊として死んだ王を登場させ、ハムレットに復讐を求めさせている。ハムレットは、「時の関節がはずれている、なんたることだ、私はそれを治すために生まれてきたというのか！」と答えるのである。

『素晴らしき哉、人生！』（原作短編小説「The Greatest Gift」…フィリップ・ヴァン・ドーレン・スターン　脚本…フランセス・グッドリッチ、アルバート・ハンケット、フランク・キャプラ　1946年）

ジョージ・ベイリーの欲求は、自分の目で世界を見て何かを作り上げることだ。しかし彼の亡霊（彼がこの町を去ってしまったら独裁的なポッターが彼の友人や家族に何をするとも限らないという恐怖心）がそんな彼を押しとどめる。

第二の亡霊は、かなり稀なケースだが、主人公が楽園のような世界に暮らしているせいで、亡霊を使うことが不可能なストーリーに見られるものだ。この種のストーリーでは、主人公は（亡霊がその一因である）囚われの状態にいるところから始まるのではなく、自由な状態から始まる。しかし、攻撃を受けることで、その状況はすっかり変化することになる。その好例としては、『若草の頃』や『ディア・ハンター』がある。

これには相当の注意が必要だ。ストーリーの出だし時点で説明をし過ぎてはいけない。亡霊を持つに至った経緯や理由を含めて、主人公についてあらゆることを冒頭からいきなり説明しようとするライターは驚くほど多い。そのような多すぎる情報を提供すると観客は後ずさりしてしまう。ここではむしろ、亡霊のディテールも含めて、主人公についての情報の多くを抑えるべきだ。観客は、作者が何かを隠そうとしていることを感じ取ると、文字通り、ストーリーに吸い寄せられる。「どうやら何かありそうだけど、それは一体何なのか確かめてみよう」という気持ちが働くのだ。

冒頭の数シーンで亡霊にまつわる出来事が起こる作品もあることはある。しかし、通常は、ストーリーの出だし3分の1のどこかで別のキャラクターが主人公の亡霊について説明するというのが一般的だ（ごく稀な例として、ストーリー終盤の自己発見の段階で亡霊が露出する作品もある。ただし、それは概してあまり良いアイデアとは言えないだろう。その段階から亡霊［つまり過去の力］がストーリーを支配して、すべてを後退させるように働いてしまうからだ）。

ストーリー・ワールド

亡霊と同じく、ストーリー・ワールドもまたストーリーの出だしから存在する。これは主人公が暮らしている場所だ。アリーナ、自然環境、気候、人工的空間、テクノロジー、時間で成り立っているこの世界は、主人公やその他のキャラクターを定義する主要な方法のひとつである。また、そのキャラクターや彼らの持つ価値基準がこの世界を定義していると言うこともできる（詳しくはチャプター6「ストーリー・ワールド」を参照）

☑ストーリー・ワールドは主人公を表現するものでなければならない。ストーリー・ワールドは主人公の弱点、欠陥、欲求、障害を表すものである。

☑ストーリーの出だしで主人公が何らかの形で囚われの状態となっているとしたら、ストーリー・ワールドもまた囚われの場として主人公の最大の弱点を強調または悪化させるものでなければならない。

ストーリーの冒頭から主人公をストーリー・ワールドの中に置こう。ただし、22段階の道程のそれぞれの段階の多くはその段階独特のサブワールドをたずさえることになるだろう。

よくある脚本作法の知恵として、ファンタジーやSF以外の作品を書くのであれば、ストーリーの展開される世界はできるだけ手早く描き、速やかに主人公の欲求の筋道に移るべきだとする意見がある。これほど的外れなアドバイスはないだろう。どんなタイプのストーリーを書くのであれ、独創的でディテールに富んだ世界を作り上げることは必須条件なのだ。観客は特別なストーリー・ワールドに入って行くことが大好きだ。魅力的なストーリー・ワールドを提供すれば、受け手はそこを去りたくないと思うばかりか、何度でもまた戻って来たいと思うことになるはずだ。

『カサブランカ』

■**亡霊**　リックはスペインでファシストと戦い、エチオピアでイタリア政権を相手に戦っていた。彼がアメリカを去った理由は謎だ。リックはパリでイルザに見捨てられた記憶に憑りつかれている。

■**ストーリー・ワールド**　『カサブランカ』では、ストーリーの出だしでこの複雑なストーリー・ワールドを細かく説明することに多くの時間を割かれている。ナレーションと地図（ミニチュア）を使って、多数の亡命者たちがナチス占領下のヨーロッパを出て、遠い辺境の地である北アフリカのカサブランカに流れてきているという設定をナレーターが説明している。急いでメイン・キャラクターが欲するものを語るのではなく、亡命者たち全員がポルトガルとアメリカの自由のためにカサブランカを去るのに必要な通行証を欲していることをしっかりと説明している。カサブランカは世界市民のコミュニティであり、その全員がまるで檻の中の動物のようにこの地で身動きが取れなくなっているのだ。

さらに、ナチスのシュトラッサー少佐が空港でフランス警察署長ルノーに迎えられるシーンでこのストーリー・ワールドのディテールに富んだ説明はなおも続いている。カサブランカは政治力が混とんとした不確かな世界なのだ。フランス親独政権が統治していると称しているが、本当の権力はナチス占領軍が握っているのだ。

『カサブランカ』のアリーナの中で、リックは豪勢な酒場でカジノのカフェ・アメリカンという小さな島の権力を持つ存在となっている。彼はこの宮廷の王として描かれている。このカフェ・アメリカンに登場するすべてのマイナーなキャラクターたちが明確に役割を持っている。実際の話、この映画の観客は、これらの登場人物全員がこのヒエラルキーの中で快適に過ごしている様子を見ることにも喜びを感じている。皮肉なことに、自由のために戦う闘士たちを描いたこの映画には、ある意味、とても反民主主義的側面があるというわけだ。

この酒場はまた、賄賂が横行する場所であり、リックの冷笑的で利己的な態度を完璧に表現している。

『トッツィー』

■**亡霊**　現在のマイケルに憑りついている彼の具体的な過去は特に描かれていない。しかし彼は過去に扱いにくい人間として知られるようになることを何度も行なっており、そのせいですっかり俳優としての仕事が来なくなっている。

■**ストーリー・ワールド**　オープニング・クレジットの段階からすでに、マイケルはニューヨークの役者の世界やエンターテインメント業界にすっかり浸っている。この世界の価値基準はルックスと名声とお金だ。そのシステムはヒエラルキーの最たるものであり、そのトップに君臨するわずかな数のスターたちばかりが仕事を得て、その底辺でもがく膨大な数の無名役者たちは役につけないので、家賃を払うためにウエイターやウエイトレスのアルバイトに明け暮れている。マイケルの生活は、演技技術の指導と、オーディションを受け続けることと、役の演じ方について演出家や監督と喧嘩することで成り立っている。

マイケルがドロシーという女性に扮して昼メロの役を勝ちとってからは、このストーリーは、昼メロの世界へと推移する。そこはすっかり商業に支配されたショービジネスの世界なので、役者たちはバカげたメロドラマ的シーンをサッと演じては次のシーンへと移るようにして仕事をこなしている。この世界もまた、ここを牛耳る横柄な男性演出家が撮影現場のすべての女性の庇護者であるかのように振る舞う、男性優越主義的な世界である。

マイケルの世界である人工的空間は、売れない役者が暮らす典型的な小さなアパートメントと昼メロが撮影されるテレビ局のスタジオである。見せかけとロールプレイングの場であるスタジオは、女性のふりをして生き残ろうとする男を完璧に表している。この世界で使われる道具は、役者たちが使う道具、つまり声と身体と髪とメイクアップと衣裳だ。この映画では、マイケルが劇場で役を演じる際に使うメイクアップと、マイケルがテレビカメラの前や背後で女性のふりをする際に使うメイクアップの比較が見事に描かれている。

見せかけで男性優越主義的な昼メロの世界は、マイケルの最大の弱点を表現し、またそれを悪化させてもいる。彼は役を得るために嘘をつき他者からの信頼を裏切る男性優越主義者なのだ。

3 弱点と欠陥

■**弱点**　主人公は、あまりにも重大なため自身の人生を台無しにしかねないキャラクターとしての弱点を、ひとつまたはそれ以上持っている。弱点の形には心理的なものと道徳的なものの2種類がある。その二つは相容れないものではないので、キャラクターはその両方を持つことができる。

弱点は、内面が何らかの形で損害を受けているということなので、どれも心理的なものだ。そして、その弱点によって他者が傷つく場合には、道徳的なものにもなる。道徳的弱点を持つキャラクターは必ず他者に直接否定的な影響をあたえている。

☑キャラクターにあたえた弱点が実は心理的弱点でしかないのに道徳的弱点だと思い込んでいるライターが多い。道徳的弱点であるかどうか判断するためには、ストーリーの冒頭で主人公が少なくとも1人の他者を傷つけているかどうか確かめてみよう。

■**欠陥**　欠陥とは主人公がより良い人生を送るために欠けていて、充たさなければならないもののことだ。それをするには、ほとんどの場合、ストーリーの最後に主人公が自身の弱点を乗り越えることが必要となる。

■**問題**　問題とはストーリーの冒頭で主人公が直面するトラブルまたは危機のことだ。主人公は危機の存在に気づいているが、それを解決する方法を知らない。問題は、たいていの場合、主人公の弱点から生じたものであり、観客にその弱点を分かりやすく見せるために設定されたものである。これもまたストーリーの冒頭で提出されるべきものだが、弱点や欠陥と比べれば、その重要性はずっと低い。

『カサブランカ』

リックは何一つ必要としていないかのように見える。しかし彼は自分の欠陥を隠しているだけだ。彼は他の人々よりも強く、また自制心もあるように見える。その冷笑的な態度から深い問題を抱えていることは分かるが、彼は自分の世界の主《あるじ》でもある。彼は自分の経営する店であたかも慈悲深い独裁者のような存在である。彼はまた、女たちをコントロールする男でもある。しかも彼は徹底的に矛盾した男であり、現在は皮肉屋で冷笑的で時に不道徳的だが、それほど遠くない過去には自由のために闘う活動家としてさまざまな善行をしてきた。

このストーリーの独創性は、メイン・キャラクターが、強い自制心が働いていたからとは言え、傍観者および反応者として物語が始まっているところにある。リックには素晴らしい力と功績があるが、自身のいるべき世界から撤退する道を選び、世界の辺境にあるカサブランカで自分の店に、そして自分自身の中に引きこもっている。リックは自ら作り出した牢に自らを閉じ込めたライオンなのだ。

■**弱点**　リックはシニカルで冷徹で受動的で利己的である。

■**心理的な欠陥**　イルザへの苦々しい思いを乗り越え、生きる意味を見いだし、自身の理想への信念を取り戻さなければならない。

■**道徳的な欠陥**　他人を犠牲にして自らを助けようとすることをやめなければならない。

■**問題**　リックはカサブランカで身動きがとれなくなっており、また自分自身の苦々しい世界でも身動きが取れなくなっている。

『トッツィー』

■**弱点**　マイケルは利己的で横柄で嘘つきである。

■**心理的な欠陥**　マイケルは女性たちに対する傲慢さを克服し、誠実に愛をあたえたり受けたりすることを学ばなければならない。

■**道徳的な欠陥**　マイケルは自分が欲しいものを得るために女性たちに嘘をついたり利用したりすることをやめなければならない。

■**問題**　マイケルは役者の仕事を見つけることを切望している。

オープニング

亡霊、ストーリー・ワールド、弱点、欠陥、問題はどれも、ストーリーの重要なオープニングの一部を成している。ストーリーテリングにおいては、これらの各要素が設定される構造上のオープニングが3種類ある。

コミュニティからのスタート

メイン・キャラクターは、土地と人々とテクノロジーが完璧に調和した楽園的な世界に暮らしている。その結果、主人公には亡霊がない。主人公は幸せで、問題があるとしても、それはマイナーな問題だけだ。しかし攻撃にはとても弱い状態にある。そして間もなくそういう攻撃が外側もしくは内側のどちらかからやってくる。『若草の頃』と『ディア・ハンター』のオープニングで、このような温かいコミュニティが描かれている。

ランニング・スタート

この古典的なオープニングは、最初の数ページで読者を夢中にさせるために設計されているもので、実は数多くの構造要素から成り立っている。主人公には強烈な亡霊が憑りついている。主人公は囚われの状態にある世界に暮らしており、数々の重大な弱点を持っており、心理的および道徳的な欠陥があり、ひとつまたはそれ以上の問題に直面している。優れたストーリーのほとんどが、このオープニングを採用している。

スロー・スタート

これはもちろん、ランニング・スタートに必要な構造要素を網羅することに失敗したわけはない。スロー・スタートというのは、無目的な主人公を描くストーリーに使われるオープニングだ。目的を持たない人々は当然この世に存在している。しかし、そういう人々を追ったストーリーはものすごく緩慢なものになってしまうものだ。なぜなら、この手のストーリーの主人公の自己発見は、自身の真の欲求を学ぶ（それにともなってゴールを持つ）ことなので、ストーリーの出だしからの4分の3は、目的がないままに語られる、つまり物語の推進力が存在しないまま進行するからだ。この構造的な大きな欠陥を乗り越えたストーリーはとても少ないが、『波止場』と『理由なき反抗』の2作品はそれを見事にやり遂げている。

4　誘因の出来事

これは、主人公に目的を持たせて行動をとらせる原因となる外的な出来事のことである。誘因の出来事は、ごく小さな段階だが、ひとつだけ重要な働きをしている。欠陥と欲求をつなぎ合わせているのだ。弱点や欠陥が設定されるストーリーの冒頭で、主人公はたいていの場合、何らかの形で身動きがとれない状態にある。そんな身動きが取れない主人公を活性化させて行動を起こさせるための出来事が必要となるということだ。

☑ベストな誘因の出来事を見いだすためにも、「燃えるフライパンから炎の中に飛び込む（訳注　悪いシチュエーションから逃れたつもりが、一層悪いシチュエーションに飛び込んでいたこと）」のキャッチフレーズを忘れないようにしよう。

誘因の出来事としてベストなものは、ストーリーの出だしから直面し続けていた危機をようやく乗り越えられたと主人公に思わせるものだ。しかし実のところは、これが誘因となって、主人公は人生における より悪い状況に今まさに足を踏み入れたところなのだ。

たとえば、『サンセット大通り』のジョーは仕事にあぶれた脚本家だ。彼の車を差し押さえるため2人の男がやってきたので、彼はその車に乗って逃げる。すると突然、タイヤがパンクしてしまう（誘因の出来事）。そこでジョーはノーマ・デズモンドの敷地に逃げ込み、これで助かったと思う。しかし実は、彼は今まさに、けっして逃げることのできない罠の中に自ら足を踏み入れたところなのだ。

『カサブランカ』

イルザとラズロがリックの世界にやってくる。この2人のよそ者は、リックを安定してはいるが不幸せな主《あるじ》という今の地位から彼をふり落とすことになる。

『トッツィー』

マイケルは彼のエージェントであるジョージから、性格の悪いマイケルを使いたいと思っている者などもう1人もいないと告げられる。これがきっかけとなって、マイケルは女性に変装して昼メロのオーディションを受けることになる。

5 欲求

欲求とはヒーローの具体的なゴールである。欲求の存在がプロット全体に背骨をもたらせている。チャプター3でストーリーに不可欠な7段階の道程について検証したとき、優れたストーリーには単一のゴールがあるもので、そのゴールは具体的であるだけでなくストーリーのほぼ全域に行き渡っているものだと述べたと思う。ここからはそれらの要素にもう一つ次の要素を加えることにしよう——まずは低いレベルのゴールから始めること、である。

ストーリーを組み上げる方法のひとつは、ストーリーの進行に合わせて欲求の重要性を徐々に高めてゆくというものだ。もしも欲求のレベルが最初から高すぎると、組み上げてゆくことができなくなり、平坦で繰り返しのプロットのように感じられてしまう。低い欲求から始めることで、その後の行き場を作ることができるのだ。

ストーリー全体を通して欲求を組み上げてゆく際には、途中でまったく新たな欲求を作らないよう注意しよう。そうではなく、最初に提出した欲求の激しさや危険度を徐々に高めてゆくのだ。

『カサブランカ』

リックはイルザを取り戻したい。しかし、ラブ・ストーリーとして、この欲求ではあまりにも弱すぎる。そもそもイルザはリックの第一のライバルでもあるのだ。パリで彼を捨てた彼女への苦々しい想いから、彼はまず彼女を傷つけたいと思う。

イルザに対するリックの欲求がフラストレーションを高めたところで、ストーリーの焦点は別の人物の欲求へと移行している。それは、自身と妻のための通行証を望むラズロの欲求だ。しかしこの作品の脚本家たちは、リックの欲求を早い段階で明確にしているため、観客はラズロの行動が描かれている間も苛立たずにいられる。間もなく再びリックの欲求に焦点があてられるだろうことを知っているからだ。また、そうやって待っている間にこの欲求はより活気づき沸騰する。

ストーリーの終わり近くで、リックはイルザとラズロの逃避を助けたいという矛盾した第二の欲求を持つ。このような矛盾する欲求を早い段階で出すと、ストーリーの背骨は2本になってしまう。しかし終わり近くに矛盾した欲求を持ち、それを最後の瞬間まで隠したままにしておくことで、それは真実の発見にもなれば、リックの自己発見にもなる。

『トッツィー』

マイケルはまず、役者として仕事を得ることを切望している。しかしその欲求はストーリーのかなり早い段階で達成する。実質的にこの映画の背骨となっている彼のゴールは、昼メロの共演者である女優のジュリーをものにすることだ。

プロットの手法——欲求のレベル

主人公にあたえる欲求のレベルもまた、ストーリーが売れるかどうかを左右する要素のひとつだ。ストーリー全体を通してずっと欲求が低いレベルのままだと、主人公の魅力が失われ、また複雑なプロットを作ることはほぼ不可能に等しくなる。たとえば、最もレベルの低い欲求は単純に生き延びることだ。攻撃を受けている主人公がそこから逃れたいと思う欲求である。これでは主人公の動物的レベルが失われる。逃避をメインに描いたストーリーのプロットは、逃げるという同じプロット・ビートを何度も繰り返すだけのものになりがちだ。

次の例は典型的な欲求のレベルを低いものから高いものへの順で示したものである。

1　生き延びたい（逃げたい）
2　復讐したい
3　戦いに勝ちたい
4　何かを成し遂げたい
5　世界を探究したい
6　犯罪者を捕まえたい
7　真実を見いだしたい
8　愛を勝ちとりたい
9　正義と自由をもたらしたい
10　共和状態にある国・社会・団体を救いたい
11　世界を救いたい

6　仲間または仲間たち

主人公が欲求を持つと、たいていの場合、主人公がライバルを乗り越えてゴールに到達することを手助けしてくれる仲間が1人またはそれ以上現れる。仲間は単なる主人公の意見の共鳴板ではない（ただし、共鳴板の要素もまた、特に演劇や映画やテレビ作品で、大きな価値を発揮するものだが）。仲間は、キャラクター・ウェブの中でも重要な存在であり、主人公を定義する主要方法のひとつでもある。

☑仲間にも自らの欲求を持たせることを考慮しよう。このキャラクターを定義できる時間は比較的少な

い。これらのキャラクターが人としてしっかりと描けているという印象を短い時間で素早く持たせる方法は、そのキャラクターに自らのゴールをあたえることだ。たとえば、『オズの魔法使』のは案山子は脳を欲している。

☑仲間を主人公以上に興味深いキャラクターにしてはいけない。プレミスで論じたルールを覚えているだろうか。常に最も興味深いキャラクターのストーリーを描くこと。主人公よりも仲間の方が興味深くなってしまった場合には、そのキャラクターを主人公にしたストーリーに設定を変えるべきだ。

『カサブランカ』

リックの仲間は彼の店にいるさまざまな人物である。教授からウェイターになったカール、ロシア人バーテンダーのサッシャ、ディーラーのエミール、用心棒のアブドル、そしてリックの相棒でピアノ弾きのサムだ。

『トッツィー』

マイケルの同居人であるジェフは、「愛の運河に帰れ」という戯曲を書いており、マイケルはこれを劇場にかけて主演したいと思っている。

プロットの手法——サブプロット

チャプター4「キャラクター」で、とても具体的な定義と機能を持つサブプロットについて論じた。サブプロットは、同じシチュエーションにおける主人公ともう1人のキャラクターのおおむねのアプローチの違いを比較するために使われるものだ。

サブプロットの二つの大切なルールをおさらいしておこう。

1　サブプロットは主人公のメイン・プロットに影響をあたえるものでなければならない。そうでなければサブプロットを使うべきではない。サブプロットがメイン・プロットと何の関係もないものだとしたら、そこには二つのストーリーが同時に起こることになってしまう。そのこと自体は客観的に見れば観客にとって興味深いものにもなり得るが、メイン・プロットがあまりにも長すぎるものに感じられてしまうのだ。サブプロットをメイン・プロットと関連づける際には、できる限りきれいにつなぎ合わせる必要がある。それも、たいていの場合は、ストーリーの終盤でそれを行なう。たとえば「ハムレット」では、サブプロット・キャラクターのレアティーズはハムレットのメインのライバルであるクローディアスと手を組んでおり、彼とハムレットは決戦のシーンで決闘をしている。

2　通常、サブプロット・キャラクターは仲間ではない。ストーリーにおいて、サブプロット・キャラクターと仲間にはそれぞれ別の異なる機能がある。仲間はメイン・プロットで主人公を助ける者。サブプロット・キャラクターは、メイン・プロットと比較するための、メイン・プロットとは異なるが関連のある別プロットを前進させるキャラクターである。

今日のハリウッド映画のほとんどは、複数のジャンルにまたがる作品ばかりだが、本当の意味でサブプロットのある作品は稀だ。サブプロットはストーリーを拡張させるものであり、ほとんどのハリウッド映画は作品にスピード感を持たせることばかりに夢中になっているからだ。真のサブプロットをより頻繁に見ることのできるジャンルはラブ・ストーリーだ。たとえば『月の輝く夜に』には二つのサブプロットがある。ひとつは女性主人公の父親にからんだもの、もうひとつは彼女の母親にからんだものだ。メイン・プロットもサブプロットも、結婚生活における貞節の問題を扱っている。

サブプロットは常に存在するというわけではなく、また、ひとつの構造を持ったプロットではないので、22段階の道程のひとつには数えられない。しかし、素晴らしい手法であることに間違いはない。サブプロットによってキャラクターもテーマもストーリーの質感も向上するだろう。その一方で、欲求の道筋、つまり物語のスピードを緩めてしまうのも確かだ。そのどちらを大切にするかを決断することが何よりも大切だ。

サブプロットを使うと決めたのであれば、7段階の道程をぎりぎり網羅できる程度の時間的余裕しかなくなるだろう。もしも7段階の道程のすべてをカバーできなければ、それはひとつのストーリーとして成り立たず、無理のある印象が残ってしまう。時間に制限があるのだから、サブプロットはストーリーの早い段階で登場させる策の方がずっと自然でふさわしい策だといえそうだ。

7　ライバルおよび（または）謎

ライバルとは、主人公がゴールに行き着くことを阻害したいと思っているキャラクターのことだ。このキャラクターと主人公との関係は、ストーリーにとって最も重要なものである。対立関係をきちんと設定することができれば、プロットは自然にそうあるべき姿へと向かってゆくだろう。逆に対立関係の設定がきちんとできていなければ、いくら書き直したところで良いストーリーにはならないだろう。

最高のライバルが絶対的に必要となる。最高のライバルとは主人公の最大の弱点を攻撃することに最高に長けた人物のことだ。そういう人物がいると主人公はその弱点を乗り越えて成長するか、もしくは破滅するか、そのどちらかを余儀なくされる。最高のライバルに必要とされる要素の数々については、もう一度チャプター4の「キャラクター」を読み返してほしい。
最高のライバルと謎が深く結びついている理由は二つある。

1　謎に包まれたライバルの方が倒すのがより難しい。平均的なストーリーにおいては、主人公の唯一のやるべきことはライバルを倒すことである。一方で優れたストーリーの場合は主人公のやるべきことを二つに分けることができる。まずライバルの謎を発見し、それから倒すのだ。これによって主人公の仕事の難しさが2倍になり、したがってそれに成功すればより大きな達成感を得ることができる。

たとえば、ハムレットには今の王が本当に自分の父親を殺したのかどうかよく分からない。亡霊から聞いた情報だからだ。オセロはイアーゴーが自分を蹴落とそうとしていることを知らない。リア王はどの娘が自分のことを愛しているのか分からない。

2　探偵ものやサスペンスなどといった特定の種類のストーリーでは、謎を利用してライバルの不在を埋め合わせなければならない。探偵ものではライバルを最後の最後まで意図的に隠しておかなければならないので、観客にとっては主人公とライバルの戦いの代用となるものが必要となる。この種のストーリーは、通常のストーリーであればメインのライバルを登場させるタイミングで謎を登場させている。

あなたのストーリーにメインのライバルを登場させる前に、まず次の重要点について自問しておこう。

■主人公が欲しているもの（こと）を手に入れるのを阻みたいと思っているのは誰で、それは何故か？

■そのライバルは何を欲しているのか？　ライバルも主人公と同じゴールを目指していなければならない。

■ライバルの価値基準は何で、それは主人公の価値基準とどう違うのか？　多くのライターがこれについて自問していないようだが、それは大きな間違いだ。キャラクター同士の対立だけでなく、価値基準の対立もなければ、ストーリーを組み立てることはできない。

『カサブランカ』

基本的に『カサブランカ』はラブ・ストーリーなので、リックの第一のライバルは恋の相手のイルザ・ラントだ。謎のある彼女は、自分がヴィクトル・ラズロと結婚していることを、かつても、そして今でもリックに言っていない。リックの第二のライバルは恋敵にあたるラズロだ。ラズロは世界中の半数の人々から尊敬を集める偉大な人物だ。リックもラズロも反ナチスというところは同じだが、2人はそれぞれ異なるバージョンの偉大な人物の代表者だ。ラズロは政治的・社会的なレベルで偉大な男であり、リックは個人的なレベルで偉大な男なのだ。

シュトラッサー少佐やナチスは、このストーリーに外的な対立関係と危険を提供する存在であり、これによってラブ・ストーリーの危険度がずっと高いレベルに引き上げられている。シュトラッサー少佐はどの角度から見ても謎めいてはいない。そうである必要がないからだ。彼はカサブランカの全権を有する存在なのである。

『トッツィー』

『トッツィー』は（ラブコメ形式と同時に）ファルス（笑劇）形式を採用したストーリー構造なので、謎めいたライバルの手法は用いていない。ファルス形式には、他のどの形式よりも多くのライバルが登場し、多くのライバルによる主人公への攻撃が次第にペースを速めてゆくものだ。マイケルの弱点を攻撃するメインのライバルは次の4人である。

1　ジュリーの存在によって、マイケルは自分がこれまでいかに女性たちを虐げ酷い仕打ちをしてきたかという事実と対峙する。

2　横柄な演出家のロンは、ドロシー（マイケル）があの役を演じることにそもそも反対であり、彼女に敵意を持ち続ける。

3　ジュリーの父のレスは自分では気づいていないが、彼の存在によってマイケルは自分がドロシーになるという不誠実な行動による影響を思い知る。

4　同じドラマのもう1人の共演者であるジョンは、嫌がるドロシーにしつこく迫り続ける。

プロットの手法――氷山のライバル

どんなストーリーを書くにしろ、ライバルを謎めいた存在にすることはとても大切だ。ライバルは氷山だと考えるようにしよう。氷山の一角は海面上に見えている。しかしその大部分は下に隠れており、その隠れている部分の方が見えている部分よりもずっと危険なところなのだ。ライバルを可能な限り危険な存在にする作業に役立つ手法を紹介しよう。

1　多くの仲間を持ったライバルたちのヒエラルキーを作る。どのライバルもお互いにつながっており、彼らは力を合わせて主人公を倒そうとしている。このピラミッドの頂点にメインのライバルを据え、その他のライバルはメインのライバルの力の下に置く（チャプター1で論じた四隅の対立関係を参照のこと。『ゴッドファーザー』で使われているこの手法をチャプターの最後で紹介している）。

2　そのヒエラルキーを主人公や観客には隠し、またそれぞれのライバルの真の狙い（本当の欲求）も隠す。

3　ストーリーの全体を通してこれらの情報を小出しに明らかにしてゆく。これは徐々にペースを上げながら行なう。つまり、ストーリーの終盤にはより多くの事実が明らかになってゆく。これについては後に検証するが、その情報をどのような形で主人公や観客に明かすかによってプロットが機能したりしなかったりすることになる。

4　ストーリーの早い段階で、明らかにライバルだと分かる者に主人公が対峙するようにしておく。その対峙が緊張度を増したところで、実は隠されていたもっと強いライバルから攻撃を受けていたことを、または同じライバルの隠れていた別の部分から攻撃を受けていたことを主人公が知る。

8　仲間のふりをしたライバル

仲間のふりをしたライバルとは、主人公の仲間のように見えるが、実のところはライバルである者、またはメインのライバルのために働いている者のことだ。

プロットというものは真実が次々と明かされることで進んでゆくものであり、それは主人公が対立する者たちの真の力を明かそうとする一歩一歩から生まれるものだ。主人公がライバルの何か新しいことを発見するたびに（真実の発見）、プロットは「回転」し、観客は喜ぶのだ。仲間のふりをしたライバルが普通のライバルよりもパワーが強い理由は、この人物が対立関係にあったという事実が隠されているからだ。仲間のふりをしたライバルは、主人公と観客の両方を氷山に激しく衝突させ、主人公が真に対峙していたものが何かを明らかにさせる存在だ。

また、仲間のふりをしたライバルが利用価値のあるもう一つの理由は、そういう人物は生来的にとても複雑な人物だからである。こういったキャラクターがストーリーの進展とともに興味深く変化してゆくことはとても多い。主人公が仲間のふりをすることで、この人物は本当に仲間であるような気持ちになってくる。そしてジレンマに引き裂かれる。ライバルのために暗躍しているのに、本心では主人公に勝ってほしいと思い始めるのだ。

仲間のふりをしたライバルは、たいていの場合、メインのライバルの後で登場するものだが、必ずそうであるとは限らない。ストーリーが開始する以前の段階でライバルが主人公を倒す計画を始めていた場合には、仲間のふりをしたライバルの方がメインのライバルよりも先に登場することもある。

『カサブランカ』

ルノー署長はいつもチャーミングでリックにも親しげだが、自分の身を守るためナチスのために働いている。普通なら秘密裏に行動する仲間のふりをしたライバルとは違いルノーはずっとオープンに対立関係をさらしている。映画の最後の最後に、ルノーはリックの真の仲間に転じる。これはこのストーリーの最大のスパイスのひとつであり、ライバルから仲間へ、または仲間からライバルへと転じることでストーリーテリングに大きなパワーをもたらせている好例と言えるだろう。

『トッツィー』

サンディもまた、主人公や観客を出だしから騙そうとするような、よくあるタイプの仲間のふりをしたライバルではない。彼女は冒頭ではマイケルの役者仲間だ。彼女が仲間のふりをしたライバルとなるのは、彼女がオーディションで受けようとしている昼メロの役柄をマイケルも女性に扮して受けてみようと考えたとこから始まる。マイケルはサンディの服を試着していたところを彼女に見つかってしまうと、嘘をさらに上塗りして、彼女のことを愛しているふりをするのだ。

9 最初の真実の発見と決断――欲求と動機の変化

ストーリーにおけるこの地点で、主人公は発見（または開示）を経験する。これは驚くべき新情報だ。この情報によって主人公は新たな方向性で決意し行動することが強いられることになる。また、この情報によって主人公は自身の欲求や動機を調整することにもなる。動機とはゴールを目指したいと思う理由のことだ。この四つの出来事（発見、決意、欲求の変化、動機の変化）はすべて同時に起こらなければならない。

発見（開示）はプロットのカギとなるものだが、平均的なストーリーにはこれが欠けている場合が多い。さまざまな意味で、プロットのクオリティは発見のクオリティによって左右されるといっていい。次の点を忘れないようにしよう。

1　最も優れた発見（開示）は、主人公がライバルについての情報を知るときのものである。この種の情報は対立関係をより強力にするものであり、プロットの仕上がりに最も大きな影響をあたえる。

2　変化した欲求は、そもそもの欲求を曲げたものでなければならず、完全に覆すものであってはならない。欲求の変化については、川が流れのコースを変えるようなものだとイメージしたらいいだろう。この時点で主人公にまったく新しい欲求をあたえるべきではない。それをしてしまうと新しいストーリーが始まってしまうからだ。そうではなく、そもそもの欲求の

3　道筋を調節し、強め、前に進めてゆくのだ。

発見はどれも爆発的なものでなければならず、しかも発見のたびにその威力は漸進的に増してゆかなければならない。その情報は重要なものでなければならず、また何もないところから突発的に出てくる情報であってはならない。各発見はその直前の発見を基礎に築かれるものでなければならない。徐々に「厚みを増してゆく」タイプのプロットでは、実はそういうことが起きているのだ。発見を車のギアととらえてもいいだろう。発見があるたびに車（ストーリー）はスピードを増し、最後のギアで車は一気に加速する。観客にとっては、一気に加速する仕組みまでは分からずとも、とにかく楽しい時間をすごすことができるはずだ。

発見するたびに威力が増していないと、そのプロットは長引いてしまったり、よりひどい場合には勢いを失ってしまう。そうなることだけは何があっても避けたいところだ。

近年のハリウッドはプロットを強く意識した映画作りをしているので、多くの脚本家が、それは危険だと知りつつも三幕構成に頼っている。覚えていると思うが、三幕構成のストーリーには2～3のプロット・ポイント（つまり発見・開示）で構成される。そもそもこの考え方が間違っているという事実を別にしても、こんなやり方では、競争の激しいプロの脚本家の世界ではチャンスのない粗末なプロットにしかならない。一般的な今日のハリウッドの映画には、7～10の大きな発見（開示）が描かれている。探偵ものやサスペンスといった特定ジャンルのストーリーであればそれ以上必要なのだ。出来るだけ早いうちに三幕構成などという発想は捨てて、より高度なプロットの手法の数々を学んだほうが、ずっと役立つだろう。

『カサブランカ』

■**最初の発見**　イルザがその夜遅くにリックの酒場にやってくる。

■**決意**　リックは彼女を出来るだけ深く傷つけようと思う。

■**変化した欲求**　イルザがやってくるまで、リックは単に彼の酒場を経営して金を稼ぎ、そっとしておいてほしいと思っていた。今の彼は、彼女にも自分と同じ痛みを感じさせたいと思っている。

■**変化した動機**　イルザはパリで彼に心の傷を負わせた罰を受けるべきだ。

『トッツィー』

■**最初の発見**　マイケルは昼メロのオーディションで「ドロシー」として勝気な女を演じ演出家のロンに遠慮のない意見をずけずけと言ったとき、自分の中にあった真の力を知る。

■**決意**　マイケルはドロシーとして勝気でパワフルな女の振る舞いをしようと決める。

■**変化した欲求**　欲求の変化はない。マイケルの欲求は今でも演じる仕事を得ること。

■**変化した動機**　今の彼には、彼なりの仕事の手に入れ方が分かった。

プロットの手法——発見の追加

発見の数はあればあるほど、プロットはよりリッチで複雑なものになる。主人公または観客が新しい情報を得るたびに、それは発見として数えられる。

☑発見は主人公に行動の方向性を変える決意を導くに相応しいほど重要なものでなければならない。

『トッツィー』

■**発見**　マイケルは自分が昼メロの共演者ジュリーに惹かれていることに気づく。

■**決意**　マイケルはジュリーの友人になろうと決める。

■**変化した欲求**　マイケルはジュリーを手に入れたい。

■**変化した動機**　マイケルはジュリーに恋心を抱く。

10　プラン

プランとは、主人公がライバルを乗り越えてゴールにたどり着くための一連の指針と戦略のことである。

☑主人公が単純にプラン通りに事を運べてしまうことのないよう気をつけよう。これをしてしまうとプロットに意外性がなく、主人公は底の浅い人物に見えてしまう。優れたストーリーでは、主人公の最初のプランは失敗するものだ。ストーリーのこの時点ではライバルが圧倒的に強すぎるのだ。主人公はもっと深く自分の中を掘り下げて、より優れた戦略を練らなければならない。ライバルが自由に使いこなすことのできる権力は武器をしっかりと考慮に入れた戦略である。

『カサブランカ』

イルザを取り戻すためのリックの最初のプランは無礼であると同時に受動的でもある。彼はイルザが彼のもとに戻ってくるだろうということを知っており、彼女にもそう伝えるのだ。ストーリーのずっと後の方でようやく彼が考えつくメインのプランは、ウーガーテの通行証を使ってイルザとラズロがナチスの手から逃れるのを助けるというものだ。これほど遅い段階でプランを出すことのアドバンテージは、終わり間近のプロットのひねり（開示）に急速性と息を呑むような驚きをあたえることができることにある。

『トッツィー』

マイケルのプランは、女性に変装し続けながら、ジュリーに彼女の恋人であるロンと別れるべきだと説得することだ。マイケルはまたドロシーが実は男だということを明かすことなくレスやジョンからの執拗な告白を退けなければならない。さらに彼は、彼女を思う気持ちや昼メロでの彼の役柄についてサンディを欺かなければならない。

プロットの手法——トレーニング

ほとんどの主人公は、ストーリーの中でゴールを目指すためにやらなければならないことについては、すでにある程度のトレーニングを受けているものだ。プロットの早い段階で主人公が失敗するのは、自分の内部にしっかりと目を向けていないため、また自分の弱点に立ち向かっていないためだ。ただし、特定のジャンルではトレーニングも大切な要素のひとつであるだけでなく、そういったストーリーではむしろ、プロットの中でも人気のある要素となっている。トレーニングが最もよく使われるジャンルは、スポーツ・ストーリー、戦争もの（『特攻大作戦』のような自殺的任務も含む）、犯罪計画もの（たいていは『オーシャンズ11』のような集団窃盗もの）だ。ストーリーにトレーニングを入れる場合は、それはおそらくプランの直後でメインの行動の直前という、ちょうど対決の道筋が開始される地点にくることになるだろう。

11 ライバルのプランとメインの反撃

勝利に向かって進むためにプランをたてるのは主人公だけでなくライバルも同じだ。ライバルはゴールにたどり着くための戦略を練り、主人公に対して一連の攻撃を仕掛け始める。この段階の重要さは強調してもしきれないほどなのだが、その重要さに気づいていないライターは実に多い。

先にも述べたように、プロットの大部分は発見（開示）で成り立っている。発見（開示）を描くためには、ライバルがどのようにして主人公を攻撃するかを隠しておく必要がある。それだけに書き手は、ライバルのプランを事細かく練り、可能な限りたくさんの秘密の攻撃を仕込むべきなのだ。それぞれの秘密の攻撃が主人公に向かって見舞われるたびに、それは新たな発見（開示）となるのだ。

☑ライバルのプランが込み入ったものであればあるほど、そしてそれを隠せば隠すほど、プロットはより良いものとなる。

『カサブランカ』

■ライバルのプラン　イルザは彼女が駅でリックのもとから去ったのには十分な理由があったこと、そしてまたラズロはどうしてもカサブランカから逃げなければならないことをリックに説得して分かってもらおうとする。

シュトラッサー少佐のプランは、ルノー署長に圧力をかけて、ラズロをカサブランカに足止めにすること、そしてまたリックを含め、ラズロの逃避を助けようとする可能性のある者たち全員を脅すことにある。

■メインの反撃　通行証を買い取りたいというラズロの申し出をリックが断ると、イルザはリックのもとに来て銃で彼を脅す。

酒場でラズロがバンドにフランス国家を演奏させてフランス人たちの心を扇動した後でシュトラッサー少佐はメインの反撃に出る。シュトラッサーは酒場に営業停止命令を出し、またイルザには、ラズロと共に占領下のフランスへ帰らなければ、ラズロを刑務所に入れるか殺害すると脅す。その夜の遅くに、彼はルノー署長にラズロを逮捕させる。

『トッツィー』

ラブコメでありファルス（笑劇）作品として、マイケル（ドロシー）のライバルたちはそれぞれが彼（彼女）はこうだと思い込んでいる人物像を基盤にしてプランを練っている。このプロットは実に巧みに構成されたもので、ライバルたちによる矢継ぎ早の攻撃がエスカレートしていく。ドロシーはジュリーと寝室とベッドを共にしなければならない。ドロシーは泣き叫ぶジュリーの赤ん坊の面倒をみなければならない。ジュリーがドロシーはレズビアンだと勘違いする。レスがプロポーズしてくる。ジョンがドロシーに激しく迫る。そしてサンディがマイケルの嘘に激怒する。

こういったサイクロン効果はファルス形式の醍醐味だが、『トッツィー』の場合はそこにファルス形式には欠落しがちな強い感情的インパクトも加えることに成功している。マイケルによる男女の使い分けが人々の愛情をもてあそぶ形になりながら、とても素早くも複雑に彼らの人間関係を台無しにしてゆくのだ。これは実に見事な脚本である。

12 駆動

駆動とはライバルを倒して勝利するために主人公が行なう一連の行動を指す。一般的にプロットの中で一番大きなセクションを形成するこれらの行動の数々は、主人公のプラン（第10段階）から始まり、疑似的敗北（第14段階）まで続く。

この駆動の間、たいていの場合、ライバルがあまりにも強すぎるので、主人公は勝つことができない。その結果、主人公は必死になり過ぎて、勝つために不道徳なことに足を踏み入れてしまうことも少なくはない（道徳論議における不道徳的行動についてはチャプター5を参照のこと）。

☑駆動の間に必要なのはプロットの発展であり、繰り返しではない。言い換えるなら、主人公の行動を根本的に変化させるべきということだ。同じようなプロット・ビート（行動または出来事）を繰り返したりしないこと。

たとえばラブ・ストーリーで、恋に落ちた2人が、海岸に行ってから映画館に行き、そこから公園に行き、最後にディナーに行くという描き方をしたとする。確かに行動そのものは四つと数えられるかもしれないが、プロット・ビートという意味では同じだ。そこにあるのは繰り返しばかりで発展がない。

プロットを発展させるためには、主人公がライバルについての新しい情報（またもや発見［開示］だ）を知って反応し、自身の戦略や行動の方向性を調整しなければならないのだ。


『カサブランカ』

リックの駆動の独特な点は、一連の行動が延期されるところにある。これは決して悪い脚本の証ではない。延期はすべてリックの弱点や欲求によるものなのだ。リックは苦い思い出によって身動きが取れなくなっており、もはや世界のいかなるものにも何の価値も見いだせずにいる。彼はイルザを欲しているが、彼女は彼のライバルであり、また別の男性と一緒になっている。そこでストーリーの序盤と中盤では、リックはイルザと会話こそするものの、彼女のことを積極的に手に入れようとはしない。それどころか、初めは彼女を追い返すことさえしているのだ。

　この駆動の延期は、リックを描くには必要なものではあるが、犠牲を伴うものでもある。観客の興味が衰退してしまう凪の状態を作ってしまうからだ。フェラーリから通行証を手に入れようとするラズロ、警察署にいるラズロ、リックから通行証を手に入れようとするラズロ、イルザと共にいるラズロ、地下会議から逃げるラズロ――これらはどれも主人公の駆動の道筋を中断させるものばかりだ。

　しかし駆動を延期することで二つの大きな利点も生まれている。ひとつ目は、ラズロの一連の行動を使って、このストーリーのより壮大で政治的な側面を組み立てることができたことだ。ラズロの行動は、どれも主人公の駆動とは一切関係のないものだが、このストーリーには必要なものなのだ。なぜなら、リックの最後の開示と決意が世界的な重要性を持つものとなるからだ。

　二つ目は、リックの探究の開始をこれほど長く待たされたことで、この映画にはクライマックスと自己発見が一気に立て続けにやってくるというアドバンテージを得ている。

　イルザがリックの部屋にきて彼のことを愛していると告白したとき、ようやくリックは行動を開始し、ストーリーに火が点けられる。もちろん、リックのこの突然の行動はとても皮肉なもので、彼はイルザを手に入れることが不可能な方向へと歩を進めているのだ。このメイン・キャラクターの動機とゴールの変化（イルザを取り戻すことから、彼女がラズロと共に飛行機で逃げることを手伝うことへの変化）は、彼がイルザを取り戻そうと行動を起こした直後に起こる。この映画の最後の4分の1で巻き起こる興奮の多くは、リックがこの二つのゴールのどちらを追っているのかが曖昧に展開されることによって生まれているのだ。

☑二つのゴールのどちらを選ぶかを曖昧に描く手法がこの作品で機能している理由は、その期間がとても短いことと、これが最終決戦における大きな発見（開示）の一部をなしていることにある。

■**駆動の段階**

1　リックはイルザと過ごしたパリでの日々を思い出す。
2　リックは彼の店にやってきたイルザを売女だと非難する。
3　リックは市場でイルザと仲直りしようとするが、彼女はそれを受け入れない。
4　リックは通行証をルノーに渡すことを拒む。
5　イルザと会った後、リックはルノーに支払うのに十分なお金をベルギー人カップルに勝たせる。
6　リックは通行証を買い取ろうというラズロのオファーを断り、その理由はイルザに訊けと告げる。
7　リックは通行証を求めるイルザの願いを拒む。イルザは今でもリックのことを愛していると彼に告白する。
8　リックはラズロが1人で逃げられるよう手はずを整えようとイルザに言う。
9　リックはカールに頼んでイルザを酒場から抜け出させる一方で、その時点で逮捕されていたラズロと話をする。

『トッツィー』

■**駆動の段階**

1　マイケルは女ものの衣服を買い、ジェフに女性であることの大変さについて語る。
2　マイケルは最近のお金の出どころについてサンディに嘘をつく。

3 マイケルは自分のメイクや髪を自分でやる。

4 マイケルは男性とキスすることをアドリブを駆使して回避する。

5 マイケルはジュリーと仲良くなる。

6 マイケルは病気だとサンディに嘘をつく。

7 マイケルはサンディといま一度デートする。

8 マイケルはエイプリルのリハーサルを手伝う。

9 マイケルはジュリーのセリフ覚えを手伝い、どうしてロンなんかと付き合っているのかと尋ねる。

10 マイケルはデートに遅れた理由についてサンディに嘘をつく。

11 マイケルはアドリブで新たにセリフを加え、ドロシーを更にたくましい女性に仕立てる。

12 マイケルはアドリブでジュリーとセリフを交わす。

13 マイケルは、女性について多くを学んだ今、もっと深みのある役を演じたいから、協力しろとジョージに言う。

14 マイケルは男性としてジュリーに迫るが彼女はこれを拒否する。

15 ドロシーとして、マイケルはロンに自分のことを「トッツィー（嬢ちゃん）」と呼ぶのをやめろと言う。

16 ジュリーと田舎で過ごしたいマイケルは、サンディに嘘をつく。

17 マイケルはジュリーに恋をする。

18 プロデューサーからドロシーとの契約を更新したいと申し出を受ける。

駆動の間、主人公はどうしてもライバルに勝つことができず必死になってくる。勝ちたい一心で不道徳な行動に踏み出す主人公にたいして仲間が対峙する。

この時点でこの仲間は主人公の良心として機能しており、事実上「あなたがゴールにたどり着くため私は手伝うつもりだが、あなたの今のやり方は間違っている」と批判するのだ。一般的に、それを聞いた主人公は、自分の行動を正当化し、仲間からの批判を受け入れない（道徳論議のセリフについての詳細はチャプター10を参照のこと）。

仲間による攻撃の存在によって、ストーリーには第二の対立が生まれる（第一の対立は主人公vsライバル）。仲間による攻撃によって主人公は強いプレッシャーを受け、自分の価値基準や行動の仕方について疑問を持ち始めることになる。

『カサブランカ』

■**仲間による批判**　リックを批判するのは仲間の1人ではなく、ライバルであるイルザだ。イルザはリックに、あなたはパリにいたときのあなたではなくなってしまったと責め、またラズロとはリックと出会う以前に籍を入れていたのだと告げる。

■**正当化**　リックは前夜の自分は酔っていたと言う以外は正当化しようとはしない。

『トッツィー』

■**仲間による批判**　ジュリーと一緒に田舎で過ごしたいがために病気だと嘘をつくマイケルに、ジェフはいつまで皆に嘘をつき続けるつもりだと尋ねる。

■**正当化**　マイケルは、女性には真実を言って傷つけるよりも嘘をついた方がずっといいのだと言う。

14 疑似的敗北

駆動の間、主人公はライバルに勝つことができない。ストーリー開始から3分の2から4分の3あたりまで進んだ地点で、主人公は疑似的敗北に苦しむ。主人公は自分にはもうライバルに勝つこともゴールにたどり着くこともできないと思い込むのだ。これは主人公が最も低い位置まで沈む地点である。

疑似的敗北は、主人公がどん底まで落ち込む場面であるため、全体的なストーリー構造の重要な句読点となる。疑似的敗北はまた、最終的に勝利するため、敗北から立ち直ることを主人公に強いるものであるため、ドラマ性を高める効果も持っている。スポーツの試合でも、応援するチームがもう勝てそうもない状態から立ち直って勝つことほどエキサイティングなものがないのと同じように、ストーリーにおいても、大好きな主人公が敗北としか思えない状態から闘志を燃やして立ち上がることには大きなドラマ性が生まれるものだ。

☑疑似的敗北は小さなつまずきや一時的な後退とは違うものだ。それは爆発的なものであり、主人公にとって破壊的な出来事でなければならない。この主人公はもうおしまいだと観客に感じさせるものでなければならない。

☑疑似的敗北はひとつだけにとどめる。多くのつまずきは経験してしかるべきだが、明らかにもうこれでおしまいだと思えるような出来事はひとつだけにとどめなければならない。複数あると劇的なパワーや形状に欠けたストーリーとなってしまう。ストーリーを車にたとえるなら、下り坂を疾走する車が2～3のひどい隆起で激しく揺れるよりは、一気に壁に激突したほうがずっとドラマティックだろう。

『カサブランカ』

リックの疑似的敗北は、店が閉まった夜にイルザが彼を訪ねてくる場面という駆動のかなり早い段階で起こっている。酔ったリックは、パリでのロマンティックな日々、そして彼女が駅に姿を現さなかったことでそのロマンスが終わったことを回顧する。彼女が来なかった理由を説明しようとすると、彼は苦々しく彼女を攻撃して追い払ってしまう。

『トッツィー』

ジョージはマイケルに、昼メロ出演の契約を断るのは不可能だと告げる。

疑似的勝利

主人公が囚われの状態や死を迎えることで終わるストーリーにおいては、この段階は疑似的勝利の段階となる。ここで主人公は成功または権力の絶頂を迎えるのだが、ここから先は坂を下る一方だ。これはまた主人公が一時的に自由なサブワールドに入ってゆく段階でもある（チャプター6「ストーリー・ワールド」参照のこと）。疑似的勝利が描かれている実例としては『グッドフェローズ』で登場人物たちがルフトハンザ航空現金強奪をやりとげた場面が挙げられる。彼らは人生最大の仕事をやり遂げたと思っている。しかし実はこの成功は、全員を死と破滅に向かわせるプロセスの始まりだったのだ。

15　第二の真実の発見と決断――執拗な衝動、欲求と動機の変化

疑似的敗北の直後に主人公はほぼ例外なく第二の大きな発見（開示）を経験する。それがないとし

たら、その疑似的敗北は本物の敗北だったということとなり、ストーリーはそこで終了だ。というわけで、この地点で主人公は、勝利することがまだ不可能ではないということを示す新たな情報を得ることとなる。そして再び競争の中に身を投じて、ゴールを目指す探究を再開するのだ。ここでの大きな発見は主人公に衝撃的な影響をあたえる。かつてはゴール(欲求や衝動)を普通に目指していた主人公だが、今ではそれにすっかり憑りつかれている。勝つためならどんなことでもやるつもりだ。

端的に言うなら、プロットにおけるこの段階の主人公は、暴君のように非道に勝利を追い求めているのだ。主人公はこの新たな情報を得ることで力を得ている一方で、駆動の間に始まっていた道徳的な下降線もまだたどり続けていることに注目しよう(これは道徳論議の次の段階に当てはまる)。

この第二の発見(開示)はまた、主人公の欲求や動機の変化をもたらすものでもある。ここでストーリーはまた新たな方向に向きを変える。これらの5要素(発見、決意、執拗な衝動、変化した欲求、変化した動機)のすべてが起こるようにすることが大切だ。そうできないとこの場面がしぼみ、プロットが衰えてしまうだろう。

『カサブランカ』

■**発見**　イルザはリックに、彼女はリックと出会う前からラズロと結婚していたこと、だからパリで彼を振ったことを告げる。

■**決意**　リックは明確な決意を見せていないが、この通行証を使う者がいるとすれば、それは彼自身だとルノーに言っている。

■**変化した欲求**　リックはもうイルザを傷つけたいとは思っていない。

■**執拗な衝動**　リックの最初の執拗な衝動はイルザが彼の店にやってきたときに起こっており、彼は自分を苦しめた彼女のことを傷つけたいと切望している。これもまた『カサブランカ』の独創的な要素のひとつだ。他の多くのストーリーに登場する主人公と比べて、リックはずっと高いレベルの情熱と執拗さを持つところから始まっている。それと同時にこの高いレベルの欲求には行き場所が用意されており、ストーリーの最後にリックは世界を救うため歩を進めているのだ。

ストーリーの進展とともにリックは不道徳的になっていくばかりであるように見えることに注目しよう。実は彼はイルザとラズロが一緒に逃げられるように手伝おうと決めており、何が何でもそれをやりとげようと決意しているのだ。

■**変化した動機**　リックはイルザが過去に行なった仕打ちを許している。

『トッツィー』

■**発見**　昼メロのプロデューサーがドロシーにもう1年契約を更新したいという申し出を受ける。

■**決意**　マイケルはジョージに頼んで契約を破棄してもらおうと決める。

■**変化した欲求**　マイケルは偽装の大変さから抜け出し、ジュリーと近しくなりたいと思っている。

■**執拗な衝動**　マイケルはドロシーであることから逃げ出そうと心に決める。

■**変化した動機**　ジュリーとレスから真摯な態度で接せられたマイケルは罪悪感をどんどん募らせている。

追加の発見（開示）

■**発見**　レスがドロシーにプロポーズする。

■**決意**　ドロシーはバーでレスから去る。

■変化した欲求　マイケルはレスの勘違いを止めたい。

■変化した動機　動機に変化はない。マイケルは自分の行動にたいして罪悪感を募らせ続けている。

ここでのマイケルは罪悪感を感じており、また現在の苦しい状況から逃れたいと思ってはいるものの、彼の道徳の下降はいまだ悪化し続けていることに注目しよう。こういう誤魔化しを続ければ続けるほど、彼が周囲の人々にあたえる痛みはより大きくなってゆくのだ。

16　観客による真実の発見

観客による真実の発見の段階とは、（主人公ではなく）観客が重要な新事実を知る段階のことだ。これは観客が仲間のふりをしたライバルの真の姿を知り、仲間だと思っていたこの人物が実は敵だということが判明する段階である場合が多いようだ。

ここで知る内容が何であれ、この発見が価値の高いものである理由としては、次の3点が挙げられるだろう。

1　プロットの中でも緩慢になりがちなところにエキサイティングなスパイスを提供することができる。

2　観客にライバルの真の力を見せることができる。

3　特定の隠されたプロット要素をドラマティックに、そしてビジュアル的に観客に見せることができる。

観客による真実の発見は、主人公と観客の関係性を大きく変化させるものであるという事実を知っておく必要があるだろう。ほとんどのストーリー（顕著な例外があるとすればファルスぐらいのものだろう）では、出だしからこの時点まで観客と主人公は同時に新しい真実を知らされてきた。それによって主人公と観客には一対一の結びつきがあった（つまりひとつのアイデンティティを共有していた）。

しかし観客による真実の発見がなされたことで、観客は初めて主人公よりも先に何かについて知ることになる。このため、距離が生まれ、観客は主人公よりも上位の位置に据えられることとなる。そこに価値がある理由は数多くあるが、中でも特に重要なことは、主人公が変化してゆく全体のプロセスを（そしてその絶頂である自己発見を）観客が一歩後ろに下がって見ることができるようになることだ。

『カサブランカ』

リックはルノーに銃口を向けて管制塔に電話を入れさせる。しかし観客は署長が電話している相手が実はシュトラッサー少佐だという事実を知る。

『トッツィー』

『トッツィー』にはこの段階がない。その大きな理由はそもそもマイケルが他のキャラクターたちをだましているからだ。彼が人々をだましているということは、つまり彼がコントロールしているということだ。そこで観客はどの新事実もマイケルと同時に知ることになる。

17　第三の発見と決意

この発見（開示）は、主人公がライバルを倒すために必要な何かを知るもう一つの段階だ。仲間のふりをしたライバルが登場するストーリーであれば、この段階はその人物の真の姿（16段階で観客が知った内容）を主人公が知る場面となることが多い。

主人公がライバルの真の力を知れば知るほど、主人公はその戦いから撤退したいと思うのではないかと考えられがちだ。実際にはその反対で、この情報を得て自分が立ち向かっている相手の全容がようやく分かったことで、主人公は強さを増し、勝とうという決意がさらに強くなる。

『カサブランカ』

■**発見**（**開示**）　通行証を求めるためリックのところへ来たイルザが、今でも彼のことを愛していると告白する。

■**決意**　リックはイルザとラズロに通行証を渡そうと決めるが、その決意をイルザにも観客にも明かさずに隠している。

■**変化した欲求**　リックはラズロとイルザをナチスの手から助けたい。

■**変化した動機**　リックはイルザがラズロと一緒に行き、彼の活動を手助けするべきだと分かっている。

『トッツィー』

■**発見**（**開示**）　レスがドロシーに贈ったチョコレートをマイケルがサンディに贈ると、サンディは彼を嘘つきのペテン師だと罵る。

■**決意**　マイケルはジョージのところへ行き、契約から逃れる方法を探ろうと決める。

■**変化した欲求**　変化はない。マイケルは昼メロの世界から足を洗いたい。

■**変化した動機**　変化はない。もうこれ以上周囲の人々に嘘をつき続けることはできない。

追加の発見（開示）

■発見（開示）　ドロシーがジュリーにプレゼントを渡したとき、ジュリーはドロシーに彼女の気持ちに応えることはできないから、もうこれ以上会うことはできないと告げる。

■決意　マイケルはこれまでの偽りについて真実を打ち明けようと決心する。

■変化した欲求　変化はない。マイケルはジュリーと付き合いたい。

■変化した動機　マイケルはジュリーを愛しており、このままドロシーで居続けている間は彼女と付き合うことはできないことに気づく。

18　門、ガントレット、死の国への訪問

ストーリーの終わり近くで、主人公とライバルとの戦いは、そのプレッシャーに主人公がほとんど耐えられなくなるほどまで加熱する。主人公に残された選択肢はどんどん少なくなり、多くの場合は通るべき空間自体も文字通り狭くなってゆく。そしてついに主人公は、あらゆる方角から激しい攻撃を浴びながら、狭い門を通り抜ける、または長いガントレット（搾線＝鉄道で複線を敷くに十分な用地がないところだけ部分的に単線にした箇所）を走り抜けなければならなくなる。

これはまた主人公が「黄泉の国」を訪れる場面でもある。多くの神話ではここで主人公が地獄に下りてゆき、死の国における自身の未来を予見している。

もっと現代的なストーリーでは、死の国への訪問はより心理的なものとして描かれる。主人公が死を免れない運命にあること、それも近い将来にそうなることを突然悟るのだ。それを知ることで主人公が死を恐れて戦いから撤退してしまうのではないかと考える人もいるだろう。しかし、実はこれによって主人公の闘志に拍車がかかることになる。主人公は「この人生を意義あるものにしたいのなら、自分が信じているもののために戦うべきだ。今ここでしっかりと立ちはだかろうじゃないか」という

発想を抱くわけだ。つまり、死の国への訪問は、試練の段階であり、これが戦いへの引き金となることも少なくない。

門、ガントレット、死の国への訪問は、22段階の道程の中で最も移動させやすい段階なので、プロットのまるで違う箇所にこれが描かれていることも多い。たとえば、疑似的敗北の段階で主人公が死の国を訪れることもある。または、『スター・ウォーズ』におけるデス・スターの溝での空中戦や『めまい』における塔のように、決戦の段階でガントレットを通り抜けることもある。または、『波止場』のエンディングでテリーがそうしたように、決戦の終わった後でそこを抜けることもある。

『カサブランカ』

リックがイルザ、ラズロ、ルノーと共に、シュトラッサー少佐に追われながら空港へ向かおうとする場面でこの段階が訪れている。

『トッツィー』

マイケルは泣き叫ぶジュリーの子供エイミーの子守りをしなければならず、このときエスカレートする悪夢のガントレットを経験する。ジュリーにキスをしようとして拒まれ、ドロシーに恋しているレスとのダンスを踊らなければならず、レスからもらったキャンディを贈られたサンディの非難に説明しなければならない。

19 決戦

決戦とは最後の戦いだ。これによって誰がゴールを勝ちとったか、または誰も勝ちとらなかったかが決定する。大々的で暴力的な戦いは、確かにとても多く描かれてはいるが、決戦として最も興味深さのないものだ。暴力的な決戦は花火のように派手だが、深い意味をともなうものとなりにくい。決戦は2人が何のために戦ってるのかを観客に明確に提示するものでなければならない。どちらの方が強いパワーを持っているかを強調するのではなく、どちらの考え方や価値基準が勝っているかを強調すべきなのだ。

決戦はストーリーが漏斗のように細く集まる地点だ。ここですべてが一点に向かって集中してゆく。すべてのキャラクターやさまざまな行動の道筋がここに集まってくる。しかもこれ以上ないほど小さな空間で起こるので、戦いの感覚や耐えられないほどのプレッシャーが強調される。

普通は（ただし例外もある）、この決戦の段階で主人公は欠陥を充たし欲求を満たす。また主人公がメインのライバルと最も似通った存在となるのもこの段階でのことだ。ただしその類似性によって、2人の決定的な相違点がいっそう明確になる。

また、観客の頭の中でストーリーのテーマが初めて爆発するのもこの決戦の段階だ。2人の価値基準の戦いを通して、どちらの行動や生き方の方がよいのかを観客は初めて明確に目にすることになる。

『カサブランカ』

空港でリックはルノーに銃を突きつけ、イルザにラズロと共に行くべきだと告げる。またラズロにはイルザが貞節だったことを告げる。ラズロとイルザは飛行機に乗る。シュトラッサー少佐が空港に到着し、飛行機を止めようとする。しかしリックが彼を撃つ。

『トッツィー』

昼メロの生放送中に、マイケルはアドリブで実はドロシーは男だったという話をでっち上げ、自身の扮装をはぎ取ってみせる。これによって観客も昼メロ関係者も大きな衝撃を受ける。それが終わったところで、ジュリーが彼を殴り、去ってゆく。

マイケルとジュリーの最後の戦いは、かなりマイルドなもの（ジュリーが一発殴る）である。ここでは大きな戦いではなく、マイケルがキャスト陣とスタッフと全国の視聴者たちの目の前で自身の扮装をはぎ取るという大きな開示に取って代わられた形となっている。

この脚本の素晴らしさのひとつとして、マイケルがアドリブででっち上げたこのキャラクターの女性解放プロセスは、彼がこれまで女性のふりをしたことで体験したのと同じプロセスを辿ったものとなっている。

20　自己発見

決戦という厳しい試練を抜けたことで、たいていの場合、主人公は変化を経験する。ようやく真の自分に気づくのだ。主人公は、それまで自身を覆っていた殻を破り、衝撃的な形で、真の自分を目にする。自分自身の真実に直面した主人公は、破滅する（『エディプス王』『めまい』『カンバセーション…盗聴…』）か、もしくは、ずっと強くなる。

自己発見が心理的なものだけでなく道徳的なものでもある場合、主人公は他者への適切な接し方も学ぶこととなる。上手に描かれた自己発見の要素として挙げられるものは、唐突であること（劇的効果を呼ぶ）、その発見がポジティブなものであれネガティブなものであれ、主人公にとって衝撃的であること、そして新しいもの（それまでずっと主人公には思いもよらなかったもの）であることだ。

ストーリーのクオリティはこの自己発見のクオリティに大きく左右される。これまでのすべての要素がここへ向かっているのだ。これを上手く描き切ることは絶対条件となる。その際に注意しておくべき点が二つある。

1　主人公が自身について知る内容は本当に意味深いものでなければいけない。人生についての響きが良いだけの警句など、独創性に欠けたものであってはならない。

2　主人公が学んだ内容を主人公の口から直接観客に告げるようなことをしてはならない。これは下手なストーリーのお手本のようなものだ（説教臭くなることなく自己発見を表現するためのダイアログについてはチャプター10で論じることにする）。

プロットの手法——ダブル・リバース

この自己発見の段階でダブル・リバースの手法を使うこともできる。これは、主人公だけでなく、ライバルにも自己発見をさせる手法だ。それぞれがお互いから学ぶという描き方によって、観客には、社会での行動の仕方や生き方について1種類ではなく2種類の洞察が提供される。

ダブル・リバースは次のように進めながら描かれる。

1　主人公とメインのライバルの両方に弱点と欠陥をあたえる。

2　そのライバルを人間的に描く。このライバルが学んだり変わったりすることのできる人物でなければならないからだ。

3　決戦の途中または直後に、主人公だけにでなくこのライバルにも自己発見をさせる。

4　この2種類の自己発見を関連づける。主人公はライバルから何かを学び、ライバルは主人公から何かを学ぶものでなければならない。

5　作者がこの作品で示す道徳観は、この2人のキャラクターが学んだ2種類の内容を掛け合わせたものである。

『カサブランカ』

■**心理的な自己発見**　リックは理想主義を取り戻し、また再び真の自分の姿をクリアに見据えられるようになる。

■**道徳的な自己発見**　リックはイルザとラズロを救うため自分が犠牲になるべきであること、そして自由のための戦いに再び参加すべきであることを悟る。

■**発見とダブル・リバース**　ルノーは自分も愛国者になろうと決めたと宣言し、リックの歩み始めた新たな道を共にする。

『トッツィー』

■**心理的な自己発見**　マイケルはこれまで女性の外見以外の深いところに目を向けたことがなく、自分が本当の意味で一度も女性を愛したことがなかったことを悟る。

■**道徳的な自己発見**　マイケルは自分の女性に対する横柄さや見下ろした態度が自分自身や周囲の女性たちを傷つけていたことを知る。彼はジュリーに、男性として生きてきたときよりも女性として生きたことで男性のことをずっとよく理解することができたと語っている。

21　道徳的決断

自己発見の段階で適切な行動を学んだ主人公は、決断を下さなければならない。道徳的決断とは主人公が二つある行動の選択肢のどちらかを選ぶ場面だ。この二つの行動はそれぞれ価値基準も違い、その生き方による他者にあたえる影響も違う。

道徳的決断は、自己発見で主人公が何を学んだかを証明するものである。行動を選ぶことで、主人公は自分がどういう人物となったのかを観客に見せるのだ。

『カサブランカ』

リックはラズロに通行証を渡し、イルザにもラズロと一緒に行くことを強い、ラズロにはイルザはラズロを愛しているのだと告げる。次いでリックは自らの命を懸けて自由のための闘いに乗り出してゆく。

『トッツィー』

マイケルは仕事を失うことと引き換えに、嘘をついていたことをジュリーやレスに謝罪する。

プロットの手法——テーマの発見

チャプター5でテーマの発見について述べたとき、テーマを発見するのは主人公ではなく観客であると説明した。一般的に人が社会においてどのように行動し、どのように生きるべきかを観客が知るのである。これによってストーリーは、そこに描かれている特定のキャラクターに限定されたものではなく、観客自身の人生へと大きく広がりを見せることになる。

多くのライターはこの高度な手法を使うことに抵抗を感じているのは、最後の場面を観客への説教のような形で終わらせたくないからだ。しかし、適切に描くことさえできれば、このテーマの発見は驚くほど素晴らしいものになる可能性を秘めている。

☑ここでコツとなるのは、キャラクターの抽象的で普遍的な部分と、現実的で具体的な部分をどのように線引きするかだ。観客にシンボル的なインパクトをあたえられるような行為や行動を見いだして描くようにしよう。

『プレイス・イン・ザ・ハート』(脚本…ロバート・ベントン　1984年)

素晴らしいテーマの発見の好例を『プレイス・イン・ザ・ハート』に見ることができる。これは1930年のアメリカ中西部を舞台に、サリー・フィールド演じる女性(酔った若い黒人に誤って撃ち殺された保安官の妻)を追ったストーリーだ。KKKの会員たちは、まずこの黒人をリンチし、後には、未亡人となった彼女の農場を手伝っていた黒人も追い立ててしまう。また、妻の親友と浮気をするある男性のサブプロットも描かれている。

この映画の最後のシーンは教会で展開される。牧師が愛の力について話しているとき、浮気夫の妻が夫の手を握る。これは2人の結婚生活をほとんど崩壊状態に導いた夫の浮気以来初めてのことだ。このとき夫は圧倒的な許しの力を知る。聖体拝領皿が列から列へと次々に回されてゆき、それぞれワインを口にして「神の平和」と唱える。この映画に登場したすべてのキャラクターが次々にワインを飲んでゆく。すると、とてもゆっくりと、素晴らしいテーマの発見が観客の中に生じてゆく。主人公のライバルの1人だったパン屋がワインを飲む。追い出された黒人(彼はこれまで長い間ストーリーに姿を見せていなかった)がワインを飲む。サリー・フィールド演じるキャラクターがワインを飲む。その横に座っているのは死んだ彼女の夫で、その彼もワインを飲む。彼の横に座っているのは彼を殺してしまったがために自らも死んでしまうこととなった黒人で、彼もワインを飲む。「神の平和」と唱えて。

まずはキャラクターたちをただリアルに描いていたところから始まり、このシーンは、観客が共有できる普遍的な許しの場面へと徐々に進化している。これによってあたえられる衝撃は深い。説教臭くなりそうだと恐れるあまりに、これほど強力な手法を避けてしまうのはもったいないだろう。恐れずにやってみよう。正しくやりさえすれば、優れたストーリーを語れるのだ。

22 新たなバランス状態

欲求が満たされ欠陥も満たされたら（または悲劇として満たされることなく終わったら）、すべてが普通の状態に戻る。ただし、以前とは絶対的に違う何かがひとつある。自己発見によって、今の主人公は以前よりも高いレベル、もしくは低いレベルにいるのだ。

『カサブランカ』
リックは元の理想主義を取り戻し、他の人々の自由のために、より高い目的のために闘うため、イルザへの愛を犠牲にする。

『トッツィー』
マイケルは自分自身や仕事にたいして自己中心的にならずに誠実になることを学ぶ。真実を話すことで、彼はジュリーと和解し、本当の恋愛が始まろうとしている。

ストーリー構造の22段階の道程は実にパワフルなツールで成り立っている。これらによってディテールに富んだ自然なプロットを創作するための際限のない力を手に入れることができるだろう。ぜひとも利用してほしい。ただしこれらのツールをしっかりと使いこなすためには、かなりの練習が必要だ。練習として、ストーリーを書くときにも読むときにも意識して当てはめてみることをお勧めする。それをするときには次の2点に注意しよう。

1　柔軟であること。22段階の道程はこの順序で固定されているものではない。これらはあなたのストーリーを画一的な型に押し込むための公式ではない。ここで示した順序は、人間が人生の問題を解決しようとする場合の標準的な順序である。だがもちろん、人生の問題にしてもストーリーにしても、それぞれ違うものだ。あなただけのキャラクターが自らの具体的な問題を解決する際にごく自然に行うことの枠組みとして22段階の道程を利用しよう。

2　順序を破る際には注意すること。これは第一の注意点の正反対にあたるものだが、22段階の道程は人が問題を解決する順序をベースにしたものであるという事実を忘れないようにしたい。つまり22段階の道程は、あるひとつの発展（成長・向上）を表した自然な順序なのである。だから自分の作品にオリジナリティやサプライズを吹き込もうとしてこの順序を過度に大きく変える場合には、嘘っぽく不自然に感じられるストーリーになってしまう危険をはらんでいることを忘れてはならない。

発見の連続性

優れたライターであれば、発見の数々がプロットのカギを握っているという事実を心得ているものだ。それだけに、一度プロットの他の要素と発見を切り離して考え、発見の数々の連続性に注目してみることには大きな価値がある。発見の連続性を追跡しておくことは、ストーリーテリングにおけるあらゆる手法の中でも非常に価値ある作業のひとつなのだ。

発見の連続性を追跡する上で大切なのは、その連続順が適正に築き上げられているかどうかを確認することだ。

1　発見の連続性は理にかなったものでなければならない。一連の発見は主人公がそこから最もよく学べる順序で起こるべきだ。

2　強烈さのある築かれ方でなければならない。それぞれの発見がそのひとつ前の発見よりも少しずつ強烈さを増しているといい。理想を言えば、そうすることは常に可能なわけではなく、特に長いストーリーでは（たとえば理にかなったものにするのは）不可能な場合もある。そこまでは出来ないとしても、ドラマ性が高まるよう、徐々に築き上げられてゆくものであることが大切だ。

3　一連の発見のペースが高まってゆかなければならない。観客により密度の濃いサプライズを提供できるため、これによってもまたドラマ性を高められる。

発見の中で最もパワフルなのがどんでん返しだ。ストーリーの中で観客が理解していたあらゆる事物がすべて逆さまにひっくり返ることだ。プロットにおけるすべての要素に新しい別の光が当てられ、あらゆる現実が一気に変化する。

もはや驚くべきことではないが、どんでん返しの発見は探偵ものやサスペンス作品でとても頻繁に使われている。『シックス・センス』におけるどんでん返しの発見は、ブルース・ウィリス演じるキャラクターが実はこの映画の大半で死んだ亡霊だったという事実を観客が知る瞬間だ。『ユージュアル・サスペクツ』におけるどんでん返しの発見は、実はおとなしいヴァーバルはこのストーリーをすべてでっち上げていただけで、なんと彼本人が恐ろしいライバルのカイザー・ソゼだったという事実を観客が知る瞬間だ。

どちらの映画でも、この大どんでん返しがストーリーの最後の最後に描かれていることに注目しよう。これにはノックアウト・パンチを見舞われた状態のままの観客を映画館から送り出せるというアドバンテージがある。この2作が大ヒットした大きな理由もそこにある。

しかしこの手法を使うには注意が必要だ。これをすることでストーリーそのものが単にプロットを入れるためだけのものとなってしまいやすく、しかもプロットに乗っ取られても成立するほど強いストーリーは極めて少ない。O・ヘンリーは短編小説にどんでん返しを利用することで有名だが、彼の作品について、無理があるとか、ギミックであるとか、機械的すぎるとする批判が存在することも確かだ。

それではここで『カサブランカ』や『トッツィー』以外の作品における発見の連続性を追跡してみることにしよう。

『エイリアン』（原案…ダン・オバノン、ロナルド・シャセット　脚本…ダン・オバノン　1979年）

■**発見1**　乗組員たちはエイリアンが通気口を使ってこの宇宙船内を行き来していることに気がつく。

■**決意**　彼らはエイリアンをエアロックに追い詰めて宇宙に放とうと決める。

■**変化した欲求**　リプリーを初めとする乗組員たちはエイリアンを殺したい。

■**変化した動機**　エイリアンを殺さなければ自分たちが殺されてしまう。

■**発見2**　リプリーは、彼女たち乗組員は科学の名のもとに犠牲になってもやむを得ないとされていたことをコンピュータ「マザー」から知る。

■**決意**　リプリーはアッシュの行動に異議を唱えることにする。

■**変化した欲求**　彼女はなぜその事実が乗組員に隠されていたかを知りたい。

■**変化した動機**　彼女はアッシュが乗組員の味方ではないのではないかと疑っている。

■**発見3**　リプリーはアッシュがアンドロイドであり、エイリアンを守るために必要とあらば彼女を殺すこともやぶさかでないことを知る。

■**決意**　リプリーはパーカーの助けを借りてアッシュを襲い破壊する。

■**変化した欲求**　彼女は自分たちの中にいる裏切り者を止め、この宇宙船から降りたいと思っている。

■**執拗な衝動**　彼女はエイリアンを助けようとするあらゆる者や事物に反対する。

■**変化した動機**　彼女の動機は今も自衛本能のまま変わりない。

■**発見4**　アッシュの頭脳を修理すると、アッシュはリプリーに、エイリアンが完全な生命体であり、道徳観念のない殺戮マシーンであることを告げる。

■**決意**　リプリーはパーカーとランバートに、即座にこの宇宙船から退避して宇宙船を破壊する準備をするよう命じる。

■**変化した欲求**　リプリーは今もエイリアンを殺したいことに変わりはないが、今それが意味することは宇宙船を破壊することである。

■**変化した動機**　変化はない。

■**観客による真実の発見**　エイリアンはずっと未知の恐ろしい強力なものとして扱われ続ける。よって観客は概してリプリーや他の乗組員が何かを知るのと同時に事物を知る。これにより、情報について観客がキャラクターより優位に立つこともなく、恐怖感はさらに増すこととなる。

■**発見5**　リプリーはエイリアンが彼女を脱出用シャトルのところへ行かせないようにしていることを知る。
■**決意**　リプリーは自爆装置を強制終了させるため急いで戻る。
■**変化した欲求**　リプリーは宇宙船と一緒に吹き飛ばされたくない。
■**変化した動機**　変化はない。

■**発見6**　リプリーはエイリアンがシャトルの中に隠れていたことを知る。
■**決意**　彼女は宇宙服を着てからシャトルを真空の宇宙に開く。
■**変化した欲求**　リプリーは今もエイリアンを殺したい。
■**変化した動機**　変化はない。

最後の発見が典型的なホラー・ストーリーのそれであることに注目しよう。やっと逃げ込んだと思っていた場所が実は最悪に危ない場所だったのだ。

『氷の微笑』（脚本…ジョー・エスターハス　1992年）
■**発見1**　ニックはキャサリンがバークレーの学生時代に教授が殺害されたことを知る。
■**決意**　ニックはキャサリンを追及しようと決める。
■**変化した欲求**　ニックは殺人事件を解決しキャサリンを玉座から引きずり下ろしたい。
■**変化した動機**　ニックを初めとする警察はそれまでキャサリンへの疑いは晴れたものと思っていたが、今ではまた疑いが戻っている。

■**発見2**　ニックはキャサリンの友人ヘーゼルが殺人犯であること、そしてキャサリンが殺された教授と知り合いであったことを知る。
■**決意**　ニックはキャサリンへの追及を続けようと決める。
■**変化した欲求**　変化はない。
■**変化した動機**　変化はない。

■**発見3**　ニックはキャサリンの両親が爆死していたことを知る。
■**決意**　ニックはキャサリンこそが殺人犯だと信じて彼女の追及を続ける。
■**変化した欲求**　変化はない。
■**執拗な衝動**　ニックはこれが彼にとって最後になるのであれば（そしてそうなる可能性は高い）、どうしてもこの明晰な殺人犯を捕らえて終えようと思っている。
■**変化した動機**　変化はない。

■**発見4**　ニックの相棒刑事のガスから、内務監査局のニールセンが銀行口座に大金を残して死んだという情報を聞く。どう見てもその大金は誰かが彼に支払ったものではないかと思われる。
■**決意**　ニックはこの情報にたいして明確な決意を見せてはいないが、この大金の出どころを調べようと思う。
■**変化した欲求**　ニックはニールセンがこの大金を手にした理由を知りたい。
■**変化した動機**　変化はない。

■**発見5**　ニックは彼の元恋人のベスが名前を変えていたこと、ニールセンが彼女のファイルを持っていたこと、ベスの夫が車から狙撃されて殺されていたことを知る。
■**決意**　ニックはベスが真犯人だという事実を証明しようと決める。
■**変化した欲求**　ニックは、本当にベスがこの一連の殺人を犯してキャサリンにその濡れ衣を着せようとしているのかどうかを見極めたい。
■**変化した動機**　ニックは今でもこの事件を解決したいと思っている。
■**発見6**　ガスがニックに学生時代のベスはキャサリンとルームメイトであり恋人同士であったことを告げる。
■**決意**　ニックはガスと共にベスに対峙することに決める。
■**変化した欲求**　ニックは今でもこの殺人事件を解決したいと思っているが、今では真犯人がベスだとほぼ確信している。
■**変化した動機**　変化はない。

捜査もののサスペンスでは、一連の発見が徐々に大きくなり、また徐々に主人公のホームに近づいていることに注目しよう。

「裏切り者と英雄のテーマ」（短編小説…ホルヘ・ルイス・ボルヘス　1956年）

ボルヘスは、とても短い短編にでさえ大きな発見を組み込みながらも、キャラクターやシンボルやストーリー・ワールドやテーマを損うことなくプロットで支配されない希少な作家の好例だ。ボルヘスが作家として持ち合わせている哲学は、人間や世界という迷宮から抜け出すすべを探究したり理解したりすることに重きが置かれている。それだけに彼が描く発見の数々は絶大なテーマ性の力を秘めたものばかりだ。

「裏切り者と英雄のテーマ」は、ほぼ発見の数々だけで成り立っている短編小説である。この作品は、名のない語り部が自身のまだ知らぬディテールを秘めたストーリーを練り上げるという形で進む。ストーリーの語り手であるライアンは、勝利の謀反前夜に劇場で殺されたアイルランド屈指の偉大な英雄キルパトリックの曾孫だ。

■**発見1**　キルパトリックの伝記を書いていたライアンは、警察の捜査に関するとんでもない事実の数々を発見する。たとえば、キルパトリックは「劇場に行くべきではない」という警告の手紙を受け取っていたのだ。その手紙はあたかもジュリアス・シーザーが受けた警告の手紙と実によく似たものだった。

■**発見2**　ライアンは、出来事や会話の言葉が歴史を通して何度も繰り返されるという秘密の時間形式が存在することを知る。

■**発見3**　ライアンは、乞食がキルパトリックに話しかけた言葉が、シェークスピアの「マクベス」のセリフと同じものだったことを知る。

■**発見4**　ライアンは、キルパトリックの親友ノーランがシェークスピアの戯曲の数々をゲール語に翻訳していたことを知る。

■**発見5**　ライアンは、キルパトリックが彼の死の数日前に裏切り者（それが誰かは明かされない）を処刑するよう命じていたことを知るが、その命令は慈悲深いキルパトリックの性格に一致するものではない。

■**発見6**　キルパトリックはそれ以前に彼らの中にいる裏切り者を見つけ出す任務を親友のノー

ランにあたえており、ノーランはその裏切り者がキルパトリック自身だったことを発見する。

■**発見7**　ノーランはキルパトリックが英雄として死に、これによって謀反の引き金となるようなドラマティックな暗殺計画をたてる。キルパトリック自身もこの筋書き通りに演じることに同意する。

■**発見8**　細かい計画をたてるにはあまりにも時間が足りなかったため、ノーランは計画を仕上げるためシェークスピアの戯曲を拝借して人々がドラマティックだと思えるものにする。

■**発見9**　この計画の中でも特にシェークスピアの要素にはドラマティックさが足りないことから、ノーランはシェークスピアの要素をあえて使うことで、この計画の真実やキルパトリックの真の姿がいつの日か明るみに出るよう仕組んでいたことにライアンは気づく。つまり、語り手であるライアンもノーランの計画の一部だったのだ。

■**観客による真実の発見**　ライアンはこの最後の発見を世間に隠し、キルパトリックを讃える本を出版する。

語り部

語り部を使うべきか使わないべきか、それが問題だ。これは執筆プロセス中に下す決断の中でも特に重要な決断のひとつだ。このプロットの章で語り部について触れているのは、語り部には書き手のプロットの組み立て方を大きく変えることができるからだ。自然なストーリーを書く場合、語り部もまたキャラクター描写に大きな影響力を持つ存在となる。

問題は次の通りだ。ほとんどの書き手は、語り部を使うことの真の意味や価値を知らないがために、この手法はあらゆる手法の中で最も誤用されているのだ。

人気のある映画や小説や戯曲のほとんどが語り部と認識できる者を使っていない。全知のナレーターによって語られる直線的なストーリーばかりだ。この場合、誰かがストーリーを語っていることは確かだが、観客はそれが誰なのか知らないし知りたいとも思わない。こういったストーリーはほぼ間違いなく、強力な単一の欲求の道筋と大々的なプロットで素早く展開されるものばかりである。

語り部とは、キャラクターの行動を、一人称で(自分自身について語る)、もしくは三人称で(他人について)語る者のことだ。それと認識できる語り部を使うことで、ずっと複雑にしてデリケートな作品に仕上げることができる。単純に言うなら、書き手であるあなたは、語り部がいるおかげで主人公の行動の数々を描きながらそれらの行動について解説することもできるのだ。

観客は誰がそのストーリーを語っているのか認識すると即座に「どうしてこの人物がこのストーリーを語っているのだろう?」「どうしてこのストーリーには語り部が必要なのだろう?」「どうして私の目の前でこの人物が物語る必要があるのだろう?」という疑問を持つ。語り部は、少なくとも最初の段階では、自分自身に観客を注目させることとなり、それによって観客とストーリーの間に一定の距離感を生み出す可能性がある。つまり書き手であるあなたは距離を置くことによる恩恵を受けることができる。

語り部はまた、観客にストーリーを語っているこのキャラクターの「声」つまり意見を聞かせることになる。これがあたかも優れたストーリーテリングのカギだとでも言わんばかりに、多くの人々が「声」というものを求めている。語り部の「声」を観客に聞かせるということは、観客を今まさに喋っているこのキャラクターの頭の中に置くことを意味する。このキャラクターが語っていることやその語り方ほど厳密で独創的にその人物の頭の中を表現することはできないだろう。キャラクターの頭の中に入るということは、その人物が自分でそれを意識してかどうかに関係なく偏見や盲点を持ち嘘もつくリアルな人物であることを意味する。このキャラクターが観客に真実を語ろうとしているのかどうかに関係なく、そこで語られる真実は徹底的に主観的なものだ。これは神の言葉でもなければ、全知のナレーターでもない。この理論を極端に利用すれば、語り部の存在によって現実と幻想の境界線をぼやかしたり、時にはその境界線を壊してしまうことさえ可能なのだ。

語り部を使うことのもうひとつの真の価値は、この人物が語るのは過去に起こったことであるため、観客の中で追憶の情が即座に芽生えることにある。観客はこれは過去の記憶のストーリーだと知った瞬間、喪失や悲しみや後悔の感情を抱くだろう。また、このストーリーが完結したストーリーになるだろうと観客は感じる。つまり、語り部は、すべての出来事が終わった後で、おそらくはちょっとした知恵も交えながらそのことを語るのだろうと感じるのだ。

また、語り部が私的に観客に話しかける手法と過去に起こった出来事を聞かせる手法のコンビネーションを使って、これから語られる物語は真実に違いないと思い込ませようとすることもできる。つまりそれは語り部が「私はそこにいたんだ。この目で見たことをこれから話そう。嘘じゃないよ、信じてほしい」と言っているようなものだ。これは実は、ストーリーの進展を見守りながら、それが真実であることを疑い、真実かどうかという問題を自分で見極めようという気持ちを観客に起こさせる無言の招待状なのだ。

真実かどうかという問題を強調すること以外にも、語り手はとても独創的でパワフルなアドバンテージを書き手に提供してくれる。キャラクターと観客の間に親密な絆を築いてくれるのだ。これによってずっとデリケートなキャラクター作りが可能となり、それぞれのキャラクターの違いを出しやすくなる。さらには、語り部を使うことが、行動する主人公（たとえばファイター）から創造する主人公（たとえばアーティスト）へと主軸が移った証となる場合も多い。ストーリーを語るという行動がメインとなった今、「不滅」への道筋が、栄誉ある行動をとる主人公から、それについて語る語り部に移っているわけだ。

特にプロットの構築にあたっては、語り部という存在はものすごく自由を提供してくれるものとなる。そのプロットに登場する行動の数々がひとりの人物の記憶として語られるため、時系列に縛られることなく、そのストーリー構造に最も適した形で好きなような順序で組み立てることができる。語り部はまた、主人公が長い旅路に出るなどといった広範囲の時間や場所で展開される数々の行動や出来事を一つにまとめるのにも役立つ。前にも述べたように、この手のプロットは断片的になりがちだが、語り部の記憶として語ることで突如として行動や出来事に統一感が生まれ、それぞれの出来事の間にあった大きな距離感が一気に消滅するのだ。

語り部を使う手法の中でもベストなものについて論じる前に、まずは避けるべきことについて述べておくことにしよう。語り部をシンプルな枠組みとして利用しないこと。それはたとえば、語り部が実質的に「さあ、私がこれから物語を聞かせてあげよう」と言って始まるような形式のことだ。語り部はそう宣言した瞬間から、プロットの出来事の数々を起こった順番に語り、最後に「というわけでした。なんと素晴らしい物語でしょう」で締めくくることになってしまう。

この種の枠組みはありきたりで、利用価値がないどころか、それ以下のものだ。意味もなく語り部にすべての注目を向けてしまうだけでなく、語り部を使った手法に潜在しているアドバンテージや強みを一切使うことができなくなってしまう。あたかも、これが注目に値するストーリーである唯一の理由は、この人物がこれから「芸術的」に語ることだけだと宣言しているようなものだ。

その一方で、語り部を使うことで得られるアドバンテージを最大限にいかせる方法もたくさんある。これから紹介する方法がパワフルなものである理由は、どれも「語られるべきストーリー」を「ストーリーを語るべき人物」が語るものばかりだからだ。ただし、これらの方法をすべて網羅しなければならないわけではない。ストーリーはどれも独自性があるものだ。自分のストーリーに適した手法だけをいくつか選んでみてほしい。

1　まずは、語り部が真の意味でのメイン・キャラクターである可能性が高いという事実を把握しておくこと。

一人称を使うにせよ三人称を使うにせよ、その語り部は十中八九そのストーリーの真の主人公だ。その理由は構造にある。ストーリーを語るという行動は、自己発見の段階を半分に割ったものに等しい。ストーリーの冒頭で、語り部は全体をふり返り、自分自身または他人の行動が自分にあたえた衝撃について理解しようと試みているはずだ。それら（他人の行動、または当時の自分の行動）を語ることで、語り部はその行動を外から眺めることができ、それによって現在の自分の人生を変えたことについて深い洞察を増すのである。

2　出だしでドラマティックな状況にいる語り部を登場させること。

たとえば、ちょうど戦いが始まったところであるとか、重要な決断が下されたところであるとかいった状況だ。これによって語り部をストーリーの中に置くことができ、語り部本人にスリル感が生まれ、また語り部による物語がランニング・スタートで始まることとなる。

■『サンセット大通り』…語り部である故人のジョー・ギリスは、ちょうど愛人のノーマ・デズモンドに撃ち殺されたところである。
■『復活のテン・カウント』…語り部は今まさにこれから故意に負けようとしている王座戦のボクシング・リングに入ろうとしている。
■『ユージュアル・サスペクツ』…大量殺人事件の唯一の生存者であると思われる語り部がこれから警察官の尋問を受けようとしている。

3　語り部がストーリーを語り始める引き金となるものを見いだすこと。

「さあ、これから私が物語を聞かせてあげよう」と始まるのではなく、そのストーリーに内在する問題が現時点の語り部に個人的な動機を提供すること。そのストーリーに内在する問題、つまり語り部の個人的な動機がこのストーリーを語っている直接的な理由となる。

■『復活のテン・カウント』…語り部である主人公は堕落したボクサーで、この王座戦で故意に負けようとしている。つまり、自分が今の状況に置かれた経緯を彼はよく知っているということだ。

■『ユージュアル・サスペクツ』…尋問官は、話をしなければ命を保証しないとヴァーバルを脅している。

■『わが谷は緑なりき』…主人公は愛する谷を去らなければならないことに打ちひしがれている。ここを去る前に、一体何があったのか彼は知っておく必要がある。

4　語り部は冒頭から全知の存在であってはならない。

すべてを知っている語り部は、それを語っている時点で、そこにもうドラマティックな面白みを感じていない。起こった出来事のすべてをすでに知り尽くしている語り部は、ただの枠組み以外の何物でもなくなってしまうからだ。そうではなく、語り部にストーリーを語ることによって解決できる大きな弱点をあたえ、その出来事を改めてふり返りながら話すこと自体が葛藤であるようにするのだ。そうすれば、語っている時点で、その人物はストーリーにドラマティックで個人的な興味深さを感じることとなり、ストーリーを語るという行動自体が英雄的なものとなる。

■『ニュー・シネマ・パラダイス』…主人公のサルヴァトーレは富も名声も手にしているが、悲嘆に暮れている。彼は多くの女性と付き合ってきたが、本当の意味で愛した相手は1人もいなかった。また、故郷のシチリアにはもう30年も帰っていない。昔の友人だったアルフレードが死んだと知らされた彼は、もう二度と帰るまいと誓ったあの土地で過ごした少年時代の記憶をふり返ることとなる。

■『ショーシャンクの空に』…レッドことレディングは殺人罪で無期懲役に服しており、今ちょうど仮釈放の申請をまたもや却下されたところだ。生きる希望を持たない彼は、刑務所の塀に囲まれていなければ自分は生きていけないと信じている。ある日、アンディらが到着し、新入りの服役者が受ける洗礼として、罵倒の言葉を投げつける囚人たちのガントレットの間を歩く。初日の夜に最初に泣き出す新入りを当てる賭けでレッドはアンディに賭ける。アンディは一言も発することはなかった。

■「闇の奥」…この作品は「犯罪」が解決されることもその実態が判明することも決してない究極の推理ものだと言える。その「犯罪」とはカーツがやったであろう、または言ったであろう「ホラー（恐怖・地獄）」である。ミステリーのひとつは、マーロウが彼の物語を語りまた語り直すことに対する本当の動機である。そのヒントは、カーツの最期の言葉を彼女に問われたマーロウが言ったカーツの「意図した」最後の言葉にも表れている。カーツが実際に言った言葉である「ザ・ホラー！　ザ・ホラー！」ではなく、マーロウは「彼が最期に発した言葉は……あなたの名前だった」と嘘をつく。マーロウの罪は、彼女に嘘をつき、単純な答えと偽りの感情を引き出すストーリーを語ったことであり、これは非難されるべき行動である。だからこそ、カーツが体験したことも闇の奥にあるもの自体も本当の意味で知ることは不可能なことでありながら、彼はこの物語をきちんと語れるまで何度も繰り返し語るという破滅の運命をたどることとなるのだ。

5 単純な時系列でなく、独創的な語りの構造を見いだすこと。

あなたの（語り部を通しての）ストーリーの語り方は必ず秀でたものでなければならない。そうでなければ単なる枠組みとなり、それではまるで必要のないものとなってしまう。ストーリーを独創的に語ることによって語り部に存在価値が生まれ、「このストーリーはとても特別なものだから特別な語り部にしかきちんと語ることができない」ということになるわけだ。

■『素晴らしき哉、人生！』…2人の天使が3人目の天使に、今まさに自殺しようとしている ある男のこれまでの人生におけるさまざまな出来事を話して聞かせる。その上でこの3人目の天使がこの男に仮の現実（もしも彼が存在していなかったら今がどうなっているか）を見せてやることになる。

■『ユージュアル・サスペクツ』…停泊していた船で大勢の男たちが殺された。関税局捜査官クイヤンはヴァーバルという名の足の不自由な男を尋問する。ヴァーバルは6週間前に警察が5人の男たちを強奪の罪で尋問してから一体何が起こったかを語る。ストーリーはクイヤンの質問にヴァーバルが答えて説明する形で時系列を前後しながら進んでゆく。ヴァーバルを釈放した後で、クイヤンは尋問室の掲示板に目をやると、ヴァーバルの告白に登場したすべての名前がそこにあるものだったと気づく。そう、ヴァーバルは「過去」の出来事をすべてその場ででっち上げていたのだ。ヴァーバルはこの物語の真の殺人犯であり語り部でもある。

6 語り部は、真実を見いだすことやそれを語ることに苦悩してさまざまなストーリーの語り方を試そうとするものである。

何度も言うようだが、ストーリーというものは最初からどうなるか分かっているような固定されたものではない。ストーリーは書き手と受け手の間で交わされるドラマを介した議論なのだ。ストーリー展開は、ストーリーを語るという行動と、それを聞き、黙したまま疑問を持つという観客の行動によって左右される部分もある。

語り部はそのギブ・アンド・テイクの関係性を築かなければならない。冒頭でどう語るのがベストだろうかと苦悩し、そのギャップを観客に埋めてもらうことでその関係性はできあがる。この苦悩を通して、語り部はこれらの出来事をより深く理解できるようになり、また観客を引き込んで参加させることによって、観客個人の人生にも深い意味をもたらせる引き金となる。

■「闇の奥」…これは語り部の物語だ。「真実」がどうしようもないほど曖昧なため、真実を語ることが不可能だということを構造的に表現するため、3人のナレーターが使われている。ある船員は語り部（マーロウ）について語っており、そのマーロウはある男（カーツ）から聞いた話を船員たちに語っており、そのカーツの最期の言葉「ザ・ホラー！　ザ・ホラー！」については決して説明されることがない。これによって文字通りすっかり謎に包まれ、その意味は「ザ・ホラー！」という言葉そのものと同じくらい曖昧なもの、永遠に理解不能なものとなる。

また、マーロウはこの話を何度も語っている。あたかも語れば語るほど真実に近づけると思っているかのようだが、それはいつも失敗に終わっている。彼はカーツについての真実を見いだすため川を上ったと言うが、カーツに近づけば近づくほど、真実はどんどん霧に包まれてゆくのである。

■「トリストラム・シャンディ」…これより300年も前に「トリストラム・シャンディ」がこれとまったく同じストーリーテリングの手法をコメディ作品で使用している。たとえば、一人称のナレーターが前後入り乱れたストーリーを語っている。彼は読者に直接話しかけ、適した読み方をしない読者に警告する。また、彼が言おうとしていることは本当ならもっと後で語られるべきなのだと説明しなければならなくなり、読者に苦情を言っている。

7 語りの枠組みをストーリーの終わりで終わらせるのではなく、ストーリーを3分の1程度ほど残したところで終わらせるようにすること。

語り部による語りの枠組みをストーリーの最後の最後に終わらせると、ストーリーをふり返って語るという行動にドラマ性が生まれず、同時的な構造上のインパクトをあたえることもできない。語るという行動によって語り部本人も変わったことを描くための余白をとっておく必要がある。

■『素晴らしき哉、人生!』…天使クラレンスは、ジョージが今まさに自殺を試みる時点までの彼の人生のストーリーを聞く。この過去のさまざまな出来事の物語はストーリーを3分の1ほど残したところで終了する。残りの3分の1は、クラレンスがジョージが変わることを手助けするため、彼に仮の現実を見せることに費やされる。

■『ニュー・シネマ・パラダイス』…主人公のサルヴァトーレは友人のアルフレードが死んだことを知らされる。彼は自身の少年時代をふり返る。当時の彼はアルフレードが映写技師をつとめていた映画館シネマ・パラディソに入り浸っていた。その記憶は若き日のサルヴァトーレが名声を求めてローマに去ったところで終わる。ストーリーは今に戻り、葬式に出席するため故郷に帰った彼は、廃墟と化したシネマ・パラディソを目の当たりにする。しかしそこにアルフレードは彼への贈り物を遺していた。それはサルヴァトーレがまだ小さな少年だった時代に牧師の命令でカットされた素晴らしいキス・シーンの数々をつなぎ合わせたフィルムだった。

8　ストーリーを語るという行動が語り部の自己発見につながるものであること。

そのストーリーをふり返ることで、語り部は現在の自分について深い洞察を得る。何度も言うようだが、ストーリーを語るというプロセス全体が構造的に語り部にとってひとつの大きな自己発見の段階なのだ。つまりストーリーを語るということは、語り部である主人公がその欠陥を補うための方法であるということにもなる。

■「華麗なるギャツビー」…ニックはストーリーの最後に「あれが僕の中西部だ……。僕はその一部なのだ、ああいう長い冬の感覚をともなったちょっとした厳粛さが……。ギャツビーの死後、僕にとって東部はあのように憑りつかれた土地になった……。そこで、はかない葉の青い煙が宙に上がり、風が物干しで固くなった洗濯物を吹き飛ばしたとき、僕は故郷に帰ろうと決めたのだ」と言っている。

■『ショーシャンクの空に』…友であるアンディに感化されたレッドは希望を持つことや自由に生きることを学ぶ。

■『グッドフェローズ』…ブラックコメディの『グッドフェローズ』は一人称の語り部を使って、自己発見すべきことが明白である主人公が最後に自己発見できないという皮肉な事実を強調している。

9　ストーリーを語るという行動が自分自身または他者にとっていかに不道徳、

または破壊的であるかについて語り部本人に探究させてみる。

これをすることで、ストーリーを語ること自体が道徳的問題となり、語られているその時点でのドラマ性に面白みが加わる。

■「コペンハーゲン」…この作品は語り部たちによる争いである。3人のキャラクターが第二次世界大戦中に原子爆弾を作ることについて話し合ったことに対してそれぞれ異なるストーリーを回顧している。それぞれのストーリーが異なった道徳律に立ったものであり、それぞれのキャラクターは自身のストーリーを使って他者の道徳律を攻撃している。

10 ストーリーを語るという行動が最後のドラマティックな出来事を生み出す原因となる。

その出来事は、たいていの場合、主人公の道徳的決断である。

ストーリーを語るという行動は何らかの影響を及ぼすものでなければならないが、中でも最もドラマティックなものといえば、語り部である主人公が自己発見を通して新たな道徳的決断を下すことである。

■「華麗なるギャツビー」…ニックは道徳的に堕落したニューヨークを去り、中西部の故郷に帰る。

■『素晴らしき哉、人生!』…ジョージは自殺するのをやめ、家族と共に困難に直面する道を選ぶ。

■『復活のテン・カウント』…語り部である主人公は、このストーリーをふり返った後で、試合に故意に負けることをやめようと決意する。

■『ショーシャンクの空に』…レッドは友のブルックスのように刑務所の外で生活することをあきらめないことに決める。そしてメキシコで新しい人生を歩み始めたアンディと共に生きようと決心する。

11 キャラクターの死によってようやく本当のストーリーの全容を語ることができるという、ありがちな誤りに陥らないこと。

あるキャラクターの死によってついにその人物の真実が明らかになったと語り部が語り始めるという手法は、ストーリーの引き金として頻繁に使われている。その人物が死の床のシーンで最期の言葉を言い、その言葉が真実を見極めるための最後の一片となってすべてが理解されるという発想である。

これは間違った手法だ。その人物の人生の意味が理解できるようになるのは、その人物の死によってすべてが完結し、全容を見られるようになるからではない。その人物が選択した決断によって死を招きかねない行動をすることで意味が生まれるのだ。意味を見いだすというのは生きるという継続的なプロセスそのものなのだ。

同じように、語り部が主人公(自分自身または他人でも)の死を利用して、これによって完結したストーリーが理解できそれを語ることができるという印象を作り出す手法もある。しかし意味はストーリーを語るという行動そのものにあるものなので、過去を何度も繰り返しふり返りながら、そのたびに違う「真実の」ストーリーが語られるのが普通だ。ちょうどハイゼンベルクの不確定性原理と同じで、語り部は語るたびにそのバージョンの意味を知ってはいても、決して絶対的な意味を知ることはないのである。

■『市民ケーン』…ケーンの最期の言葉「バラの蕾」はケーンの生涯を要約するものではなく、

むしろケーンの生涯を要約することなどできないという事実を物語るものだ。

■「闇の奥」…カーツの最期の言葉「ザ・ホラー！　ザ・ホラー！」は彼の謎に満ちた生涯を少しも明らかにするものではない。むしろこの言葉は、真実にたどりつこうという無益な努力としてこのストーリーを何度も繰り返し語る語り部マーロウを含めたあらゆる人間の中にある闇の奥についての大きな謎の一部となる最後の謎でしかないのだ。

12　英雄的な行動ではなく、創造性の真実と美に関するものが、より深いテーマとなっていなければならない。

語り部の枠組みにすべての行動を置き、語り部がそれらの行動について語ることの重要さや大変さを強調することで、ストーリーを語るという行動そのものが一番大切な行動、つまり素晴らしい偉業となるようにする。

■『ユージュアル・サスペクツ』…一流犯罪者のヴァーバルは、これまで彼を止めようと対峙したすべての人々を倒したり殺したりしてきた。しかし彼による最も大きな偉業（そして彼を偉大な犯罪者たらしめている理由）は、周囲の人々に彼は弱く軟弱な男だと思わせるようにアドリブの作り話をでっち上げたことである。

■「ギルガメッシュ叙事詩」…ギルガメッシュは偉大な戦士だ。しかし彼の友人で戦友でもある人物が死ぬと、彼は不死を求め始める。彼は彼の物語が語られることから生じる不死と共に取り残されることとなる。

■『ショーシャンクの空に』…アンディが友人のレッド（語り部）や他の囚人たちに贈ったギフトは、刑務所の中であってさえも、希望と流儀と自由を持った生き方を見せたことである。

13 語り部の数が多すぎないよう注意すること。

語り部を使う手法はパワフルであるだけに、それなりの犠牲もともなう。中でも最大の犠牲はストーリーと観客の間に境界線を作ってしまうことだろう。そうなると、たいていの場合、ストーリーから一定の情感が失われてしまうものだ。語り部をたくさん登場させればさせるだけ、観客が距離を感じてしまう危険が増え、そうなると観客は冷静で批判的な角度からそのストーリーを眺めることになる。

語り部を使うことで優れた効果を得ている代表的なストーリーとしては、『サンセット大通り』『暗殺の森』『アメリカン・ビューティ』『ユージュアル・サスペクツ』『グッドフェローズ』『ショーシャンクの空に』『フォレスト・ガンプ／一期一会』『推定無罪』『偉大なるアンバーソン家の人々』「闇の奥」「トリストラム・シャンディ」「コペンハーゲン」「ボヴァリー夫人」『市民ケーン』「わが谷は緑なりき」『ニュー・シネマ・パラダイス』「ギルガメッシュ叙事詩」「華麗なるギャツビー」『素晴らしき哉、人生！』『ボディ・アンド・ソール』などがある。

ジャンル

プロットに大きな影響をあたえるもうひとつの構造的要素はジャンルだ。ジャンルとはストーリー形式、つまりストーリーの特定の種類のことである。ほぼすべての映画や小説や戯曲は少なくともひとつのジャンルを土台にしているもので、たいていの場合は、二つか三つのジャンルのコンビネーションで成り立っているものだ。それだけに、あなたも自分が採用しているストーリー形式があるのであれば、そのストーリー形式についてしっかりと理解しておくことが大切になってくる。どのジャンルにもそれぞれ含ませるべきプロット・ビートがあり、それが含まれていないと観客は失望してしまう。

ジャンルは実はストーリーの下部組織のひとつだ。各ジャンルとも普遍的なストーリー構造の段階を、つまり7段階の道程と22段階の道程を、ジャンルによってそれぞれ異なる方法でたどりながらテーマを表現するものである。もちろん、いかなるジャンルも使うことなく優れたストーリーを語ることも可能だ。ただし、もしもジャンルを使うのであれば、そのジャンルなりの段階のたどり方をしっかりとマスターすることや、キャラクター、テーマ、ストーリー・ワールド、シンボルのそのジャンルなりの扱い方を学んでおくことが必要だ。それがきちんとできなければならない。それができれば同じジャンルの他のストーリーとさまざまな意味で似ているものの、独自性のあるストーリーを創作することができる。観客はジャンルが定まったストーリーを観る場合、その骨格がなじみのある形式でありながらも、ストーリーの肉となる皮膚は新しいものであることを期待する。

種々さまざまあるジャンルのディテールをすべて語るには、とうていこの一冊の本で納まりきらない。私もかつてそれだけを題材にした原稿を別の機会に書いている。それらはとても複雑なものなので、もしもマスターしたいのであれば、数あるうちのひとつかふたつに絞って打ち込む必要があるだろう。ただ、嬉しいことに、すべての成功したライターなら知っているように、これはきちんと学んで練習すれば習得できるものだ。

プロットを作り上げる――執筆エクササイズ7

■設定原則とプロット

まずはあなたのストーリーの設定原則とテーマをふり返る。プロットはそれらをたどっているものでなければならない。

■プロットのためのシンボル　ストーリーにシンボルを使用しているのであれば、プロットはそのシンボルを表現するものでなければならない。

■語り部　語り部を採用するべきかどうかを見定め、採用するのであればどのような種類の語り部にするべきかを決める。ストーリー構造の各手法がその語り部の存在をできる限り利用できるようにするよう心掛けよう。

■22段階の道程　あなたのストーリーの22段階の道程を細かく記述する。その際にはまずプロットの枠組みを作り上げるところから始める。そうすることでその他の段階は自然にあるべき場所へおさまることになるはずだ。

■発見の場面　発見する場面に集中して取り組む。他の段階とは別に発見の場面だけをリストアップする。それぞれの発見が可能な限り劇的にするため、特に次の要素に注目しよう。

1　その場面が理論的であるかどうか。
2　各発見がそれぞれひとつ前の発見よりも徐々に強烈なものとなっているかどうか。
3　各発見によって主人公の当初の欲求が何らかの形で変化しているかどうか。
4　ストーリーが進むにつれて発見の場面が登場するペースが徐々に上がっているかどうか。

ここで『ゴッドファーザー』を22段階の道程に分けて検証してみよう。これによって22段階の道のりをたどることで、どのような形ですでに定めておいたストーリー構造の7段階の道程に重要なプロットのディテールが付加されているかを具体的に見て取ることができるはずだ。

『ゴッドファーザー』（原作小説…マリオ・プーゾ　脚本…マリオ・プーゾ、フランシス・フォード・コッポラ　19

72年）

■主人公　マイケル・コルレオーネ

1　自己発見、欠陥、欲求

■自己発見　マイケルは自己発見をしない。彼は冷酷な殺人者となり、妻のケイだけが彼の道徳的下降を見つめている。

■欠陥　冷酷な殺人者になること。

■欲求　自分の父を撃った男たちに復讐すること。

■そもそもの間違い　マイケルは自分がファミリーの面々とは違う人間であると信じ、彼らの犯罪活動を蔑んでいた。

2　亡霊とストーリー・ワールド

■亡霊　マイケルの亡霊は過去にあったひとつの出来事ではなく、このファミリーに代々受け継がれている犯罪や殺人という彼の軽蔑する遺産だ。

■ストーリー・ワールド　ストーリー・ワールドはマイケルのファミリーのマフィア組織。それはまるで軍隊のように厳しい掟のある徹底的なヒエラルキーで動いている。ゴッドファーザーは絶対的支配者であり、彼の言う正義の名のもとに罰がくだされ、ファミリーが欲するものを手に入れるためには殺人が行われる。そのようなこの世界の働きは、マイケルの妹の結婚式でしっかりと描かれており、この結婚式には、隠れたライバルであるバルジーニをも含めて、このストーリーに登場するさまざまなキャラクターが招待されている。

次いで、ゴッドファーザーの機嫌を損ねたハリウッドのプロデューサーがどのような目にあったかを見せて、このファミリーの権力が国家規模であることを表している。ベッドで目覚めたこのプロデューサーは、同じベッドの中に愛馬の切断された首を見つけることになる。

3　弱点と欠陥

■**弱点**　マイケルは、若く、経験不足で、試練を経ておらず、自信過剰である。

■**心理的な欠陥**　優越感や独善的なところを乗り越えること。

■**道徳的な欠陥**　自らのファミリーを守りながらも、他のマフィアのボスたちのような冷酷な者にならないこと。

■**問題**　ライバル一味のメンバーがファミリーの頭であるマイケルの父親を狙撃する。

4　誘因の出来事

父親が撃たれたことを知ると、これまでマイケルが置いていたファミリーへの距離感が打ち砕かれる。

5　欲求

父親を撃った男たちに復讐することでファミリーを守ること。

6　仲間または仲間たち

マイケルにはこのファミリーに多くの仲間たちがいる。そこに含まれる者としては、父親のドン・コルレオーネ、兄のソニーとフレド、トム、クレメンザ、妻のケイらがいる。

7　ライバルおよび（または）謎

マイケルの最初のライバルはソロッツォだ。しかし、彼の真のライバルはソロッツォよりもパワフルなバルジーニである。彼はソロッツォを背後で操り、コルレオーネ・ファミリーを壊滅させようとしている。マイケルとバルジーニはコルレオーネ・ファミリーの存続とニューヨークの闇社会の支配権を賭けて争っている。

8　仲間のふりをしたライバル

マイケルには異常なほど多くの仲間のふりをしたライバルたちがおり、そうであるがゆえにプロットも大きく拡大している。仲間のふりをしたライバルとしては、父親が撃たれた時の運転手、マイケルを殺そうとして誤ってマイケルの妻を爆死させるファブリツィオ、ソニーを罠にはめて死に至らしめるカルロ、バルジーニ側に寝返るテッシオらがいる。

9　最初の真実の発見と決断——欲求と動機の変化

■**発見**　父が入った病院には護衛がおらず、ほとんど誰もいない状態だ。マイケルは男たちが父を殺しにやってくることに気がつく。

■**決断**　彼は父を守るため、父のベッドを別の部屋に移し、病室の前に立ってガードする。

■**変化した欲求**　ファミリーと距離を置くのではなく、父を守りファミリーを救いたいと思うようになった。

■**変化した動機**　彼は自分のファミリーのことを深く愛しており、戦いに勝ち抜こうという彼の駆動は決して衰えることはない。

10　プラン

マイケルの最初のプランはソロッツォと彼の警護をしている警部を殺すこと。彼の第二のプランは他のファミリーのヘッドたち全員を同時に一気に殺害すること。

11　ライバルのプランとメインの反撃

マイケルのメインのライバルはバルジーニである。バルジーニのプランはソロッツォを使ってドン・コルレオーネを殺させることだった。ドン・コルレオーネが力を発揮できなくなった後の彼のプランは、カルロを金で買ってソニーを罠にはめること、またマイケルのボディガードを金で買ってシシリアでマイケルを殺させることだ。

12　駆動

■一連の行動

1　クレメンザがマイケルのソロッツォとマクランスキーの殺し方を指南する。
2　レストランでマイケルがソロッツォとマクランスキーを撃つ。
3　新聞記事のモンタージュ映像が素早く流れる。
4　タッタリアを殺したがっているソニーがトムと口論する。
5　シチリアの街角で可憐な娘を見かけたマイケルが彼女の父親に彼女と会いたいと告げる。
6　マイケルがその娘アポロニアと会う。
7　コニーが目の周りに黒あざができていることをソニーが見て取る。そしてコニーの夫カルロを街角で殴る。
8　マイケルとアポロニアが結婚する。

9　ケイがマイケルに宛てた手紙をトムは受け取らない。

10　マイケルがアポロニアに車の運転を教えてやる。彼はまたソニーが死んだことを知らされる。

■**追加の発見**　マイケルがシチリアの街角で美しい娘を見初める。

■**決断**　彼は彼女に会いたいと思う。

■**変化した欲求**　彼は彼女が欲しい。

■**変化した動機**　彼は恋に落ちている。

13　仲間による攻撃

■**仲間による批判**　シチリアから帰ったマイケルに、ケイが彼が父のために働いていることを批判する。それは彼らしくないことだと彼女は言う。

■**主人公による正当化**　このファミリーは5年後には合法な存在になっているだろうと彼は彼女に言う。

14　**疑似的敗北**

マイケルの疑似的敗北はワン・ツー・パンチでやってくる。兄のソニーが殺されたことを知った直後に自分の妻が彼の身代わりに爆死する様を目の当たりにする。

15　**第二の真実の発見と決断——執拗な衝動、欲求と動機の変化**

■**発見**　マイケルは彼の車に爆弾が仕掛けられていること、そして妻が今そのエンジンをかけようとしていることに気づく。

■決断　マイケルは妻を止めようとする。しかしそれは間に合わなかった。
■**変化した欲求**　マイケルはファミリーのいる故郷へ戻りたい。
■**執拗な衝動**　彼は自分の妻と兄を殺した男たちに復讐すると心に誓う。
■**変化した動機**　奴らは彼の愛する者たちを殺した報復を受けなければならない。

16　**観客による真実の発見**
観客はドン・コルレオーネの擁する最も危険な殺し屋であるルカ・ブラージがタッタリアとソロッツォと会ったとき殺されたことを知る。

17　**第三の真実の発見と決断**
■**発見**　マイケルはテッシオが敵側に寝返ったこと、そしてバルジーニが彼を殺そうと計画していることに気づく。
■**決断**　彼は先に攻撃を仕掛けることにする。
■**変化した欲求**　彼は敵全員を一気に殺したい。
■**変化した動機**　彼はこの戦いに勝利してきっぱりとけりをつけたい。

18　**門、ガントレット、死の国への訪問**
マイケルは観客すらも欺くほどの優越なファイターなので、最終決戦を前にして門やガントレットを通るようなことはしない。彼の死の国への訪問は、彼を殺すために仕掛けられた爆弾で妻が爆死するのを目の当たりにしたときに起こっている。

19　決戦
最終決戦は、甥の洗礼式に出席するマイケルと、五大マフィア・ファミリーのドンたちの殺戮のクロスカットだ。マイケルは洗礼式で神を信じると宣誓する。クレメンザがエレベーターから出てくる数人の男たちをショットガンで撃ち殺す。モー・グリーンが目を撃ち抜かれて死ぬ。マイケルは洗礼式の典礼に従い、悪魔を退けると宣誓する。別の狙撃者が回転ドアのところで別のファミリーのドンを撃ち殺す。バルジーニが射殺される。トムがテッシオを送り出し、テッシオが殺される。カルロは絞殺される。

20　自己発見
■**心理的自己発見**　存在しない。マイケルは今でも自身の優越感や独善性は正当なものだと信じている。
■**道徳的自己発見**　存在しない。マイケルは冷酷な人殺しとなった。この作品の書き手は、主人公の妻ケイに道徳的自己発見をさせるという、ストーリー構造の高度な手法を使っている。彼女は自らの目の前でドアがバタンと閉められて、夫がどういう男になってしまったのかを悟る。

21　**道徳的決断**
マイケルの道徳的決断は決戦の直前に行なわれている。彼はライバル全員を殺すこと、また義弟の赤ん坊の名付け親（ゴッドファーザー）となった直後にこの義弟を殺すことを決断している。

22　**新たなバランス状態**
マイケルは敵をすべて殺し、ゴッドファーザーの地位へと上昇する。しかし、道徳的には堕ちて悪魔と化している。このファミリーの暴力や犯罪と一切かかわりたくなかったこの男が、今ではこのファミリーのリーダーとなり、裏切り者や邪魔者はことごとく殺してしまうようになったのだ。

＊1　Brook, *Empty Space*, p.91.

＊2　Peter Brooks, *Reading for the Plot* (Harvard University Press, 1922) p.168.

＊3　Edgar Allan Poe, in a review of Edward Bulwer Lytton's *Night and Morning*, *Graham's Magazine*, April 1841, pp.197-202.

＊4　Northrop Frye, "The Road of Excess," in Bernice Slote (ed.), *Myth and Symbol* (University of Nebraska Press, 1963) p.234.

＊5　Henrik Ibsen, "A Letter in Rhyme," in *Det nittende Aarhundrede*, April-September 1875.

第9章 シーン・ウィーヴ（シーンの織物）

ジェーン・オースティンとチャールズ・ディケンズが偉大なストーリーテラーとして、ハイテク、ハイスピードな世界に暮らす現在の観客を未だに楽しませ続けている理由はどこにあるのだろうか。その理由のひとつは、彼らはどちらもシーンを織り上げる技術が史上最高に優れていたことにある。

一般的にひとつのシーンはひとつの時空で繰り広げられるひとつの行動だ。それはストーリー中で起こる出来事の基本的な一単位として観客の目前で展開される。優れたストーリーテラーになるためには、1本の糸が一度垣間見えてから表面下深くに潜り込み、後にもう一度それが顔を出すような、ちょうど精巧なタペストリーのようなストーリーの織物を織り上げなければならない。

シーン・ウィーヴは、シーンのリスト、シーンのアウトライン、またはシーンの明細と呼ぶこともできるもので、これはストーリーまたは脚本を書き始める前に行なう最後のステップだ。または完成したストーリーに入れるべきだと思われる全シーンのリストだ。そのリストの中でストーリー構造の道程の1段階が起こっているシーンについてはその段階名をタグ付けする。

シーン・ウィーヴは執筆過程の中にあってものすごく重要なステップだ。7段階の道程、キャラクター・ウェブ、一連の発見と同じように、これを使えばストーリーが表面下の隠れたところでどのように繋がっているかを見て取ることができるからだ。

シーン・ウィーヴはプロットの延長上にあるものだと考えていい。これはプロットを小さなディテールで知るしたものなのだ。シーン・ウィーヴの作業をする意義は、ストーリーを実際に書き始める前に全体的な構図をいま一度確認しておくことにある。それだけにあまり細かすぎる書き方でリストを作らないこと。細かすぎると全体の構図が見えずらくなってしまうからだ。各シーンをできるだけ一行程度でまとめるようにしよう。たとえば、『ゴッドファーザー』の四つのシーンを書くとしたら次のような感じになるだろう。

■マイケルが病院で暗殺されそうになるドンを救う。
■マイケルが警察の者でありながらソロッツォのために働くマクランスキー警部を責める。警部はマイケルを殴る。
■マイケルは自分が警部とソロッツォを殺害しようと申し出る。
■クレメンザがソロッツォと警部の殺し方をマイケルに指南する。

このリストを見て分かるように、それぞれのシーン説明として単一の最も重要な行動だけが書かれている。このように一文か二文で記述すれば、ストーリー全体のシーン・ウィーヴをわずか数ページにまとめることができるはずだ。また、シーン説明の横には、そのシーン中にストーリー構造の道程の何らかの段階（欲求、プラン、疑似的敗北など）が描かれる場合には、その段階の名称をタグ付けしておく。そういうタグが添えられるシーンもある一方で、添えられないシーンもたくさんあるはずだ。

☑シーンの並べ方に特に注意を向けること。

シーンやストーリーラインの変化が即時的になされる映画やテレビの場合は特に、二つのシーンの並べ方がそれぞれのシーンで描かれている出来事以上に大切なものとなってくることさえある。それらの並置を行なう際には、まずは内容のコントラストに注目しよう。つまり、次に来るシーンはどのような形で今のシーンに作用するかを考えるということだ。

次いで注目するのは比較やペースのコントラストだ。これは、次に来るシーンは今のシーンと比較して適切な重要度と長さであるかどうかを考えるということだ。

その際に守っておきたいルールは、ストーリーラインを見いだしたらそのラインをキープすることだ。

シーンによっては、たとえばサブプロットのシーンなど、物語の推進力を設定するためだけのために存在するものもある。もちろんそれらを決して入れるなと言っているのではない。ただし、ストーリーラインが長すぎるとストーリーそのものが潰れてしまうことは免れないだろう。

パワフルな並置はさまざまな方法で実現できる。中でもベストな方法は、特に映画やテレビで使えるものだが、視覚と聴覚を並置させるものだ。視覚と聴覚という2種類のコミュニケーション方法をあえて分けて並置することで第三の意味が生まれることになる。

『M』（脚本…テア・フォン・ハルボウ、フリッツ・ラング　1931年）

この手法の見事な一例を素晴らしいドイツ映画『M』に見ることができる。子供ばかりを狙う殺人鬼が幼い少女に風船を買ってやる。次のシーンで夕飯を作っている女性が娘エリーゼを呼ぶ。母親は少女の名前を呼び続けているが、ここで観客の視覚と聴覚は分離し、観客は誰もいない階段、アパートの区画、エリーゼの椅子、キッチン・テーブルにあるエリーゼのお皿とスプーンが映し出される。その間に母親が「エリーゼ!」と必死に叫ぶ声が聞こえるのだ。この一連の視覚は最後に風船が電線に一度触れてから空へ飛び去ってゆく様子で終わる。この聴覚と視覚のコントラストが、映画史上屈指の悲痛な場面を作り上げているのだ。

並置の中で最も頻度の多い手法は、おそらくクロスカットだろう。クロスカットは、2本以上の行動の道筋を行ったり来たりカットバックさせながら見せる手法だ。この手法で得られる大きな効果は二つある。

1　危険に瀕した犠牲者とそれを助けようと急いでいる誰かのカットバックのペースがどんどん速くなる場合などは特にサスペンス感覚が増強される。

2　2本の行動の道筋、2種類の内容を比較し、それらを同等であるように見せることができる。これによってテーマのパターンが広がることになる。2本の行動の道筋を行ったり来たりすると、シンプルで直線的な(通常は単一キャラクターを描いた)ストーリー展開を使って、社会全体に存在するより深いパターンを見せることができる。

内容をクロスカットさせる実例も『M』に見ることができる。この映画では、警察のグループと犯罪者のグループを行き来して見せることでストーリーが展開している。どちらのグループも子供を狙う殺人鬼を見つけようとしている姿をクロスカットで描くことで、通常は正反対のタイプに思われている彼らが、実は多くの側面でまったく同じであるという事実を観客に見せている。

『ゴッドファーザー』（原作小説…マリオ・プーゾ　脚本…マリオ・プーゾ、フランシス・フォード・コッポラ　1972年）

『M』以上に素晴らしい内容のクロスカットの実例が、『ゴッドファーザー』の決戦シーンだ。ここでの難しさは、新たにゴッドファーザーとなったマイケルがどのような人物になったかを表現するように決戦シーンを作ることにある。数々のマイケルの手下たちがマフィア五大ファミリーのヘッドたちを殺害するシーンをクロスカットで見せることで、この映画の脚本家はプロットに凝縮されたパンチ力を持たせているだけでなく、マイケルが組織犯罪のボスという地位についたことを表現している。彼はライバル・ファミリーのボスたちを激情から自らの手で殺しているわけではない。彼は自分の組織に属する殺しの専門家たちにこの仕事をやらせているのだ。

この映画の脚本家たちは、これらの殺害シーンの途中にマイケルがこれから殺そうとしている男の子供の名付け親（ゴッドファーザー）として悪魔を退けると宣誓するシーンもクロスカットさせている。このクロスカットを通して観客は、マイケルがゴッドファーザーとして権力の頂点に立ったこの瞬間に悪魔となったことを目の当たりにすることになる。

それではここで『ゴッドファーザー』の初期草稿と最終稿それぞれのシーン・ウィーヴを比較してみたいと思う。シーンの並べ方の違いによっていかにストーリーのクオリティが違ってくるかを見て取ることができるはずだ。ここで比較する二つのシーン・ウィーヴは、マイケルがレストランでソロッツォとマクランスキー警部を射殺する場面から続くシーンの数々である。初期草稿ではソニーの死とファミリー間の抗争の手打ちに関連したシーンの数々が並べられており、それに次いでシシリアにいるマイケルのシーンの数々が続き、彼の妻の死で終わっている。

『ゴッドファーザー』…初期草稿

1 レストランでマイケルがソロッツォとマクランスキーと会話する。マイケルが銃で2人を撃つ。

2 新聞記事のモンタージュ。

3 ソニー、女との性行為を終えて妹コニーの家に行く。

4 ソニー、コニーの目に殴られた跡があることに気づく。

5 ソニー、コニーの夫カルロを街角で暴行する。

6 トム、ケイがマイケルに宛てた手紙を受け取らない。

7 ドン・コルレオーネが病院から自宅に運ばれる。

8 トム、ドン・コルレオーネに事の成り行きを説明する。ドンは悲しむ。

9 タッタリアを殺したいソニーとトムが口論する。

10 コニーとカルロの間でひどい喧嘩が始まる。コニーが実家に電話をする。ソニー、怒り狂う。

11 ソニー、料金所でハチの巣にされる。

12 トム、ドン・コルレオーネにソニーが死んだことを告げる——ドン・コルレオーネ、この抗争を手打ちにしようと言う。

13 ドン・コルレオーネとトム、ソニーの亡骸を葬儀屋ボナセーラの元に運ぶ。

14 ドン・コルレオーネ、各ファミリーのヘッドたちと和平協定を結ぶ。

15 ドン・コルレオーネはバルジーニがリーダーであることを知る。

16 シシリアにいるマイケル、街角で可憐な娘を見かけ、彼女に会いたいと彼女の父親に告げる。

17 マイケル、アポロニアと会う。

18　マイケルとアポロニアが結婚する。
19　結婚式の夜。
20　マイケル、アポロニアに車の運転を教える。マイケル、ソニーが死んだことを知る。
21　アポロニアが運転しているマイケルの車が爆発する。

このシーンの並び方にはいくつもの問題がある。ソニーの殺害とバルジーニたちの発見というプロットが、強くドラマティックなシーンの数々が最初に並べられている。そのため、場面がシシリアに移ると大きな期待外れが起こってしまう。しかもシシリアにいるマイケルのシーンは比較的ゆっくりした長い場面であることから、全体的なストーリーに急ブレーキがかかっている。この場面が済んだ後でこの「列車」を再始動させるのはとても難しい作業となる。またアポロニアのシーンをまとめて並べたことで、このシシリア娘とマイケルの結婚の急さが強調され、どこか不自然に感じられてしまう。マイケルが雷に打たれたというセリフによってこの急さを取り繕ろうという努力がみられる。しかし、これらのシーンをまとめて一気に見せられた観客は、その説明セリフに説得力を感じることはできないだろう。

『ゴッドファーザー』…最終稿

1　レストランでマイケルがソロッツォとマクランスキーと会話する。マイケルが銃で2人を撃つ。
2　新聞記事のモンタージュ。
3　ドン・コルレオーネが病院から自宅に運ばれる。
4　トム、ドン・コルレオーネにことの成り行きを説明する。ドンは悲しむ。

5　タッタリアを殺したいと、ソニーがトムと口論する。
6　シシリアにいるマイケル、街角で可憐な娘を見かけ、彼女に会いたいと彼女の父親に告げる。
7　マイケル、アポロニアと会う。
8　ソニー、女との性行為を終えて妹コニーの家に行く。
9　ソニー、コニーの目に殴られた跡があることに気づく。
10　ソニー、コニーの夫カルロを街角で暴行する。
11　マイケルとアポロニアが結婚する。
12　結婚式の夜。
13　トム、ケイがマイケルに宛てた手紙を受け取らない。
14　コニーとカルロの間でひどい喧嘩が始まる。コニーが実家に電話をする。ソニー、怒り狂う。
15　ソニー、料金所でハチの巣にされる。
16　トム、ドン・コルレオーネにソニーが死んだことを告げる――ドン・コルレオーネ、この抗争を手打ちにしようと言う。
17　ドン・コルレオーネとトム、ソニーの亡骸を葬儀屋ボナセーラの元に運ぶ。
18　マイケル、アポロニアに車の運転を教える。マイケル、ソニーが死んだことを知る。
19　アポロニアが運転しているマイケルの車が爆発する。
20　ドン・コルレオーネ、各ファミリーのヘッドたちと和平協定を結ぶ。
21　ドン・コルレオーネはバルジーニがリーダーであることを知る。

このように二つのストーリーラインをクロスカットさせたことで、ゆっくりなシシリアでのストーリーラインがストーリーの推進力を殺してしまうほど長くスクリーン上で描かれることが回避されている。また、どちらのストーリーラインも一つの地点で漏斗となっている。その地点は、ソニーの殺害のほぼ直後にアポロニアの死がくる地点であり、これはこのストーリーにおいて最低に落ち込む地点の疑似的敗北（チャプター8参照）にあたるものだ。このワン・ツー・パンチに続いて、すべてを裏で操っていた人物がバルジーニだったという発見の切り札が切られている。この真のライバルのバルジーニに関する発見が、ここから先のプロットに拍車をかけ、驚異的な結末へと疾走してゆくことになる。

本書で紹介しているあらゆる手法の中でも特にシーン・ウィーヴは、事例研究によってよく理解できる手法のひとつだ。手始めに簡単な例としてテレビシリーズ「ＥＲ　緊急救命室」を取り上げることにする。なぜならテレビドラマの肝は、複数のストーリーラインを並置させた豊かなタペストリーを織り上げることにあるからだ。

マルチストランド（複数の糸をより合わせた）プロットのシーン・ウィーヴ

テレビにおけるマルチストランド・プロットは、それぞれ独自の主人公を備えた3本から5本の主要なストーリーラインをクロスカットさせながら前進してゆく。そんなにも多くのストーリーラインをわずか45分（1時間からコマーシャル時間を引いた分数）で語るということは、つまり1エピソードの中で深く描かれるプロットラインはひとつも存在しないことを意味する。そこで書き手は、1シーズン全体を使ってそれを補う努力をし、できるだけ多くのシーズンが放映され続けることを祈ることになる。

☑マルチストランドのウィーヴの場合、主のプロットラインの並置が全体のストーリーのクオリティを左右する。それには舞台である小社会に属する人々が同時に直面しているそれぞれの出来事を比較することだ。概ね同じような問題に直面した各主人公がそれを解決するためにとる異なるアプローチの数々が凝縮されて観客に提出されることになる。

☑3本から5本のプロットがある場合、22段階の道程を網羅させることは不可能だが、どのプロットも必ず主要7段階の道程は網羅していなければならない。7段階以下の道程しかたどっていないとストーリーとして成り立つことができず、観客は無意味で煩わしいプロットだと感じてしまうことになる。

☑メイン・キャラクターが複数いるため多くのプロットラインが存在するストーリーの場合、ひとつのプロットラインの主人公を別のプロットラインのライバルとすることで全体のストーリーを形作り物語の推進力を保つことができる。これによってストーリーが外ばかりに果てしなく広がり続けることが避けられる。たとえば、5人の主人公に、また別の5人のライバルに無数のマイナー・キャラクターが登場するような事態を回避できる。

「ER 緊急救命室」を初めとする多くのテレビドラマがこのマルチストランド・クロスカットを採用している理由のひとつは、この手法を使うことで各エピソードにドラマティックな密度をあたえることができるからだ。これらのストーリーにはたるみがない。観客は各プロットラインの劇的なパンチの効いたシーンばかりを見ることになるからだ。たとえば「ER 緊急救命室」の場合、ハリウッドで最もプレミスを書くのが上手なライターであるこの番組のクリエーター、マイケル・クライトンは、医療ドラマとアクションの両ジャンルの利点を組み合わせて一つの番組を作り上げる方法を編み出している。クライトンはこの組み合わせを成立させるために、幅広い社会階級、人種、出生、国籍、性別をカバーしたキャラクター・ウェブを使っている。この組み合わせは実に強い効力と人気を期待できる組み合わせだ。

「ER　緊急救命室」…エピソード「私たちが踊るダンス」(脚本…ジャック・オーマン　2000年)

今回の事例研究としてとりあげるこのエピソードには5本のプロットラインがあり、どのプロットラインもこれまでの数々のエピソードを基礎にして組み上げられているものだ。

■**プロット1**　アビーの母マギーがやって来る。躁うつ病のマギーは、これまでにも薬を勝手にやめ、感情を抑制できなくなり、長い間姿を消した過去を持っている。

■**プロット2**　エリザベス・コーデイ医師は訴えられて法廷で証言録取をしなければならない。相手弁護士は彼女が手術をしくじったため原告の患者が麻痺になったと訴えている。

■**プロット3**　前エピソードでピーター・ベントン医師の甥がチンピラに殺された。その甥の恋人が顔にひどい怪我を負って病院にくる。

■**プロット4**　マーク・グリーン医師は恋人のエリザベス(コーデイ医師)や同僚の医師たちにある隠し事をしていた。彼は今日、自身の脳腫瘍が手術不可能であることを知る。

■**プロット5**　カーター医師には麻薬中毒の過去があるため、この病院で働き続けるためには定期的に検査を受ける必要がある。

このエピソードでまず気づくことは、すべてのプロットラインに統一性があることだ。どのプロットラインも同じ問題のバリエーションである。その事実があるからこそ並置がうまく生きているのだ。表面的なレベルでは、どのプロットも薬にまつわる問題に関連したストーリーだ。それ以上に深いレベルでは、どのプロットも嘘や真実を話すことによるさまざまな影響が描かれている。

「私たちが踊るダンス」のシーン・ウィーヴのパワーの源は、ストーリーテリングにおける二つの原則にある。それは、各プロットが真実と嘘についての異なるバリエーションとなっていること、そして、どのプロットも主人公とプロットにとって最大限の発見または自己発見に向かって漏斗効果を発揮していることだ。

じらし予告

1　アビーの母で躁うつ病のマギー、アビーが自分の薬を数えているところを見つける。アビーは母がきちんと薬を飲んでいるかどうかを確かめるため血液検査をしたいと思っている。プロット1…弱点と欠陥、ライバル

（コマーシャル）

第一幕

2　グリーン医師、恋人のエリザベス・コーデイ医師にあの手術は彼女の不注意ではなかったし、証言録取もうまくいくはずだと慰める。エリザベスはグリーンに、

このシーン・ウィーヴを細かく見てみると、各プロットラインがどれも7段階の道程をしっかりとたどっていることが分かるはずだ。つまりそれぞれがひとつの力強いストーリーとして存在しているということである。それが根底にあってようやく、異なるプロットラインの個々のシーンの並べ替えを色々と試すことができるのだ。

もうジョギングで道路標識にぶつからないように気をつけてと言う。プロット2…弱点と欠陥、プロット4…問題と欠陥

3 病院で、マギー、アビーに血液検査をしないでほしいと懇願する。そんなことをしたら2人の関係が気まずくなるだけだと。アビー、不承不承ながらも母に同意する。プロット1…欲求、ライバル

4 ステファニーという名の女性がマルッチ医師を訪ねてくる。マギー、少女が車から放り出されたと言いながら慌てて入ってくる。プロット3…弱点と欠陥

5 クレオ・フィンチ医師、アビー、マギーがその怪我を負った少女キニーシャに手を貸す。アビー、母のマギーを帰宅させる。プロット3…弱点と欠陥

6 証言録取にやってきたエリザベス、相手弁護士のブルース・レスニック、気味悪いほど友好的な態度でエリザベスに接する。プロット2…ライバル

7 クレオ、ピーター・ベントン医師にこの

患者はピーターの死んだ甥の恋人だった少女だから、彼はこの患者を診るべきではないと言う。しかし、ピーターは患者を診ることにする。プロット3…亡霊、欲求

8　グリーン、彼の主治医から手術不能の腫瘍があると告げられる。プロット4…発見

（コマーシャル）

第二幕

9　カーター、グリーンの誤診を訂正する。グリーン、カーターは過去の問題があるため血液検査と尿検査をする必要があることをカーターに念を押す。プロット5…弱点と欠陥、ライバル、プロット4…欲求

10　ピーター、クレオ、アビー、キニーシャが強姦されたかどうか確認する。キニーシャは不良少女集団に殴られただけだと

シーン10（プロット3）で怪我を負わされたキニーシャが病院にやってくる。彼女は強姦された可能性もある。彼女はピーターの少し前

執拗に主張する。プロット3…ライバル

11 証言録取のエリザベス、あの日はまず元恋人であるピーター（ベントン医師）の甥の手術をしなければならなかった、そして、その少年が死亡したことを悲しみながら原告の手術にあたったと証言する。プロット2…駆動、ライバル

12 カーター、アビーに採血されながら冗談を言う。グリーンはそれを面白がらない。アビー、彼女の母が衣料店の外で問題を起こしていることを知る。プロット5…ライバル、プロット1…発見

13 キネーシャ、誰に暴行されたかピーターに言おうとしない。ピーター、甥が撃ち殺されたのは彼がキネーシャを訪れたからだと彼女は言う。キネーシャ、彼がギャングに殺されたのは彼が彼女をギャングから抜けさせようとしたからだと語る。プロット3…発見

14 アビー、母が万引き犯として訴えられることを回避するよう助けなければならな

に死んだ甥の恋人だ。その直後のシーン11（プロット2）で、弁護士のコーデイ医師への質問内容は、原告の手術をした際の彼女はピーターの甥の死に心を乱した状態だったのではないかというものだ。つまりシーン10（プロット3）はシーン11（プロット2）に関するプロットラインにおける後のシーンにもあたることになる。

い。プロット1…ライバル

15 グリーン、カーターは薬の採取を怠っており、これは契約違反だと彼に言う。カーターはもうたくさんだと言う。グリーン、突然倒れて激しく身悶える。プロット4とプロット5…対立関係にある医師同士によって個々のストーリーが組み合わされる。

（コマーシャル）

第三幕

16 目覚めたグリーン、CTスキャン検査をしようというカーターの勧めを拒む。プロット4…駆動

17 相手弁護士のレスニック、エリザベスは私的な約束に間に合わせるため原告の手術を手早く行なったと主張する。プロット2…ライバル

18 マギー、彼女は間違ったことをしていないと主張する。アビー、傷を縫わなければ

シーン16（プロット4）、17（プロット2）、18（プロット1）はどれも、主人公（それぞれグリーン、エリザベス、マギー）が他者に嘘をつき、自分自身の問題をさらに押し広げているという内容である。

ばならないと母に告げる。プロット1…ライバル

19　警察は、キネーシャの口からピーターの甥を撃った人物を聞かなければ誰も逮捕することができないと告げる。キネーシャは警察に話そうとはしない。プロット3…ライバル

20　グリーン、自分の脳には腫瘍があり、おそらく仕事も今日までしかできないだろうとカーターに告げる。プロット5…発見

21　エリザベスの弁護士、情報を与えすぎないためにも質問への答えはイエスとノーだけにとどめるべきだと彼女に言う。彼女はそれでは真実を隠すことになってしまうと反論する。プロット2…ライバル

22　マギー、彼女の傷を縫っているアビーの恋人コヴァック医師に軽薄な言葉をかける。彼女は高揚しているのだ。アビー、恋人に謝る。マギー、アビーを攻撃して逃げようとする。コヴァック、叫ぶマギ

シーン20（プロット5）で、グリーンはついに他者に自分の真実を告げる。その直後のシーン21（プロット1）では、彼の恋人であるエリザベスが自分の弁護士から真実を隠せと言われる。

第三幕の最後のシーンとしてドラマティックな漏斗効果を醸しているシーン22（プロット1）は、嘘によって引き起こされた悪い結果、つまり「私たちが踊るダンス」を描いている。アビーは母の卑しい態度によって自身の

ーを抱えて手術台に戻す。マギー、アビーにこんなことしないでくれと懇願する。プロット1…ライバル

（コマーシャル）

第四幕

23 エリザベス、証言録取の最終セッションに入ってゆくと、そこには不随となった原告の患者が車椅子に座っている。エリザベスの弁護士、彼の存在に惑わされるなと忠告する。プロット2…発見、駆動

24 病院の精神分析医、アビーに彼女がそうしたいのならマギーを診ようと申し出るがアビーはもうどうでも良いと思っている。アビー、そのままそこを去る。プロット1…駆動

25 ピーター、キネーシャをタクシーに乗せながら、怪我の手当てについて最後のアドバイスをする。彼女はピーターに中指を立てて見せる。プロット3…ライバル

職場でこれ以上ないほど強烈な辱めを受ける。

最終幕の出だしとなるシーン23（プロット2）で、エリザベスを訴えている患者が車椅子にのって証言録取に現れたことで、エリザベスは自身のずさんな仕事による結果を目の当たりにする。

ストーリーの終盤であるこの地点で、決戦や自己発見が素早く激しく訪れている。これはマルチストランドの手法で得られる素晴らしい効果のひとつである。プロット2の決戦シ

26　相手弁護士、麻酔専門医がエリザベスに骨髄液が漏れている可能性があると告げたはずだと言う。エリザベスは自分がしっかりした検査を行なったと嘘をつく。プロット2…決戦、観客による真実の発見

27　カーター、アビーに彼女の母親が去ったと告げる。アビー、母は4ヵ月間ほど姿を消してはまた戻ってくるのだ、これは「私たちが踊るダンス」なのだと言う。プロット5と1…二つの個々のストーリーが組み合わさり、1人の麻薬中毒者が別の麻薬中毒者について知る、プロット1…自己発見

28　キネーシャ、警察が彼女の自宅に訪れたから、こんどは彼女がギャングに殺されるだろうとピーターに告げる。ピーター、彼女を自分の車に乗せる。プロット3…ライバル

29　エリザベス、証言録取は最悪だったとグリーンに言う。自分は嘘つきだ。自分は

ーン（シーン26）で、エリザベスは証言録取において大きな道徳的決断を迫られ、最終的に嘘をつく。次いでプロット1ではアビーがカーターに彼女と母は終わることのない薬と嘘のダンスを踊り続けていて、お互いを傷つけ続けているのだと語る。それを聞くカーターも自身の薬について嘘をついてきた人物である（プロット5）。

このエピソードの最後のひとつ前のシーンで、グリーンとエリザベスはネガティブな真

30

確かに手術を急いでいたのだと。グリーン、嘘つきはお互い様だと言う。彼は自分の頭痛は実はホッケーによるものではないのだと告げる。2人は抱き合う。プロット2…自己発見と発見

アビー、コヴァックと共に寝ているベッドから起き上がり、バスルームで浴槽に水を流しながら泣く。プロット1…元のバランス状態

実に直面したお互いを助け合っている。

この最後のシーンでは、最初のプロットラインに素晴らしい劇的なひねりがもたらされている。プロット1で始まりプロット1で最後を締めくくることで、エピソード全体の枠組みを作り、五つのプロットラインをまとめあげている。アビーは夜中にベッドから起きてバスタブの水を流す。鳴き声で恋人を起こさないようにするためだ。それぞれが自分のダンスを踊っている彼らにとって、事物は何も変わらないままだ。それは元のバランス状態であり、新しいバランス状態ではない。アビーにとって自分自身や母についての発見は悲劇的なものだ。現実の世界では、人は必ずしも最後に変われたり成長できたりするものではないのだということを、観客は突如として思い知らされる。それは悲しい事実だ。この

エピソードでは実に美しいシーン・ウィーヴが織り上げられている。

シーン・ウィーヴ——執筆エクササイズ 8

■シーン・リスト ストーリーの全シーンをリストアップする。各シーンはなるべく一文で描写するようにしよう。

■22段階の道程のタグ付け 22段階の道程に当てはまるシーンにはその段階名をタグ付けする。また、ストーリーに複数のプロットラインや逸話がある場合には、そのシーンがどのプロットラインのものなのかをシーンごとにタグ付けする。

■シーンを並べる シーンをどう並べるべきか探究する。シーンの並べ方は時系列ではなく、ストーリー構造を基準にしたものでなければならない。

1 シーンをカットすべきかどうか確認する。

2 ふたつのシーンをひとつにまとめられないかどうか探究する。

3 ストーリーの進展に切れ目があったらそこにシーンを加える。

シーン・ウィーヴというものは練習することでより深く理解できるものなので、これまでのチャプターでは最後に実例をひとつだけ挙げて締めくくってきたが、今回だけは四つの実例を挙げてシーン・ウィーヴを研究してみたいと思う。もちろん、どのシーン・ウィーヴもそのストーリーならではの必要性と独自性で成り立っているのでそのまま真似できるものではない。しかし、これらに注目してみると、ライターが直面し解決しなければならないシーン・ウィーヴに関するさまざまな問題が、ジャンルによってかなり違ってくることが理解できるだろう。

探偵ものまたは犯罪もののシーン・ウィーヴ

『L・A・コンフィデンシャル』（原作小説…ジェイムズ・エルロイ　脚本…ブライアン・ヘルゲランド、カーティス・ハンソン　1997年）

1　ロサンゼルスのモンタージュ映像と共に、ゴシップ雑誌「ハッシュ・ハッシュ」の記者であるシド・ハッジェンスのモノローグによるナレーションで次のことを語る。ロサンゼルスは楽園のように見えるがそれは単なる表面的なイメージにすぎない。その裏ではギャングのミッキー・コーエンが組織犯罪を牛耳っている。そのコーエンが逮捕された今、その犯罪者の椅子に誰かが座らなければならない。ストーリー・ワールド

このオープニング・シーンで、ナレーションによってこのストーリーの世界（1950年代のロサンゼルス）とこの世界の土台となっている根本的なテーマ的対立関係（外見的にはユートピアだがその中身は腐敗している）が設定されている。

2　バド・ホワイト刑事、仮釈放中の男を、妻を暴行した罪で逮捕する。主人公1

これからのいくつかのシーンで3人の主人公と仲間の振りをしたライバルである警部が登場する。

3　シド、テレビ番組「名誉のバッヂ」でテ

クニカル・アドバイザーをつとめているジャック・ヴィンセンス巡査部長に裏金を渡し、マリファナ所持の俳優を彼が逮捕する様子をシドが写真に撮るという取引を交わす。主人公2…欠陥、仲間の振りをしたライバル

4 エド・エクスリー巡査部長、新進刑事として記者の質問に応える。ダドリー・スミス警部、犯人を捕まえるために法を破ることを拒んだエドに、刑事捜査をこなせるだけの度胸が足りないと言及する。エドは刑事課の警部補になることに固執している。主人公3…欲求、メインのライバル、仲間の振りをしたライバル

5 バド、職場のクリスマス・パーティのために酒を買っていると、女優ヴェロニカ・レイクにそっくりなリン・ブラッケンを見かける。主人公1…欲求

6 バド、酒屋の外で元警官で今ではピアース・パチェットの運転手をしているリーランド・ミークスと揉める。顔に包帯を

■バドは女性を守るタフガイの警察官だ（シーン2、5、6）。彼の登場から間もないシーン（シーン6）で、脚本家は第二のライバルであるパチェットをこっそりと登場させている。しかしその時点でパチェットはまだライバルとしての行動を起こしてはいない。

■ジャックは洒落者で、警察もののテレビ番組のアドバイザーをつとめたり、小金稼ぎに賄賂を受けて逮捕したりする警察官だ（シーン3、7、8）。

■エドは若い新進気鋭の警察官で、法的にも道徳的にもクリーンであることにこだわっている（シーン4）。

巻いたリタ・ヘイワースにそっくりな女がバドに何も問題はないと告げる。バドの相棒のディック・ステンスランド、ミークスに見覚えはあるが知り合いではないと言う。主人公1…ライバル、ストーリー・ワールド、仲間

7 ジャック、俳優のマット・レイノルズと女を逮捕し、シドがその様子をゴシップ雑誌「ハッシュ・ハッシュ」に載せるため写真に撮る。

8 ジャック、マットのアパートメントでマリファナ所持の証拠を採取していると、「白ユリの館」というカードを見つける。シド、記事内容をナレーションで読み、ジャックに裏金を渡す。主人公2…発見

9 ステンスランド、署の他の警官たちに、彼らが遅くなったのはバドが不幸な乙女を助けていたからだと言う。

10 ジャック、マットと女を署に連行し、エドに10ドル渡しこのシフトに入ってくれ

これらの初期のシーンの数々が大きな分岐点となる出来事へと導かれ、これによって3人

と頼む。エドはそれを断る。主人公2 vs主人公3ライバル

11 警官たち、その日に2人の警官に暴行したメキシコ人たちを連行してくる。酔いも手伝ってステンスランドを筆頭にした警官たちがこのメキシコ人たちを連れてエドのすぐ脇を通り過ぎ、メキシコ人たちを徹底的に痛めつける。バドとジャックもそれに加わる。主人公1と主人公2…ライバル

12 バド、あの乱闘騒ぎに加わった他の警官たちの名を証言することを拒否し、停職処分を受ける。

13 エド、証言することに同意し、ステンスランドとバドを叩くべきだと本部長に提案する。本部長、エドを警部補に昇進させる。エド、ジャックから裏付け証言をとりつける方法を提案する。主人公3…駆動、ストーリー・ワールド

14 本部長、ジャックに、証言を拒めばテレビ番組から降ろさせると脅す。ジャッ

の主人公や腐敗した警察の世界が定義される。エドを除くすべての警察官が逮捕されたメキシコ人たちを打ちのめしている（シーン11）。ここからのいくつかのシーンで、エドはバドとジャックの両者のライバルとなる（シーン10〜15）。

ク、証言に同意する。

15 ジャック、証言前にエドにどうやって立ち回ったのかと尋ねる。ジャック、エドに刑事仲間に、特にエドには気をつけろと忠告する。主人公2 vs主人公3…ライバル

16 スミス警部、バドに警察バッヂと拳銃を返し、自分の特別任務に加わってほしいと言う。それは殺人事件にまつわる「力仕事」だと。主人公1…欲求

17 コーエンの手下2人が車の中で殺害される。ライバルのプラン

18 コーエンの麻薬担当の手下が自宅で銃撃される。ライバルのプラン

19 誰もいないヴィクトリー・モーテルで、バドがギャングの男を殴打する。警部、その男にこの街から消えろと告げる。主人公1…駆動

20 風俗犯罪取締班での新たな任務にあたっていたジャック、街の写真のいくつかに写っている「白ユリの館」の看板に気づ

シーン16からシーン23にかけて、ストーリーは3本のプロットラインに別れ、それらがクロスカットで描かれてている。バドは多くのギャングたちを殺した隠れたライバルである警部のための「力仕事」という新たなポジションを得る。ジャックは最終的に2人いるライバルの1人へとたどり着くこととなる手がかりを見つける。

く。主人公2…発見

21 ジャック、白ユリの館という名の組織について探ろうとするが成果は得られない。シドも何も知らない。主人公2…駆動

22 ステンスランド、警察バッヂと拳銃を置き、同僚の警官らに別れを告げ、出てゆく途中で箱を持っていたエドの手から箱を叩き落とす。

23 ステンスランド、バドに今晩は秘密のデートがあって無理だが、今週中に飲もうと約束する。主人公3…ライバル

24 1人で署にいるエド、ナイト・アウル・カフェから殺人事件の連絡を受ける。主人公3…誘因の出来事

25 エド、殺人現場を捜査すると、男子便所に何人もの死体を見つける。主人公3…駆動

26 スミス警部、この事件の長となりエドを副司令官に据える。殺された男の中にはステンスランドもいる。主人公3…発見

ここで誘因の出来事が起こる。それはバドの元相棒を含む数多くの人々がナイト・アウル・カフェで殺された事件だ。これは三つのプロットラインが最終的に一つに編み込まれる漏斗効果の始まりである。この段階から各主人公は容疑者を追っており、その容疑者はまたしてもマイノリティである。

27 バド、死体置き場でステンスランドの亡骸を見つける。エド、バドにこれまで分かっている状況の説明をする。

28 ある女性が死体の1人が自分の娘であると確認できずにいる。見た目があまりにも違っていたからだ。バド、その死体があの車の中で見かけたリタ・ヘイワースにそっくりなスーザン・レファーツであることに気づく。

29 3人の黒人男性が殺人現場近くでショットガンを撃ちえび茶色の車で走り去ったのが目撃されたとスミス警部が部下たちに告げる。スミス警部、やつらを捕えるためならどんな手段を使っても構わないと言う。仲間の振りをしたライバルのプラン、主人公1、主人公2、主人公3…駆動

30 バド、自分独自で捜査に向かう。エド、ジャックの勘に従った捜査に協力することに同意する。主人公1、主人公2、主人公3…駆動

ここからの数シーンは間違った衝動を描いたものである。主人公の3人全員が、仲間の振りをしたライバル（警部）に導かれて、真犯人ではない者たちを追っている（シーン29、30、34～38）。ここでもまた法執行機関である警察は腐敗している。ジャックとエドは容疑者を逮捕する。エドは尋問で輝く。しかし同じ警察官のライバルであるバドが押し入り、自分自身の手で法の裁きを下し、正義の名の下に主容疑者を殺す（シーン37とシーン38）。

31 バド、酒屋の主人にスーザンの住所を尋ねる。主人公1…駆動

32 パチェット、あの夜あの女が怪我をしていたように見えたのは、リタ・ヘイワースに似せるための整形手術を受けた直後だったからだとバドに教える。スーザンはパチェットが運営する映画スターそっくりさんの売春組織の娼婦の1人だったのだ。主人公1…発見

33 バド、リンの客の議員を追い払う。リン、パチェットとの取引を説明する。バド、また会いたいと告げてからその言葉を撤回する。主人公1…欲求

34 兄が刑務所にいる黒人ボクサー、ジャックとエドに、えび茶色の車を運転していた男の居所を教える。主人公2と主人公3…発見

35 ジャックとエド、すでに2人の警官がえび茶色の車のところにいるのを見る。2人の警官が3人の黒人を撃とうとするのをエドが阻止し、3人の黒人を逮捕する。

36 スミス警部、えび茶色の車の後部座席にあったショットガンの薬莢が殺人現場で見つかった薬莢と一致したとエドに告げる。尋問でエドはサウンドシステムを巧みに使い、3人の容疑者から情報を聞き出そうとする。主人公3…発見

37 エドによって男の1人が女を傷つけたことを認めると、バドが割り込んで住所を教えなければ殺すと脅して情報を引き出す。主人公1と主人公3…発見

38 バド、一番に家に侵入し、ベッドに縛り付けられた少女を発見する。バド、黒人の心臓を撃って殺してからその手に銃を持たせ、あたかもその黒人が先に撃ったかのように細工をする。主人公3…駆動

39 エド、この裸の男が銃を持っていたとは思えないとバドに言う。バドは正義が下されたのだと答え、次いでエドを殴ろうとする。2人はナイト・アウル・カフェの容疑者たちが脱走したという報告を受ける。主人公1 vs 主人公3…対立

脚本家たちはこの部分を書くにあたって、断片的なストーリーになることを回避するため、バドとエドという2人の主人公の対立関係にフォーカスをしぼっている（シーン39）。エドは脱走した容疑者たちを追う。銃撃戦で彼以外の全員が死ぬ（シーン40と41）。このス

40 エド、3人の黒人がどこで薬を手に入れたかを知るため記録を確認する。スミス警部の部下の1人に手伝いを頼む。主人公3…発見

41 銃撃戦でエドを除く全員が死ぬ。主人公3…駆動

42 スミス警部を初めとする同僚たち、エドの功績を讃え、彼のことを「ショットガン・エド」と呼ぶ。

43 エドの職務中の武勲に勲章があたえられる。

44 ジャック、テレビ番組「名誉のバッヂ」の撮影現場に復帰し温かく迎え入れられる。

45 リン、車から彼女のことを見ているバドに気づく。

46 あの議員がある男にパチェットのプロジェクトには賛成できないと言う。男は議員に彼がリンとベッドを共にしている写真を見せる。ライバルのプラン

47 議員、彼はあのプロジェクトに賛成であ

トーリーの主要箇所は、衝動が外見的に満たされたところで終わっている(シーン42〜44)。

ここで脚本家たちはライバルのパチェットをバックグラウンドから前面に押し出し、この街で好きなように暗躍している彼のシーンを数多く描いている。

ると公言する。

48 パチェット、新しいサンタモニカ高速道路建設のオープニングにいる。

49 パチェット、パーティでリンがクライアントの1人といちゃついているのを見てほくそ笑む。

50 バド、ヴィクトリー・モーテルでまた別のギャングを打ちのめす警部に辟易する。車で走り去るバドを見送る警部。

51 バド、リンの家のドアをノックする。彼女は彼を迎え入れる。2人はベッドでキスをする。主人公1…駆動（第二

52 シド、ジャックに今晩若手俳優マット・レイノルズと密会することになっている地方検事をその場で捕まえてくれと言い50ドルを提示する。マット、ジャックに「白ユリの館」のパーティで会わなかったかと尋ねる。シドとジャック、マットにもしも彼が首尾よく地方検事と性行為まで及べれば、あのテレビ番組の役を保証してやろうと約束する。主人公2…駆

ストーリーはここで同時進行で繰り広げられる複数の行動のプロットラインに戻っている。ここでもまたクロスカットで3人の主人公が代わる代わる描かれている。各主人公がそれぞれ自身の欲求に幻滅することで、三つのプロットラインに統一感がもたらされている。

■バドは警部の「力仕事」をしている自分に辟易し、また、やはりパチェットと繋がりのある娼婦のリンと恋に落ちる（シーン50、51、53、57）。

■ジャックは若手俳優と地方検事のデートをセッティングするシドに手を貸し、その若手俳優は殺されてしまう（シーン52、54、55）。

■エドは自身がナイト・アウル・カフェの事

動

53 バドとリン、2人で映画を観る。

54 ジャック、自分がやっていることに辟易し、シドが支払った50ドルを置いて去る。主人公2…自己発見、道徳的決断

55 ジャック、ベッド上で死んでいるのを発見する。主人公2…発見

56 強姦された女性がエドに、あの夜彼女を置き去りにした3人の黒人について彼女は嘘をついていたと語る。主人公3…発見

57 リン、ベッドでエドに彼女は数年もしたら故郷の町に帰って婦人服店を開くつもりだと語る。エドはリンに彼の傷跡は母を救おうとして負ったものだが、結局は母は父の暴力で死んでしまったのだと語る。バドは暴力的な仕事や殺人課の仕事を辞めたいと思っている。彼はナイト・アウル・カフェは何かおかしいと疑う。リンはバドにあなたは頭がいいと言う。主人公1…亡霊、（新たな）駆動

件で間違った男を殺してしまったことに気づく（シーン56、60）。

58
バド、ナイト・アウル・カフェの証拠写真をチェックする。ステンスランドもスーザンもあのカフェで殺されたことを思い出す。主人公1…発見

59
スーザンの母、ステンスランドはスーザンの恋人だったと認める。バド、腐敗臭に気づき、地下にミークスの死体を見つける。主人公1…発見

60
エド、ナイト・アウル・カフェの事件について悩んでいたところ、バドがこの日の朝にこの事件について調べていたことを知る。主人公3…発見

61
エド、スーザンの母からバドがすでにこの家の地下をチェックしていたことを知る。主人公3…発見

62
エド、ミークスの死体を死体置き場に運び、彼らには自分以外と話をするなと念を押す。

63
エド、ジャックにバドの監視を依頼する。殺人課の人間でジャック以外に信頼できる人物はいないとエドは言う。そし

この地点から、主人公たちがこの殺人事件の真犯人を追うことで、ストーリーのフォーカスと推進力が強まっている。まず、各主人公がそれぞれ別々に各自のやり方で各自の救済のために犯人を追う（シーン58〜62）

エドがジャックと組んだことで漏斗効果がスピードアップする（シーン63）。この箇所にはエドが窓の恋人リンと性行為をする出来事も

て、かつて警察官だったエドの父親を殺して逃げ切った男のことをエドは「ロロ・トマシ」と呼んでいるのだと語る。エドが警察官になった理由はそこにあったが、もはや正義感を忘れかけていると。ジャックは自分が警察官になろうと思った理由すら覚えていないとエドに語る。そしてマットの殺人事件の捜査に協力してくれるなら、エドのナイト・アウル・カフェの捜査を手伝おうと言う。主人公2と主人公3…亡霊、欲求、自己発見、道徳的決断

64 ギャングのジョニー・ストンパナートがバドに、ミークスが大量のヘロインを取引することになっていたが、それをしなかったと教える。会話するこの2人をジャックが監視している。主人公1…発見

65 ジャックとエド、リンのアパートメントでバドが彼女とキスをするのを見る。主人公2と主人公3…発見

66 ジャック、すべての糸は「白ユリの館」

含まれている（シーン72）。これによって2人の対立関係の炎はいっそう激しくなる。

に繋がっているとエドに言う。

67 エド、ストンパナートに質問しようとする。彼はラナ・ターナーにそっくりな娼婦を本物と間違える。主人公2と主人公3…駆動

68 ジャックとエド、マットについて、そしてなぜバドがリンと会っているのかについてパチェットに質問するが、パチェットは何も教えない。

69 バドとジャックが去ると、パチェットがシドに電話を入れる。ライバルのプラン

70 検視官がジャックにあの男の死体はミークスだったと告げる。主人公2…発見

71 ジャック、ミークスが風俗犯罪取締班で働いていた当時に逮捕した履歴を見せてくれと頼む。

72 リン、エドに彼女がバドを好きな理由は彼がエドのような男ではないからだ、昇進するために自分を曲げる狡猾な策士のアニマルではないからだと言う。エドは彼女にキスをする。2人が性行為する様

子をシドが撮れるように彼女は体勢を変える。主人公3…（第二の）欲求

73
ジャック、スミス警部の自宅を訪れる。数年前にステンスランドとミークスが捜査したパチェットの事件を監修していたのが警部だったことにジャックは気づいたのだ。警部、ジャックを撃つ。ジャックの最期に「ロロ・トマシ」と言い残す。仲間の振りをしたライバル、主人公2…発見

74
スミス警部、ジャックの殺人犯を徹底的に探し出せと部下たちに命じる。スミス警部、エドにジャックが言った「ロロ・トマシ」に関連する質問をする。仲間の振りをしたライバルのプラン、主人公3…発見

75
警部、ジャックの殺人犯であるかもしれない男を痛めつけるためバドをヴィクトリー・モーテルに呼ぶ。

76
検視官がエドに、彼があの死体は元警察官のミークスのものだとジャックに教え

冒頭部において、精巧にストーリー・ワールドを設定し、一見するとまったく違う三つのストーリーラインを作り上げておいたことによって、観客に発見に次ぐ発見の驚きを供給することができている。エドとジャックのチームワークの行方は、発見の中でも最大のものとして、観客をアッと驚かせるかたちで終わっている。警部がジャックを撃ち殺すのだ（シーン73）。

たと伝える。主人公3…発見

77 バドがシドを殴る一方で、警部がシドにジャックとパチェットについて尋問する。シドがリンと警察官の性行為を写真に撮ったと言うと、バドは怒り狂い、写真をつかみとり、その場を去る。仲間の振りをしたライバルの攻撃、主人公1…発見

78 自分とパチェットと警部はチームじゃないかと懇願するシドを警部が殺す。観客による真実の発見

79 エド、事務課にミークスの風俗犯罪取締班時代に逮捕した人物リストが載っている日報を見せてくれと頼む。

80 リン、彼女はバドを助けるためエドと寝たつもりだったとバドに説明する。バド、彼女を殴る。主人公1…ライバル

81 エド、ステンスランドとミークスが警部に報告している日報を読む。バド、エドを殴る。エド、銃を抜き、ジャックを殺したのは警部だ、警部を殺してくれとバ

バドとエドは、もう少しだけ個々のやり方で捜査を続け、2人の小さな対決の後で、力を合わせることに同意する（シーン81）。このチームがストーリーを終わりまで推進させることとなる。

ドに言う。バドはステンスランドがヘロインの問題でミークスを殺したものと思っていた。エドはスミス警部の部下たちが3人の黒人を嵌めたはずであること、そしてすべてが何らかの形でパチェットと繋がっていることを説明する。主人公3…発見、主人公1vs主人公3、ライバル

82

エド、警部とパチェットを捜査したいと地方検事に願う。地方検事がその願いを拒むと、バドがトイレで地方検事の頭を突き、窓から外に吊るし出して脅す。地方検事、警部とパチェットがコーエンの裏社会の後釜に座っていること、彼らが地方検事の罪を犯している証拠写真を握っているので彼らを起訴することはできないことを告白する。ライバル、主人公1と主人公3…発見

83

エドとバド、パチェットが偽の遺書の横で自殺に見せかけて死んでいるのを発見する。ライバル、主人公1と主人公3…

発見

84 エド、リンを警部の手から守るため、偽名で地元警官に署まで連れてこさせる。

85 リン、警部のことは何も知らないとエドに言う。

86 バド、シドがオフィスで死んでいることを知る。バド、エドからヴィクトリー・モーテルで会おうという伝言を受ける。

主人公1…発見

87 バドが到着するが、バドとエドは彼らが嵌められていたことに気づく。銃撃戦でバドとエドは警部の手下をたくさん殺す。バド、床下へ。エド、撃たれる。2人の手下が入って来てエドにとどめを刺そうとしたとき、バドが床下から現れて2人を殺す。警部、バドに2発撃ちこむ。エド、警部のことをロロ・トマシと呼ぶ。逃げ切った犯人に彼がつけた名だ。バド、警部の脚を刺す。警部、再びバドを撃つが、エドがショットガンを警部に向ける。警部、もしもエドが彼を殺

さらなる発見によって漏斗効果が生まれ、2人の主人公は警部とその手下たちとの決戦に導かれ、最終的にエドが警部を背後から撃つこととなる（シーン87）。

さなければ刑事部長にしてやろうと持ち掛ける。サイレンの音が近づいてくる。エド、背後から警部を撃つ。主人公1と主人公3…発見、決戦、主人公3…自己発見、道徳的決断

88

取り調べで、エド、警部がスーザン、パチェット、シド、ジャックの殺害の黒幕だったこと、そしてロサンゼルスの裏社会を取り仕切っていたことを説明する。その部屋の外で、地方検事が警察本部長に、死んだ警部を英雄として扱うことで警察の権威が保たれるだろうと言う。その2人にエドが、それを上手く行かせるためにはもう1人英雄を作ることが必要だと言う。ストーリー・ワールド

89

警察本部長、エドにさらなる勲章を授ける。リン、後ろの方からその様子を見ている。

90

エド、リンの車の後部座席で包帯だらけの姿で座っているバドに礼を言い、リンに別れを告げる。リン、故郷に向けて車

策士である本性は消えることのないエドは、警部を殺したことを自身へのさらなる勲章に変えてみせる（シーン89）。エドは自分とは対極的な存在のシンプルな男バドに別れの挨拶をする。彼はリンと共に小さな町で暮らすことにしたのだ。

で走り去る。

『L・A・コンフィデンシャル』は近年の映画の中で最高にして最も高度なシーン・ウィーヴを織り上げている作品のひとつである。腐敗したロサンゼルス警察の世界を舞台に、3人の警察官の主人公で始まるこのストーリーの形状はまるで巨大な漏斗のようだ。ストーリーが進展するとともに、この3本のまったく異なる糸がひとつに織り上げられてゆく。この物語の推進力は、同じ事件の殺人犯を追う3人の主人公をお互いのライバルにすることで前進を続け、最後の漏斗部分へと突入してゆく。

この設定によって、クロスカットを通じて、3人の主人公の事件解決方法や正義に対するまったく異なるアプローチを比較することに成功している。また、漏斗によってひとつのプロットに統一されることで、発見に強烈な凝縮感が生み出されてもいる。

次のシーン・ウィーヴにおける主人公1はバド・ホワイト、主人公2はジャック・ヴィンセンス、主人公3はエド・エクスリー、メインのライバルはスミス警部だが、スミスは仲間のように見える。

クロスカットのシーン・ウィーヴ

『スター・ウォーズ エピソード5　帝国の逆襲』（ストーリー原案…ジョージ・ルーカス　脚本…リイ・ブラケット、ローレンス・カスダン　1980年）

『帝国の逆襲』はクロスカットのシーン・ウィーヴの教科書のような作品だ。この脚本家たちがこれほど大きな範囲（シーン25〜58）にわたってクロスカットのアプローチをとることにした理由を理解するためには、このストーリーの構造上の必要性に目を向けなければならないだろう。まず、『帝国の逆襲』は『スター・ウォーズ』三部作の二番目のエピソードであり、『ジェダイの帰還』に続く形で終わっていることがあげられる。そのため、1作目の展開されるメイン・キャラクターの紹介のオープニング・フォーカスもなければ、3作目のクロージング・フォーカスにあるような、すべてが最終決戦に集約されるようなことも起きない。クロスカットの手法によって、この脚本家たちはストーリーの中盤にあたるという事実を巧みに利用しながら、宇宙という、この上なく広大な規模にまでこの三部作を拡張させている。しかし、ストーリーの推進力も保持し続けなければならない。しかも三部作の中盤にあたる2本目でありながら、1本の映画としても成り立つ作品に仕上げなければならないという事実によって、その難易度はさらに増している。

クロスカットの最大の特徴は、キャラクターや一連の行動を並置することでコンテンツを比較できることにある。ただしそれはこの作品には当てはまらない。しかしこの映画はクロスカットによるプロット上の特徴を利点として生かしている。サスペンス感の増長、ハラハラさせて次につなげる設定、そして1本の映画という限られた時間枠の中にアクションを詰め込むことの3点だ。

この作品でクロスカットのシーン・ウィーヴが使用した最大の理由は、主人公の成長に関するものだろうと思われ、そうであるべきでもある。『帝国の逆襲』でルークはフォースの使い手となるため多くの訓練を受けなければならない。それはジェダイの騎士となって邪悪な帝国を倒すためには必須である。しかし多くの訓練を受けるという彼の行動は脚本家にとっては大きな問題となってしまう。訓練というものは、単なる構造上の1段階に過ぎず、しかも重要な22段階にさえ含まれるものではない。つまり、もし（ルークだけを追った）長い訓練の場面を直線状のシーン・ウィーヴに入れたとしたら、この箇所でプロットが停滞してしまうだろう。そこで、ルークの訓練の場面をハン・ソロとチューバッカがダース・ベイダーの手下たちから逃げる大きなアクション・シーンの数々とクロスカットさせることで、脚本家たちはプロットを停滞させることのないまま、この作品に不可欠なルークの訓練と成長を描くことに成功しているのである。

1 ルークとハン、氷の惑星ホスでパトロールする。アイスクリーチャーのワンパ、トーントーンからルークを落とし引きずって連れてゆく。問題。

2 ハン、反乱軍基地に帰還する。チューバッカ、ファルコン号を修理する。仲間。

3 ハン、ジャバ・ザ・ハットへの巨額の借金を返済するため除隊を申し入れる。ハン、レイア姫にさよならを言う。仲間。

4 レイアとハン、お互いの思いに対する幻想と真実について口論する。

5 C-3POとR2-D2、ルークがまだ帰ってこないと報告する。ハン、当直将校に報告を要請する。仲間。

6 ハン、外気は凍死レベルだという当直将校の忠告にも、ルークを探しに行くと断言する。

7 ルーク、アイスクリーチャーの巣から脱出する。

8 反乱軍基地のC3-POとR2-D2、ルークのことを心配する。

9 ルーク、極寒の中でなんとか生き延びようと必死になる。ハン、ルークを探す。死の国への訪問。

10 レイア、基地のタイムロック・ドアを閉めることにやむなく同意する。チューバッカとドロイドたち、ハンとルークのことを深く心配する。

11 ルーク、ヨーダのもとで訓練を積めとオビ＝ワン・ケノービの霊体から告げられる。ハン、ルークを見つけて命を救う。誘因の出来事。

12 反乱軍の小型戦闘機がルークとハンを捜索する。

13 ルーク、命を救ってくれたハンに礼を言う。ハンとレイアは恋の口論を続けている。

14 司令官、この惑星上に奇妙な偵察機の信号をキャッチしたと告げる。ハン、それを確認しに行くことにする。

15 ハンとチューバッカ、帝国の偵察用プローブ・ドロイドを破壊する。司令官、この惑星から退避することを決める。発見。

16 ダース・ベイダー、惑星ホスについての報告を受ける。ベイダー、ホスの侵略を命じる。ライバル。

17 ハンとチューバッカ、ファルコン号を修理する。ルーク、2人に別れを言う。

18 反乱軍司令官、帝国軍が近づいていることを知る。司令官、バリアのエネルギー・シールドを展開させる。

19 ベイダー、ミスを犯した提督を殺し、ホスの地上攻撃命令を出す。ライバルのプランと攻撃。

20 帝国軍、反乱軍基地を攻撃する。ルークを初めとする戦闘機チームが反撃する。決戦。

21 ハンとチューバッカ、ファルコン号を修理しながら口論する。C-3PO、ルークと共に行くR2-D2に別れを言う。

22 ルークの戦闘機が墜落する。ルーク、AT-ATに戦闘機を破壊される直前に脱出する。決戦。

23 ハン、レイアに最後の輸送機が発つ前に乗れと命じる。帝国軍が基地に侵入してくる。

24 ルーク、AT-ATを爆破するが、別のAT-ATがメイン発電機を破壊する。

25 ハン、レイア、C-3PO、輸送機に乗れなくなってしまう。3人、ファルコン号に向かって走る。

26 ベイダーを初めとする帝国軍が反乱軍基地に入る。ファルコン号、脱出する。

27 ルークとR2-D2、ハスから脱出する。ルーク、R2-D2に彼らがこれから惑星ダゴバに向かうことを告げる。欲求。

28 数機のＴＩＥファイターから追跡される中、ハン、ハイパードライブを作動させようとするが作動しない。ハン、ファルコン号を操り小惑星帯の中に入ってゆく。

29 ルーク、殺風景で陰鬱な惑星ダゴバの沼に降りる。プラン。

30 ベイダー、帝国軍艦隊にファルコン号を追って小惑星帯へ入るよう命じる。

31 C-3PO、ハイパードライブ機能の修復にあたる。ハンとレイアの恋の口論は続いている。

32 ヨーダ、ルークを見つけるが自分の正体を明かさない。ヨーダ、ルークにヨーダのもとに連れて行ってやると約束する。仲間。

33 C-3PO、ハイパードライブの機能不全の原因を突き止める。ハンとレイア、ついにキスをする。

34 皇帝、彼らの新たな敵はルーク・スカイウォーカーだと公言する。ベイダー、ルークをダークサイドに引き入れてみせると断言する。ライバルのプラン。

35 ヨーダ、自分がジェダイ・マスターであることをルークに明かす。ヨーダ、ルークの短気さと傾倒しやすいところに不安を覚える。発見。

36 TIEファイター、ファルコン号を探して小惑星帯に入る。

37 ハン、レイア、チューバッカ、ファルコン号の外に生命体を察知しそれを探す。ハン、ファルコン号を操縦して巨大な蛇のような怪物の口内から逃げ出す。発見、ライバル。

38 ルーク、沼でヨーダの訓練を受ける。ルーク、フォースの不思議なチャレンジに直面するためヨーダを置いてゆく。欠陥、衝動。

39 ルーク、洞窟に入り、ダース・ベイダーの幻影と闘う。ルーク、幻影の首を切り落とすと、それは自分自身の顔だった。欠陥、発見。

40 ベイダー、賞金稼ぎたちにファルコン号を探すよう告げる。提督、ファルコン号が見つかったと報告する。

41 TIEファイター、小惑星帯かた出てきたファルコン号を追う。ハン、ファルコン号をまっすぐスター・クルーザーに向けて飛ばす。

42 提督、スター・クルーザーに真っすぐ向かってくるファルコン号を見る。レーダー担当将校、レーダーにファルコン号の姿を見つけることができない。

43 ルークの訓練が続く。彼には沼にはまったXウィング戦闘機をフォースで引き上げることができない。ヨーダ、いとも簡単にそれをやって見せる。疑似的敗北。

44 ベイダー、不覚をとった今回の提督も殺し、別の将校を提督に昇格させる。

45 ファルコン号、スター・クルーザーのガベージシューターに隠れる。ハン、ランド・カルリジアンの採掘コロニーで船を修理することに決める。

46 ルーク、クラウド・シティで苦しむハンとレイアを予兆する。ルーク、彼らを助けに行きたいと思う。発見。

47 ハン、ランドのコロニーへの着陸に手間取る。レイア、ハンとランドの過去のトラブルを心配する。

48 ランド、ハンたちを歓迎する。彼らは過去の2人の揉め事について話し合う。隠れていたストームトルーパーがC-3POをバラバラにする。仲間の振りをしたライバル。

49 ルークはいま訓練をやめるべきではないというヨーダとケノービが主張する。ルーク、友人たちを救ったら必ず戻ってくると約束する。仲間による攻撃。

50 ファルコン号の修理がほぼ完了に近づく。レイア、C-3POの姿が見えずに心配する。

51 チューバッカ、ジャンクの山の中からC-3POを見つける。ランド、レイアになれなれしく声をかける。

52 ランド、自分の任務をハンとレイアに告げる。ランド、嫌々ながらもダース・ベイダーと手を組むことになる。

53 ルーク、採掘コロニーに近づく。駆動。

54 牢の中でチューバッカがC-3POを直す。

55 ベイダー、ハンの身体を賞金稼ぎに引き渡すと約束する。ランド、話が違うと苦情を言う。ライバルのプランと攻撃。

56 ランド、ハンとレイアにベイダーとの取り引きについて説明する。ハン、ランドを殴る。ランド、こうするしか方法はなかったのだと言う。

57 ベイダー、ルークに使うためのカーボン冷凍装置を点検する。ベイダー、まずはそれをハンで試すことにする。ライバルのプラン。

58 ルーク、コロニーに近づく。

59 ベイダー、ハンの冷凍を準備する。レイア、ハンに愛していると告げる。ハン、冷凍されても死なずにすむ。ライバルの攻撃。

60 ルーク、ストームトルーパーを相手に闘う。レイア、ルークにこれは罠だと注意をする。ルーク、出入り口を爆破する。

61 ルーク、カーボン冷凍の部屋にいるベイダーを見つける。2人、ライトセーバーで戦う。決戦。

62 ランドの手下たち、レイア、チューバッカ、C-3POを解放する。ランド、自分の苦しい立場を説明する。全員でハンの救出に向かう。

63 賞金稼ぎ、ハンの身体を自分のスペースシップに載せて去る。反乱軍の者たち、帝国軍兵士を相手に闘う。

64 ルークとベイダーの闘いが続く。ルーク、冷凍装置から脱出する。圧縮された空気を浴びた

65　ルークはエアーシャフトに入り込む。決戦。
66　ランドたち、ファルコン号へ向かう。ランド、コロニーに退避指令を出す。彼らはファルコン号で脱出する。
67　ルーク、エアーシャフトの通路でベイダーと闘う。ベイダー、自分はルークの実の父だと明かす。ルーク、ダークサイドに堕ちることを拒否し、落下する。決戦と自己発見。
68　レイア、助けを求めるルークの叫びを感じ取る。チューバッカ、ファルコン号を操縦してルークを助けるためコロニーに引き返す。ＴＩＥファイターが接近してくる。
69　提督、ファルコン号のハイパードライブは間違いなく機能しないようにしてあると確約する。ベイダー、ファルコン号の攻撃を命じる。
70　ルーク、ケノービはなぜ彼に父のことを教えてくれなかったのだろうと思う。R2-D2、ハイパードライブを修復する。ファルコン号、逃げおおせる。
71　ベイダー、消え去ってゆくファルコン号を見る。
ランドとチューバッカ、ハンをジャバ・ザ・ハットの手から救ってみせると約束する。ルーク、レイア、ドロイドたち、去ってゆく彼らを見送る。新たなバランス状態。

ラブストーリーのシーン・ウィーヴ

「高慢と偏見」
（原作小説…ジェーン・オースティン　１８１３年　映画脚本…オルダス・ハクスリー　ジェーン・マーフィン　１９４０年）
1　スクリーン上のテロップ…「これは昔の――タイトル後の最初のシーンでいきなり「夫を

イギリス、メリトンという小さな町で起こった出来事だ」ストーリー・ワールド

2 ベネット夫人と娘のリジーとジェーンが3人でショッピングをしていると、裕福なビングリーとその妹が、彼にも増して裕福なダーシーと共にこの街にやって来たことを知る。誘因の出来事、欲求、メインのライバル。

3 ベネット夫人は娘たちに、急いで家に帰って、他家のどの父親よりも先に彼女たちの父ベネットをビングリーに挨拶に行かせなければと言う。

4 ベネット夫人は他の娘たち（本好きなメアリー、2人の将校と一緒にいたリンダとキティ）も集める。2人の将校の1人はウィカムである。仲間たち、サブプロット2、サブプロット3、サブプロット4。

5 母と娘たち全員を乗せた馬車が、ルーカス夫人の馬車を追い抜く。どちらの夫人も自分の娘たちが未婚であることを彼らに知らせようと急いでいる。マイナーな

見つける」という欲求が描かれている。これによってストーリー・ラインが設定され、その上でストーリー・ワールドが説明されている（シーン3〜6）

ライバル。

6 ベネット夫人、夫にすぐにでもビングリーを訪ねるべきだと主張する。そうすれば娘たちと引き合わせることができるのだからと。ベネットは妻に、彼らの暮らす不動産は男性継承者である娘たちの従兄弟コリンズに受け継がれることになっていることを思い出させる発言をする。ベネットはまた、ビングリーとは先週すでに会っており、近日開かれる舞踏会に招待してあると告げる。ストーリー・ワールド。

7 舞踏会でウィカムがリジーに近づき戯れる。仲間の振りをしたライバル。

8 ダーシーとビングリーとビングリーの妹が到着すると、リジーはダーシーを尊大な男と呼ぶ。ダンス中にビングリーはジェーンの優しさに感心する。サブプロット1…欲求。

9 リディアとキティがウィカムやその他の将校たちと飲んでいる一方で、ビングリ

舞踏会（シーン7～11）で、リジーとダーシーのラブストーリーというメインの背骨の設定に戻っている。しかしこの一家には5人の娘がいるので、五つのサブプロット（4人の姉妹とシャーロット）を織り込ませることで、それぞれの女たちとそれぞれの夫の見つけ方の違いを比較している。これと似た手法は、1人の女性が3人の求婚者から1人選ばなければならなくなるという『フィラデルフィア物

ーの妹はジェーンにこんな辺鄙なところにいると孤島に置き去りにされたような状態になってしまうことが心配だと語る。第二のライバル。

10 リジーと彼女の親友シャーロット・ルーカスは、ダーシーが地元の娘たちがいかに低級であるか、そしてビングリーはその中で唯一可憐な娘を捕まえたと話している声を聞く。ダーシーはリジーの田舎臭いウィットにも、我慢できないほど癪にさわるあの母親にも一切関わりたくないと思っている。発見、サブプロット5。

11 リジー、ダーシーのダンスの誘いを断り、その代わりにダーシーと仲の良くないウィカムと踊る。ライバル。

12 ジェーンがビングリーと共にビングリーの暮らすネザーフィールド・パークでの昼食に呼ばれたことを皆が喜ぶ。母はジェーンにどう振る舞うべきかアドバイスする。

13 母、ジェーンに服を着替えさせ、また、

語』で使われている。「高慢と偏見」では五つのサブプロットの存在によって、娯楽性を失うことなくストーリーにものすごい密度と質感が吹き込まれている。実はこの映画の観客を喜ばせている要素の大部分はこれらのサブプロットからくるものばかりだ。観客はメイン・キャラクターと同質の問題に直面する各マイナー・キャラクターたちのちょっとしたストーリーを楽しんでいるのである。

　このシーン・ウィーヴにはもう一つの大きなアドバンテージがある。ストーリー・ワールドと主人公のストーリー・ラインと五つのサブプロットを設定したことで、後半にさまざまな発見を次々と繰り出すことが可能になっているのだ。これだけ多くの発見が含まれるストーリーは稀であり、特にラブストーリーというものはプロットが欠如しやすいものであるだけに、発見が多いことは歓迎されるべきことだ。何よりも（特に観客にとって）嬉しいことに、5人の姉妹の存在とそれぞれのサブプロットを描くことで、この喜劇的なラ

馬に乗って行くようにと言う。そうすればもしも雨が降ったら向こうに一晩泊まれるからだ。サブプロット1…衝動。

14 ジェーン、大雨の中で馬に乗る。

15 ジェーンの風邪の具合からビングリーの家に一週間は滞在する必要があるという医者の診断にジェーンもビングリーも喜ぶ。ビングリーの妹はリジーがたった1人で歩いてこの家までやってきたことはショッキングだと言うがダーシーはその意見に賛同しない。

16 リディアとキティ、母の歌の練習中に村へ行きたいと言い、父は娘たち全員をビングリーの家に送り込んでしまえとジョークを言う。

17 ダーシーとビングリーの妹、たいていの女性は教養がないものだと感じているが、その意見にリジーは反対する。ビングリーの妹がリジーに一緒にこの部屋を歩き回りましょうと提案すると、ダーシーはウィットの富んだ言葉で自分はそれ

ブストーリーのエンディングを単一の結婚ではなく、悪例も含んだ複数の結婚で追えることができる。

　早い段階におけるストーリー・ワールドの設定において、この仕組みの基盤となっている考え方が説明されている。不動産は男性継承者に相続されるものなので、女性は結婚しなければ、それも条件の良い男性と結婚をしなければならない。この考え方がすべてのプロットラインを形作る基礎となっている。そこで作者は数多くの異なるキャラクターを登場させて比較しているのだ。それぞれ主人公のライバルと仲間に当たるビングリーの妹とシャーロットを使って作者は女性像を比較している。また、求婚者像としてウィカムとコリンズを比較している。それらの比較は最初のパーティ（シーン7～11）から始まっている。

　また、脚本家たちはこの最初のパーティを使って、最終的に結ばれるリジーとダーシーの強力な対立関係を初登場させている（シーン8、10、11）。ただし、この段階ではまだそれ

に参加しないと伝える。ライバル。

18 退屈な男である従兄弟のコリンズ氏、彼のパトロンである貴婦人のキャサリン夫人から結婚しなさいと忠告されたことをベネット夫人に語る。その相手としてジェーンを考えていると彼が言うと、ベネット夫人は、ジェーンにはすでに事実上婚約者がいると告げる。そこでコリンズは求婚相手をリジーに変える。第三のライバル、第二の求婚者。

19 ネザーフィールド・パークのビングリーの家で開かれるガーデン・パーティへの正体が届く。

20 そのパーティで、コリンズがリジーを追う。ダーシー、リジーの懇願を聞き、コリンズに彼女のいない方向に行かせる。第三のライバル。

21 ダーシー、リジーに弓を教えるが、実は彼女の方が彼よりも上手いことを知る。リジーはダーシーに、ウィカムについて言及し、貧乏だった男からの紹介を拒否

を主軸にするのではなく、むしろ姉のジェーンとビングリー氏との間で展開されるサブプロット1が主軸となっている（シーン12～15）。サブプロット1を展開させることにより、リジーにこの時点ではまだ対立関係のままであるダーシーのことを知るための時間をあたえることができる（シーン17）。

彼女たちの不動産の相続者であることから家族全体にとってのライバルでもある2人目の求婚者コリンズ氏がこのストーリー・ラインに入ってくる（シーン18）。彼は退屈な愚人であるが、その事実が（退屈な相手だとしても）、条件の良い男性と結婚する必要性vs愛のある結婚への願望というこのストーリー・ワールドにおけるリジーを初めとする女性たちの中心的葛藤を如実に強調している。

2度目のパーティ（シーン20～23）を利用して、作者は次の数多くのストーリー・ラインをひとつに固く結びつけている。ダーシーと求婚の恋敵であるウィカムとコリンズ。リジーとダーシーの間で交わされる道徳論議。ジ

するような裕福でハンサムな男性についてどう思うかと問う。ダーシーは紳士たるもの自身の行動についていちいち説明すべきではないと答える。ライバル。

22 リジー、屋敷の中でメアリーが人々の面前で下手な歌を披露しているのを見る。ビングリーの妹、リジーにリジーの家族のことを皮肉を込めて褒める。発見、第二のライバル。

23 ダーシー、ベランダで泣いているリジーを見つけ、彼女のウィカムに対する誠実な気持ちに心から敬服する。しかしベネット夫人がジェーンは間違いなくビングリーと結婚するだろうと言っている言葉が2人にも聞こえてくると、ダーシーはそこを去る。それを見たリジーはダーシーのことを人を見下げる高慢な男と呼び、彼は誠実さを問う最初のテストに落第したとみなす。ライバル、発見。

24 コリンズ、リジーに求婚する。彼女はノーと答えるが、彼はそれをイエスととら

エーンとビングリーの間で展開されるサブプロット1。女性のライバルであるビングリーの妹。ダーシーに見られるのが恥ずかしいようなことをするという意味でリジーと対立関係となった彼女の妹たちのサブプロット。これらはどれも、このコミュニティやすべてのキャラクターをひとつにまとめ上げるシーンとして極めて重要なものである。

える。発見。

25 ベネット夫人、夫に娘を説得してほしがるが、ベネット氏もまたリジーにコリンズと結婚してほしいと思っていない。

26 ベネット夫人、ジェーンに宛てたビングリーの手紙を開け、ビングリーとダーシーがロンドンへ去ったことを知って愕然とする。ジェーンは泣く。発見。

27 ウィカム、自分は聖職者を目指したかったが、ダーシーが彼の父の遺言を無視してウィカムを年金契約者のままにしているのだとリジーに語る。仲間の振りをしたライバル。

28 リジー、ジェーンが泣いている理由は、ビングリーの妹からの手紙にビングリーが別の女性と交際することになると記されていたからだと知る。発見。

29 ルーカス夫人とシャーロットがやって来てシャーロットがコリンズと結婚することになったと告げると、ベネット夫人はこの家の持主がシャーロットになること

ビングリーとジェーンが別れる（シーン26、28）サブプロット1の直後に、リジーにとってもう一つの疑似的敗北がやってくる（シーン29）。親友であり仲間であるシャーロットと第二の求婚者である愚人コリンズ氏の結婚だ（サブプロット5）。

に怒る。サブプロット5。

30 リジー、シャーロットに少しの間だけ結婚を待ってほしいと頼むがシャーロットはその願いを断る。

31 結婚したシャーロットとコリンズをリジーが訪問する。そこに貴婦人キャサリンがやってくる。ライバルの振りをした仲間。

32 貴婦人キャサリン、コリンズに事物を命じる。彼女はとても厳しい。シャーロットは彼女を恐れている。

33 ダーシー、彼らの夕食に加わる。貴婦人キャサリン、リジーや彼女の姉妹たちの育てられ方を聞いてショックを受ける。

34 リジーがピアノを弾いているとき、貴婦人キャサリンはダーシーに彼女の娘アンと彼は結ばれる運命にあると暗示する。

35 リジー、ビングリーがジェーンのもとを去った理由は、ダーシーが友人であるビングリーをあってはならない結婚から救おうとしたからだと怒りながらシャーロットに語る。

36 ダーシー、リジーの家族は彼に似つかわしくないと思うが、それでもリジーに求婚する。リジーは、彼の傲慢な態度、彼のウィカムへの仕打ち、そして彼女の姉の幸せを壊した張本人であることを理由にその求婚を断る。発見、離別。

37 家に戻ったリジー、ジェーンからリディアがウィカムと婚姻もせずに駆け落ちしたことを知らされる。父は2人を探しにロンドンへ行って不在だ。ダーシーが来る。発見、サブプロット2。

38 ダーシー、ウィカムは以前にも彼の妹に同じことをしたとリジーに教える。彼は力を貸したいと申し出るが、リジーはもう何もできることはないと言い、彼は去る。リジー、ジェーンにいま自分はダーシーを愛していると分かったと語る。発見、部分的自己発見。

39 ビングリーの妹、リディアの行方は未だに分からず、ベネット氏は捜索をあきら

次に来るのは、ダーシーがリジーへの恋心を告白してプロポーズするという驚きの発見だ（シーン36）。この直後に離別（2人はそもそも一緒だったわけではないが）が続く。その理由は、どちらのキャラクターもそれぞれ高慢と偏見という自らの心理的および道徳的な弱点を未だに背負っているからである。このウィーヴはウィカムが実はライバルだったという観客による真実の発見（シーン37）で始まり、ダーシーは善人だったという発見（シーン38）、自分はダーシーを愛していたのだという主人公の自己発見（シーン38）、サブプロット2におけるウィカムとリディアの結婚（シーン41）、サブプロット1におけるジェーンとビングリーの「結婚」（シーン45）、主人公とダーシーの「結婚」（シーン45）、サブプロット3と4の娘たちの結婚の予感（シーン47）という一連の発見の連続で終わっている。これもまた、先に『トッツィー』のプロットについて触れたサイクロン効果のある発見の連続だ。ラブスト

めたという内容の手紙を楽しそうに読む。ビングリー、その知らせを聞いて心を乱す。

40 ベネットの家族が引っ越しの準備をする。父に知らせが届き、彼女たちの叔父がリディアを見かけたこと、そしてウィカムが驚くほど少額の金銭を望んでいることを知る。発見。

41 リディアとウィカム、到着して2人が結婚したことを公表する。ウィカムは彼が大金を得たのは叔父が亡くなったためだと言う。発見。

42 リジー、ダーシーとは結婚はしないと約束せよと貴婦人キャサリンから言われると、それを断り、たとえそのせいで貴婦人キャサリンがダーシーから相続権を奪ったとしても構わないと言い放つ。貴婦人キャサリン、ダーシーがリジーの妹のために密かに動いてくれたことについてリジーに教える。発見。

43 外で、貴婦人キャサリン、リジーの先ほ

ーリーでここまで密度のあるプロットはとても稀なものであり、それは観客にとって大きなプラス材料である。

どの彼女への返答の内容をダーシーに教えてやる。そしてリジーは彼に相応しい女性だと認める。なぜなら彼にはしっかりと立ち向かえる人物が必要だからだと。ダーシーはこの上なく喜ぶ。観客による真実の発見。

44 ダーシー、ビングリーについての知らせを携えて家に入る。

45 庭でビングリーがジェーンの手にキスする姿をダーシーとリジーが見る。リジー、自分がいかにダーシーのことを誤解していたかに気づくが、ダーシーは高慢を恥ずべきは自分の方だと言う。彼は再び彼女に求婚し、2人はキスをする。サブプロット1…自己発見、ダブル・リバース。

46 窓際のベネット夫人、リジーとダーシーがキスする姿を夫に見せながら、リジーは年に一万ポンドも受けられるのに対して、ジェーンはたったの5000ポンドでやり繰りしなければならないとは可哀そうになどと思っている。新たなバランス状態。

47 その隣の部屋では、キティがある男性と親密に会話しており、また、メアリーはある男性のフルートに合わせて歌っている。母はすでに5人娘のうちの3人の結婚が決まり、残りの2人も目当てがついたことに興奮する。サブプロット3とサブプロット4…結婚、新たなバランス状態。

社会派ファンタジーのシーン・ウィーヴ

『素晴らしき哉、人生!』（原作短編小説「The Greatest Gift」…フィリップ・ヴァン・ドーレン・スターン　脚本…フランセス・グッドリッチ、アルバート・ハンケット、フランク・キャプラ　1946年）

1 街の皆が祈っている。2人の天使のレベルが下の天使クラレンスを呼び、ジョージを助けるように言う。これに成功すればクラレンスにも翼が授けられることになっている。亡霊、ストーリー・ワールド、弱点と欠陥。

脚本家たちはまず危機的状況にある主人公について天空から語るナレーター（天使）から始めている。（シーン1）これによってこのストーリーで描かれる全領域であるこの町を提出し、またストーリーを強烈な形で語り始めることができる。また、こうすることで、観

2　１９１９年、まだ少年時代のジョージが氷の池に落ちた弟ハリーの命を助ける。ストーリー・ワールド。

3　少年時代のジョージ、ガウワーの薬局で働いている。バイオレットとメアリーの姿もある。ジョージ、ガウワーの息子が亡くなったことを知る。ガウワー、ジョージに薬を運んでくるように言うが、それらが毒薬であることにジョージは気づく。ストーリー・ワールド。

4　ジョージ、どうすべきか父に相談しようとするが、父は町の人々のためにローンの支払いをもう少し待ってやってほしいとポッターに交渉中で忙しい。ジョージ、ポッターと口論する。メインのライバル。

5　ガウワー、ジョージを叩くがジョージはガウワーが薬を取り違えていたことを説明する。

6　１９２８年。成長したジョージ、旅に出るためのスーツケースをガウワーからた

客には後に（自殺という）ドラマ性の高い出来事が起こることを約束した上で、主人公の過去を紹介することもできるのである。また、何にも増して重要なことは、ジョージがストーリー終盤で自分が生まれていなかったらこの世界がどうなっているかを目にするというファンタジー要素がここで設定されていることだ。

町全体という傘の下で展開されることが設定されたのに続いて、主人公の少年時代の出来事の数々が紹介される（シーン２〜５）。これらの出来事で主人公の根本的な人物像が定義されているだけでなく、この町に暮らす主な人々の人物像も定義されている。この少年時代のシーンの数々はまた、このストーリーの終盤で登場するキャラクターや行動と繋がりを持つ入り組んだウェブの設定にもなっている。

だでもらう。欲求。

7　街角で、ジョージ、警官のバートやタクシー運転手のアーニーやバイオレットとあいさつを交わす。仲間。

8　ジョージとハリー、夕食を前に楽しく過ごす。ジョージ、父に建築貸付組合の家業を継ぐつもりはないと言う。亡霊、ストーリー・ワールド。

9　ハリーの卒業ダンス・パーティで、ジョージ、サムを見かけ、また、美しく成長したメアリーと会う。2人は踊り、プールに落ちる。欲求（二度目）。

10　ジョージとメアリー、歌いながら一緒に歩いて帰る道すがらシカモアの古い家に石を投げる。2人が今にもキスをしようとしたとき、メアリーのローブが脱げてしまい、彼女は裸で茂みに隠れなければならなくなる。ジョージ、父が脳卒中で急死したことを知る。欲求1、欲求2、プラン。

11　理事会でポッターは建築貸付組合を閉鎖

次いでシーン・ウィーヴは大人になった主人公へと飛び、彼はこの町を出て世界を自分の目で見たいと明確に宣言している（シーン6）。マイナー・キャラクターの多くも大人になって登場し（シーン7〜9）、観客は彼らが根本的に子供のときとそれぞれ変わっていないかを見ることになる。

次いで描かれる一連の出来事はどれも同じパターンで展開される。そのパターンとは（1）主人公がこの町を出たいという願望を宣言すること（2）この町にいなければならないフラストレーション（3）第二の葛藤する願望が彼をこの町とさらに強力に結びつけてしまうことだ。たとえば、

■ジョージはこの町を出たいと思っているが、父が急死したため建築貸付組合を彼が運営しなければならない（シーン10と11）。

■ジョージはこの町を出られると思っていたが、帰ってきた弟のハリーは妻を連れており、別の町で仕事を得たことを告げる（シ

に導こうとする。ジョージがそれに反対する。ジョージ、建築貸付組合を存続させるためには彼が引き継いで運営する以外に方法がないことを知る。ライバル、発見、欲求とプランーの逸脱。

12 ジョージとビリー叔父、駅まで弟ハリーを迎えに行く。ハリーは妻を連れており就職が決まったことも告げる。発見。

13 ポーチで、ジョージ、ビリー叔父と共に座る。母、メアリーに会うよう促す。

14 街角で、ジョージ、バイオレットと出くわすが、バイオレットは森を歩きたくないと言う。

15 ジョージ、しぶしぶとメアリーの家に入る。2人は口論する。サムから電話が入る。ジョージ、サムにベッドフォード・フォールズに工場を建てたらどうかと提案する。ジョージ、メアリーとキスする。発見

16 ジョージとメアリー、結婚する。

17 新婚旅行に向かおうとするタクシーの中

ーン12と13)。

■ジョージはメアリーと結婚し、不況期に苦しむこの町を助けなければならず、またポッターを相手に闘わなければならず、ベイリー・パークを作り、子供たちもできる(シーン15~25)。

から、銀行の取り付け騒ぎを目にする。建築貸付組合に行くと、銀行から貸し付けの返済要求が来たことをビリー叔父から知らされる。ポッターはジョージの客に1ドルにつき50セントの利子をオファーする。ジョージ、客たちにポッターのオファーを受けないでくれと懇願する。ジョージはそれぞれの客に彼のポケットマネーを渡す。発見、駆動

18 最終的にその日2ドルを残して乗り切れたことをジョージたちは祝う。ジョージ、メアリーからの電話を受けてシカモアで待ち合わせの約束をする。

19 バートとアーニーがあの古い家にポスターを貼っている。メアリーがこの家を綺麗にしていたのだ。発見

20 ジョージ、ポッターズ・フィールドのスラム街からベイリー・パークの新築の家へ引っ越すマーティーニを手伝う。プラン2

21 収税吏、ポッターに彼はジョージにビジ

ネスで負けていると言う。
22　ジョージとメアリー、裕福なサム夫妻とあいさつを交わす。
23　ポッター、ジョージに年収2万ドルで自分のために働かないかと持ちかける。ジョージ、初めは喜ぶが、最終的に断る。発見
24　ジョージ、ポッターからのオファーと自分の夢について考える。メアリー、妊娠したことをジョージに告げる。発見
25　モンタージュで、さらなる赤ん坊の誕生、家の修理、落胆したジョージ、戦争、戦う男たち。ハリーは船を救って英雄となる。ジョージはしがない防空警備員だ。駆動（敗北）
26　今朝、ジョージが、ハリーが名誉勲章を受勲したという新聞記事を手渡す。ジョージ、ワシントンDCにいるハリーと電話で話す。金融検査官が彼らをチェックに現れる。
27　銀行に現金8000ドルを入金に来たビ

ここでこのウィーヴはとても独創的な形をとっている。ほぼ30年をカバーした一連のシーンの後で、1日だけをカバーする一連のシーンに続いているのだ（シーン26〜34）。これらのシーンは、冒頭のシーンで言及された主人公の危機的状況、つまりジョージの自殺につ

リー叔父、そこにいたポッターを嘲る。このとき、誤って気づかぬうちに持っていた現金がポッターの手に渡ってしまう。観客による真実の発見

28 建築貸付組合では、ジョージがバイオレットを助けるためお金を渡す。ビリー叔父、8000ドルを落としてしまったことを告げる。発見、仲間の振りをしたライバル

29 ジョージとビリー叔父、町中で現金を探し回る。

30 ビリー叔父の自宅で、ジョージは絶望している。ジョージ、2人の内どちらかは刑務所行きになるだろう、そうなるのは自分ではないと言う。

31 自宅で、ジョージ、子供たちを相手に癇癪をおこす。ジョージ、娘のズーズーが病気であることを知り、彼女の部屋に行き、電話でズーズーの教師をしかりつけ、その教師の夫までも叱りつける。ジョージ、物にあたり、家を出てゆく。メ

ながるものだ。これらのシーンの締めくくりは、冒頭で天使がナレーションを始めた地点である。つまり、冒頭で書き手たちが観客に約束したドラマ性の高い出来事へと突入するのである（シーン34）。

アリー、ビリー叔父に電話を入れる。仲間による攻撃

32 ジョージ、ポッターに助けを求める。ポッター、そういうことは自分の友達に頼めと言う。ジョージには担保がないが、生命保険なら入っている。欲求

33 マーティーニの酒場で、あの教師の夫がジョージを殴る。

34 ジョージ、自分の車を街路樹にぶつける。彼は歩いて橋の上に立つ。今にも自殺しようとした瞬間、別の男が川に身投げする。ジョージ、その男を助けるため川に飛び込む。疑似的敗北、発見

35 通行料徴収人の小屋で、クラレンスがジョージに彼は天使でジョージを救うために来たのだと告げる。ジョージを救えれば翼がもらえるのだと。クラレンス、ジョージにもしもジョージがそもそも存在していなかったらこの世界がどうなっていたかを見せてやればいいと気づく。ジョージ、怪我していたはずの唇からもう

ここからこのストーリーの歯軸となる一連のシーンが始まる。クラレンスがジョージに、彼の存在しないパラレルワールドの世界がどのようなものなのかを見せるのだ（シーン35〜42）。ここまで多くの時間を費やして設定してきたストーリー・ワールド（ジョージとこの町の人々とのつながり）がここで大きな力を発揮する。

血が出ていないこと、聴こえなかったはずの片耳が聴こえること、濡れていたはずの服が乾いていることに気づく。発見

36　ジョージ、街路樹のところに自分の車がないことを知る。ガントレット、発見

37　マティーニの酒場は今ではニックの酒場となっている。ニックがジョージとクラレンスを外に放り出そうとする。浮浪者が入ってくる。その浮浪者はガウワーさんだ。彼は子供に毒を処方したことで20年服役していたという。ニック、雪の降る外に彼らを放り出す。ガントレット、発見

38　外で、ジョージ、クラレンスを狂人だと言う。ジョージ、メアリーに会いに行くことにする。

39　ジョージ、醜いポッターズヴィルの町を抜ける。バイオレットはふしだらな女となっている。アーニーは辛辣なタクシードライバーとなっている。シカモアのジョージの自宅は幽霊屋敷のようになって

ジョージは最大限にネガティブな形で生きる町のマイナー・キャラクターたちと出会うという発見の連続を体験する（シーン37、39、40、42）。ジョージも観客も、彼が人生の中で作り上げてきたウェブ（人々とのつながり）の価値をここで目の当たりにすることになるのである。それはとても素晴らしいウェブだ。

いる。ジョージ、警官のバートと争い、逃げる。ガントレット、発見

40 ジョージの母は年老いており、彼を疑わし気に見る。彼女はまた、ビリー叔父は狂人だと言う。ガントレット、発見

41 ジョージ、ベイリー・パークを訪れる。今ではそこは墓地になっている。彼はそこのハリーの墓を発見する。死の国への訪問

42 図書館で、ジョージ、未婚女性であるメアリーに話しかけようとするが、彼女は怖がって逃げ出す。逃げるジョージにバートが発砲する。決戦

43 橋に戻ったジョージ、もう一度生きたいと懇願する。そこへやって来たバートは、ジョージのことを誰だか分かっている。ジョージ、有頂天になる。彼はまだズーズーの花びらを持っている。自己発見

44 ジョージ、喜んでベッドフォード・フォールズを走り抜ける。発見

ストーリーはジョージが現実に戻って終わりを迎えるが、今の彼は、財産をすべて失ってしまったことは変わらずとも、とてもハッピーだ。町の人々が彼を救うためにやってくるシーンでもまた、ジョージのウェブが大きな力を発揮している（シーン43〜45）。

　この映画のシーン・ウィーヴは、社会派ファンタジー作品の基礎となる大きな社会のコ

45

自宅で、シェリフが待っている。ジョージ、メアリーと子供たちと抱擁を交わす。友人たちが籠いっぱいのお金を持ってやって来る。ハリーが到着する。ベルが鳴る音を聞いたジョージ、クラレンスが翼を手に入れたことを知り祝福する。新たなバランス状態、新たなコミュニティ

ントラストを最大限に活用したものだと言えるだろう。全体の流れに密度がある並べ方は実に見事である。

第10章 シーン構築とシンフォニーのようなダイアローグ

シーンとは、文字通り、アクションが展開される場のことだ。書き手であるあなたは、プレミス、ストーリー構造、キャラクター、道徳論議、ストーリー・ワールド、シンボル、プロット、シーン・ウィーヴといったあらゆる要素を、ト書きとダイアローグを使って、観客が実際に作品として鑑賞できるストーリーという形に翻訳するのである。これはつまりストーリーに生命を吹き込む段階ということだ。

ひとつのシーンは、単一の時間と単一の場所で展開される単一の行動と定義することができる。しかし、そのシーンは一体どのように成り立っているのだろうか、またどのように機能するのだろうか？

ひとつのシーンはミニストーリーである。それはつまり、優れたシーンは7段階の道程の6段階を網羅しているということを意味する（唯一含まれないものは自己発見であり、これはストーリーの終盤で主人公に体験させるためにとっておかねばならない）。たいていの優れたシーンは、その自己発見の代わりとして、ひねり、サプライズ、または発見などが盛り込まれている。

シーンを構築する

どんなシーンであれ、それを構築する際には次の二つの条件を果たさなければならない。

■そのシーンが主人公の成長の全体像におけるどの段階に当てはまるものであるのか、またどのような形で主人公の成長を進めているかを決定すること。
■そのシーンをミニストーリーとして優れたものに作り上げること。

この二つの条件を果たせるかどうかによって全てが決まってくる。また、何よりも最優先されるべきことは主人公の成長の全体像なのだ。

☑シーンとは逆三角形のようなものだと考えよう。

各シーンの出だしでは、そのシーン全体の枠組みを描くことから始まっていなければならない。その上で漏斗のように徐々に集約されてゆき、最も大切な言葉やセリフをともなう最後の一点へと向かってゆく。

幅広いシーンの枠組みで始まる

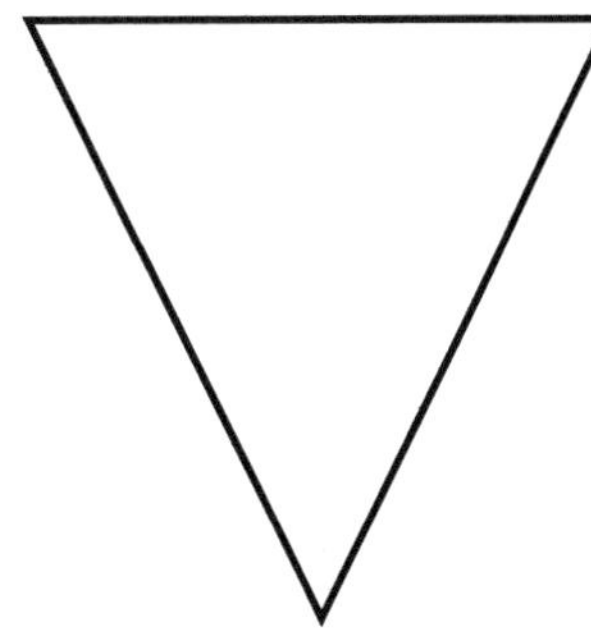

重要な言葉またはセリフで終わる

ではここで、優れたシーンを構築するためにたどるべき理想的な流れを紹介する。次の順をたどって自問してみよう。

1 キャラクター・アークにおける位置…そのシーンは主人公の成長の全体像（別名キャラクター・アーク）のどこに位置するものなのか？ また、このシーンが主人公の成長をどのように推し進めるものとなるのか？

2 問題…そのシーンにおいてどんな問題が解決されるのか、または何が達成されるのか？

3 戦略…その問題を解決するためにどのような戦略が用いられるのか？

4 欲求…どのキャラクターの欲求がそのシーンの推進力となるのか？（そのキャラクターは主人公である場合もあれば、別の人物である場合もあるだろう）。その人物は何を欲しているのか？ その欲求がそのシーンの背骨となる。

5 最終地点…そのキャラクターの欲求はどのような形で解決されるのか？ そのシーンの最終

地点を前もって知っておくことで、そのシーン全体をそこに向かって集約させることができる。欲求の最終地点はまた、そのシーンで最も大切な言葉またはセリフが置かれる逆三角形の最終地点とも重なり合うものだ。欲求の最終地点と重要な言葉またはセリフというコンビネーションによって、ノックアウト・パンチが繰り出され、観客を次のシーンへと急き立てることになる。

6 ライバル…その欲求に対立する人物は誰か？ また、この2人（またはそれ以上）のキャラクターたちは何について争っているのか？

7 プラン…その欲求の持ち主であるキャラクターは、ゴールを達成するためにプランを立てる。そのプランには2種類ある。ひとつは、その人物が自分が欲するゴールをダイレクトに言及する直接的なプラン。もうひとつは、あることを欲している振りをしながらも、実は別のことを欲している間接的なプランだ。ライバルに当たるキャラクターは、この間接的なプランに対して次のどちらかの反応を示す。その嘘を見抜いた上で状況に合わせて対処する、またはその嘘を信じて相手が真に欲するものを与えてしまう。キャラクターにどちらのプランを選ばせるかを決めるに際には、次の簡単な法則を頭に入れておくと役立つだろう。直接的なプランは対立関係を強めてキャラクター同士の溝を広げるものであり、間接的なプランは最初のうちは対立関係を弱めてキャラクター同士を近づけるが、後にその嘘が明らかになるとずっと大きな対立関係が生まれるものである。また、決して混同してはならないことは、ここで言うプランとは、そのキャラクターがそのシーンにおけるゴールを果たすためのプランのことであり、ストーリー全体におけるプランのことではない。

8 対立関係…対立関係を最高潮に至るまで、または解決するまで組み上げること。

9 ひねりまたは発見…ごくたまに、キャラクターまたは観客（またはその両方）が、そのシーンで起こった出来事に驚く場合がある。または、ひとりのキャラクターがもう1人を叱ることもあるだろう。それはそのシーンにおける自己発見の一種であるとみなすこともできものだが、それは決して最終的な自己発見ではなく、その発見が誤解である場合すらありえるものだ。

多くのライターが、「リアリスティック」なシーンを描こうという発想から、まずシーンを作った上で、ようやくメインの対立関係に向けて形を整える方法を採っているようだ。しかし、その方法では、シーンがリアリスティックになるどころか、むしろ退屈なものにしかならないだろう。

☑シーンを作り始めるの作業はできる限り遅らせて、まずは構造上の大切な要素をひとつとして失うことなく、しっかりと準備することから始めよう。

複雑な、またはサブテキストのシーン

サブテキストのシーンの典型的な定義は、キャラクターが真意を言わないシーンということだろう。これは正しい定義かもしれないが、だからと言って、そういうシーンの書き方を教えてくれるものではない。

サブテキストを扱う上でまず知っておくべきことは、よく言われている一般論が間違いであるということだ。つまり、サブテキストはシーンを描く方法として必ずしもベストではないのである。サブテキストで表現するキャラクターは、たいていの場合、自分が真に考えていることや欲していることについて、不安を抱えていたり、苦痛を感じていたり、またはシンプルに恥ずかしいと思っていたり

するものだ。だから、あなたがもしも対立関係を最大限にして描きたいのであれば、サブテキストは使わない方が良いだろう。その一方で、あなたが描きたいキャラクター像やそのキャラクターのシーンに適しているのであれば、ぜひとも使ってみてほしい。

サブテキストのシーンは、欲求とプランという二つの構造上の要素が基礎となっているものだ。サブテキストを最大限に引き出すため、次のような手法を取り入れてみよう。

■そのシーンに登場するできるだけ多くのキャラクターに密かな欲求を持たせること。それらの欲求はお互いに直接的な対立関係となるものでなければならない。たとえば、Aが密かにBのことを愛しているがBは密かにCのことを愛しているといった具合だ。

■それら密かな欲求を持ったキャラクター全員がゴールを達成するためにそれぞれ間接的なプランを持たせること。真意では別のことを欲しながら、そうでないことを欲していると言わせるのだ。その人物が相手を騙すつもりでそうするのでもいいし、またはそれが口実であることは明白であっても、真の欲求を満たすに十分なだけの魅力的な策略であることを願ってそうするのでもかまわない。

ダイアローグ

シーンの構築が済んだ段階で、ト書きとダイアローグを使ってそのシーンを書く作業が始まる。美しいト書きの書き方は、ストーリーの書き方を論じる本書の範疇に入るものではない。ただしダイアローグは別だ。

ダイアローグは執筆ツールの中で特に誤解されているツールのひとつだ。誤解のひとつは、ストーリーにおけるダイアローグの機能についてのものだ。多くの書き手がダイアローグに本来ならストーリー構造が受け持つべきハードな仕事を押し付けてしまう傾向にある。そうなると、ダイアローグがぎこちなく、不自然で、嘘っぽく響いてしまう。

ただし、ダイアローグについての誤解の中でそれ以上に危険な誤解は、酷使することとは正反対のものだ。実は、現実的な会話こそが良いダイアローグであるという発想は間違いなのだ。

☑ダイアローグは現実的な会話ではない。ダイアローグは現実的に聞こえてもおかしくはないような厳選された言語なのだ。

☑良いダイアローグというものは、必ず現実の会話と比べて、より知的で、より機知に富み、より比喩的で、より優れた論点を持っているものである。

知性のないキャラクター、または教養のないキャラクターであっても、その人物として可能な限り最高レベルの言葉を発するものだ。また、そのキャラクターの言っていることが間違っているとしても、現実で聞かれる会話よりもずっと雄弁に語るものだ。

シンボルと同じく、ダイアローグもまたささやかな手法でしかない。ストーリー構造、キャラクター、テーマ、ストーリー・ワールド、シンボル、プロット、シーン・ウィーヴなどといった手法を重ねた上で、書き手が使う最もデリケートなツールであるとさえ言えるだろう。しかしそれでもなお、ダイアローグにはものすごいパンチ力が秘められているのだ。

ダイアローグは音楽に例えると最も分かりやすい。音楽と同じく、ダイアローグもまたリズムとトーンを駆使して伝達するものである。また、複数の「トラック」を同時にブレンドすることで最高のポテンシャルを引き出せるという意味でも音楽と同じだ。多くのライターが抱える問題のひとつは、「メロディ」という単一のトラックだけでダイアローグを書いてしまおうとすることだ。ダイアローグの「メロディ」とは、そのストーリーで起こっている出来事を説明するダイアローグにあたる。単一トラックのダイアローグで書かれた作品は、作者の執筆技術が平凡なものであることの証となってしまうだろう。

優れたダイアローグはメロディだけではなく、三つの主要トラックが同時に展開されるシンフォニーのようなものだ。その三つとは、ストーリー・ダイアローグ、モラル・ダイアローグ、そしてキーワードやキーフレーズである。

トラック1…ストーリー・ダイアローグ──メロディ

音楽のメロディに相当するストーリー・ダイアローグとは、喋ることを通じて表現されるストーリーのことだ。語られる内容はキャラクターがやっていることについてのことになる。私たちはよくダイアローグと行動は対極をなすものとして考えがちで、「行動は言葉より雄弁だ」などと言ったりさえする。しかし、喋ることも行動の一形態なのだ。キャラクターがメインとなる一連の行動について語るときにこのストーリー・ダイアローグが用いられる。するとそのダイアローグが最終的に、少なくとも短い間だけは、ストーリーを前進させることになる。

ストーリー・ダイアローグの書き方は、シーンの構築のやり方と同じだ。

■キャラクター1（そのシーンの主演キャラクター）が自身の欲求を言及する。書き手であるあなたは、その欲求が行き着く最終地点を把握していなければならない。なぜなら、これがそのシーンで繰り広げられるダイアローグの支え（つまり背骨）となるものだからだ。

■キャラクター2、その欲求に反対する言及をする。
■キャラクター1、自身の欲するものを手に入れるための直接的または間接的なプランを使ったセリフでキャラクター2の言及に応える。
■シーンの進展と共にこの2人の会話が熱を帯び、最終的に怒りまたは解決の言葉で終わる。

より高度なダイアローグの手法として、その人物の行動についてのダイアローグから、存在についてのダイアローグへと進化させるというものがある。別の言葉で説明するなら、あるキャラクターがやっていることについての会話だったものが、そのキャラクターが真にどういう人間であるのかという内容の会話へと推移してゆくということだ。そのシーンの熱が最高潮に達したとき、どちらかのキャラクターが「お前という人間は……」的な言葉を言う。たとえば「君は嘘つきだ」とか「貴様は下劣なやつだ」とか「あなたこそが勝者だ」など、その人物について思っていることを具体的に言うのである。

会話がこのように推移するとシーンの深みが一気に増す理由は、その人物がとっている行動が、突如として、その人物の人間としての根本的な存在を定義することになるからだ。この「お前という人間は……」という発言が正しい発言である必要はない。しかし、このようにシンプルに定義する発言がなされることで、観客は、ストーリーのこの時点においてこれらのキャラクターの考え方を要約して理解することができるのだ。この手法は、シーン中における自己発見に近いものだと言えるものであり、価値基準について語られることが多い（トラック2…モラル・ダイアローグを参照のこと）。行動から存在へと会話の内容が推移するシーンはあまり多いわけではなく、重要なシーンだけに見られるのが普通だ。その実例として『評決』の1シーンにおけるこの推移を検証してみよう。

『評決』
（原作小説…バリー・C・リード　1980年　脚本…デヴィッド・マメット　1982年）

このシーンでは、被害者の義弟ドナヒー氏が、まず自分たちに相談することなく示談を断った弁護士フランク・ガルヴィンを問い詰めている。次はシーンの後半部分だ。

○裁判所の廊下（昼）
ドナヒー「……4年間だぞ……、4年間も毎晩、うちの妻はあいつらが彼女の姉にやった仕打ちに泣きながら眠りについているんだ」
ガルヴィン「誓います、この裁判に勝てないと思うなら私は示談の提案を断ったりしません……」
ドナヒー「お前が思うならだと？　思うならだと？　俺は労働者だ、妻にこれ以上辛い思いをさせたくないから、だからお前を雇ったんだ、お前に金を払っているのは俺たちだぞ。なのにどうして向こうが20万ドルで示談を提案してたってことを向こうのやつらから知らされなければならないんだ……」
ガルヴィン「この裁判に私は勝ってみせます……ドネヒーさん……確固たる裏付けを持って陪審に臨むんです。専門家の証言として有名な医師を用意しています。私はこの裁判で80万ドル勝ってみせます」
ドナヒー「お前らはどいつもこいつも同じだな。あの病院の医者たちも、お前も……。『私はあなたのためにこれをやります』とか言っておいて、失敗すると『できる限りのことはしたのですが、本当に申し訳ありません……』さ。そして俺たちみたいな善良に生きている人間が、お前の失敗に苦しみながら残りの人生を生きなければならないんだ」

トラック2…モラル・ダイアローグ――ハーモニー

モラル・ダイアローグとは、行動の正しさや間違いについて、価値基準について、または価値ある人生の基本となるものについての会話だ。これは音楽で言うところのハーモニーにあたり、メロディラインに深みと質感と意図をあたえるものだ。言い換えるなら、モラル・ダイアローグはストーリーにおける出来事そのものについての会話ではない。むしろそれらの出来事に対するキャラクターたちの態度についての会話なのだ。

モラル・ダイアローグの流れは次の通りだ。

- キャラクター1、一連の行動を提案または実施する。
- キャラクター2、その行動は他者を傷つけるものだとして、それに反対する。
- シーン中、それぞれが自分の意見を支持する理由を述べながらの攻防が展開される。

モラル・ダイアローグの間、各キャラクターは自身の価値基準、好きなこと、嫌いなことについて変わることなく言及し続ける。キャラクターの価値基準とは、正しい生き方についてのその人物の深い考え方が現れたものであるという事実を忘れないこと。モラル・ダイアローグによって、単に複数の異なる行動を比較するだけでなく、複数の異なる生き方を比較することを、それもとても高度な形で行なうことができるのだ。

トラック3…キーワード、キャッチフレーズ、タグライン、サウンド――反復、変奏、ライトモチーフ

ダイアローグの第三のトラックは、キーワード、キャッチフレーズ、タグライン、サウンドだ。こ

れらは象徴として、またはテーマとして、特別な意味合いを含ませる潜在能力を持つ言葉のことだ。それはちょうどシンフォニーで、たとえばトライアングルのような楽器を使って至るところを強調するのに似ている。言葉にこういう意味を持たせるためのコツは、普通でないほど何度もその言葉をキャラクターに使わせることだ。そうやって（特に複数のコンテクストで）繰り返し使うことで、観客の心に効果をもたらせるほどに耕されてゆくのだ。

タグラインは、ストーリーの中で何度も繰り返して使われる単文のセリフだ。その言葉を使うたびに新たな意味合いが付加されてゆき、最終的にストーリー全体の特徴を示す言葉と化す。有名なタグラインの実例としては、『カサブランカ』の「犯人をみつけろ」や「巻き添えを食うのはごめんだ」や「君の瞳に乾杯」がある。また、『スター・ウォーズ』の「フォースと共にあらんことを」、『フィールド・オブ・ドリームス』の「それを造れば、彼が来る」も有名だ。『ゴッドファーザー』には「彼が断われないオファーをするさ」と「私怨じゃない、これはビジネスだ」という二つのタグラインがある。

『明日に向かって撃て！』におけるタグラインの使い方は教科書的な好例だ。最初に発せられた時、その言葉にはまったく特別な意味はない。列車強盗の後、ブッチとサンダンスは追跡する捜索隊を振り払うことができない。遥か遠くにいる捜索隊を振り返ってブッチは「あいつら何者だ？」と言う。それからしばらくの後、捜索隊は距離をさらに縮めている時点で、サンダンスが同じセリフを発するが、今回のセリフにはちょっとした苛立ちの片りんがある。ストーリーが進展すると、ブッチとサンダンスがやらなければならない最も重大なことは、「あいつら」の正体を突き止めることだということが明白になっている。この追手は我らが主人公たちが簡単に撒けるような生易しい相手ではない。彼らはこの社会の未来像を体現する存在だ。あいつらは、ブッチもサンダンスも観客も決して目にすることのない東部の企業のボスに雇われてアメリカ西部の各地から集ったやり手保安官たちのオールスター集団なのだ。ブッチとサンダンスは、手遅れとなる前に彼らの正体を突き止めなければ、死を待つしかない運命なのだ。

シーン

特定のシーンを例題に、シーン構造とシンフォニーのようなダイアローグの基本原則がどのような形で使われ、またどのような形で臨機応変に対応されているかを検証してみよう。

オープニング

オープニング・シーンは、そのストーリーで描かれる全キャラクターと全行動の基礎土台となるものだ。オープニング・シーンを上手に書くのは最も難しい作業とされている所以もそこにある。ストーリー全体を示す逆三角形の中に位置するこの最初のシーンは、そのストーリーにおける最大幅の規模の枠組みを設定しなければならない。最初のシーンというものは、そのストーリーが概して何を語るものであるのかを観客に伝えるものだ。しかしそれだけでなく、そのシーンそのものが、劇的に人々を魅了して最初のパンチを繰り出すキャラクターと行動で描かれた小さなストーリーとなっていなければならない。

それだけに、最初のシーンのことを、全体のストーリーを示す大きな逆三角形の中にある小さな逆三角形と捉えると分かりやすいだろう。

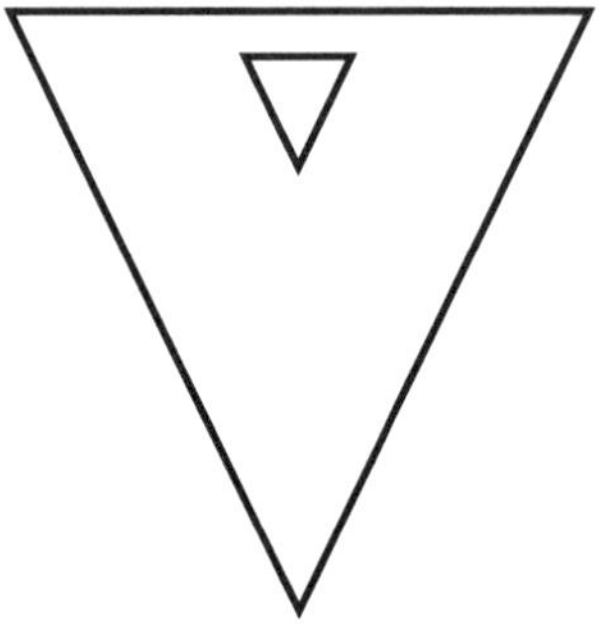

ストーリーの大きな枠組みの形状が示しているのと同じように、オープニング・シーンもまた、書き手がウィーヴ全体に織り込みたいと考えているテーマ性の（アイデンティティと対立関係の）パターンを示している。ただし、こういった大きなパターンは特定のキャラクターを基礎において築かれたパターンでなければならない。そうでないとそのシーンは理論的過ぎたり説教臭くなったりしてしまうだろう。

オープニング・シーンの原理をマスターする最良の方法は、実際に使われている例を学ぶことだ。ここでは『明日に向かって撃て！』の最初の2シーンを分析してみよう。

『明日に向かって撃て！』（脚本…ウィリアム・ゴールドマン　1969年）

『明日に向かって撃て！』の出だしの二つのシーンは、映画史上屈指の優れたオープニング・シーンであるとされている。書き手であるウィリアム・ゴールドマンによるシーン構造とダイアログは、観客を即座に喜ばせて心を摑んでいるだけでなく、そこにはストーリー全体を定義するパターンや対立関係がしっかりとレイアウトされている。

シーン1…ブッチと銀行

最初のシーンは、夜になって閉店しようとしている銀行で、ある男（観客は彼の正体をまだ知らない）が銀行強盗の下見をするシーンだ。

■キャラクター・アークにおける位置　このシーンはストーリーのオープニング・シーンであり、メイン・キャラクターであるブッチの登場シーンである。このシーンはまた、この主人公がたどるプロセス（最終的に死ぬ運命にある古き西部の強盗）の第一歩目でもある。

■問題

1　このストーリーが展開される世界、特にアメリカ西部のアウトローがほとんど絶滅しかけていることを提起する。
2　2人組のメイン・キャラクターの片方を提出する。
3　この主人公は、この西部と同じく、年を取り、ほとんど終わりかけているという事実をほのめかす。

■戦略

1　重要なテーマ性のパターンを形作るブッチとサンダンスの元型的な体験を創作する。
2　このひとつのシーンで、ストーリー全体の基本的なプロセス（すべてが閉じられてゆく）を示唆する。
3　陽気でユーモアのある描き方をしながらも、ダークな心の中や未来を示唆する。
4　この男は強盗に入ろうと思っている銀行を下見しているのだが、古き良き時代よりもずっと厳重になっているという事実を見せる。

5　観客にたいして、この男の正体をいきなり明らかにはしない。この男が実は銀行を狙っていてその下見をしているのだという事実を観客に自力で理解させるようにすることで、最後のジョークのおかしさが増し、またこの男が度胸のあるトリックスターであることや口が上手いことを定義づけることができる。

■欲求　ブッチはこの銀行を強盗するために下見をしたい。

■最終地点　彼はこの銀行が思っていたよりもずっとセキュリティが厳重であること、そして夜には閉められることを知る。

■ライバル　守衛と銀行そのもの。

■プラン　ブッチは嘘をつき、この銀行の見た目に興味を持っている振りをする。

■対立関係　この銀行は、まるで生きているかのように、ブッチの周囲で閉ざされてゆく。

■ひねりまたは発見　この銀行を眺めている男は、強盗の下見をしているという事実。

■道徳論議と価値基準　美学vs実用性。もちろんこのジョークの源泉は、銀行に美学を当てはめていることにあり、しかもその銀行に盗みに入ろうと考えている者がそう言っているという事実にある。しかし、この美学vs実用性の対立関係は単に最後の笑いを提供するためだけのものではない。これはこのストーリー全体が描いている根本的な価値基準の違いなのだ。このストーリー・ワールドは、どんどん実用的な世界となっているが、ブッチとサンダンスは、誰よりもスタイルを重視する男たち、いま急速に消え去ろうとしている美しい生き方を追求する者たちなのだ。

■キーワードとキーイメージ　厳重な鉄格子が下りる、時間がくる、明かりが消える、空間が閉ざされる。

このシーンにおけるダイアローグは、シーンの最後の一言でもあるキーワードの決めゼリフ「美しさのためなら些細な犠牲じゃないか」に向かって進んでいる。ただし、このシーンの妙技は、決めゼリフを発するタイミングが、メイン・キャラクターの正体（この男は口の上手なトリックスター〔銀行強盗〕であること）が明らかになるタイミングと同時であるところにある。この決めゼリフには二つの相反する意味がある。そのひとつは、この男が銀行の美しさなどには一切興味も抱いていないということだが、その一方で、このセリフは男を見事に定義してもいる。この男はスタイルを重視する男であり、そのために最終的に死を迎えることになるのである。

シーン2――サンダンスとポーカー

このシーンでは、メイコンという名の男が、ある男にお前はイカサマをしていると言う。メイコンはその男に金を置いて出て行けと言う。その男は、実は悪名高きサンダンス・キッドだったことが分かり、メイコンはギリギリで命拾いする。

■キャラクター・アークにおける位置　このシーンは、強盗として最終的に死ぬ運命にあるサンダンスのアークのオープニングに位置するものであり、またブッチのキャラクターにさらなるディテールを加えるシーンでもある。

■問題

1　2人組主人公のもう1人を登場させ、彼とブッチとの違いを見せる。

2　この2人が一緒に行動する友人同士であること、そして何よりも彼らがチームであることを見せる。

■戦略　脚本家のゴールドマンは、このシーンをプロットに一切影響を及ぼさない第二の元型シーンとして描いている。このシーンの唯一の目的はこの2人の概略を明確に定義することにある。

1 最初のシーンとは違い、このシーンでは対決と危機を通してキャラクターたちを定義している。危機を使うと即座にその本質が明るみに出るからだ。

2 第二のシーンでは、主にサンダンスを定義しているが、ブッチがサンダンスの引き立て役をしている姿を見せることでブッチの定義も推し進めている。

3 これによって、この2人がまるで優れたミュージシャンのようにチームとして一緒に仕事をしていることを見せている。サンダンスが対立関係を生み、ブッチがそれを軽減しようとする。サンダンスは無口であり、ブッチは口の上手い典型的なトリックスターの詐欺師だ。

4 危機のシーンを作り上げるため、ゴールドマンは典型的な西部劇のストーリー・ビートとして観客に受け入れられているポーカーのシーンから始めて、その典型をひっくり返している。西部劇にありがちな対決シーンとは違い、イカサマだと言われた男が間抜けなやり方で自身の名誉を守ろうとする。さらにゴールドマンは典型的なシーンを再びひっくり返し、さらに素晴らしい西部劇の主人公を作り上げている。この間抜けな男は実は凄腕だったのだ。

5 このシーンを作る上でのゴールドマンの主な戦略は、サンダンスの真の正体について観客を騙すと同時に、サンダンス自身も彼のライバルである人物を騙しているというものだ。これによってこの場面に二重の深みが出る。

■**欲求** メイコンはサンダンスの持ち金をすべて取って、彼を負け犬のようにこの酒場から放り出したい。

■**最終地点** メイコンは恥をかくが、サンダンスの銃の腕前を見せられた今となっては自分が賢い選択をしたことに気づく。

■ライバル　サンダンス、後にブッチ。

■プラン　メイコンは嘘をついていない。彼は直接的にサンダンスにここを出るか死ぬか選べと言う。

■対立関係　ポーカーで対決するメイコンとサンダンスの対立関係は、どちらかが死ぬことが確実な銃でのバトルにまでエスカレートする。そこでブッチがその対立関係を和らげようと交渉に入るが、それは上手くいかずに終わる。

■ひねりまたは発見　このシーン全体のカギは、ゴールドマンが発見を中心にシーンを構築しているところにある。最初に情報を出さないようにすることで、メイコンと同時に観客にも主観の逆転を経験させている。観客はサンダンスが弱い立場におり、しかもイカサマはしていないと子供のように主張することで、その立場はさらに悪化していると捉える。しかも、もう歳で人生の峠を超えて下り坂に入ったというブッチの発言により、観客の目にはさらにサンダンスが弱く見える。

それだけに、形勢が一気に逆転したときの、サンダンスの印象はとても大きなものとなる。このシーンの最後に銃の腕を披露することでアクション・ヒーローであることが明白になったのも確かだが、それ以上に彼のすごさを見せつけているのは、観客を騙して、あたかも自分が負けそうに見せることを喜んでやってのける能力にある。彼は達人なのだ。

■道徳論議と価値基準　このシチュエーションは戦士文化の究極例（公衆の面前での対決、身体能力と勇気の争い、男の名前と評判の力）と言えるものだ。ブッチは決してこの括りに入る人物ではない。彼はサンダンスより後にできた社会に属する人間であり、誰も命を落とすことなく仲良く過ごせることを望んでいるのだ。

■キーワードとキーイメージ　歳を取ること、彼らの時代が終わろうとしている……。しかしまだ完全に終わったわけではない。

この対決におけるダイアローグには無駄がなく、どのキャラクターも一言だけ発するものばかりだ。これによって好戦的な言葉のパンチのやり取りという感覚が高まっている。それ以上に重要なのは、これらの言葉がまるでスタンドアップ・コメディアンのような精密なリズムとタイミングで繰り出される高度に洗練されたウィットに富んだものばかりであるという事実だ。行動で表すタイプのサンダンスでさえ、簡潔な物言いの名手だ。メイコンに「勝てる秘訣はなんだ？」と問われた彼はシンプルに「祈りさ」と応じている。この映画でサンダンスが最初に発するこの一言だけのセリフは、スタイリッシュで、自信にあふれた無礼さがあり、彼という人物を完璧に定義している。

このシーンの後半部分は対立関係がサンダンスとブッチの対立に推移していることに注目しよう。この相棒同士は、どちらかが生死を決するシチュエーションに直面している時でさえ口論しあえるほど親密なのだ。ブッチのダイアローグもまた無駄がなくスタイリッシュだが、歳をとり、人生の峠を越えて下り坂にあるというこのストーリーの主要テーマだけでなく、彼の調停者としての独特な価値観を見て取ることができる。

このシーンの核にあるものは、ブッチとサンダンスの両人が一見すると死を免れそうもない状況を仕組んでいるという不条理な解決方法だ。サンダンスは自分が悪い立場にあるように見える状況であるにもかかわらず「こいつがここにいてくれと頼みこむなら、出て行ってやってもいい」と言う。そして驚くべきことに、ブッチはそれをそのままメイコンに提案するのだ。ただし彼は相手にあたえる恥辱を和らげるように「俺たちにここにいてくれと頼んでみるのはどうだろう？」と、そして「本心から言う必要はないから」と付け加える。それは典型的な西部劇のシチュエーションをスタイリッシュに逆転させるブッチとサンダンスの強みを観客に見せつけるだけでなく、彼らのチームとしての素晴らしさや、それをまるでコメディの2人組のようにやってのけることを見事に表現するものだ。

この長いセットアップの後で、ブッチは「もう俺にはどうにもできないよ、サンダンス」という決めゼリフを吐く。ここでゴールドマンはキーワードとなる「サンダンス」という言葉を意識的に最後に持ってきている。これによって突如として形勢が逆転し、恐ろしい存在だったメイコンが今では恐ろしがる側になり、ブッチとサンダンスのコメディ・チームは一気に最終地点へ移行してゆく。メイコンは「いてくれよ、ぜひとも」と言うと、いつでも愛想がよくて思慮深いブッチは「ありがとう、でももう行かなければならないんだ」と応じる。

このシーンは最後に典型的な設定で終わっている。メイコンがサンダンスにどれほどの腕前なのかと尋ねると、サンダンスは驚異的な身体能力でそれに答える。観客がすでにサンダンスの言葉から推量していた行動を見せてダメ押しをするのだ。しかしここでも重要なテーマ性を表す言葉が最後に置かれていることに注目だ。この言葉はオープニング・シーンの逆三角形の最終地点を形成し、また、この映画全体の最終地点を暗示している。「だから言っているだろう……下り坂なのさ」とブッチは言う。当てこすりであることが明白なこのコメントは、サンダンスがいま見せたばかりの身体能力からしても、またブッチとサンダンスがメイコンと観客を騙してみせた言葉の能力からしても、事実でないことは明らかだ。これは後知恵のセリフで、この2人が本当に人生の峠を越えていることを観客が見るのは時間が経ってからのことであり、2人もまだそのことを知らず、だからこそ2人は死ぬことになるのである。これは実に見事な映画脚本だ。

シーン執筆の手法――書き出しの一文

ストーリーの書き出しは、オープニング・シーンの原則を一文に凝縮させたものだ。最初の一文はそのストーリーそのものやこれから語られるストーリーの枠組みを最大限の広さで言及したものであり、それと同時に、劇的なパワー、何らかのパンチ力がなければならない。これから三つの名作を例に検証してみよう。ここでは最初の一文に続く文章も加えて書き出しておくことにする。そうすれば書き出しの一文がこのシーン全体やストーリー全体に対する書き手の戦略にどのようにフィットしているかが分かりやすいだろう。

「高慢と偏見」（小説…ジェーン・オースティン　１８１３年）

■キャラクター・アークにおける位置　主人公が登場する前に、このストーリーの世界がある――特に夫を探す女性たちの世界だ。

■問題

1　ジェーン・オースティンは、この作品がコメディであることを読者に知らせなければならない。

2　このストーリーの世界について、またここでのルールについて、何らかの提示をしなければならない。

3　このストーリーが女性の視点で描かれることを読者に知らせなければならない。

■**戦略**　利他主義が万人に共通の美徳だと言及しながらも、実のところは私利私欲だらけの行動を表す意見でしかないような、上辺だけシリアスな最初の一文から始める。この最初の一文の内容から、このストーリーが結婚に関するものであること、女性たちはその家族が男性たちを追うストーリーであること、この世界ではお金と結婚することが不可欠なものであることを読者に伝える。

このストーリーの概略的なアリーナを最初の一文でコミカルに提出した上で、書き手はストーリーを通じて主要な役回りとなる特定の家族に話を進めてゆく。ここには余計な贅肉がまるでないことにも注目しよう。

財産を持つ独身男性は妻を欲しがっているもの、というのは誰もが知る真理である。

しかし、この土地に初めてやって来た財産持ちの独身男性は、その真理がこの土地周辺に暮らす人々の頭にすっかり定着していることも、我が家の娘のうちの誰かの相手として相応しい存在だと自分が思われていることも、まるで知る由もない。

「ねえ、ミスター・ベネット」ある日、妻が夫に語りかけた、「ネザーフィールド・パークにとうとう借り手がついたってご存知?」

ミスター・ベネットは知らないと答えた。

「それがそうらしいのよ」と彼女は返した、「ロング夫人がうちにいらしてたのだけれど、色々と教えてくれたわ」。

ミスター・ベネットは何も答えない。

「借主が誰なのか知りたくなくて?」妻は我慢できずに声を張り上げた。

「君がどうしても話したいのなら、それを聞くのもやぶさかではないよ」
彼女が話し始めるには、それだけで十分だった。

「デイヴィッド・コパフィールド」（小説…チャールズ・ディケンズ　1849〜50年）

■キャラクター・アークにおける位置　語り部を利用することで、ディケンズはアークの最終段階にいる主人公を出しているが、この主人公は自身の話を最初の出だしから始めている。つまりオープニングでの主人公はとても若いが、ある程度の知恵を持った状態にある。

■問題
1　ある人間の一生を語るにあたっては、どこから始めてどこで終わるべきか？
2　これから語るストーリーの種類をどのようにして読者に伝えられるのか？

■戦略　一人称の語り部を使う。チャプター・タイトルで彼に「私は生まれた」と言わせる。そんな短い一文だが、そこにはものすごいパンチ力がある。このチャプター・タイトルは、実質的にこの小説の最初の一文に当たるものだ。語り部はこの一言の中に彼の人生の旗を植えているのだ。「私は重要な存在であり、これは素晴らしい物語になる」と彼は宣言しているようなものだ。彼はまた、これから語られるストーリーが神話形式の成長物語として主人公の出生から始まることも示唆している。このストーリーの持つ大志を感じ取ることができる。
ディケンズはこの短いがパンチ力のある言葉に続けて「果たして私の人生の主人公が私自身なのか……」と綴っている。これによってこの主人公が物語としてこれを見ていること（そして彼が作家であること）、そして自分の人生に秘められた可能性を全うできるかどうか心配しているることが即座に読者に伝えられる。彼はその上で自身の出生の場面に話を戻しているが、これはかなり強引だ。ただしその強引さはドラマティックな要素を引き出すためのもので、赤ん坊の彼は、深夜○時を知らせる鐘の音の中、この世で目を覚ますのだ。

この戦略によってもう一つの効果も生まれている。読者はこのストーリーに心地よい落ち着きを感じるのだ。書き手は彼らに「私がこれからあなたを長いけれど魅力的なジャーニーにお連れしましょう。だからゆっくりとリラックスして座っていてください。私があなたをこの世界に導いて差し上げます。決して後悔はさせませんよ」と言っているである。

私は生まれた。

果たして私の人生の主人公が私自身なのか、はたまた別の人間がその椅子に座ることになるのか、それはこのページをめくり続ければわかるだろう。まず、私の人生の始まりにあたって、私は金曜日の午前○時に生まれたということを記しておくことにしよう。時計が時報を鳴らし始めたのとまったく同時に、私は産声を上げた。

私が生まれた曜日と時間から、乳母も、また私と個人的に知り合いになれる可能性が発生する数ヵ月も前から私のことにひと際興味を持っていた近所の賢い女性たちも、第一に私が不幸な人生を歩む運命にあること、第二に私には幽霊や霊魂を見える特権があることを断言していた。そのどちらも、彼女たちの信じるところによれば、不幸にも金曜日の深夜に生まれた赤ん坊なら男女ともどもも持って生まれるものなのだという。

「ライ麦畑でつかまえて」（小説…J・D・サリンジャー　1951年）

■キャラクター・アークにおける位置　ホールデン・コールフィールドは療養所で去年自分に起こった出来事を回顧している。つまり彼のキャラクター・アークはほぼ終わろうとしている段階であるが、まだ最終的な洞察は得ていない。彼は自身のストーリーを振り返って語ることによって最後の洞察を得るのだ。

■問題

1　彼は自分の物語をどこから始め、その物語に何を含ませるか決めなければならない。

2　彼は自分について単純に何かを言うのではなく、自分の物語を語るという方法を通じて、自分が真に何者であるかを読者に伝えなければならない。

3　彼はこのストーリーやキャラクターの指針となる基本テーマと価値基準を示さなければならない。

■戦略

1　一人称で書くことにより、読者を主人公の頭の中に招き入れ、またこれが成長物語であるということを伝える。しかしこの主人公が療養所でこのストーリーを語っていることや、「悪い」言葉遣いで語っていることから、読者はこれがよくある成長物語とは正反対の作品であることを知ることができる。

2　語り部を主人公である自分自身と敵対させて読者を驚かせる。この物語はよくあるような薄っぺらで嘘っぽい青春ストーリーではなく、彼（ホールデン）は決して読者の同情を求めて媚びを売るようなことはしないのだと、出だしから読者を警告する。この語り部は容赦のないほど正直であるということを含意させる。言い換えるなら、彼にとって真実を話すことが道徳的義務なのである。

3 長くてとりとめのない文章にする。その文章のあり方が主人公の人物像やこれから展開されるプロットがどのようなものになるのかを表現する。

4 19世紀を代表する成長物語の究極的作品「デヴィッド・コパフィールド」について軽蔑の態度を込めて言及する。この物語は大々的なプロットや大きな旅路ではなく、むしろアンチプロットとさえ呼べるようなささやかなプロットや小さな旅路で展開される。これはまた大志をチラリと見せているものでもある。書き手はこれから19世紀の成長物語にも引けを取らないような20世紀を代表する成長物語を語ろうとしているのだということを暗に示しているのだ。

何よりも大切なのは、この主人公の価値基準や彼の語りが「嘘とは程遠い」ものであるということを読者が感じ取れるようにすることだ。ここで語られるのは、リアルなキャラクター、リアルな感情、リアルな変化（もし変化があるとしての話だが）であるということを知らしめるのである。

僕の話を本気で聞くつもりならさ、どうせ君が最初に知りたがることなんて、僕がどこで生まれたのかとか、僕の惨めな子供時代がどんな感じだったのかとか、僕が生まれる前に両親が何をしていたのかとか、そういう「デヴィッド・コパフィールド」的なクソみたいなことばかりだろうと思うんだけど、正直に言わせてもらうとさ、とてもそんなところから始める気にはなれないんだよね……。だから、いきなりだけど、ボロボロになった僕がここで休まなければならなくなる直前の、そう去年のクリスマスあたりに起こった狂気じみた出来事を話すことにするよ。

対立関係にある価値基準

2人の人物が角を突き合わせるだけでは優れたドラマ性は生まれない。個々の価値基準や意見が対決することで優れたドラマ性が生まれるのだ。価値基準の対立関係と道徳論議の対立関係はどちらも道徳的ダイアローグ（トラック2）の形式で表されるものだ。価値基準の対立関係は、信じていることにまつわる戦いをはらんだものだ。一方、ダイアローグで展開される道徳論議は、正しい行動や間違った行動にまつわる戦いをはらんだものである。

たいていの場合、価値基準の対立関係はストーリーのダイアローグ（トラック1）の背後で展開されるものだ。なぜなら、そうすることによってあからさまにテーマを語る会話になることが避けられるからだ。しかし、ストーリーが高まって二つの人生のあり方の競い合いになったときには、価値基準についてダイアローグで面と向かって対決することが必要になるだろう。

価値基準についてダイアローグで面と向かって対決する場合、重要なことは、その対立関係をキャラクター同士が言い争える特定の一連の行動に根付いたものにすることだ。ただし、特定の行動が正しいか間違っているか（道徳論議）にフォーカスをあてるのではなく、対決するキャラクターたちは、主に何が正しい生き方なのか、何が価値ある生き方なのかという大きな問題について言い争わせるのだ。

『素晴らしき哉、人生！』（原作短編小説「The Greatest Gift」…フィリップ・ヴァン・ドーレン・スターン　脚本…フランセス・グッドリッチ、アルバート・ハンケット、フランク・キャプラ　１９４６年）

『素晴らしき哉、人生！』は、すさまじいほどディテールに富んだ町の質感を見せる力に優れている作品であるだけでなく、人生のあり方についての二つの価値基準を見せる力に優れた作品でもある。建築貸付組合の将来について言い争うジョージとポッターのシーンは、この映画に登場する論議の中で最も重要な論議だ。ポッターに彼の価値基準や生き方についての彼の理論構造そのものを細かく語らせることで、この人物はライバルとしてより大きな存在となっている。しかもその彼の価値基準はジョージの価値基準と真っ向から対立するものなのだ。

社会派ファンタジー作品であるこの作品において、これは単に2人の人物の個人的な口論ではない。これは社会全体がどう生きるべきかということについての論議なのだ。それだけにこの場面でのダイアローグも政治的なものとなっている。ただしそれは、すぐに時代遅れとなってしまうような具体的な政治についての口論ではない。これは人間の政治、リーダーの元で人々がどのように生きるべきかという意味での政治についての口論なのだ。このシーンが素晴らしいのは、こういう大局的な会話が徹底的に感情的で個人的に描かれているところにある。この2人は（建築貸付組合を廃業にすることという）単一の行動にフォーカスをあてた口論を展開しており、また主人公の父の死によってとても個人的な会話となっているのだ。

中盤で短い言葉のやり取りがあることを除いては、このシーンの大部分が実質的に2人それぞれのモノローグで成り立っていることに注目しよう。どちらのモノローグもかなり長いもので、これは短く小気味よいセリフの応酬を推奨するハリウッドの知恵のルールを破ったものだ。そうなった理由は、どちらのキャラクターも自分自身のこれまでの生き方そのものを基礎にして語るため、それなりの時間が必要だからだ。お互いを嫌うこの2人の私的な争いを土台にしてこのシーンが描かれていなかったら、味気のない政治哲学の講義のようなシーンになってしまっていたことだろう。

■キャラクター・アークにおける位置

父の死によって、ジョージは自分の人生の欲求（自分の目で世界を見て何かを作りげたい）にフラストレーションを初めて感じており、また家族や友人たちのために最初の自己犠牲となる行動をとる。彼はいま、夢を追うため大学に行こうとしているところだ。

■**問題**　書き手は、説教臭くなることを避けながらも、この町やアメリカのあるべき姿についての二つの価値基準を戦わせなければならない。

■**戦略**

1　この町のあらゆるものに融資している団体である建築貸付組合の将来について、およびその団体を設立したが先ごろ急逝してしまった人物について、主人公とメインのライバルに口論させること。

2　主人公のモノローグの最後の一言「ずっと豊かな人間」に集約されるような哲学論議にフォーカスすること。

■**欲求**　ポッターは、建築貸付組合を閉鎖させたい。

■**最終地点**　ジョージが阻止するためポッターはその欲求を満たせない。

■**ライバル**　ジョージ。

■**プラン**　ポッターは直接的に建築貸付組合の閉鎖を求め、ジョージは率直にそれに反対する。

■**対立関係**　この対立関係は、ポッターの話が組合の話からジョージの父親についての話に移ったところから激しくなる。

■**ひねりまたは発見**　若いジョージは、他の誰もが恐れるポッターと面と向かって争うことができる。

■**道徳論議と価値基準**　この2人のやり取りは、対立関係にある価値基準の典型例なので、より詳しく検証する価値があるだろう。二つのモノローグの並べ方が見事であることにも注目しよう。この2人は二つの対立する政治的および哲学的なあり方の代表者として、実に具体的な論議を繰り広げている。

ポッターの理論と価値基準

1 ビジネスマンであることと高い理想を持つ男の間には重要な違いがある。

2 常識を無視した高い理想は町全体を滅ぼしかねないものである。これによって観客はこの2人の戦場がこの町であり、この映画の中心的論点が、「どういう生き方が、この戦場を、つまりこの世界を生きる場所としてより良いものにするのか?」であると理解することができる。

3 ポッターは、観客が好感を持っているフレンドリーなタクシー運転手のアーニー・ビショップという特定の例をあげる。アーニーはすでにこの映画に登場しており、観客は彼が貸主にとってリスクのある男ではないことを知っているが、ポッターはそんなアーニーが家を建てるだけの金銭を得られたのはジョージと個人的に知り合いだからだと主張する。

4 そのようなタイプのビジネスをしていたら、質素な労働者階級であるはずの者たちが、不機嫌で怠惰な下層民となるだけだとポッターは言う。この発言はポッターの価値基準の思考法に悪意があることを暗示している。つまり、アメリカは階級社会でありポッターはより低い階級の人々を支配してしかるべき立場にいるという考え方だ。この時点で、彼のダイアローグには行き過ぎの感が生じている。ポッターは単に階級社会の長であるだけでなく、悪意のある資本主義者なのだ。

5 ポッターは最後にジョージの象徴を攻撃する。ジョージも彼の父も、私的で共同社会的なつながりによって人々が価値のある人生を暮らせる町を作れると考えているおめでたい夢想家だとポッターは指摘する。

ジョージの理論と価値基準

☑これよりいくつか前のシーンで、ジョージの父親がこれと同じ問題についてジョージに述べ、その時はジョージが父親とは反対の考えを示しているが、この映画の書き手たちは、それによってジョージの理論を設定していたのだ。その設定があるからこそ、ジョージの雄弁さに真実味や痛切な悲しみが備わるのである。

1 ジョージはポッターの論点について認めるという素晴らしい出だしから理論を展開し始める。つまり、彼の父親はビジネスマンではなかったこと、彼自身にとって、このちっぽけな建築貸付組合など趣味ではないことをまず認めている。

2 そこから彼は理論を展開することにより、その内容は主に彼の父親のこととなる。確かに父の無私無欲のせいでジョージもハリーも大学に行くことができない結果になったが、彼の父は無私無欲の人だったのだと。

3 そしてジョージはポッターの基盤であるビジネスそのものを攻撃する。彼の父は人々がポッターのスラム街から抜け出して、より良い市民となり、より良い顧客となれば、コミュニティ全体の豊かさと福利が増加することになると信じて彼らを手伝っていたのだとジョージは言う。

4 ジョージはちっぽけな男のヒロイズムについて語り、より高いレベルの理論を繰り広げる。このコミュニティで働き、このコミュニティで金を使い、このコミュニティで暮らし、このコミュニティで死んでゆくほとんどの人々が、ポッターが「怠惰な下層民」と呼んだ人々なのだ。彼らは、端的に言うなら、このコミュニティの原動力であり、心臓であり、魂だ。このコミュニティがあらゆる人々の生活を満足させることのできる場所となれば、下層階級として扱われる者など誰一人存在しなくなるだろうと。

ジョージは最後に、誰にも奪うことのできない人間としての権利という、何よりも根本的で不可欠な考えを述べる。彼の父は、当然そうすべく、人々を人間として扱ったが、ポッターは人々を家畜のように思っており、彼が勝手に選んだ場所に駆り立てて押し込めることのできる思考を持たない動物のように扱っているのだと。言い換えるなら、ポッターは人々を自分の利益のため、自分が金を稼ぐための道具としか考えていないのだと。

☑この作品の書き手たちは、一般人の権利という最も大きな意味を包含する理論を展開させる一方で、最後にくる重要なセリフとキーワードを使って最も私的なレベルにフォーカスをあてることを忘れていない。

ジョージは、ポッターがこういうことをするのは彼が「常道を踏み外してフラストレーションを抱えた老人だからだ」と言う。このセリフはこの映画において実に重要なセリフだ。それは単にポッターの人物像を言い当てているからだけではなく、それ以上にフラストレーションという言葉はジョージの人物像を最も適確に描写する言葉でもあるからだ。

そしてこのシーンの最終地点に最後のセリフが発せられる。「うん、僕に言わせれば（僕の父は）あなたなどには到底及ばないほどずっと豊かな人間としてこの世を去ったんだ！」この「ずっと豊かな人間」という言葉には、二つの異なる価値基準がある。当然そのひとつは「大金を稼ぐ」というものであり、これはポッターの考え方によって定義されるものだろう。しかし、それ以上に深い意味のある捉え方は「他者に貢献することで得られる他者からの返礼」というものであり、これはジョージの考え方によって定義されるものだ。

■**キーワード**　「ずっと豊かな人間」

○ベイリー建築貸付組合（昼間・室内）

ポッター「ピーター・ベイリーはビジネスマンではなかった。だから彼は死んだんだ。彼は、いわゆる理想高き男だったが、常識のない理想はこの町を滅ぼすのだ（テーブルから書類を取り上げて）たとえば、このアーニー・ビショップへの融資だがね……。そう、あのタクシーで一日中座って過ごしている馬鹿者さ。いいかね、聞いた話によると、彼は銀行から融資を断られたというじゃないか。しかしここに彼が泣きついてくると、私たちは５０００ドルもする家を彼のために建ててやるという。どういうことかな？」

　ジョージ、ここを去ろうと思い、すでにコートと書類を手にドアのところまで来ている。

ジョージ「ああ、それは僕が扱った件ですよ、ポッターさん。必要書類ならすべてそろっています。彼の収入も保険も。彼は信頼できると僕自身が保証しますよ」

ポッター「（皮肉をこめて）友達かね？」

ジョージ「そうです」

ポッター「そういうことさ、ここの従業員とビリヤードを楽しむ仲の人間なら、ここへ来れば金を借りられる。そんなことを繰り返していたらどうなると思うかね？　質素な労働者であるはずの者たちが、不機嫌で怠惰な下層民となるのだ。それもこれもピーター・ベイリーのようなおめでたい夢想家がやつらをかき回して、やつらの頭の中に不可能な発想ばかりを吹き込んでいるからだ。そこでだ……」

ジョージ、コートを置いてテーブルのところまで戻る。父のことを悪く言うポッターに激怒している。

ジョージ「待った……ちょっと待った。待ってください、ポッターさん。父がビジネスマンでないというあなたの意見は正しい。僕もそう思います。父がどうしてこんなケチでしがない建築貸付組合なんかを始めようと思ったのか、僕には決して理解できないでしょう。だけどね、あなたにも他の誰にも、父のことを悪く言える権利なんかないんだ。なぜなら父はその生涯を……。父とビリー叔父さんがこの組合を始めて以来、25年間ずっと、彼は一度として自分自身のことを顧みたりしなかった。そうだよね、ビリー叔父さん？　僕はもとより、ハリーも大学に行かせられるだけのお金を貯めることもしなかったんだ。だけど父はね、何人かの人たちを手助けして、あなたのスラム街から抜け出せたんですよ、ポッターさん。それのどこが悪いと言うんだ……。ここにいるあなたたちはみんなビジネスマンだけど、そのおかげで彼らがより良い市民になれるというのか？　より良い顧客になれるというのか？　あなたは……あなたは、ついさっき何て言いました？　やつらがちゃんとした家を持とうなどと夢見るのは、金が貯まるまで待ってからの話だと言いましたね？　待ってからって、一体何を待つんです？　彼らの子供たちが自立して家を出るまで待てとでも？　年老いて疲れ果てるまで待てとでも？　労働者が5000ドルを貯めるまで、どれくらいの時間がかかるか知っていますか？　これだけは覚えておいてください、ポッターさん、あなたの言う下層民たちが……彼らがこの社会のほとんどの仕事をし、この社会で金を使い、この社会で暮らし、この社会で死んでゆくんですよ。彼らにちゃんとした部屋がふたつほどあり風呂のついた家を持たせてやり、そこで働き、金を使い、暮らし、死ねるようにしてあげることが贅沢だと言うんですか？　少なくとも父はそうは思っていなかった。父にとって人々は人間だ、だけどあなたのように常道を踏み外してフラストレーションを抱えた老人にとっては、彼らは家畜のような存在なんだ。うん、僕に言わせれば、父はあなたなどには到底及ばないほどずっと豊かな人間としてこの世を去ったんだ！」

『疑惑の影』（原作…ゴードン・マクドネル　脚本…ソーントン・ワイルダー、サリー・ベンソン、アルマ・レヴィル）

『疑惑の影』の脚本は、おそらくサスペンス映画の最高峰となる脚本と言えるだろう。そのストーリーは、小粋なチャーリー叔父がアメリカの小さな町で暮らす彼の姉家族としばらく過ごすためにやってくるというものだ。彼と同じ名前の姪のチャーリーは、叔父を尊敬しているが、後に叔父こそが「メリー・ウィドウ（陽気な未亡人）殺人鬼」の名で知られる未亡人を狙う連続殺人犯だと確信するに至る。

ソーントン・ワイルダーの脚本は、サスペンスというジャンルにドラマの手法を組み合わせることで形式を超越させた典型例だ。そのアプローチは、叔父のチャーリーが殺人を道徳的に正当化していることをほのめかす有名なシーンに顕著に表れている。並みのライターなら、殺人犯をもっとダークに描き、生まれながらに非道徳的なので自己弁護をする必要もない邪悪な極悪人として扱うところだろう。しかし、そのように扱ってしまうと、ストーリーは単なる殺戮マシーンの記録のようなものに成り下がってしまう。

ワイルダーはそうすることをせずに、細かく、しかも他者にも理解できるような道徳論を殺人者に持たせている。それによってこの男はずっと恐ろしい存在となるのだ。叔父のチャーリーは、アメリカの暮らしに潜む暗く汚らしい面（一握りの人々が金を手放さないため、ほとんどの人々がアメリカン・ドリームを達成できずに終わること）を攻撃する。それは私たちが見て見ぬふりをしている現実だ。

■**キャラクター・アークにおける位置**　このライバルにはこのストーリー内で展開される彼だけのキャラクター・アークはない。しかしこのシーンは主人公の成長におけるとても重要な地点にある。姪のチャーリーは尊敬していたこの叔父のことをすでに深く疑っている。しかし彼女は、これまでの叔父への好感と、新たに湧いてきた憎悪の狭間で揺れているところにあり、どうしてそうなってしまったのかをどうしても理解したくてたまらずにいる。

■**問題**　ライバルが直接的に正体を明かして告白することなく、それでも殺人の動機を暗示するように描くにはどのようにすればいいのか？

■**戦略**　家族全員に夕食の食卓を囲ませる。自己を正当化をする発言はこの家族や一般的なアメリカの家庭では日常的なものだからだ。チャーリー叔父の姉であるニュートン夫人が彼に、彼女の所属する婦人会でのスピーチを依頼したことで、チャーリー叔父が中高年女性たちについて深く考えることに自然な理由づけがなされる。その上で、ありふれた会話の中からぞっとするような発言がなされる。

■欲求　チャーリー叔父は、自分が女性に、特に中高年女性に敵意を持っていることを姪に向けて正当化すると同時に、彼女を怖がらせて退かせたいとも思っている。

■最終地点　彼は自分がやり過ぎてしまったことに気づく。

■ライバル　姪のチャーリー。

■プラン　叔父のチャーリーは、都市に暮らす女性一般についての哲学を繰り広げるという間接的なプランを使っている。これによって彼は隠し事を秘めたまま、同時に、この食卓にいる1人にだけ自身の真意を分からせることができる。

■対立関係　姪のチャーリーのカウンター攻撃はたった一度だけではあるものの、チャーリー叔父の女性嫌悪の考えがエスカレートすることによって、2人の対立関係は明確に確立されてゆく。

■ひねりまたは発見　あの小粋な叔父のチャーリーが、中高年女性は動物以下であり死ぬべきだと考えている。

■道徳論議と価値基準　叔父のチャーリーの道徳論議は、恐ろしいほど具体的だ。彼は中高年女性を役立たずと呼ぶことから始めている。次いで彼は、中高年女性は金をむさぼる快楽主義の獣だと蔑む。そしてしまいには、そんな肥えて老いた動物は殺して楽にしてやった方が道徳的に正しいのだと論じる。対立関係にある価値基準としては、一方の価値基準は役立つこと、人間、それに対するもう一方の価値基準は、金銭、快楽、役立たず、動物である。

■キーワード　金、妻、役立たず、欲深い、動物。

このダイアローグが恐ろしいのは、平凡な会話であると同時に殺気のあるものだからだ。まずは日常的な夫と妻についての話で始まるが、徐々に女性は動物であるという観点に向かってゆく。キーワードの最後のセリフが疑問形であることに注目だ。チャーリー叔父は、決して直接的にそういう女たちは屠殺するべきだと言ってはいない。彼は姪にどうすればいいと思うと問うているのであり、そんな彼の恐ろしい理論の圧力が彼女を完全に確信させているのだ。

このシーン構築とダイアローグの素晴らしさは、書き手のワイルダーが最後に入れたコミカルさによってさらに高められている。チャーリー叔父の姉であるニュートン夫人は、弟の発言の真意をおめでたいまでに分かっていない。そんな彼女によってこのシーンはそもそもの始まりに引き戻され、チャーリー叔父が婦人会でスピーチをするという話題に戻る。それはまるで狼に鶏小屋の番を頼むようなものだということを観客は知っている。しかも母親のように彼を可愛がるこの姉は、素敵な未亡人を彼に紹介しようとまでしているのだ。

○ダイニングルーム（夜）

チャーリー叔父はワインを注いでいる。気軽に話しながら、とても注意深くワインを注ぐ。

チャーリー叔父「聴衆はどんな人たちだい？」

ニュートン夫人「ああ、私みたいな女性たちよ。いつも家事で忙しく働く主婦がほとんどね」

ニュートン「婦人クラブ！」

ロジャー「占星術クラブだったときもあったよね」

アン「私がクラブを作ることになったら、読書クラブにするわ。会計係になって本を買うのよ」

チャーリー叔父、ワイングラスを皆にまわす。

姪のチャーリーのクローズアップ。ワイングラスを受け取る。彼女は不意に半分ほどこぼしてしまう。彼女の視線がチャーリー叔父に戻る。

チャーリー叔父、一瞬だけ沈思しているように見える。次いで、深い憤りを込めて話し始める。

チャーリー叔父「ここみたいに小さな町の女たちは忙しく働いているんだね。都会ではそうじゃない。都会は女だらけだよ……。中高年の……未亡人の……夫はもう死んでいるんだ……。夫たちは何万ドルも稼ぎ出すために生涯を費やして、働いて、働いて、働いて……そして妻たちにその金を遺して死んでゆく……馬鹿な妻どもにね。その妻どもはそれで何をしている？　役立たずの妻どもは何をしていると思う？　毎日のように高級ホテルでその大金を使っているのさ……。その金を食い、その金を飲み、その金をブリッジに賭けて失う……。午後も夜もずっと遊び続けている……。金の匂いプンプンとたてて……誇らしげに宝石をつけて……それ以外に誇れるものは何もないのさ……。醜く、衰え、肥えた、欲深の女たち……」

突然、姪のチャーリーの声が手前から遮る。

姪のチャーリー「（泣き声を絞り出して）だけど彼女たちは生きているわ！　生きた人間なの

よ！」

チャーリー叔父、あたかも目を覚まされたかのように彼女を見やる。

チャーリー叔父「そうかな？　本当にそう思うかい、チャーリー？　彼女たちは人間だろうか、それとも、ぜいぜい息をたてる肥えた動物だろうか？　太りすぎて年老いすぎた動物はどう処理されるものだい？（彼は突然落ち着く）（笑う）ここでスピーチを始めてしまったようだね」

姪のチャーリー、慌ててフォークを取り上げ、目線を下げる。ニュートン夫人の声が聞こえてくる。

ニュートン夫人「まあまあ、チャーリーったら、私の婦人クラブで女性のことをそんな風に言ったらだめよ。八つ裂きにされちゃうから！　ああゾッとする！（彼をからかう）それにあの素敵なポッター未亡人も来るのよ。彼女、あなたのこと色々と知りたがってたわよ」

モノローグ

モノローグはストーリーテラーが用いる技術の中でも特に価値のある手法だ。ダイアローグを使えば2人以上の対決のるつぼを通して真実や感情を引き出すことができるが、一方のモノローグでは、その人物自身の中にある葛藤のるつぼを通して真実や感情を引き出すことができる。

モノローグはそのキャラクターの心の中にあるミニストーリーだ。これもミニチュアの一形式として、そのキャラクターの人物像や中心となる葛藤、さらにはストーリー全体を通してこのキャラクターが経験するプロセスを要約するものである。これを使って観客にキャラクターの心の奥深くを細かく見せることができる。または、これを使ってそのキャラクターが受けている苦痛の強さを見せることができる。

優れたモノローグを書くためには、何よりもまず、そのモノローグがひとつのストーリーとして完結したものでなければならない。つまり繰り返しになるが、7段階の道程をしっかりと踏んだ上でキーワードやキーフレーズを含んだセリフで終結するものでなければならない。

『評決』

デヴィッド・マメットは『評決』の決戦シーンの最後にモノローグを使用している。これは主人公が陪審員たちに聞かせる理論の結論部分でもあるので、マメットは主流のアメリカ映画のようにモノローグを「リアルな」媒体として使うことを正当化する必要もない。このモノローグは実に見事に書き上げられたものだ。その理由は単にこれだけで一つのストーリーとして完結しているからだけではない。このモノローグは実は二つのストーリーとして完結しているのだ。一つは彼が弁護している女性の道筋、もう一つは彼自身の道筋のストーリーである。

■**キャラクター・アークにおける位置**　フランクはすでに自己発見を済ませている。しかし彼の成長の最終段階にあたるここで、彼はこの裁判に勝つことでその自己発見を証明しなければならない。

■**問題**　どうすればドラマ性の力強さを最大限に出しながらこの事件をまとめることができるだろうか？

■**戦略**　フランクの個人的な成長をこっそりと表現することによって、この事件を語り、陪審員たちに道徳的な行動を求める。

■**欲求**　フランクは陪審員を説得して正義のために立ち上がらせたい。

■**最終地点**　彼は陪審員の一人ひとりもまた正しいことをしたいと思っている人間であることを認識する。

■**ライバル**　日々、私たちのことを打ちのめし、私たちを弱者にさせる、金と権力のある者たち。

■**プラン**　彼のプランは、真心から語ることで正義を実現させること。

■**対立関係**　このモノローグは、何が正しいかを知り、正しいことを行なうよう陪審員に語りかけているものではあるが、実は正しいことは何かを知り、それを行おうと葛藤する彼自身を表現するものである。

■**ひねりまたは発見**　観客は、フランクが語っているのはこの事件のことについてだけではないことを知る。彼は彼自身のことを語っているのだ。

■**道徳論議と価値基準**　正義の行動をとることについてのフランクの道徳論議は7段階の道程をしっかりとたどったものである。彼はまず、敗者となって自分は非力な犠牲者だと感じている人々について議論を始めている（弱点）。その人々は、金と権力を持つ者たち（ライバル）から打ちのめされても正義を求める（欲求）。自分たちにも力があるのだということに気づくことができば（プラン）、自分自身を信じることができれば（自己発見）、私たちも正義の行動をとる（道徳的決断、バトル、新たなバランス状態）ことができるはずなのだ。

■**キーワード**　正義、信じること。

ぜひこの映画を見て、見事に書き上げられたモノローグを優れた俳優が素晴らしく料理してみせているこのシーンを見届けてほしい。

クロージング

いかなる演劇作品においても、何より重要な箇所は最後の90秒である、とチェーホフは言った。なぜなら、ファイナル・シーンはストーリーが最終的に収束する地点だからだ。時折、発見という形でラスト・シーンにもう一つだけプロットのスパイスが効かされることもないことはない。しかし、たいていの場合、この時点ではプロット的なことはすべて済んでいるものだ。というわけで、ファイナル・シーンもまた、オープニング・シーンと同じく、ストーリー全体のミニチュアの形をとることとなる。書き手はここでもう一度だけテーマのパターンを強調し、ここで表現されているキャラクターたちは、より大きな世界のあり方の延長線上にあるものであるということを観客に気づかせる。つまり、観客がテーマの発見をするのである。

優れたクロージング・シーンを書くためには、まずこのシーンがストーリー全体を表す逆三角形の下の一点に位置するものであること、さらにはこのシーンそのものも逆三角形でキーワードやキーフレーズをともなったセリフで（このシーンも、またストーリーそのものも）終わるものでなければならないということを、しっかりと頭に留めておく必要がある。

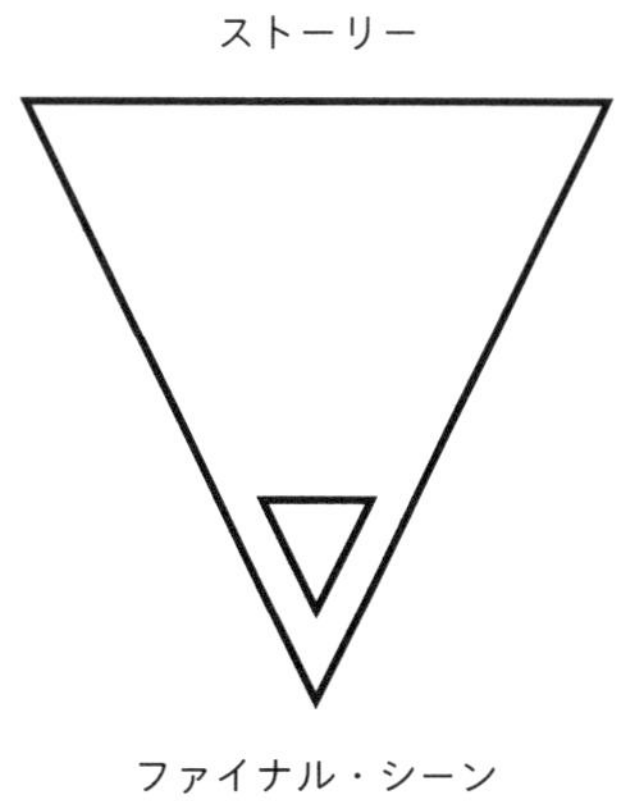

これを上手くこなせると、ファイナル・シーンによって究極的な漏斗効果が生まれ、最後にくるキーワードやキーフレーズをともなったセリフが、観客の心や頭の中で大爆発を起こし、ストーリーが終わった後にまでずっと長く響き続けるものとなるだろう。

このストーリーにとってとても大切な場面であるクロージングにおいて、シーン構造やダイアローグがどのように機能しているのか、名作の優れたファイナル・シーンを実例に検証してみよう。

「日はまた昇る」（小説…アーネスト・ヘミングウェイ　1926年）

このストーリーは、友人同士でヨーロッパを旅行する一行、そして戦争で負傷したため愛する女性を満足させることのできない特定の男性をとりとめもなく追ったものだ。2人の愛は叶うことのない大恋愛なので、この2人は旋回しながら下降してゆき、ひと時の刺激を追い続けること以外に人生に意味を見いだせなくなるところまで行ってしまう。彼らは目的を失った人々であり、自分たちがそこにはまり込んでいることを自覚してはいるが、そこからどうやって抜け出ればいいのか分からずにいる。

この小説のファイナル・シーンは、これらのキャラクターたちの行動を元型化したものだ。ジェイクとブレット・アシュリーは、ディナーを共にした後で移動する。彼らは誰かがどこかに向けて運転するタクシーの中にいる。このシーンが最終地点に向けて漏斗のように収束してゆくところで、ブレットがいかにも彼女の最後の言葉を発する。「ああ、ジェイク、あなたとだったらものすごく楽しい時間が過ごせたでしょうにね」と。なんでもない、むしろさりげなく発せられたこのセリフは、このストーリー全体を象徴するセリフでもある。大恋愛になりえたかもしれないこの大失恋が「楽しい時間を過ごす」という程度のものに要約されてしまったのだ。

このセリフにジェイクが最後の言葉で応じている。「そうだね。そう思えるって素敵なことだと思わないかい？」と。負傷という呪いだけでなく、幻想をしっかりと想像しつくすことができる感性の持主であるという呪いも負っているジェイクは、永遠に報われない運命にあるのだ。

『七人の侍』（脚本…黒澤明、橋本忍、小国英雄　1954年）

『七人の侍』の脚本は書き手の技術が芸術のレベルにまで浄化されている。この作品は本書で説明してきたほとんどすべての手法が実に見事に使われている最高に優れた脚本のひとつだ。そのファイナル・シーンは、観客を圧倒するだけでなく、不思議なことに、人間の持つ能力について強烈なまでの洞察を持たせてくれる。

このストーリーでは、盗賊と化した野武士たちよる略奪から農村を守るため、7人の侍たちが利他精神と戦への偏愛から結集する。また、若侍の勝四郎は村の百姓娘の志乃と恋におちる。その戦いは彼ら侍たちと村人たちの勝利に終わる。しかし一緒に戦った優れた侍のうち4人は丘の墓に眠ることとなった。志乃は田植えをする農民たちのところに戻るため、若侍に背中を見せて引き返す。

勝四郎の敗れた恋心、新たな生活のため田植えを始めた百姓たち、そして丘に眠る4人の同志たちの墓を、侍のリーダーである勘兵衛は仲間の七郎次と共に見やる。勘兵衛はそこで最後の洞察を得る。この戦いは勝利したものの、彼は彼ら侍たちが負けたことを、侍が侍として生きる時代はもう終わったことをよく分かっている。一時は消えてもしっかりとこうして復活してくる人々と、一陣の風と共に忘れ去られてしまうような4人の死んだ侍たちのヒロイズムの間には、とても大きな違いがあるのだ。

とても簡潔なシーンではありながらも、そこに力強く描かれた自己発見があることは間違いのない事実だ。しかしさまざまな理由から、このシーンはそういう風に見えないのである。第一の理由は、このシーンが、彼らにとって赤の他人である一握りの農民たちを救うためだけに40人の盗賊を倒すという大々的な決戦の直後にあり、それだけに、ものすごい心理的なひねりが生まれていること。第二の理由は、この自己発見はとても大きな発見だが、ストーリーのまさに最後に来ていることだ。これにより『シックス・センス』や『ユージュアル・サスペクツ』のエンディングのような衝撃的などんでん返し的な効果が生まれている。第三の理由は、これがテーマの発見であることだ。主人公は色々な意味でとても美しかった自分の属する社会全体の死を目にしているのだ。

○村（屋外・日中）

勘兵衛、頭を下げて地面を見る。カメラに向かって数歩歩いてから止まり、田の方を振り返る。それからまた歩いて七郎次のところに戻ってゆく。

勘兵衛「今度もまた負け戦だったな」

七郎次、驚いて、何か問いたげに勘兵衛を見る。

勘兵衛「いや、勝ったのはあの百姓達だ、儂《わし》たちではない」

勘兵衛、カメラに背を向け上を見る。

七郎次も彼にならう。

カメラが墓のある丘をティルト・アップし、2人の侍の姿はフレームアウトし、4人の侍の墓が空を背景に影となる。田植えの音楽に侍の音楽がかぶさり、風が吹いて墓の周囲に砂埃を巻き起こす。

「華麗なるギャツビー」(小説…F・スコット・フィッツジェラルド　1925年)

「華麗なるギャツビー」はそのクロージングが特に有名な作品だ。ギャツビーが死んだ。ニックは大都会での成功を追う自らの探究が間違いだったことを悟り、中西部に帰ることを決意する。最後のページでニックは最後にもう一度この東海岸のリッチな地域を見ている。

フィッツジェラルドの書いた最後のシーンには注意深い彼の論考をはらんでいる。彼はニックという登場人物を通して、この季節の中、大邸宅の数々は閉められていると言っている。この具体的な事実はまた、リッチなパーティという偽のユートピアがギャツビーの死と共に終わりを告げたことを象徴するものでもある。フィッツジェラルドはそこから一気に時代をさかのぼり、スケールも大きく、アメリカ開国当時のこの島を想像する。そこが自然に満ちたエデンの園だったころの、あらゆる可能性を秘めた「新世界の偉大な緑の胸」であり「最後にして最も偉大な全人類の夢」であった当時のニューヨークを想像するのだ。これによって今日のこの島とのはっきりした比較がなされる。今日のニユーヨークは、ギャツビーやデイジーやトムのような人々の欲求によって、青々と茂った森林が大邸宅や意味のない気取ったパーティといった偽の偶像に変えられてしまった姿なのだ。

この大局的な思考に次いで、フィッツジェラルドは一個人であるギャツビーへとまた焦点を戻している。ギャツビー自身の欲求はまるでレーザービームのように一心に、デイジーの家の桟橋の先に見た緑の光へと向かっている。ギャツビーは、ちょうど古典神話の主人公と同じように、彼にとって必要なものはすべて彼の始まりの地である中西部の「暗い野原」に最初からあることを知らない、間違った夢を追う男なのだ。

このように、このシーンの、そしてストーリー全体の最終地点である逆三角形の下の頂点に近づいてきたところで、フィッツジェラルドは、間違った欲求のシンボルである緑の光について語っているのだ。主人公の欲求が達成されてすべてがうまくおさまるという多くのストーリーにありがちな展開とは異なり、フィッツジェラルドは、決しておさまることのない欲求について、そう、ゴールが遠ざかれば遠ざかるほど間違った欲求が倍加してしまうという人間の性について論じている。彼の最後の一言は、ストーリー全体を体現するテーマの発見である。「だから僕たちは、この流れに逆らって進もうとするボートが、過去へと押し戻され続けていても、ただひたすら漕ぎ続けるのだ」。

『明日に向かって撃て!』（脚本…ウィリアム・ゴールドマン　1969年）

『明日に向かって撃て!』は、映画史屈指のオープニングで始まる作品であるのと同じように、そのエンディングもまた映画史屈指の優れたものである。また、さまざまな形で、このファイナル・シーンはオープニングの二つのシーンと鏡写しとなっている。

■キャラクター・アークにおける位置

徹底的に観客が好意を寄せているこの2人の男の悲劇は、

彼らには変わることができないことだ。彼らは学んで変わることができない。新世界はあまりにも急速にやってきたので、彼らには手に負えないのだ。彼らに残された道は死しかない。

■問題　主人公たちの根本的な本質を表現し、学んで変わることのできないせいで彼らがどうなってしまうかを見せるエンディングをどのような形で作り上げるべきか？

■戦略　最初のシーンと同じように、この2人は狭い空間の中にいて、すべてが自分たちの周囲で閉ざされてゆく。また、二番目のシーンと同じように、この2人は彼らの人物像を如実に表すような危機に直面する。その人間性とは、第一に、彼らはどちらも死の危機に直面しても、ものすごい自信を持ち続けている（この危機を何とか切り抜けられるだろうと信じて疑っていない）こと。しかもブッチは次に行くべき場所すら決めている。第二として、この危機における2人それぞれの違いを見せている。ブッチにはアイデアを思いつき続ける一方で、いつも確実に2人を危機から救い出すのはサンダンスの役目だ。

ここでもまた、脚本家のゴールドマンは、武器を奪いに外に走り出るブッチをサンダンスが援護するという彼らの見事なチームワークを描いている。オープニングでメイコンの銃を撃って床上を向こうまで移動させたサンダンスの腕前を素晴らしいと呼ぶなら、このシーンで身体を翻《ひるがえ》しながら視界に入った警官たちを次々と撃ち倒す彼の腕前は、目も眩むほど見事だと言うしかないだろう。しかし、観客が彼らのことを大好きなのは、彼らがコミカルに事を進めるからだ。彼らのコミカルな口論は映画の最初から最後まで決して衰えることなく描き続けられる。ブッチは熱弁をふるう役柄で、サンダンスはクールで懐疑的だ。このメイド・イン・ヘブンとさえ呼べそうな最高の組み合わせが、ここで最後にもう一度示されている。

それだけでなく、ゴールドマンはまた、このシーンにメイン・テーマとキャラクター・チェンジの欠如（この2人にはこの世界がどう変わろうとしているかが分からない）を表現するためのコントラストを一つ設定している。ゴールドマンは、2人のコミカルな口論の中で、未来の到来を避けるため行くべきところはオーストラリアだというブッチの最新のアイデアと、どうやらボリビア軍がやってきたらしいという事実をクロスカットで見せている。この主人公たちが知っていることと、観客が知っていることのギャップのコントラストがどんどん広がってゆくことで、この映画が出だしから見せ続けてきたことが強調されている。そう、ブッチとサンダンスには自分たちの小さな世界を超越したところを見ることができないということだ。彼らは紛れもなく憎めない愛すべき存在だが、それほど利口な男たちではないのである。

このコントラストによって、最後の観客による発見がなされる。スーパーマンにも死を免れることができないということだ。彼らの死ほど悲痛なものはない。

ここでもまた、最後のセリフがキーワードとなってこのシーンとストーリー全体を締めくくっている。ブッチがサンダンスに、彼らの天敵であるラフォースの姿はあったかと尋ねると、サンダンスは「ノー」と答える。それを聞いたブッチは「良かった。一瞬、俺たちもこれでおしまいかと思ったよ」と言うのだ。

名作のシーン構造

最後に、2本の名作映画『カサブランカ』と『ゴッドファーザー』を実例に、ここまで説明してきたシーン構造とダイアローグのさまざまな手法を振り返ってみることにする。この2本はストーリーテリング術の名作であり、そのシーン構造とダイアローグは両作品とも見事だ。主人公の成長というアーク上にシーンを乗せる能力があるかどうかによってシーン執筆の成否は大きく左右されるものであることは明らかなので、この2本の映画の最初のシーンと最後のシーンを検証することにした。この2本の映画のシーン構造とダイアローグをもっと徹底的に検証したい方は、ぜひともこれらの映画ももう一度鑑賞してみてほしい。

『カサブランカ』（原作戯曲「誰もがリックの店にやってくる」…マリー・バーネット、ジョーン・アリスン　映画脚本…ジュリアス・J・エプスタイン、フィリップ・G・エプスタイン、ハワード・コッチ　1942年）

リックとルイの2人で展開される最初のシーン

ストーリーのまだ早い段階で登場するこのシーンで、リックと警察署長のルイ・ルノーは、シュトラッサー少佐の到着やウガーテの逮捕の直前に、楽しく会話している。

■キャラクター・アークにおける位置　これは、リックとルイの関係性の発展における出だしにあたる。この2人の関係性はこのストーリーのファイナル・シーンでお互いを助け合い「マリアージュ（調和）」して終わることになるものだ。

このシーンは、まずそのキャラクターの全体的なアークにおけるどこに位置するシーンなのかを決めることの大切さを示す好例でもある。このシーンはこの映画の最初のシーンではないので、一見すると、ストーリーの流れにおける単なる1段階にしか見えない。しかし、リックのアークの最終地点（つまり、自由のために闘う活動家となり、ルイとの友情の「マリアージュ」を結ぶこと）を見極めることから始めたことによってのみ、このシーンが彼のアークにおいてとても重要なオープニングにあたることが見えてくるのである。

■問題

1 ルイがリックと同じくらいウィットに富んだ人物であることと、彼が最終的にリックの相棒となる人物として適任であることを観客に見せること。
2 ルイにもリックと同じくらい重大な道徳的な欠陥を持っていることを見せること。
3 リックの亡霊についてより多くの情報を引き出すこと。特に、このシニカルで非情な男が、かつては善人だっただけでなく、英雄ですらあったということを示すような情報を引き出すこと。

■戦略

1 ルイからリックに質問させることで、単にそれはラズロを止めるルイの任務の一部でしかないように見せながら、リックの過去についての情報を引き出す。退屈になったり過多になったりすることなくこの主人公の説明を引き出す方法として、これはとても優れた方法だ。それと同時に、リックが自分は大金をもらって仕事をしたまでだと主張することにより、センチメンタルになり過ぎることも、また理想主義的になり過ぎることも回避している。
2 ラズロが逃げられるかどうかについてリックとルイに賭けをさせる。これによりこの2人の欲求の道筋を純粋に彼ら2人だけのものにすることができ、また2人に共通のシニカルで利己的なところを表現することができる。この2人は自由のために闘う人物によるナチスを倒すための懸命の活動を、賭けの対象にしているのだ。
3 ラズロとイルザの情報をここで出しておくことで、後に2人が到着した際にはすでに素晴らしい評判となっているようにする。
4 フランス人警察署長のルイとナチスのシュトラッサー少佐の間にある複雑で分かりにくい権力的構図について、さらなる説明を加える。

■欲求　ルイは、リックの過去についてもっと知りたい。その上でラズロの逃走に手を貸すなとリックに忠告したい。

■最終地点　リックは彼に何も教えず、またラズロの逃走など、賭けの対象として以外はまるで興味がないと宣言する。

■ライバル　リックがルイのライバルである。

■プラン　ルイは、リックに直接的に彼の過去について尋ね、とてもクリアにラズロのことを放っておけと忠告する。

■対立関係　リックとルイはラズロが逃げ切れるかどうかについて意見が合わないが、リックがその意見の相違を賭けの対象にしたことで真の対立関係を和らげている。

■ひねりまたは発見　まだ登場していない偉大な自由の闘士ラズロが、ある素晴らしい女性と共に旅していること。また、ハードボイルドでシニカルなリックも数年前までは自由の闘士だったという事実。

■道徳論議と価値基準　この2人のやりとりは、道徳的な行動についての会話ではない。この2人が賭けている対象はラズロが逃げ切れるかどうかについてであり、ラズロが逃げ切るべきかどうかについてではないのだ。現にリックは、ラズロを手助けするつもりはないと言っており、またエチオピアとスペインで「正しい」味方について戦った理由は道徳的な理由ではないと言っている。リックはまた、ラズロは1人分の通行書を手にして同伴者をここカサブランカに置き去りにするだろうとも言っている。

このシーンにおける価値基準の明確な対立は、金と利己主義vs正義のための利他的な戦いである。

■キーワード　ロマンティック、感傷主義者。

このシーンにおける2人のダイアローグはとても洒落たウィットに富んだものだ。ルイはリックに彼の過去の亡霊について単純に尋ねてはいない。彼は「教会の基金を持ち逃げでもしたのか？　それとも政治家の妻と駆け落ちか？　君が人を殺めたという発想もいいな。私はロマンチストなんだ」と言っている。リックもまた俺のことなど放っておいてくれと単純に答えているわけでもない。彼は「水を求めてカサブランカにやってきた」と言うのだ。カサブランカは砂漠の街だとルイに言われたリックは「誤った情報を聞かされたのさ」と応じている。

リックとルイによるクロージング・シーン

『カサブランカ』のファイナル・シーンは、映画史上最も有名なシーンのひとつだ。リックはイルザへの愛を犠牲にして、夫ラズロのサポートができるよう彼女を送り出す。そして今、彼はかつてはライバルだったがそのスタイルは彼と同じルイと対峙する。

■キャラクター・アークにおける位置

1　これはリックが自由と愛国の闘士となる最終地点である。

2　構造上、このシーンはダブル・リバースで描かれており、リックだけでなくルイを含んだ2人のキャラクターの変化が描かれている。

3　これはリックとルイの関係において彼らが友情の「マリアージュ」を結ぶ最終地点にあたる。

■問題

1　このファイナル・シーンに最大限のドラマティックなインパクトをあたえるためにはどう

すればいいか？
2　2人のキャラクターの大きな変化を、真実味がありながらも退屈ではない方法で見せるにはどうすればいいか？

■戦略

1　ルイの変化や新たな2人組チームの誕生を見せることを最後の最後までとっておくようにする。
2　ダブル・リバースを使い、リックとルイに光明を見せながらも、2人の現実的な便宜主義は保持する。このシーンの醍醐味は賭けが再びなされることにある。これによってこの2人は大きな道徳観の逆転を経験しながらも、タフガイ的な本質を保つことができ、感傷的過ぎるシーンになることを回避できる。

■**欲求**　ルイは、リックの闘いに加わりたい、そして素晴らしく発展しそうな友情を始めたい。
■**最終地点**　リックはこのジャーニーにルイを歓迎する。
■**ライバル**　リックの出国について、いまだにリックとルイはライバル同士であるように見えるが、そう見えるのはルイが術策を用いているからだ。
■**プラン**　ルイは真の意向を隠し、あたかも通行証や賭けについてリックに対抗しているかのように見せる。
■**対立関係**　2人はリックの出国とルイがリックにしている借金について取引交渉する。しかしルイはお洒落な決断を下し、その結果として友情が芽生えて終わることになる。
■**ひねりまたは発見**　ルイはリックを陥れず、逆にリックの味方につく。しかし、それによってリックは賭けに勝った一万フランは失う。
■**道徳論議と価値基準**　この2人は、愛国者として行動する時がきたという事実を受け入れる。

しかし彼らは金もうけをすっかり忘れたわけでもない。

■キーワード　愛国者、友情。

このラスト・シーンは、このシーンおよびストーリー全体の最後の一点に向かって収束してゆく。リックは真の恋愛を失ったかもしれないが、素晴らしい対等な友人を得て終わっている。このシーンは、新たな道徳的行動を始めようとするリックにルイがお洒落に参加するという、大きな発見に導かれる構成になっている。この2人のダイアローグはこれ以上ないほど粋で洗練されたものだ。しかもそれをする彼らにまったく無理のないところが素晴らしい。

このダイアローグで見逃せない点がもうひとつある。究極的なまでにウィットに富んだ会話であるだけでなく、このやり取りは実に凝縮されたものとなっている。脚本家たちはストーリーの大どんで
ん返しを、短い言葉のやり取りに凝縮させており、これによって観客にものすごいインパクトをあたえる結果となっている。リックが高潔な行為をする。そしてお互いに短い言葉を交わすダイアローグがあり、ルイは高潔な行為として、ヴィシー水をゴミ箱に捨てる。ルイはリックの逃避行に関する取り引きを提案する。短いセリフだ。リックが賭けに勝ったことを蒸し返す。短いセリフだ。ルイはリックの逃避行と賭けを組み合わせて語る。とても短いセリフだ。リックはそれがどういうことなのか理解する。そして発される最後の一言は永遠の友情を暗示している。この一連のコンビネーションが、この映画のファイナル・シーンの最後の最後で大きなノックアウトパンチを生み出している。この映画の脚本家たちが彼らのストーリーの最後の90秒間にチェーホフの原則を実行するすべを理解していたことは明白だ。

『ゴッドファーザー』（原作小説…マリオ・プーゾ　脚本…マリオ・プーゾ、フランシス・フォード・コッポラ　1972年）

『ゴッドファーザー』の脚本家たちが、この素晴らしい映画でどのようにシーンを構築し、どのようにダイアローグを書いていたかを検証するためには、まず大局的にストーリーの全体像を注目するところから始めるべきだろう。次の3点は、この映画がストーリー全体を通して描こうとしていたのではないかと思われるものをまとめたものだ。

1　1人の王から次代の王へと権力が受け継がれること。
2　それぞれ異なった性質を持つ3人の息子が王になろうとすること。
3　攻撃を受けたファミリーが生き残りに対して勝利するため反撃すること。

ここで、この脚本家たちがストーリー全体の道のりを通して追いかけようとしていた大きなテーマ的パターンについて考えてみよう。一つ目はアイデンティティのパターンだ。アイデンティティは難解だと考えられがちな要素だが、この脚本家たちが深いレベルで描こうとしていたのはまさにこれなのである。ここで重要になってくるのは次の3点だ。

■ビジネスとしてのマフィア・ファミリー
■軍団としてのマフィア・ファミリー
■神聖な冒瀆と冒瀆的な神聖さ…悪魔としての「ゴッド」

次に注目すべきパターンは、対立関係のパターンである。それはこのストーリーで比較・対立させる重要要素だが、そのメインとなるものは次の通りだ。

■ファミリーvs法律
■ファミリーの正義と個人の正義vsアメリカの法律上の正義
■移民たちのアメリカvs本流にあるエリートたちのアメリカ
■男vs女

こういったシーンを書く場合、その執筆プロセスにどうしても必要な最後のステップは、ストーリー全体を通して対立関係を形成してゆく複数の価値基準とシンボル、またはキーワードをしっかりと見極めることだ。ストーリー全体を見渡さなければどの物体やイメージが中心的で自然なものであるか見極めることはできないだろう。見極めがついたら、それらを繰り返し使うこと（ダイアローグのトラック3）で、引き立たせ、強調させる。『ゴッドファーザー』の場合、それらの価値基準とシンボルは次の二つに大きく分かれている。その片方は、名誉、ファミリー、ビジネス、様相、犯罪、もう一方は、自由、国、道徳、法的行動だ。

オープニング・シーン

『ゴッドファーザー』の脚本家たちがもしも平凡なライターだったら、大々的で暴力的なプロットのシーンでランニング・スタートを切ろうとしたことだろう。プロットを一気にスタートさせられるようなストーリー・ダイアローグ（トラック1）を使って厳密にオープニング・シーンを書いていたことだろう。しかし、マリオ・プーゾとフランシス・コッポラは平凡なライターではない。ストーリーとシーンの両方に当てはまる逆三角形の原理に則って、彼らはオープニングとして元型的な体験談を作り上げている。その元型的体験談はストーリー全体の枠組みとなっており、そこからこのオープニング・シーンの最後の一点に向かってフォーカスが絞られてゆくことになる。

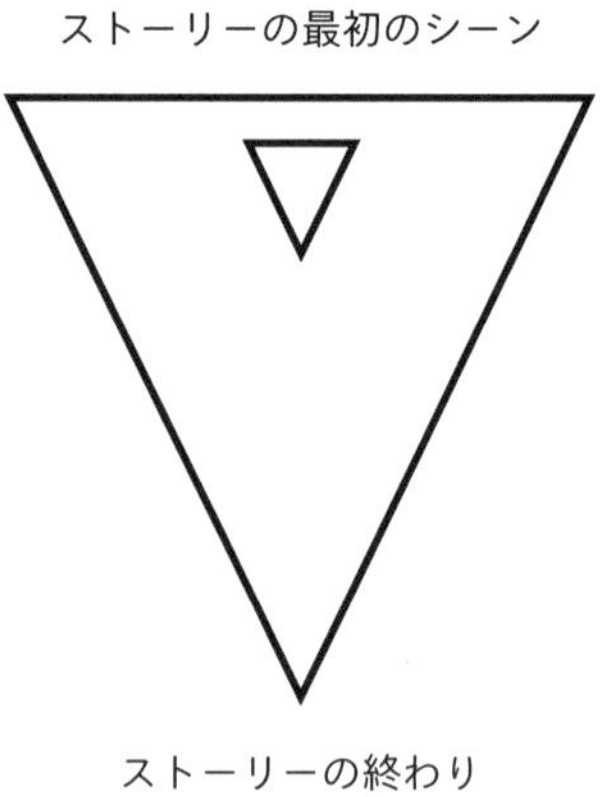

■キャラクター・アークにおける位置　このストーリーは1人の王の終焉と次の王の隆盛を追うストーリーなので、このオープニング・シーンは新しい次の王（マイケル）の出だしの地点として描かれてはいない。このシーンは現在の王（ドン・コルレオーネ）から始まり、彼や彼の継承者が日ごろからやっていることがどういうものなのかを見せている。

■問題　民主主義の国に生きる「王」を描くこのストーリーでは、そのオープニング・シーンでやっておかなければならないことがたくさんある。

1　ゴッドファーザーを登場させ、ゴッドファーザーがどういうことをしている人物なのかを見せること。

2　キャラクターたちのヒエラルキーや、この組織のやり方に関する掟も含めて、マフィア独特のやり方を見せ始めること。

3　このストーリーが壮大なスケールのものであることを宣言することで、観客に主要テーマの論点の一つを即座に理解させること。その論点は「このファミリーの世界は人々から軽蔑されている集団などではなく、この国の人々ために闘う集団である」ということだ。

4　このストーリーに織り込みたいアイデンティティや対立関係のテーマ的なパターンをいくつかを登場させること。

■**戦略**

1　ゴッドファーザーが裁判官のように振る舞い、自身の領土で権力を発動するという、彼の元型的な日常から始めること。

2　この根本的なゴッドファーザーのシーンをより大きくて複雑なストーリー・ワールドである結婚式に置き、その結婚式に参加するこの組織の一員の面々がここに集うことで、このファミリーの中心要素を強調する。

■**欲求**　ボナセーラは自分の娘を痛めつけた男たちをドンに殺してほしい。ボナセーラはこの世界においてとてもマイナーなキャラクターだが、彼はマフィアのシステムについて何も知らない立場にある。つまり彼は観客である。脚本家たちは彼を使ってこのシーンを前進させることで、このシステムについてボナセーラと共に学ぶ場を観客に提供するとともに、この世界に接触したときの感覚がどんなものなのかを感じさせている。ちなみに彼の名前アメリゴ・ボナセーラを翻訳すると「こんばんは、アメリカ」という意味をとることができる。

■**最終地点**　ボナセーラはドンの手中にはまる。

■**ライバル**　ドン・コルレオーネ

■**プラン**　ボナセーラは直接的なプランを用い、ドンに2人の若者の殺人を頼み、いくら支払えばいいかと尋ねる。この直接的なアプローチは却下される。

ドンは他人である彼を自分のクモの巣に引き込むため、間接的なプランを用い、ボナセーラにこれまでのドンとの付き合い方について申し訳なかったと思わせるようにしている。

■**対立関係**　今までもこれからもボナセーラが自分を侮蔑した態度をとっていると感じて怒っているドンは、ボナセーラの頼みを拒否する。しかし、このシーンで描ける対立関係の強さには限界がある。なぜなら、ドンには絶対的な力があり、ボナセーラもそれが分からないほどの愚か者ではないからだ。

■**ひねりまたは発見**　ドンとボナセーラは合意に達するが、それによってボナセーラが悪魔と契約を結んだことを観客は気づく。

■**道徳論議と価値基準**　ボナセーラはドンに娘を痛めつけた2人の若者を殺してほしいと頼む。ドンはそれは正義の裁きではないと断る。その上で彼は賢くもこの道徳論議の矛先をボナセーラに向け、ボナセーラが彼を軽蔑し、侮辱した態度で接していたと論じる。

■**キーワード**　リスペクト、友、正義、ゴッドファーザー

『ゴッドファーザー』のオープニング・シーンを見れば、優れたダイアローグというものがメロディ的なだけのものでなくシンフォニー的でなければならない理由がよく分かるだろう。もしもこのシーンがストーリー・ダイアローグだけで描かれていたとしたら、このシーンの長さは半分になり、その質に至っては10分の1に落ちていただろう。しかし、この作品では三つのトラックをすべて同時に使ってダイアローグが編み込まれているために、これほどの名シーンが生まれたのだ。

このシーンの最終地点では、ボナセーラが、あたかもファウストが悪魔と交わしたものと同じような取り引きに応じながら「ゴッドファーザー」という言葉を発している。このシーンの出だしの言葉にして、このストーリー全体の枠組みとなっている言葉は「私はアメリカという国を信じている」だ。

これは価値基準であると同時に、観客に二つのことを語っている。彼らがこれから壮大な物語を目の当たりにすることになること、そしてまたこの物語は成功に向けてのさまざまな異なる道のりについて語られるものだということだ。

このシーンはほとんど何も細かい情報のない場所で語られるモノローグで始まる。ボナセーラのモノローグは、単に彼の娘に起こった悲惨な話を語っているだけではない。そこにはさまざまな価値基準や「自由」や「名誉」や「正義」といったキーワードが散りばめられている。ドン・コルレオーネはこれにちょっとした道徳的攻撃で応じ、これによってボナセーラは守勢になる。その上でドン・コルレオーネはゴッドファーザーとして裁判官のように裁定を下す。

道徳論議、特に何をもって正義とするかということに関する意見の相違から、ちょっとしたやり取りがある。それに次いで、観客役を果たしているボナセーラはミスを犯す。ボナセーラは彼らのルールを知らないからだ。ここではどういう形で「支払い」が行われるのかを知らないからだ。

この時点からシーンは反転し、ドンがシーンの推進役となる。彼は、リスペクト、友情、忠誠心といった価値基準にとても満ちた道徳論議を語ることで、ボナセーラを奴隷のような状態にする。ドンは言葉ではボナセーラの友情が欲しいと言っているだけだが、ボナセーラにはドンによるこの間接的なプランの真の目的を理解する。彼は頭を下げて敬意を表し、このシーンのキーワードである「ゴッドファーザー」という言葉を発する。これに続くのは、このシーンで最も重要な最後のセリフだ。ゴッドファーザーは「その日はこないかもしれないが、いつの日か、このお返しに何かしてもらうときがくるかもしれない」と言うのである。

このセリフは、ファウストが悪魔と結んだ契約とまったく同じ形式のものだ。これによってゴッドファーザーと悪魔のイメージが結合する。「神聖さ」が不敬と同化するのだ。これでシーンが終わる。なんという迫力だろう!

クロージング・シーン

ストーリー全体を示す逆三角形の下の頂点にあたるこのシーンは、コニーがマイケルに人殺しをしたのかと責め立てる「裁判」であると同時に、彼の「戴冠式」でもある。このラスト・シーンはオープニングと呼応するものだ。悪魔と契約を結ぶことで終わるゴッドファーザーとしての元型的なこの体験として、今回は新たな悪魔が王に冠を載せるのだ。

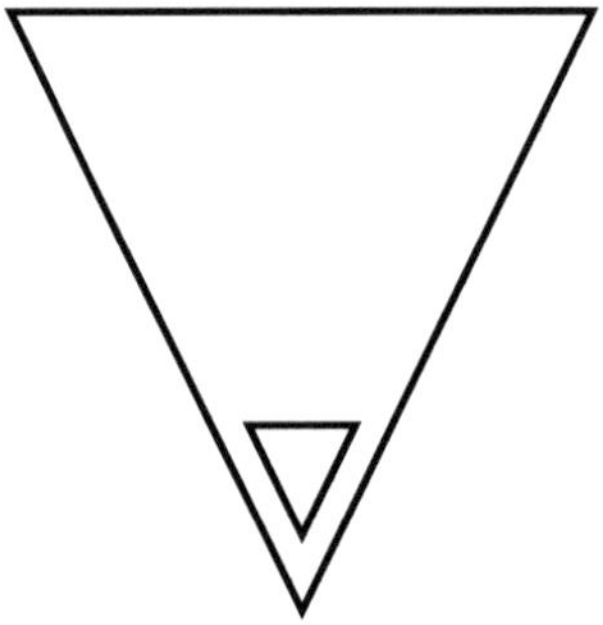

■**キャラクター・アークにおける位置**　マイケルはこのシーンで、実の妹のコニーから人殺しと責め立てられると同時に、新たなゴッドファーザーに昇り詰める。またマイケルとケイとの夫婦関係も、もう修復することのできない最終地点に近づいているようだ。

■**問題**　マイケルにそれを受け入れさせることなく、マイケルに反する道徳論議を提出するにはどうすべきか。

■**戦略**

1　その道徳論議をコニーに語らせるが、ヒステリックな女性としてそれを語らせ、その分だけ差し引いた手加減が加わる。

2　マイケルに自己発見をさせず、その代わりにケイに発見をさせる。ただし、コニーの言葉から発見するのではなく、ケイ自身が夫を見ることでもたらされる発見として描く。

■**欲求**　コニーはマイケルが夫のカルロを殺したと責めたい。

■**最終地点**　ケイの目の前でドアが閉ざされる。

■**ライバル**　マイケル、ケイ

■**プラン**　コニーは直接的なプランを用い、マイケルが彼女の夫を殺したと皆の前で責め立てる。

■**対立関係**　対立関係は強烈なレベルで始まり、最後には消失する。

■**ひねりまたは発見**　マイケルはケイに嘘をつくが、ケイはマイケルがどういう人物になってしまったのかを見抜く。

■**道徳論議と価値基準**　コニーは、マイケルは彼女のことを少しも考えない冷酷な人殺しだと言う。マイケルはそれについてコニーに何も言わず、その代わりに、コニーは病気かヒステリックになっているから医者に診せるべきだと提案することで彼女の非難を否認する。そして彼はケイにコニーの非難は間違いだと言う。

■**キーワード**　ゴッドファーザー、帝王、人殺し

シーンの執筆──執筆エクササイズ　9

■**キャラクター・チェンジ**　シーンを書き始める前に、主人公のキャラクター・チェンジを一文にまとめよう。

■**シーンの構築**　次のことを自問しながら各シーンを構築する。

1　そのシーンが主人公の成長の全体像におけるどの段階に当てはまるものなのか、そしてどのような形で主人公の成長を進めているか。

2　そのシーンにおいてどんな問題が解決されるのか、または何が達成されるのか？

3　その問題を解決するためにどのような戦略が用いられるのか？

4　どの登場人物の欲求がそのシーンの推進力となるのか？　その人物は必ずしもこのストーリーの主人公であるとは限らないことを忘れないように。

5　そのシーンにおけるその人物の最終地点は何か？

6　その欲求に対立する人物は誰か？

7　その人物はそのシーンで自身のゴールを達成するため、どのようなプラン（直接的または間接的）を用いるのか？

8　そのシーンは対立関係が最高潮になったところで終わっているか、または何らかの解決があって終わっているか？

9　そのシーンではひねりやサプライズや発見が描かれるかどうか？

10　そのシーンに登場する1人の人物が別の人物についてとても深いコメントを述べてシーンを締めくくっているか？

■**ダイアローグのないシーン**　まずは、ダイアローグなしでそのシーンを書いてみよう。キャラクターたちの行動によってストーリーを語らせるのだ。この「粘土」を使って形を作り、稿数を重ねながら精巧に磨き上げてゆくのだ。

■**ダイアローグの執筆**

1　ストーリー・ダイアローグ…ストーリー・ダイアローグ（トラック1）だけを使ってそれぞ

れのシーンを書き直す。これはそのプロットでそのキャラクターがやっていることについて語るダイアログだ。

2 モラル・ダイアローグ…次に、それぞれのシーンにモラル・ダイアローグ（トラック2）を加えて書き直す。これはそれらの行動が正しい行動なのか間違った行動なのかという議論、または、各人物の信念（彼らの価値基準）についてのコメントだ。

3 キーワード…次に、今度はキーワードやキーフレーズやタグラインやサウンド（トラック3）を強調させる形でそれぞれのシーンを書き直す。これらはストーリーの中心テーマとなっている物体やイメージや価値基準や発想を示すものだ。

三つのトラックを使ってダイアローグを書き上げるこのプロセスは、誰かの肖像画を描く作業に例えることができるだろう。まずは顔の全体的な形状を素描する（ストーリー・ダイアローグ）。次いで、その顔に深みをあたえる主な陰影を加える（モラル・ダイアローグ）。そしてそこに、とても微細な線やディテールを加えることで、その顔に個性をあたえるのである（キーワード）。

■**独創的な声**　各キャラクターに各自それぞれの話し方をあたえること。

第11章 永遠に終わらないストーリー

優れたストーリーは永遠に生き続ける。これは陳腐な文句でも同語反復でもない。優れたストーリーは、最初に語り終えられてからずっと後になっても、観客に影響を及ぼし続けるものだ。ストーリーが文字通りそのストーリーを永遠に語り続けるのである。どうして優れたストーリーは死ぬことなく生き続けることができるのだろう?

とても良質で決して忘れることのできないストーリーを書きさえすれば、永遠に終わらないストーリーを作れるというわけではない。永遠に終わらないストーリーは、ストーリー構造に特別な手法を組み込むことによってのみ生まれてくるものなのだ。それらの手法について検証する前に、まずは、永遠に終わらないストーリーの真逆について考えてみよう。それは、間違った結末によって生命力とパワーが中断されてしまったストーリーのことだ。主な間違った結末には次の3種類がある。尚早な結末、恣意的な結末、完結する結末だ。

尚早な結末を生み出す原因は数多くある。その第一は自己発見が早すぎること。主人公は大きな洞察を得たところで成長が止まってしまうので、拍子抜けした結末になってしまう。第二は主人公の欲求の達成が早すぎること。そこから主人公に新たな欲求をあたえたとしたら、それはまったく新しいストーリーの始まりということになる。その他の尚早な結末の原因としては、主人公のどの行動にも真実味がないこと。それはその行動がその人物像と自然にマッチしていないことによってもたらされる。書き手が登場人物（特に主人公）に行動を無理強いすると、プロットの「機械的な仕組み」が表面に出てしまうため、観客は即座に興味を失う。そのキャラクターがそのように行動しているのは、その人物がそうする必要があるから（自然）ではなく、書き手であるあなたにとって、その人物にそのように行動させる必要があるから（機械的）だということを観客に気づかれてしまうのである。

恣意的な結末とは、ストーリーがピタッとストップする結末だ。その原因はほとんどの場合、自然でないプロットによるものである。そのプロットが、一つの存在（1人の主人公またはひとつの社会）の成長を追ったものでないということだ。何も成長しないストーリーだと、観客は何かが機能しようとしているとか、何かが結実しようとしている感覚を持つことができない。その典型例は「ハックルベリーフィンの冒険」のエンディングだ。トゥエインはハックの成長を追っているが、彼が用いたそのジャーニーのプロットは、文字通り、ハックをどうにもできない窮地に追い込んでいる。これによってトゥエインは、偶然の出来事に頼ることを強いられた結果デウス・エクス・マキナの手法でストーリーを終わらせ、そこまでのストーリーを素晴らしいと思いながら読んでいた読者たちを落胆させることとなったのだ。

間違った結末の中でも特に多いのが、完結する結末だ。主人公がゴールを達成し、単純な自己発見をし、すべてが平穏な新しいバランス状態に入る。これらはどれも、観客にこのストーリーが終わってすべてが落ち着いたという印象をあたえることのできるストーリー構造の要素だ。ただし、実はそれは真実ではない。欲求は決しておさまることなどない。バランス状態も一時的なものでしかない。

自己発見はシンプルなものではないし、その主人公がその日を境に満足した人生を送れるという保証などなにもない。優れたストーリーは常に生きているのだから、その結末もまた、そのストーリーの他のパートと同じで、完結したものでもなければ、確証の持てるものでもないのだ。

最後の一言をちょうど読み終えたとき、または最後の場面をちょうど見終えたときであってさえ、呼吸をし、脈をうち、永遠に変わり続ける感覚を作り上げるためにはどうすればいいのだろう？そのためには、私たちのそもそもの出発点にあった考え方、つまり、〈時間に括られた構造である〉というストーリーの根本的な性質に戻る必要がある。ストーリーとは時間と共に発展する自然な単体なのだから、観客が観終わった後であってさえも、その発展は続いてゆかなければならないのだ。

ストーリーはどれも一巡して戻ってくるひとつの完全体なので、その冒頭には自然な結末を見いだすことができる。それだけに、優れたストーリーは、必ずと言っていいほど、〈始めの地点に戻って来て、今また新たに再びそれが始まろうとしている〉というシグナルを観客に示して終わるものだ。ストーリーとは、終わりのないサイクル（メビウスの帯）であり、観客は出来事が起こったちょうどその時点で再考するため、常に違う周回を巡るのである。

永遠に終わらないストーリーを作る最もシンプルな方法は、プロットを用いて、そのストーリーを発見で終わらせるようにすることだ。この手法は、まず疑似的なバランス状態を提出した上で、最後のサプライズによって一気にそれを崩壊させるというものだ。この発見によって、観客にすべての登場人物や行動についてのこれまでの自分の意見に再考を強いる。ちょうどある確信を持ってずっと捜査を進めてきた刑事が、突然まったく違う現実を目の当たりにした時のように、観客は頭の中でストーリーの冒頭まで一気にさかのぼり、手の中にある同じカードをまったく新しい組み合わせで見直すことになる。

この手法は『シックス・センス』で見事に用いられており、観客はブルース・ウィリス演じるキャラクターが実は冒頭からずっと死んでいたことを発見する。それにも増して驚異的な使い方でこの手法を用いているのは『ユージュアル・サスペクツ』だ。意気地なしの語り部は、警察署を出て歩き出すと、私たち観客の目の前で、彼自身が今まで語っていた恐ろしいライバル、カイザー・ソゼその人へと姿を変えてゆく。

こういったどんでん返しは、衝撃的ではあるものの、永遠に終わらないストーリーを作るという意味では制約も大きい。この手法では、もう一周だけしかサイクルを提供することができないからだ。プロットは観客が最初に思っていた考えを裏切るものだったが、今ではもう観客もそれを知ってしまっている。これ以上のサプライズを提供することは不可能だ。この手法を使って作れるストーリーは、永遠に終わらないストーリーと言うよりは、むしろ二度だけ語れるストーリーだ。

パワフル過ぎるプロットを書くと、ストーリーに必要なその他の要素を凌駕し過ぎてしまい、永遠に終わらないストーリーを作ることが不可能になると論じるライターもいる。優れたどんでん返しの結末を提供するプロットであってさえ、観客は家のドアがすべて閉められ、戸締りが完了したように感じてしまう。鍵がかけられたような、パズルが解かれたような、事件が解決したような感覚だ。

何回繰り返してもまるで違うように感じられるストーリーを語るために、プロットを殺す必要はない。ただし、ストーリーという人体構造のあらゆる組織を利用することは重要だ。キャラクター、プロット、テーマ、シンボル、シーン、ダイアローグが複雑に編み込まれたタペストリーを織り上げることができれば、それを何度でも繰り返し観客に語り続けることができるだろう。観客は数多あるストーリー要素について考え直さなければならない。その組み合わせは無限なので、ストーリーは決して死なない。永遠に終わらないストーリーを作る際に組み込むことのできる要素の例をいくつかここに紹介しよう。

■ストーリーの終わりに、主人公は欲求を達成することができず、別の登場人物たちは別の欲求を持つようになる。こうすることでそのストーリーが閉ざされることを回避でき、また欲求というものは（それがバカげた欲求であれ、望みのない欲求であれ）けっしてなくなるものではないということを観客に見せることもできる。

■ライバルまたは鏡映しのキャラクターにサプライズをともなうキャラクター・チェンジをさせる。この手法は、今度はその人物を真の主人公としてこのストーリーをもう一度鑑賞してみようと観客に思わせることができるものだ。

■ストーリー・ワールドの背景にものすごいディテールを配置し、しかもそれらが後にストーリーの前面に移動するよう描くこと。

■プロットのサプライズや主人公のキャラクター・チェンジを知った後で見直した方がずっと興味深いような質感のある要素を（キャラクター、道徳論議、シンボル、プロット、ストーリー・ワールドの中に）盛り込んでおくこと。

■語り部とその他のキャラクターとの関係性を、そのプロットを知っているといないとではまるで違う印象となるように作る。これをやるための唯一の方法は、信頼できない語り部を使うことだ。

■道徳論議を曖昧にする、または主人公が下す最後の道徳的決断の内容を見せずに終わる。単純な善VS悪の構図の論議を超越すると、即座に何が正しい行動なのかということについて、主人公、ライバルたち、そしてすべての鏡映しのキャラクターたちについて再考することが観客に強いられる。最後の決断を見せないことにより、主人公の一連の行動について観客にもう一度考えさせ、観客自身の人生の決断についても考えるよう導くことができるだろう。

本書を書くにあたって私が直面した一番大きな問題は、実用的な詩学（つまりどんなストーリー形式にも存在するストーリーテリング技術）をどういう風に説明するのがベストかを考えることだった。そこにはもちろん、観客の心や頭の中で成長し続け決して死ぬことのないような、複雑な生きたストーリーを創作するための方法を説明することも含まれている。それは、完全にオリジナルでありながら普遍的な魅力のあるストーリーを語るという、不可能にしか思えない矛盾の乗り越え方と言い換えることもできるだろう。

私が直面していたその問題の解決法は、ストーリー・ワールドの隠れた機能を皆さんにお見せするという形をとることとなった。ストーリーの輝きや複雑さの中にあるドラマティック・コード（人間が人生の中で成長し変わってゆく過程）を皆さんに発見してほしかったのだ。パワフルでオリジナルなストーリーの中にドラマティック・コードを描くための手法の多くが本書には紹介されている。研究や練習をこれで終わりにすることなく、今度もずっとそれを続けることは賢明な選択だと私も思う。

しかし、これらの手法をただマスターするだけでは十分ではない。ここで私から最後の発見を提供させてもらおう。実は、あなた自身も永遠に終わらないストーリーそのものなのだ。優れたストーリー、永遠に終わらないストーリーを語りたいのであれば、あなた自身も、あなたの主人公と同じように、あなたの7段階の道程をたどらなければならない。しかもそれは、新しくストーリーを書くたびに毎回やらなければならないことだ。私は本書でそのプランの部分を提供させてもらった。それはあなたが目的を達成すること、欠陥を補うこと、エンドレスに続く自己発見に次ぐ自己発見を得ることの手助けとなる、戦略、戦術、手法の数々だ。名ストーリーテラーになるのは生易しいことではない。しかし、これらの技術を学び、またあなたの人生を優れたストーリーにすることができれば、あなたがこれから語ることになる素晴らしい物語にあなた自身が驚くことになるはずだ。

もしもあなたに読解力があるなら（そうであることは疑うまでもないことだが）、あなたはおそらく、本書を読み始めたときのあたなとは別人になっているはずだ。さて、本書を一通り読み終えたあなたが次に何をすべきか……いや、それは私に言われなくても、もうお分かりですね？

訳者あとがき

本書はスクリプトドクターとしてハリウッドの第一線で活躍するジョン・トゥルービーの著書「THE ANATOMY OF STORY: 22 Steps to Becoming a Master Storyteller」(Farrar, Straus and Giroux社刊、2008年10月14日初版)の全文を邦訳したものだ。

原題を直訳すると、主題は日本語版と同じ「ストーリーの解剖学」、副題は「ストーリーテリングの名手になるための22ステップ」といったところだろうか。

〈解剖学〉と著者が謳っている理由は、ストーリーとは、まさに人体と同じように、ひとつの個体として一貫性を保ちながらも、実のところはキャラクター(心臓)や構成(骨格)やシーン(皮膚)やテーマ(脳)、さらには神経系・循環系の臓器にあたる多くの機能が緻密に働きあってようやく成り立っているものだからだ。しかも機能のどれかひとつが少しでも低下するとバランス(体調)を崩してしまうところまで似ている。つまり、誤解を恐れずに言うなら、本書は医学生が傍らに置いていつも頼りにしている分厚い解剖学書にあたるものではないだろうか。物書きになることを志している人にとっても、すでにプロの人にとっても、何度も読み返すことでストーリーの機能や構造をより深く理解したり、分からなくなったら本書の1セクションに立ち返ったりと、常に傍らに置き続けたいと思えるような内容になっている。

しかし決して解剖学の大著を一通り読みさえすれば複雑で深遠な(だからこそ美しく興味の尽きない)人体のすべてが理解できるものでないことは、医学や解剖学に疎い私にでも想像がつく。それと同じで、本書もまた、一通り読み通すだけでたちどころに名作ストーリーが書けるようになるかと言えば、それは無理な相談だ。本書にはストーリー創作に役立つ、いや、必要不可欠な方法論が満載だが、これら珠玉の手法をマスターするには並々ならぬ根気と努力が必要だろう。しかもマスターしさえすればもう大丈夫かと言えばそうではなく、その上で自らの独創性を発動しなければ、名作と呼ばれるストーリーは決して書けないと著者は本書の至るところで語っている。

名作ストーリーを書くのは難しい。その事実に変わりはない。ただし本書を傍に置いておくことで、その苦難の道のりを迷うことなく進むことができるだろう。

原題の副題「ストーリーテリングの名手になるための22ステップ」の真意は、もうお分かりのことと思うが、言われるまま単にステップをたどって書きさえすれば素敵な（または売れる）ストーリーが出来上がるという夢のような売り文句の類ではない。22ステップというのは、ストーリーを成り立たせるために必要な要素を体系的に分かりやすくまとめた、「ひとつのストーリーがたどる22段階の道程」を指すものだ。しかし、本書を読んでいるうちに、この22段階の道程というものは、人の人生そのものを体系的にとらえたものでもあると分かってくるだろう。社会における自らのあり方を考えることも、自らの欠陥に気づかずに同じ過ちを繰り返すことも、自己を発見して誤りを改めることも、どれもまさに人生そのものだ。そう考えてみると、ストーリーを執筆するという作業自体もまた人生そのもののように思えてくる。社会における自らのあり方（テーマ）をしっかりと考え、自分に足りない技術や手法（弱点・欠陥）が何なのかを、苦労の末にようやく見出し、自分の本当の能力に気づき（自己発見）、一歩前に足を踏み出して、ようやく前よりも少しだけ良いストーリーが書けるようになってゆく。そういうわずかな成長を繰り返して、少しずつストーリーテリングの名手に近づいてゆくということではないだろうか。そういう見方をしてみると「ストーリーテリングの名手になるための22ステップ」という原題の副題もあながち間違いではなく、むしろ深遠なメッセージに見えてくるから不思議だ。

あなたの書こうとしている作品が脚本であれ戯曲であれ小説であれ漫画原作であれその他の何であれ、本書があなたの名作執筆に深く貢献できることを心から願っている。

最後になりましたが、本書を紹介してくださり、翻訳も任せてくださったフィルムアート社編集部の薮崎今日子さん、そして、私の拙い訳文に根気よく丁寧に立ち向かってくださった同編集部の山本純也さんをはじめ、本書「ストーリーの解剖学――ハリウッドNo.1スクリプトドクターの脚本講座」の出版にご尽力くださった多くの方々にこの場を借りて感謝の意を表させていただきます。

ありがとうございました。

吉田俊太郎

2017年6月

著者：**ジョン・トゥルービー**

ハリウッド随一のストーリー・コンサルタントであり、ジョン・トゥルービーズ・ライターズ・スタジオの創立者。これまでに、ウォルト・ディズニー・スタジオ、ソニー・ピクチャーズ、フォックス、HBOなどが製作する多くの作品でストーリー・コンサルタントやスクリプトドクターをつとめている。また、彼の教える「22ステップ・グレート・ストーリーライティング・アンド・ジャンル」教室で学んだ生徒は全世界に2万人以上いる。

訳者：**吉田俊太郎**

英国と日本を頻繁に行き来しながら翻訳活動をしている。訳書に『あるミニマリストの物語』『minimalism ～30歳からはじめるミニマル・ライフ』『映画表現の教科書――名シーンに学ぶ決定的テクニック100』（以上フィルムアート社）、『習得への情熱―チェスから武術へ―』『映画もまた編集である――ウォルター・マーチとの対話』（以上みすず書房）など多数。

ストーリーの解剖学　ハリウッドNo．1スクリプトドクターの脚本講座

2017年7月28日初版発行
2023年11月20日第2刷

著者　ジョン・トゥルービー
訳者　吉田俊太郎
ブックデザイン　長田年伸
日本語版編集　山本純也（フィルムアート社）
発行者　上原哲郎
発行所　株式会社フィルムアート社
〒150-0022　東京都渋谷区恵比寿南1-20-6 第21荒井ビル
電話：03-5725-2001　ファクス：03-5725-2626
http://www.filmart.co.jp/
印刷・製本　シナノ書籍印刷株式会社

Printed in Japan
ISBN978-4-8459-1614-6 C0074